勞動 第三版
社會學

政大出版社
Chengchi University Press

張晉芬　著

國家圖書館出版品預行編目（CIP）資料

勞動社會學 / 張晉芬著. -- 第三版. -- 臺北市：國立政治大
學政大出版社, 2023.08
面；　公分

ISBN　978-626-97668-0-2（平裝）

1.CST: 勞工　2.CST: 勞動理論　3.CST: 社會學

556　　　　　　　　　　　　　　　　112012606

勞動社會學（第三版）

作　　者｜張晉芬

發 行 人　李蔡彥
發 行 所　國立政治大學政大出版社
出 版 者　國立政治大學政大出版社
總 編 輯　廖棟樑
執行編輯　林淑禎
地　　址　11605臺北市文山區指南路二段64號
電　　話　886-2-82375669
傳　　真　886-2-82375663
網　　址　http://nccupress.nccu.edu.tw

經　　銷　元照出版公司
地　　址　10047台北市中正區館前路28號7樓
網　　址　http://www.angle.com.tw
電　　話　886-2-23756688
傳　　真　886-2-23318496
郵撥帳號　19246890
戶　　名　元照出版有限公司

法律顧問　黃旭田律師
電　　話　886-2-23913808

初　　版　2011年4月
增 訂 版　2013年7月
第 三 版　2023年8月

定　　價　560元
I S B N　9786269766802
G P N　1011201044

政府出版品展售處
• 國家書店松江門市：104台北市松江路209號1樓
　電話：886-2-25180207
• 五南文化廣場台中總店：400台中市中山路6號
　電話：886-4-22260330

CONTENTS

第二部　勞動條件與勞動者的處境

第三部　勞動權益的捍衛與對剝削的抵抗

圖表及照片目錄

三版序

　　與多數西方工業發達國家相比，台灣勞工組織工會和參與運動的能量都相當有限。二次世界大戰之後，在威權統治的環境中，勞工集體行動普遍受到打壓；企業的僱用規模均小，也不利於工人形成自我階級的意識與行為。在國家領導的發展模式下，法律制度和行政命令成為維護基本勞動條件和權益的主要根據。順法抗爭、修法／立法成為勞工團體組織與動員的主軸。本書於 2013 年發行第一版，2015 年出增訂二版。此次的版本改動幅度較大，除了更正一些錯字或誤植的語句，主要增訂的內容為更新修正過的法律條文及較新的數據。整體而言，這些條文的修正多屬於維護或新增勞工的權益，例如：一例一休。如同之前版本的撰寫原則，本書論述的重點是法條修正對勞動權益的影響，而非條文本身的討論及法理的說明。

　　在近代歷史中，廣泛影響到人類生活與工作安排達數年之久的事件應該是 2020 年代初期的 COVID-19（新冠）疫情。封城或半封城、不同級別的警戒、人群聚集的限制、隔離或自主管理等，影響了全球的市場供給與需求，貨物與人群的流動被按下了暫停鍵，工廠的生產和商店的營運斷續進行或歇業。如同在許多國家發生的狀況，台灣勞工同樣歷經了反覆的失業、無薪假、或減薪。關於疫情對於整體勞動市場與個別勞工經濟和社會層面的影響，在未來幾年應該會陸續有研究發表。在本書增訂三版付梓之前，尚無法準確評估這些影響。

　　本書初版及後續增訂版的文字輸入、數據搜尋、圖表繪製，都是仰賴張逸萍優秀的助理工作。在進行三版的修訂時，適逢逸萍將轉換工作，但她仍然盡力在離職之前完成資料更新與校對工作，是此次修訂版得以順利進行的最大功臣。也感謝趙景雲、謝麗玲及政大出版社林淑禎與其他同仁後續的協助。

張晉芬

2023 年 5 月 18 日

自序於中央研究院

增訂版序

　　本書出版之後接獲許多學界同仁和朋友的鼓勵與期許。其中有多位於閱讀本書後發現一些疏漏和誤植。感謝田庭芳、施蘊芳、陳昭和、陳毓麟、鄭雁馨、鄭雅文、謝小芩的指正，讓我於增訂版及其二刷中有修補的機會。也感謝三年來修習過勞動社會學課程的政治大學社會學系的研究所和大學部同學給予本書的回饋與建議。

　　除了補正錯誤和疏漏之外，增訂版也對照了從初版發行後到現在、相關法律條文和政策的修正，更新書中相應的內容。也針對全書內容進行潤飾和校對。在「延伸閱讀」內所推薦的中文著作中，有些已有學者提出評論。修訂版中也放入這些書評的出處，提供讀者搜尋和參考。最後，仍要再次感謝張逸萍小姐在數據更新和文字校對上的大力協助，編輯吳儀君小姐在校對和協調工作上的專業及協助，以及政大出版社歷任三位總編輯的支持。

　　在修改本版期間，正逢台灣社會對於退休金、年金和公部門年終獎金進行辯論之際；執政的國民黨政府正準備提出修正版本，暫擬延長投保者的退休年齡和年資、提高保費，並降低退休金與原工作收入間的替代率。從社會學的角度來看，這段期間學術界、民間組織、個別民眾、國會議員、在野黨和執政黨的討論，反映出部門（公—私）、階層（高階白領—基層藍白領）、退休世代（早年退休—已屆退休—尚未退休）間針對退休金制度的建構、計算基礎和公式所持的看法和「不平」之鳴，以及對於公平、合理定義的歧異。作者能力有限，無法對於相關議題進行全面性說明和檢討。退休金和年終獎金都是勞工所得的一部分，前者更是讓勞工年老後安享過往勞動付出成果的經濟來源。本書對此議題的討論不足，也希望未來出版的社會學著作能夠彌補此一缺憾。

　　若讀者對本書有任何疑問或意見，本人誠摯歡迎來函指正或指教（chinfen@sinica.edu.tw，11529 台北市南港區研究院路二段 128 號中央研究院社會學研究所）。

張晉芬

2015 年 2 月 28 日

自序於中央研究院

自序

　　我撰寫這本書的動機很單純。多年來我持續開設勞動社會學或性別與勞動等相關名稱的課程，卻一直因為沒有「合適的」專書可用，在準備課程大綱及教材時，頗為苦惱。不論在大學部或研究所開設相關課程，我使用的教材主要都是已發表的期刊論文或專書內的部分章節，再搭配幾本書籍。雖然近幾年來，中文期刊論文發表的數量增多，在安排閱讀材料時，可以同時顧及理論與本土經驗，準備教材與授課的壓力已經減輕不少。但是，期刊論文或專章終究是在鑽研某個特定議題，所以並不會涵蓋相關主題的所有概念和討論。學期終了，學生或許學到了若干理論和概念，對於學術研究的現況也具備了某種程度的認識；但對於勞動社會學的整體面貌和學者的研究關懷卻僅有零星的瞭解和心得。我自己在講課當中或學期結束後，偶爾也會懊惱：為何某個主題沒放進課表中、有些連帶的概念沒時間細講、或某些重要的文獻沒有介紹給同學閱讀等。這些遺憾當然也與個人的能力有限、教材選擇不完整及教法缺乏技巧有關。但是，如果有一本合適的教科書，內容盡可能涵蓋所有相關的主題及概念；那麼，即使因為時間關係或其它因素而無法講授所有章節，仍可先做些簡單的介紹，和其它議題相呼應，以便同學日後自行參考。

　　想要寫教科書，還有一個更宏觀的目的。我希望不只是讓修習相關課程的學生對於勞動社會學產生興趣，還冀望社會學系、其它科系，甚或一般讀者，都可藉由這本書瞭解勞動和我們每個人的切身關係，可以在書中找到和個人人生經驗契合之處，進而領會勞動社會學的意義和趣味，甚至加入學術研究或著書立說的行列。

　　雖然馬克思所提出的有關階級對立、剝削、異化或蓄養勞動大軍等說法很有解釋力，但我並不認為他的論述可以適用於所有的勞動議題。即便如此，本書在寫作上偏向勞工階級、弱勢及女性的立場，應該是相當明顯的。有些讀者可能出身於資產或中產階級家庭、非原住民族，或本身為男性，在閱讀本書時可能會感到不自在，或自覺與個人經驗或認知不符。不過，社會學原本就具有批判性和關懷不公平現象的特性。在台灣以資本主義為導向的政治和傳播生態下，占據社會優勢地位的企業集團老闆、高階白領人士或政治人物，都有許多

公開發表言論、展示個人成功之道的機會；但對於弱勢群體的報導或關心，則通常聚焦於個人的不幸遭遇，而鮮少探討集體的處境。雖然人生經歷確實並非總是順遂，辛勤工作卻僅能餬口也未必全都是老闆的錯或源自父權的運作。但本書希望傳達的是：結構往往是造成個人或特定族群在勞動狀態上處於不利狀態的主因。從弱勢的觀點看問題，能夠幫助我們更加看清結構是如何運作的。

以下大致說明我從本書的撰寫過程中所獲得的經驗，一方面呈現本書的架構設定與章節安排，另一方面也期許未來有更多學界同仁投入特定社會學教科書的寫作行列。

本書從 2008 年開始設計架構及章節、撰寫、審查，到最終被出版社接受，共歷時三年。我事先請教了當時政大出版社的主編陳巨擘先生，得知如果要配合學期時間，教科書最好在八月出版，估算送審、修改、校對及印刷所需要的時間後，往回推算撰寫初稿約略所需的期間，然後再規劃寫作進度。在寫作期間常會因為其它研究計畫、突發事務或個人因素而暫時停頓；有時也會因為某一章的核心議題一直無法掌握或改變，而深陷其中、苦思或苦讀仍無進展。因此，要求自己每個星期（或一段期間內）都要有進展是很重要的。

根據教育部的規定，大學每一學期的課程規劃是 18 週。扣除期中考、期末考及放假，實際上課週數約為 15 週。於是我將教科書的篇幅設定為 15 章。至於要在書中放入哪些主題，則是一方面參考國內外相關議題的教科書，同時也與出版社主編保持聯絡，根據他們的經驗與要求，確定書中的章節和構成內容，以免做了白工。其次需要確定的細節是每一章的字數及節數。與出版社達成的共識是以每章 15,000 字為原則（之後由於不斷修正及加入審查人的建議，每章字數都超過了這項原則）；每一章五節，其中包括序言、結論和三節主要內容。

在寫作各章時，我先確定該章的主要內容，其次是每一節所要涵蓋的觀點和論述。至於次序，除了第一章之外，其餘各章是由最不熟悉的章節開始閱讀及寫作。進度不理想時，就先回去寫自己最熟悉的主題。有時，當某些章節的撰寫進度過於緩慢時，我會決定先在某個段落結束後打住，將心思轉移到其它較有把握的章節，稍後再回頭去補充原先進度較緩慢的部分。

在各章節主題的選擇上，我試圖讓這本書展現與現有教科書不同的特色。勞動過程、勞動待遇及職業等，幾乎是所有教科書都會介紹的主題，自然不能遺漏。有些教科書還加入了工會及勞工運動的討論，基於啟發學生勞工權利意識的理念，本書介紹重要的觀點、概念和台灣的勞工運動。另外，基於本身在性別與勞動方面的研究心得，及呈現本土學者的研究成果與反映重要新興議題的期望，本書也加入了女性主義的勞動觀點、勞工福利制度、工作認同、職業災害、身體和情緒勞動、再生產勞動及休閒等議題。目的是希望學生和讀者熟悉、並開始重視這些議題及開發研究興趣。

在撰寫期間，我仍會處理其它研究計畫或學術服務等事務，有時也會在閱讀或從事其它工作時，聯想到屬於某些特殊章節的內容，或認為需要做些補充。但若不想中斷閱讀或當下未必可以立即修改時，我會先記錄下來，並註明可能適用的所屬章節。等閱讀或其它工作告一段落之後，再檢視這些紀錄，決定是否需要及如何加入各章節中。換句話說，即使不是在處理與教科書寫作相關的學術工作或事務時，也應保持敏感度，絕對有助於內容的充實。

由於要涵蓋 15 個主幹議題（章）及約 45 個小議題（節），寫作過程中必須花費大量時間閱讀，這也是個人在撰寫本書時最大的收穫。文獻繁多，要如何取捨，也最好事先確立原則。除了理論或台灣學者沒有做過的研究之外，我盡量採納本土學者已發表的著作。一方面希望藉由這些引用或介紹，讓讀者認識到台灣學者的努力、並進而激發她／他們對於相關議題的研究興趣和關懷。此外，也因為這些研究大都是以台灣的社會和歷史為脈絡，在引用時即不需要太多的背景描述，而可專注於問題意識或研究發現的介紹。

在一般讀者的印象中，勞動大概不會被列為有趣的課程之一；教科書通常也給人硬邦邦的感覺。如果希望有更多年輕學生對這個領域產生興趣，內容活潑當然非常重要。但教科書所要傳達的終究是學術知識，並不適宜太過花俏或詼諧。我採取的作法是先在文筆上力求活潑（惜限於能力而經常未能如願），避免段落或句子太長。針對一些重要的實證研究或值得學習的方法，則會特別做深入的討論，以加強印象。每章一開始都會摘錄一段來自非社會學家的作品（第一章除外），內容遍及小說、傳記、散文或歌詞，以這些小小的變化激起讀者的興趣。我過去已發表的研究大都是以量化分析為主，但在寫作這本教科

書時，會盡量少用數據和表格、多用文字去分析和討論現狀或趨勢，以免「嚇跑」學生或讓內容變得枯燥。正文之外，則以其它形式彰顯每一章的主題。例如：每章都有重點提示；在主文中都提供了三則非論述性質的知識方塊，用多元方式補充正文的內容。提供延伸閱讀則是為了推廣具有學術性或啟發性的著作，同時也可作為研究所課程的補充教材。

這些非主文的項目看似容易處理，但是各章加總後，分量也很重。以每章 15 個重點提示、3 個方塊、3 個思考性題目及 3 個延伸閱讀計算，每一章大約有 24 個項目，15 章加總後就超過了 360 項。如果等到全本書寫完後再去處理如此龐雜的細節，必定會手忙腳亂。更不論每章的主題都不一樣，要在短時間內不停地轉換思緒，構思不同形式的內容，對精神和身體而言都是極重的負擔。我最終採取的方式，是在寫作正文時，就同時思考及設計這些附加內容。同樣也為了避免正文完成後，卻被其它「枝節」工作耽誤進程，在每一章的撰寫進度大致完成後，就應立刻整理及輸入所引用的文獻，以免累積太多而容易造成疏漏或增加搜尋上的麻煩。

本書能夠完成首先要感謝我的助理張逸萍小姐超凡的能力，包括文獻準備、資料蒐集、文書處理、表格設計和校對等。身為兩個孩子的媽，她的工作表現足以打破社會上認為懷孕、生產的女性必然影響工作效率、母職實踐會損及敬業精神的迷思。也再度證明，一個雖然請了產假，但其它十個月都全心投入工作的職業婦女，比起全年無休、但工作態度消極的人更有資格得到「甲等」考績。

也要特別感謝兩位審查人，其中一位審查人兩度仔細閱讀書稿（初審與複審），尤可讓本書避免出現許多事實性錯誤或模糊不清的概念。書籍的評審工作比論文困難許多，而且需要極大的耐心。我對於兩位審查人有說不出的感謝。當然，本書中所有的錯誤或誤解，都由作者本人承擔。

中央研究院的優良研究環境是讓我能夠完成本書的最主要「結構性」因素，我同時也很感謝國科會專題計畫的支持。雖然在這項計畫中並未申請任何研究經費，但是計畫能獲得通過（提供獎助金）即是對於撰寫本書的鼓勵。也要感謝陳巨擘先生的專業建議和支持，讓我覺得寫作教科書是一件有意義的工

作。此外，政大出版社的前後任編輯蔡佩熒、吳儀君小姐，也在書稿審查、排版及出版細節上，提供了許多幫助。

寫書的路很漫長；往往為了一個概念或一段引文，必須重新翻閱一本書籍，或將慕名已久、卻從未仔細看過的書從圖書館借回拜讀。在撰寫期間，許多法規都已修改通過（如〈工會法〉），也發生了很多事件，包括調升基本工資、失業率大幅攀升、失業大學生領22K、企業解僱資深員工和多起工安意外等。因此，常常還要追著時事跑、改寫相關段落。在這過程中常有不知何時才能交稿或完成修改的焦慮。但很多國內外朋友和學界同仁在得知我正在撰寫這本書時，都很鼓勵我，或加油打氣，使我倍覺溫暖，也更加堅信自己確實在做一件有意義的事。此外，也要感謝我在中央研究院社會學研究所的同事傅仰止先生。在他擔任所長的第三年，即使必須費心尋找一位副所長接任人選，他仍慨然同意我辭去職務、休假一年，使我得以專注於本書的寫作工作。

日本作家妹尾河童在他的《工作大不同》（1997，姜淑玲譯2003）一書中，提到他曾在訪問某位日本作家時，看到他在書桌前貼了一些字條，上面寫了些自勉的話。其中有一張是這麼寫著：「讓困難的事情變簡單。讓簡單的事情變得有深度。讓有深度的事情變有趣」（頁15）。我在本書初稿即將完成之際讀到這段文字，頓時覺得好像覓得了知己。我在寫作時即是期許自己要讓抽象的概念變簡單，讓簡單的概念具有深度，而將有深度的概念用有趣的方式表達出來。由於能力不足，沒有辦法百分之百達到這些目標，但仍期望這本書成為一個踏腳石，讓學生或讀者領會到原來勞動是一個有趣的議題，也激發出更好的教科書出版。

張晉芬

2010年12月6日

自序於中央研究院

第一部

勞動社會學的理論
與研究方法

高雄市勞工博物館區外觀一隅
照片提供：本書作者

第一章　導論

重點提示

1. 在社會學的理論傳承中，幾位西方的社會學理論先驅，如馬克思、韋伯及涂爾幹，都藉由對於勞動的探討，呈現資本主義運作的邏輯和特徵，包括：資本的累積，階級、官僚或科層化的形成，異化的產生，以及分工的意義。

2. 性別觀點的提出，讓我們對勞動的理解超越男性、有酬、公領域的狹隘境界，使社會現實與理論之間的連結更加緊密。

3. 勞動社會學與其它社會學次領域（如經濟社會學及社會階層化）所關心的許多議題相通，包括經濟制度、經濟報酬的決定、性別差異與不平等。

4. 關於勞資間的關係，管理學門強調勞資和諧、生產效率及管理技術；勞動社會學則從工人的觀點出發，關心勞動的尊嚴、勞動條件與集體行動的權利。

5. 技術、管理策略及區隔均是雇主掌控勞動力與勞動生產的手段。

6. 女性的勞動參與率持續上升是多數經濟發展進步國家的普遍趨勢。

7. 職業災害的發生會影響勞工身體和心理，以及個人與家庭的生計。不同產業、職業和群體間，職業災害的發生機率和受重視的程度並不相同。

8. 除了失業，勞動力低度利用、非典型工作型態及派遣工作的大量出現，都會影響勞動者的平均待遇和其它勞動條件。

9. 由於勞工個人的力量單薄，且容易受到報復，工人集體力量的集結及行動就成為對抗雇主或管理階層霸權的重要機制。

10. 外籍勞工的引進會影響本地勞工的就業機會和勞動待遇的提升；但其勞動條件低劣，且更容易受到雇主與仲介的雙重剝削。

11. 在台灣，國家透過法律的制訂，高度介入不同面向的勞動事務。

12. 本書不刻意凸顯女性勞動者的角色，而是改變過去將男性視為所有勞動者代表的論述策略。

13. 本書的內容共分成四個部分。第一個部分是「勞動社會學的理論與研究方法」；第二個部分介紹「勞動條件與勞動者的處境」；第三個部分的主題是「勞動權益的捍衛與對剝削的抵抗」；最後一個部分則探討「全球化之下的彈性勞動與跨國移工」。

……現代工業社會的職業結構不只是構成社會階層化諸多面向的重要基礎，也是不同制度與社會生活領域的連結，這些均顯示出其重要性。聲望階層與經濟階級的排序是根據職業結構，政治權力及權威的排序也是如此……職業結構也是經濟與家庭間的連結，經由此一連結，經濟影響家庭地位及家庭為經濟提供勞動力……職業排序不只是促使勞力付出的誘因制度，也是讓占有控制位置者，得以影響報酬分配的權力結構。

—— *The American Occupational Structure* (1967: 6-7)

一、序言

Peter Blau 和 Otis Duncan 合著的 *The American Occupational Structure* (1967) 是社會學的經典著作。除了勞動社會學、經濟社會學和社會階層與流動的課程，在基礎的社會學教學中，該書也是常用的教材。書中最常被引用的社會地位取得模型，雖然後來引起一些爭議與討論 (Abbott 1993; England 1982; Lin 1999)，但仍是社會與經濟成就研究的重要觀點。關於地位取得理論的意涵及研究結果，本書第六章將有更詳細的說明。本章引言中擷取自該書的文字，呈現出勞動研究在社會學和真實社會的重要性。這段引言所說的職業結構其實就是我們常說的「工作」，職業或工作結構不僅反映職業的類別或聲望的高低，還包括勞力的付出、有形和無形待遇的取得、分配的公平性、生產及服務過程中的管理及控制合理性、再生產與生產性勞動的不可分割關係等。勞動連結了個人、家庭、社會的經濟與非經濟活動，也在宏觀層次形塑了勞動力結構、勞動市場的樣貌及勞動者的集體行動。

在許多小說中，即使故事並非以主角所從事的勞動為主軸，讀者也可在不同的段落中看出主角以何維生或書中人物的主要生產活動為何。缺少了這部分的著墨，許多小說將不再有血有肉，甚至大大降低了可讀性。這個相似性的出現並非偶然，而是反映出勞動與日常生活、人際互動及社會運作息息相關的特性。如果說人的一生中大部分時間都在勞動，其實並不誇張。有種簡化的說

法，是將一天的時間劃分成三類：工作、休閒及睡眠。除了最後一項，其餘時間我們大都處於勞動狀態。照顧小孩、買菜或做家事、打球、上網、接電話、商店內販賣貨物、工廠內操作機器、搬運貨物、淨山、到老人院表演等，這些都是勞動。因此，勞動並不僅指體力付出，也包括勞心；不是有錢可賺的工作才是勞動，個人和家庭生活的維持也需要各種勞動付出；勞動也並非必有報酬或必是為了家人的需求，許多義務性質的參與也是勞動。

許多傳記或自傳都是書寫名人的事蹟。書中描述成功者如何由農人、工人或小商人出身，慢慢藉由努力、經驗、智慧或機緣等，開創出一番事業。這些名人的職業類屬通常是藝術家、詩人、政治人物、律師、經理、資本家、棒球選手或演員。從社會分工 (social division of labor) 的觀點來看，每個人的勞動付出都是構成社會整體發展的一部分。社會的運作與存續需要依靠各種形式的勞動支撐，而付出這些勞動的人大多數都默默無名。許多人辛苦勞動、終於建立家業，也有些人勞苦一生卻只能求得溫飽。如果能夠一一展現於世人面前，許多人的勞動經驗都是有血有淚的生命歷史。名人功成名就的背後總有眾多常民的勞動付出。

勞動與大家的生活和生存如此相關，不只是普遍性的社會現象，也成為重要的社會學議題。在社會學的理論傳承中，幾位出身西方的社會學理論先驅，如馬克思、韋伯及涂爾幹，都藉由對於勞動議題的探討，呈現資本主義運作的邏輯和特徵，包括資本的累積、階級及官僚化 (bureaucratization) 的形成、異化的產生及分工的意義。這些議題、觀點及概念既豐富了他們本身所建構的多項宏觀理論，也引領出後代豐富的社會學議題和研究成果。古典理論既啟發了社會學者的視野和想像，透過社會現實的檢驗，也激發出多元的對話與修正。例如：性別觀點的提出，是女性主義學者對馬克思和恩格斯等人之階級決定論的質疑，讓我們對勞動的理解超越男性、有酬、公領域的狹隘境界，使社會現實與理論之間的連結更加緊密。而在與勞動經濟學的對話中，社會學除了破除勞動市場完全競爭、自主運作的迷思，也同時確立了自身學門的創見和獨特性。

本章下一節將說明勞動社會學作為社會學次領域的發展歷史、與其它社會科學的區隔、勞動與工作等名詞間的區別，以及勞動社會學所涵蓋的議題。勞動社會學不能、也不是一個獨立的領域，而是與社會學的其它次領域，乃至於

和其它社會科學，都有理論與經驗上的相通或關連性。現有的勞動社會學專書或許受內容取捨判斷或篇幅限制的影響，大多僅引用相關文獻中的主要發現，較少更進一步地介紹引用文獻的分析策略，使得讀者難以掌握研究的整體性，或是難以從中學習典範式的研究方法。和既有的勞動社會學專書相比，本書的特色之一在於強調勞動社會學的經驗研究所使用的研究策略和方法。第三節即是要說明勞動社會學研究中較常使用的方法。第四節則將說明貫穿本書的兩個核心面向：法律制度的規範與管制，以及性別和其他群體間的差異與不平等，並說明全書的章節安排。

二、勞動社會學的發展

在 1960 年代，工業（有些學者使用產業一詞）社會學 (industrial sociology) 是當時新興的社會學次領域，理論及實證研究都相當蓬勃。至於為何要用工業或產業 (industry) 作為主要名稱，應與當時美國的經濟結構發展有關。在美國資本主義興起初期，多數製造業和礦業都具有完全或寡頭壟斷的性質；包括鋼鐵業、電信業或汽車業，整個產業都掌握在少數大資本家手中。對於當時剛萌芽的勞動研究而言，在各廠／場所看到的現象即是整個製造業的現象，採用工業或產業社會學的說法主要是關照經濟結構的現狀。學者關心的議題是如何減少工廠內的勞資衝突、增進勞工的忠誠度及提高生產力，與管理學門或工業心理學所關心的課題相近。直到現在，管理學或經濟學門有時仍然使用「工業關係」(industrial relations) 一詞指稱勞（工會）雇（資本家）之間的關係及制度。但如果現在仍用工業或產業代表組織或工作、用製造業工人的經驗代表所有產業勞動者的經驗，顯然不符現狀。在服務業興起並創造大量白領工作後，製造業所僱用的人數比例已落居第二。女性則成為服務業、商業或金融業的重要勞動力來源。這些都是當初創造工業社會學一詞的學者沒有預期到的變化。

在 20 世紀初期、工業社會學這個新興領域剛萌芽時，人際關係學派 (human relations school) 是當時的主流理論。這個學派主要探討如何增進工廠內的勞資和諧、勞工滿意度及生產力。Elton Mayo 是人際關係學派的重要學者。他於 1927 至 1932 年間，在西方電器 (Western Electric) 的霍桑廠（Hawthorne Works，位於美國伊利諾州）進行一項實驗，目的是要探究哪些因素會提高工人

的生產量。他和他的團隊發現 (Roethlisberger and Dickson 1939)，不論改變光線、提高或取消獎金、有沒有午休或調整工作時間，也無論是男性或女性，在研究期間，實驗組和控制組的生產量都增加了。他們做出的結論是：物質或工作環境與生產力無關。工人會更加賣力生產，是因為察覺到被重視（被觀察、知曉本身參與一項實驗等）而受到鼓舞的緣故。在實驗中，參與者做出符合研究者期待的表現。這個發現也被稱為「霍桑效果」(Hawthorne Effects)。直到現在有些企業管理教材仍會提及管理階層「關愛的眼神」的激勵效果。由於研究目的已被勞工洞悉，參與者也非隨機選取，這個實驗在方法及推論上有些粗糙，缺乏信度與效度 (Hodson and Sullivan 2008[1990]: 38)。人際關係學派明顯主張且相信勞資和諧才是工廠的正常狀態。如同 Michael Burawoy 所說，此時期的工業社會學「……傾向於漠視工人的經濟理性、忽略掉階級衝突、並且僅僅呈現出管理者的觀點」(1979，林宗弘等譯 2005：113)。

在新馬克思主義學者陸續揭露資本家和其代理人對工人的剝削、工人的異化及階級結構化之後，偏向功能論觀點的早期工業社會學論述顯然已無法解釋工廠內層出不窮的勞資衝突及工會經濟主義的取向，因而導致人際關係學派及類似觀點的沒落。在台灣或其它國家，工業社會學這個名詞確實已較少出現在大學或研究所的社會學課程中。代之而起的是勞動社會學、工作社會學或職業社會學等名稱。

1. 與其它社會學次領域的連結

社會學的其它次領域，如經濟社會學及社會階層化與流動等，也討論許多與勞動相關的題目。社會學研究的是各種社會現象，而不同的現象之間是相互關連的，很少獨立發生。然而，由於學術的專業化及相關研究成果的快速累積，加以訓練上的區隔，如同其它的社會科學學門，社會學的次領域也有各自的發展。但若干次領域之間仍具有極強的關連性。美國的兩位社會學家 Neil Smelser 及 Richard Swedberg 曾撰寫或編輯過多個版本的經濟社會學教科書及論文合集。他們對於經濟社會學的定義是「應用社會學觀點於經濟現象」(Smelser and Swedberg 2005[1994]: 3)。經濟現象指的是資源及物資的生產、分配、交換及消費。不論是生產或分配，都與勞動社會學者所關心的勞動過程、工資給付及勞動條件等相關。例如：勞動社會學對於勞動過程中去技術、去知識性的討

論，促使經濟社會學在研究工廠體制或是經濟制度時，除了骨架，也看到了有血有肉的實質操作。經濟社會學對於總體經濟層次議題的探索，以及國家權力的介入，使得勞動社會學的研究在個人、家庭或是組織結構之外建立起宏觀視野，提出比較性、歷史性的觀點。

社會階層化與流動是另一個社會學的次領域，有些學者稱呼這個次領域為「社會不公平」(Kerbo 2009: 9-11)。社會階層化主要研究人類社會中各種不同形式的階層，以及探討階層形成的原因與後果。這些階層形式包括階級、財富、收入、社會聲望、政治權力及權威等。造成人群之間出現這些差異的原因包括教育程度、職業（律師、工廠操作員、櫃台售票員、護理師）、產業（製

方塊 1-1 經濟制度與勞動結構

Randy Hodson 及 Teresa Sullivan 合著的 *The Social Organization of Work* (2008 [1990]) 是勞動社會學教科書中議題呈現較為完整的著作之一，也是本書在撰寫時的重要參考文獻。兩位作者所說的社會組織包括總體的經濟制度、個體的勞動待遇和工作尊嚴，以及位於中間的組織及工作現場層級的人事或管理制度等。該書對於不同歷史階段的經濟制度做了精簡的整理。

在西元前時期，人類社會處於游牧、狩獵及採集等初級生產方式的階段；之後數個世紀逐漸轉為定居而出現穩定的、以農業為主的社會；15 世紀開始的重商主義帶動了商業及工業生產，勞動力結構逐漸趨於複雜，農業部門不再是重要的就業市場；18 世紀中期出現的工廠制度翻轉了以農為主的經濟生產型態，同時也開啟了受僱身分成為多數勞動者身分特徵的大門。1920 年代開始盛行的大量生產模式是製造業生產的黃金階段，但也是勞資衝突及勞工運動盛行的時期。1960 年代見證了後工業社會的興起，服務業成為最主要的就業部門。21 世紀全球化時代來臨，勞工的跨國移動不僅更為容易，也更為頻繁，同時科技發展也改變了工作的型態和意義。但 Hodson 等人的歷史進程描述主要是根據西方社會的經驗。台灣的發展則由於戰亂及統治者的意識型態差異，而使農業生產模式維持得更久，工廠生產制度的出現也比西方晚了近 40 年。但是經濟制度的發展歷程仍大致沿著他們所提出的軸線進行。本書後續各章將會探討這些制度下的勞動和勞動市場樣貌。

農民揮汗裝箱、搬運農產
品的情景
照片提供：沈芯菱草根台
灣 臉 譜（http://i2taiwan.
blogspot.com/，取用日期：
2010 年 8 月 16 日）

造業、金融業、農業、商業）、部門（公部門相對於私部門、新興產業相對於
夕陽產業）、出生背景、區域、性別、族群，甚至年齡、身心狀況等。至於後
果，則包括經濟性報酬、下一代的教育機會、教養子女的態度及方式、健康
或是文化品味的差異等。結構化的社會階層缺乏流動，極端的狀況就是世襲；
階層間可充分流動的狀況則是只要努力就有出頭的一天。多數社會的階層化形
式是處於這兩個極端之間。社會階層化學者所關心的收入不平等、性別及族群
差異，也是勞動社會學者所關心的議題。藉由勞動社會學的見解，研究社會階
層的學者得以深入瞭解工作的特性，再經由這些特性，細緻地分析其與工作成
就差異、階層不平等之間的關係。社會階層化的觀點擴大了勞動社會學者的
研究視野，並得以進一步探索個人的勞動位置及成果如何鑲嵌於社會脈絡中。

2. 與其它社會科學領域的連結

在人文社會科學領域中，許多研究是跨領域的，性別研究 (gender studies) 就
是一個明顯的例證。學術界對於性別研究的重視，以及社會運動團體和非營利
組織對於性別主流化概念的引進，使得性別研究作為一個專業領域已經受到認
可並且制度化。雖然起步較晚，台灣目前已有好幾所大學設有具備專職師資的
性別研究所，包括高雄醫學大學性別研究所、世新大學性別研究所及高雄師範
大學性別教育研究所等。此外，國科會（台灣的大學教授及研究機構人員之研
究經費的主要提供者）專題計畫申請者的領域劃分中，也有性別研究的項目。

即使沒有設置專門的性別研究系所，人文、社會科學、公共衛生及通識課程等科系或研究所，幾乎都有開設性別研究或與其相關的課程。勞動市場內的性別差異和性別歧視，以及家務勞動的性別化，也是性別研究的重要議題。與勞動社會學結合，性別研究得以透過實證研究，深入瞭解結構及制度的作用如何造成性別的勞動差異及後果。性別研究的觀點也讓勞動研究反省：性化的現象不僅反映在勞動結果，也存在於勞動過程和各種進入勞動市場的障礙中，表現於制度運作、文化慣習和集體與個人的意識型態中 (England 1999)。

在社會學之外，也有其它社會學科的研究（如經濟學、心理學或管理學門的許多議題）與勞動相關。勞動經濟學從市場和個人理性的觀點，探討市場上的人力供需和薪資如何決定。對於勞動社會學者而言，由於經濟學的觀點缺乏對於結構和制度的考慮，勞動經濟學的研究也成為對話或是批判的材料。工業關係及人力資源是管理學門中與勞動社會學較相近的科目。前者討論工會組織、團體協約及勞資關係等，後者則是著重於人事管理和組織績效。管理學門強調的自然是從管理階層的角度看待這些議題，目的是讓勞資和諧、便於管理。相對的，勞動社會學則是從工人權力的觀點出發，關心的不是組織效率的增進或是管理者的有效管理，而是工人集體性的賦權、勞動的尊嚴和去異化的勞動。除了這些學門之外，工業心理學、勞動史學、公共衛生學等（對於職業病的討論），也都值得勞動社會學者學習或對話。除了經濟學、管理及心理學之外，讀者將會發現本書的內容也將引用歷史學、地理學及文化研究等學門的研究成果。此外，在台灣工業化初期，有許多與當時農村女性的工廠經驗和女性地位的改變等議題有關的田野研究，則是出自人類學者的汗水結晶。本節討論是希望讓讀者看到勞動社會學知識的由來，而並非將其獨立於社會學的其它次領域，同時也可汲取其它學科的諸多見解或與之對話，藉由簡單的對照，襯托出勞動社會學獨特的觀點和關懷。

3. 勞動社會學領域的制度化

在實體的部分，在有社會學系所的大學中，有勞動社會學或類似名稱的課程是相當普遍的現象。雖然，有些系所的名稱未必有「社會學」的字眼，但教學屬性確與勞動社會學相關，例如：勞工研究所、人力資源研究所或社會福利研究所等。在期刊部分，勞動研究也是重要的議題。國內以中文為主，且刊載

內容與勞動社會學主題相關的學術性、非政府單位出版的期刊，除了一般性的
《台灣社會學刊》、《台灣社會學》、《台灣社會研究季刊》及《人口學刊》，還
有明確以勞動研究為主題的期刊，包括《政大勞動學報》及《勞資關係論叢》
等。英文刊物包括 *American Sociological Review*、*American Journal of Sociology* 或
European Sociological Review 等，也經常可見與勞動議題相關的文章，其它還有
一些以勞動研究為核心文章的期刊，如 *Work and Occupations*、*Gender, Work &
Organization*、*Research in Social Stratification and Mobility*、*Monthly Labor Review*
及 *Administrative Science Quarterly* 等。有些期刊則是刊載更專門的議題，如
Industrial Relations 及 *Industrial and Labor Relations Review*，僅刊載與工會、勞資
關係及工會運動有關的文章。本書引用的許多研究即來自這些國內外期刊所刊
載的論文。

三、勞動社會學的研究方法

　　研究方法的使用必須與研究者想要回答的命題及所使用的理論觀點緊密扣
合；包括對象的選取、問題的設計及訪談內容的引用等，都需要配合研究者的
提問；訪談本身只是整個研究過程的一環，甚至只是研究工具之一。如果要善
加使用不同的研究方法、使得論文內容更加紮實，研究方法的訓練確實相當重
要。用簡單的概念綜合研究方法的要求，就是信度和效度。雖然用對研究方法
並不保證能夠解決研究者的迷惑，還需有其它的條件輔助，但可以確定的是：
欠缺信度和效度的研究方法無助於研究者回答最初的提問，研究發現本身也將
難以受到認可。本書的特色之一即是對部分引用文獻做較詳細的介紹，以加深
讀者對於研究發現的印象，並作為學習的案例。

1. 質化與量化方法並重

　　量化或質化方法在使用上並無優劣之分，其間的選擇與研究議題有關。本
書在引用文獻時，不只呈現重要的研究發現或論點，同時也針對某些著作，說
明作者是採取何種研究方法、經過哪些步驟而得到研究發現。因此，重點將凸
顯勞動社會學者如何蒐集資料、如何分析資料、為何得到所引用之結論，甚至
所遭遇的困境等，而非強調原文作者是採用質化或量化方式。

　　在社會科學領域中，社會學或許可說是研究方法最豐富的一門學科。經濟學家幾乎不使用訪談或文獻分析方法；政治學者鮮少用觀察法做研究；而由於研究對象的特殊性，人類學家大概也不會採取問卷調查的方式蒐集資料。這些當然都與各學科的知識取向及所關懷的議題有關。社會現象的多樣性既豐富了社會學的研究，也可能讓初入社會學門的有志之士有十八般武藝都必須精通的恐懼。不過，由於社會學次領域不斷增加且日益專精，社會學者未必需要熟練所有研究方法。對多數社會學家而言，專精一項研究方法已非易事。雖然未必能夠精通所有研究方法，但為了能夠閱讀其他研究者的文章，修習社會學的人還是需要知道不同研究方法的大概要旨。本書在引用實證研究發現時，會盡量標示出使用的方法及資料出處。

2. 勞動社會學者常用之資料蒐集方法

　　和許多社會學次領域相比，勞動社會學所採用的分析方法是質化與量化並重，兩種方法在文獻中被使用的頻率也相當。勞動社會學者常用的方法包括觀察法、深度訪談、焦點團體法、民族誌、問卷調查及使用二手資料的量化分析，本節僅做簡略的介紹。觀察法顧名思義是研究者用直接觀察的方式獲得素材，再加以整理和分析。這當然是指有系統、在不影響研究對象活動的情況下的觀察。如果研究者本身也加入觀察對象的活動，則稱為參與式觀察。何明修 (2006) 在進行石油工會的研究時，經常參與工會的會議及運動，即算是參與式觀察法的運用。深度訪談是許多從事質性研究者所使用的方法，主要是藉由與研究對象之間的對話得到分析資料。研究者通常也會在文章中大量引用這些訪談內容。徐宗國所著、有關男性進入護理這項女性主導的專業領域之後如何建立其專業認同的文章 (2001)，即是利用深度訪談法的例證之一。多數深度訪談是採用一對一方式進行。焦點團體法則是聚集多位研究對象，所有參與者均可針對特定主題自由發言；研究者未必主導整場談話的進行，但可適時介入，使談話內容能夠聚焦。胡幼慧及周雅容的《婆婆媽媽經》(1996) 即是採用焦點團體法的例子。民族誌 (ethnography) 是結合多項研究方法，藉由觀察、訪談或互動，參與研究對象的工作、甚至生活，以瞭解勞動的全貌。Ching Kwan Lee（李靜君）(1998) 即是使用此一方法對中國及香港女工進行將近一年的研究。問卷調查方法是針對特定議題研擬問卷，然後根據問卷上的題目詢問特定受訪者或

隨機抽取的樣本。張晉芬及李奕慧 (2001) 曾利用此一方法蒐集資料，分析被公營事業資遣的勞工再就業的機率。使用二手資料是指原始資料的蒐集者或問卷設計者並非研究者本人，許多利用政府調查資料的研究即屬於這個類別。李大正及楊靜利的研究 (2004) 即是利用行政院主計總處的「婦女婚育與就業調查」資料分析婦女勞動參與的類型和變化。

　　本書也將藉由不同的主題，介紹過去勞動社會學研究較少使用的方法，例如：閱讀及整理實證研究的發現、將結果用量化分析方法呈現（本書第二章）、實驗設計及虛擬人選研究 (audit study)（本書第九章）等。除了提供原創性的觀點和研究結果，這些新穎方法的使用也顯示勞動研究議題的豐富性。

方塊 1-2　台灣社會變遷基本調查介紹

　　「台灣社會變遷基本調查」計畫由國科會提供經費，從 1984 年開始，藉由大型抽樣調查，實地訪問一般民眾，蒐集具有全國代表性的資料，以瞭解台灣社會的變遷趨勢。這項計畫每年進行兩份不同主題的問卷調查。多數主題每隔五年即重複調查一次，以定期追蹤掌握社會的變遷樣貌，例如：家庭、社會階層化及宗教等。調查結果完全公開給大眾使用（網址：https://www2.ios.sinica.edu.tw/sc/）。如果想要瞭解某些社會現象歷年的變化趨勢，也可參考「台灣社會變遷全記錄」網站（網址：https://www2.ios.sinica.edu.tw/TSCpedia/index.php/）。這項調查已累積許多與勞動社會學議題相關的題目；而在每次的問卷調查中，都會有受訪者教育、職業及收入的題目。以下列出自 2005 年以來的調查主題。與勞動議題相關的調查主題以粗體字呈現：

調查年度	期次	問卷主題	樣本數
2005	5期1次	I- 綜合問卷（**全球化、工作成就與期望**、金錢態度與經濟行為、家庭）	2,146
		II- 工作與生活	2,171
		III- 附加專題：東亞社會階層與社會流動研究	5,379
2006	5期2次	I- 家庭	2,102
		II- 公民與國家	1,972

調查年度	期次	問卷主題	樣本數
2007	5期3次	I- **社會階層**	2,040
		II- 休閒生活	2,147
2008	5期4次	I- 大眾傳播	1,980
		II- 全球化與文化	2,067
2009	5期5次	I- **社會不平等**	2,026
		II- 宗教與文化	1,927
2010	6期1次	I- 綜合問卷（**全球化、工作成就與期望、經濟態度**）	1,895
		II- 環境	2,209
2011	6期2次	I- 家庭	2,135
		II- **健康**	2,199
2012	6期3次	I- **社會階層**	2,134
		II- 性別	2,072
2013	6期4次	I- 風險社會	2,005
		II- **國家認同**	1,952
2014	6期5次	I- 公民權	1,875
		II- 宗教與文化	1,934
2015	7期1次	I- **綜合問卷（全球化、工作成就與期望、經濟態度**）	2,034
		II- **工作與生活**	2,031
2016	7期2次	I- 家庭	2,024
		II- 公民與國家	1,966
2017	7期3次	I- **社會階層**	1,917
		II- **社會網絡與資源**	1,955
2018	7期4次	I- 宗教與文化	1,842
		II- 全球化與文化	1,961
2019	7期5次	I- **社會不平等**	1,926
		II- 科技與風險	1,933
2020	8期1次	I- **綜合問卷（全球化、工作成就與期望、經濟態度**）	1,855
		II- 環境	1,839
2021	8期2次	I- 家庭	1,573
		II- **健康與醫療照顧**	1,604

資料來源：「台灣社會變遷基本調查」計畫摺頁介紹。

3. 勞動社會學實證研究分析單位

介紹社會學研究方法的教科書幾乎都會提到：社會學的經驗研究有不同的分析單位，包括個人、組織、制度、國家。從現有的勞動社會學文獻中，也可找到利用各種不同分析單位所獲得的研究成果。在後續各章中，讀者將會陸續看到本書引用這些研究。以下用一個虛擬的例子說明這些分析單位如何可應用到或反映勞動議題。假設我們所關心的議題是勞工對於工會的滿意度，以個人為分析單位的研究即可能探討一群勞工間的滿意度分布狀況及造成差異的因素，也可比較不同工會組織或企業組織之間的勞工集體滿意度的差別。此外，在有社會主義傾向的國家，勞工或許會因為工會組織較受重視、勞工本身也受到較多社會福利保障的緣故，而對工會的滿意度比資本主義較深化國家的勞工高。而以國家或制度為分析單位的跨國研究即可驗證上述的說法是否正確。

四、本書涵蓋議題與核心觀點

勞動力可以指個別的勞動者或集體的勞動人口，勞動市場是勞動者出賣勞力以獲得工資、資本家出售勞力實踐的成果以累積資本的場域。勞動市場的結構性特徵與勞動力的實踐之間具有辯證關係。市場結構影響勞動力的配置、付出及流動；勞動力的實踐方式及對於結構的反抗或挑戰，也會促成勞動市場的整體形貌、組織特徵及勞動成果分配的改變。社會學者重視結構，並非僅著重結構的特徵或型態，而更關心身處其中的行動者的角色、行動及後果。構成勞動社會學研究的重要議題即包括僱用關係、勞動條件的決定及勞資衝突。

勞動力及勞動市場的特性可分成三個主要面向：區隔、勞動條件及勞動過程。區隔的意義在於呈現勞動市場的異質性，包括形成區隔的面向與勞動者集體特性的差異。這是相對於經濟學的新古典學派之市場同質性說法。市場區隔不只具有理論上的意義，同時也是現實狀況。在進入勞動市場之後，工作現場、不同形式的勞動待遇及工作的意義都是勞動者關切的議題。對社會學者來說，勞動最終所獲得的待遇只是重要的議題之一，勞動範疇中還有其它需要關心的面向，包括勞動的過程，例如：勞動的異化與成就感受，以及為了改變現場環境與待遇所採取的集體行動等。

1. 勞動力

本書將勞動社會學的討論分成勞動力和勞動市場兩部分的作法，主要是根據社會學中微觀與鉅觀的概念。勞動力的存在及使用是勞動社會學的核心，也是論述的起點；個別勞動力所形成的整體及變化影響勞動市場的諸多層面，包括人才供需的平衡、工資給付的公平性、工會勢力的消長、國家的勞工法令等。勞動型態的組成則與產業結構和經濟景氣有關。經濟景氣衰弱、失業率高時，求職者較可能轉而爭取臨時性工作，也更需要國家法律及福利制度的保護。勞動力特徵的變化也反映社會環境的變遷。威權或民主國家的治理方式形塑出不同的勞動力運用和規範模式。以台灣為例，1987 年解嚴後，政治的民主化逐步顛覆了威權的統治型態，國家與勞動者的關係、勞動者與資本家的關係及社會對於勞動者的基本權益想像也都有顯著的變化。

以下首先介紹「勞動力」的定義及分類。勞動力 (labor force) 與官方用語中的「就業人口」(employment force) 或有酬工作 (paid work) 並非相同的概念。每個國家對於勞動力的定義不盡相同。以台灣而言，官方統計對於勞動力的定義是：15 歲以上（理論上，台灣的義務教育結束年齡是 15 歲）且未在軍隊服役或未被療養院或特殊機構收容者。這其實是一種潛在勞動力的概念。潛在勞動人口中有些仍在就學，有些為了家務或照顧嬰幼兒與小孩而專職在家，有些是全職工作者，有些是兼職工作者，有些則是失業、正在尋找工作。除了求學之外，其餘的勞動形式都將是本書介紹的議題。台灣近 10 年來出現一個值得深入探究的現象，就是男性的勞動參與率逐年下降，女性的勞動參與率則緩慢上升；勞動參與率在不同年齡及族群間的差異及所代表的意義，也是本書所要介紹的議題。

包括台灣在內的許多國家，由於特定勞動人力的短缺或勞動待遇的要求，而引進數量可觀的外國籍勞動力。例如：美國的護理人力短缺，而台灣雇主則希望有更多低廉的監護工及體力工。至於僱用方式，有些是由同一名雇主直接招募和僱用；有些則是透過派遣或仲介公司招募，工作權掌握在仲介單位手中，而勞力的使用卻由另一名雇主支配。基於工作形式或個人需求，有些勞動者完全投入全職性工作，與雇主訂有契約或有長期僱用的聘書；有些屬於兼職性工作，只需要暫時性或有限的勞力投入。全職或兼職的差異與工作時間的投

入長短有關,前者需投入正常工時(如每日 8 小時),後者則只需若干時間。由於家務勞動的負擔或市場上的歧視,女性最有可能接受或被迫接受後者這種勞動力的參與型態。若觀察不同國家的女性勞動力分布則會發現,與其它國家相比,日本及荷蘭女性從事兼職工作的比例相當高 (Chang 2006a)。以日本為例,在就業結構中,非典型工作所占的比例超過三分之一 (36%),而女性勞動者中有一半以上屬於這類工作型態 (Imai 2015)。性別差異的產生並非完全出於女性勞工自己的意願,而是肇因於許多企業的全職工作只供男性申請或不提供給已婚女性,她們只得屈就於兼職或派遣工作。相對而言,台灣整體或是女性從事非典型工作的比例較低,性別間的差異不大。

　　除了兼職和全職之外,工作型態也可用穩定性區分。臨時性工作有可能是全職或兼職,但沒有固定的契約或穩定的需求。例如:只有在農忙季節才會出現工作機會,或是在營造業的包工制下等候被召喚時才有工作,工作期間也不確定。這類工作型態的另一個特性是沒有固定的雇主,因此多數缺乏〈勞動基準法〉的保障。整體而言,台灣在 21 世紀所呈現的就業結構模式已失去穩定、

電腦硬體相關產品是台灣經濟發展的命脈,基層女性是支撐相關產業發展的重要勞動力來源
照片提供:張逸萍

專職的特色,而增加了非典型工作型態(非全時、非長期受僱於同一雇主或企業的工作型態)及彈性工時等。對於經歷過農業生產、曾經是小頭家或受到長期僱用保護的勞動者而言,社會及勞動結構轉型的速度確實快得讓人難以想像。

　　根據官方的定義,失業是指暫時失去工作機會但並未退出勞動市場,因此失業者還是會被納入勞動參與率的計算人口中。造成失業的原因有兩類,一類是勞動者個人自願放棄工作機會,如專長或興趣不合等;另一類則是勞動者被迫離開現有的工作,屬於非自願性失業,原因可能是原來

的任職單位結束營業、員工被解僱。從 1980 年代開始，台灣許多工廠或公司將生產或工作地點遷移至中國，造成員工被迫離職，或被要求遷移到新的工作地點，不願意遷移的人則因此失業。非自願性失業的另一個原因則是出於雇主或管理階層的歧視。例如：有些企業或組織會在女性員工結婚、懷孕或生育時要求她們「自動」離職。雇主為了避免觸法，或許不會用婚育為理由，而是用業務緊縮、工作績效不佳等為藉口，辭退這些女性員工。有些則要求她們在被錄取時寫下自願離職書等。可見得自願性與非自願性失業之間的界線並不易劃分清楚。所謂的「自願性」失業有可能是被迫下的選擇，而非當事人的本願，但是制式的分類卻可能造成負面效果。例如：如果福利措施是規定唯有非自願性失業者才可以申請失業保險等給付，則名為自願實為被迫離職的失業勞動者即無法申請。

符合官方定義的勞動力未必都會投入正式勞動市場，例如：家庭主婦（夫）或 15 歲以上的全職學生。家庭主婦（夫）也是全職的勞動者，只是因為所從事的是再生產勞動，所以不被視為「勞動參與」人口。不過，她／他們仍有可能從事有酬的勞動工作，例如：家庭主婦可能從事家庭代工，學生也可能全職打工。但是在官方或學術調查中，這些人可能隱藏或不會主動提起這些兼差性的有酬工作。此外，也有些人從事的是非正式經濟部門（或稱之為地下經濟）的勞動。這些生產性活動本身未必不合法，只是在勞動中所創造出來的價值並不會反映在官方的紀錄或統計數字中。例如：一名夜市攤販或許會在官方調查中宣稱自己失業或暫時退出勞動市場（這可能是事實）；但實際上，在夜市擺攤、製作及販賣胡椒餅即有生產與消費行為，但是在當年或該次的勞動統計資料庫中，這位攤商仍被列為失業者或非勞動力，其營業利潤也不會計入國民所得帳。因此，研究者或一般讀者在使用任何勞動力的統計資料時都需要仔細考察和比對，並需瞭解勞動、勞動力、合法性勞動的定義未必精確，也未必能完全反映社會現實。

2. 勞動市場與勞動條件

在進入勞動市場後，勞動者就要開始面對許多結構的、組織的及現場的制約。首先是勞動條件，主要包括實質待遇和工作環境的安全性。實質待遇是以薪資為主，此外還有福利、升遷及工作權的保障。職業傷害或是工業災害則是

與實質工作環境相關的議題。這些雖然不是具體的勞動待遇，但不良的工作環境卻會直接影響勞動者的身心健康、工作勝任的可能性，甚至是工作意願。台灣在工廠管理及安全上，長期存在許多問題。1960年代國際企業來台設廠、本地小工廠及家庭企業興起，在吸引外資及增加工作機會的經濟目標下，工作場所的安全維護及災害防治並未受到雇主或國家的重視。

多數人參與勞動市場主要是為了賺取維生所需、改善生活品質。但從事勞動的過程並非總是順心如意，而需要忍受不良的工作條件或壓力。為了達到一定的產量或是銷售量、盡可能創造最大利潤，雇主或其代理人──管理階層──會採取嚴密的勞動控制。勞動過程與控制是勞動社會學中相當重要的議題，也與許多其它勞動社會學的議題相關，包括工作自主性、工作滿意度、勞資衝突及階級關係等。勞動控制、工人的反抗、勞資衝突，均是本書要討論的議題。而由於勞工個人的力量單薄且容易受到報復，工人集體力量的出現即成為對抗雇主或管理階層霸權的重要機制。本書也將有專章討論工會組織及勞工運動。

1980年代開始，台灣正式大量引進外籍男性勞工，理由之一即是台灣已無勞工願意從事所謂的三D (dirty, difficult, dangerous) 工作。這類工作不只如同英文所示般環境髒汙（如從事染整或屠宰工作）、工作困難（如捷運工地的工人必須在高溫或高壓環境中工作）且危險（如營造工爬上鷹架刷油漆等），而且大多工資偏低。對於這些惡劣的勞動條件，國家所採取的措施並不是要求或協助雇主改善環境、提高薪資，而是從經濟發展後進國家引進外籍勞工，替補不願意接受這類工作的本國籍勞動者。雖然從全球均衡發展的觀點來看，此舉可讓經濟後進國家的人民有機會改善其自身的經濟狀況，並非全無可取，但外籍勞工（不論是體力工或居家看護）所處的勞動環境往往十分惡劣，勞力剝削的情況甚至更為嚴重；本國勞工的勞動條件及處境也未相應改善。這些都是不能忽視的社會現象及議題。

方塊 1-3　一個礦工生涯的文學描述

　　吳念真是台灣知名的作家、導演及編劇。「多桑」是他編劇和導演的劇情片，於 1994 年上映。劇中的主角「多桑」即是吳念真曾經擔任礦工的父親。電影呈現出 1960 年代台灣的政治氛圍、不同統治政權下教育和意識型態的控制、北部山城的民情和風光，以及複雜的家族關係；穿插其間的則是礦工的勞動生涯。讀者即使沒看過「多桑」，或許也曾經在其它電影或紀錄片中看過描述礦工生活的片段，如「無言的山丘」、「舞動人生」或「北國性騷擾」(North Country) 等。當大家去九份和鄰近地區欣賞山城旁的海景、蜿蜒的石頭小徑或是黃金博物館時，應該仍可想像昔日此地礦業發達時，礦工拎著油燈、扛著鐵鍬、佝僂著身軀步入坑洞的身影。礦工的勞動景象當然不止於此。本書其它各章將要介紹的勞動過程、勞動控制、工作尊嚴、性別分工、職業傷害、失業、收入等，也是多桑一生經歷的寫照。以下節錄「多桑」電影劇本的部分內容（吳念真 1994：153、172）：

> 我提著便當和一鋁罐湯站在坑口，望著幽暗的坑道，有人從我背後走過，問道：「今天提什麼湯？」我說今天是：「味噌吸物『湯』。」
>
> 坑內傳來嗡嗡的聲音，愈來愈響，然後我看到一盞礦石燈搖搖晃晃出來，掛在礦車前，之後才出現多桑的身影。
>
> 我讓到一邊，讓礦車過去，低聲說：「吃飯啦！」他沒說話，兀自用力推車前進，我看到他腳踝上有傷，血流到膠鞋處，看到他撐著地面的小腿鼓起的肌肉，我突然放下湯罐和便當跑過去，和他一起推車。
>
> ……
>
> ……那年冬天，我們搬離故鄉。三年後，全村搬光，「大山里」從台灣行政地圖上被永遠取消。多桑五十三歲時出現礦工職業病——矽肺的症狀，跟他許多的朋友一樣。五十五歲，多桑正式退休，當了三十五年礦工，領到的只有二十多萬退休金，他把錢給了我的弟弟，當作他創業的本錢。五十八歲後，多桑頻頻進出醫院，此外，每天都得仰賴一點氧氣過日子。五十九歲，併發糖尿病。

3. 貫穿本書的兩個核心面向

　　幾乎在本書多數章節都會出現的兩個面向是勞動相關法律的介紹與檢討，及群體間（尤其是性別間）的差異與不平等。前者的重要性來自於台灣的現實狀況，亦即包括勞動基本權益、災害賠償、勞動三權的行使等，都有特定的法律規範。強調男性與女性勞動條件差異與不平等的原因，則在於女性勞動參與的特殊性及與男性勞動待遇的顯著差別。

（1）法律制度的規範與管制

　　在現代化國家的管理系統之下，不論有酬與否、發生於戶內或公開場所，凡是勞動市場上的勞動者都可以在官方分類下找到一個類屬。這些類屬包括勞動力、失業或就業、職業、從業身分等。立基於國家領導發展模式 (state-led development mode) 的經濟，從威權統治到民主、直接選舉時代，政府除了在經濟發展過程中居於主導地位之外，在不同面向的勞動事務上也都有高程度的介入，最常見的手段就是政策與法律的制訂及執行。國家的介入並非都維持客觀的立場，也並非都單純、主動地要維護勞工的利益，許多法律的制訂是被迫而為、替國家政策提供正當化基礎，或甚至限制勞工集體發聲的權力。許多法律條文給予行政機關極大的解釋和決定權限，形同透過法律擴張執政者的行政權。在 1949 到 2000 年間主政的國民黨政權對於勞動權益的關心主要出於政治性的考慮，並不希望勞工勢力影響經濟上的生產、乃至於政權的穩定。例如：表面上雖訂有〈工會法〉和〈勞資爭議處理法〉，但在戒嚴體制下，這些法令的作用是管束多於保障、統合多於尊重。因此，在討論台灣現實的勞動情勢與勞工權益時，不能忽視勞工相關法規的影響力。此外，〈勞動基準法〉的制訂是因受到美國的壓力、〈性別工作平等法〉的通過則是由民間團體先推出自行草擬的版本，數年後，官方才跟進推出修正版本。除了發起勞動權益抗爭之外，台灣勞工運動的另一項特徵即是經常以遊說或街頭行動要求行政及立法部門訂立或修改與勞工相關的法律，或是貫徹法律的實踐。一方面顯示出國家在保護勞工權益上的怠惰或至少是不夠積極；另一方面，也代表國家及法律的介入是台灣勞動力與勞動市場結構形成的重要特性。

　　基於勞動法規對於台灣勞工之勞動權益及勞動條件的重要性，本書在多數

章節中都將介紹及檢討重要的勞動法律，包括〈勞動基準法〉（關於基本工資、工時、請假制度等規定）和歷次修正的主要內容（如工時的縮短與變形工時的出現）、〈職業災害勞工保護法〉、〈就業保險法〉、〈大量解僱勞工保護法〉、〈性別工作平等法〉、〈工會法〉、〈就業服務法〉及〈勞資爭議處理法〉等。

（2）性別和群體間的差異與不平等

本書的另一項特點是強調群體間的差異與不平等，其中尤以性別為最主要的面向。這並不是因為在勞動市場上沒有族群或種族的差別待遇，而是差別待遇存在的形式和普遍性不同。性別差異幾乎存在於所有國家或文化中，而且是跨越族群、地域及年紀的現象。多數國家也都有族群的區隔或問題，但嚴重程度不一。

在資本主義運作下，僱用關係成為勞動社會學的主要議題，同時也對女性勞動力的付出造成衝擊；而後者逐漸成為勞動大軍的主要來源之一，也對勞動社會學產生衝擊，包括女性再生產勞動的重要性及所受的忽視、父權文化對於女性有酬工作的限制及貶抑，以及國家福利政策以男性為戶長或主要經濟來源的迷思（Edgell 著，郭寶蓮、袁千雯譯 2009[2006]：25-31）。在西方工業化初期，女性即被排除在有酬勞動力之外。但演變至今，在現代多數國家中，女性已成為不可或缺的勞動力來源，不再只是產業後備軍。不論是屬於正式或非正式就業身分，女性對家務勞動的付出都超過男性；即使在許多義務性勞動中，女性的參與程度也都甚於男性。然而，包括育幼及家務等再生產勞動，卻成為女性勞動參與的阻礙和平均待遇不如男性的主因。這些都將是本書所要介紹的重要議題。

既然本書將採取廣義的勞動觀點、強調無酬勞動的意義，因此不只有專門的一章討論女性的勞動處境，讀者將會在各章中看到女性勞動及勞動力的身影。作者並不會刻意凸顯女性角色，但會避免傳統上將男性視為所有勞動者代表的刻板式作法。本書採取的性別主流化態度是不貶抑、也不標舉特定男性或女性的勞動身分和經驗。

五、章節安排及用語

　　社會學研究注重脈絡性因素的影響，歷史發展的脈絡也是其中之一。本書的章節雖然並非完全依照社會學門及勞動社會學研究發展的脈絡安排，每一章的內容也難以完善地鋪陳所有相關的理論、議題或事件的起源和經過，但大體上仍遵循著時間順序進行。書中的前幾章首先討論古典社會學理論和議題，然後再處理一些核心議題，包括勞動過程、勞動條件、勞動結果等。關於二次世界大戰後逐漸成形的工會組織和工人運動則將在本書後半部討論，這樣的安排其實也符合台灣工會歷史發展的進程。勞動力的彈性安排及跨國流動雖然原已存在，卻是到全球化時代才更加普遍，而且似乎勢不可當。這些議題是構成本書最後一部分的主要內容。

　　本書內容共分成四個部分。第一個部分是「勞動社會學的理論與研究方法」，共有三章，內容包括勞動社會學的發展、主要理論根源及被忽視的勞動。第二個部分是「勞動條件與勞動者的處境」，所包含的內容有勞動付出的結構性環境和條件，及勞動者的客觀處境與主觀感受；總共有七章，可說是全書的核心。第三個部分有三章，主題是「勞動權益的捍衛與對剝削的抵抗」，主要介紹勞工並非都是被動地接受國家或雇主的壓制或剝削，而是具有主動性，並會試圖改變處境。最後一個部分是「全球化之下的彈性勞動與跨國移工」，以世代為主軸呈現勞動參與型態的改變及勞工國際遷移的出現與意涵。

　　現今社會上仍有許多人對於勞工或工會一詞相當敏感。即使大家都認為勞動神聖、勞工很偉大，但許多白領上班族雖然也是勞動者，卻不認為自己是、也不想被歸類為「勞工」。有些人則認為工會是藍領勞工的組織，自己並非勞工，因此即使組成了集體性、與雇主對抗的團體，也不願意使用「工會」為名。這或許與長久以來勞工一詞持續被當作藍領工人的代名詞有關。事實上，多數藍領工人都是上班族，有固定工時，但似乎一般所謂的「上班族」多是指白領勞工。也有些人對於工會存有刻板印象，認為工會幹部都是一群抽菸、喝酒的男性，成立目的也未必是為勞工爭取權益。這些都加深了工會等同於藍領、男性工人團體的刻板印象。但是女性上街頭或在工廠門口抗爭的事件也經常被媒體報導，大家應該不覺得陌生才對。這些都顯示：我們對於社會現象和

個人角色或身分的認知與觀察，有時很混淆，且可能相互矛盾。被稱為工人或勞工並不會貶抑工作的價值或從事該項工作者的能力。紡織廠的勞工可以組織工會，銀行員也有自己的工會，教師或醫師也可以組織動員上街頭表達意見。用「工」會的名稱並無貶抑之意，也不是哪一種職業的專屬用法。本書在名詞使用上，將視當時的書寫脈絡或對象，交替使用員工、勞工、勞動者、工人、上班族、受僱者等詞彙。

由於意義相近，工作與勞動是可相互替換的名詞，只是學術界較常使用勞動，社會大眾的用語則大多是工作。不論是勞心或勞力，都屬於勞動；而無論從事哪一種工作或勞動，都需要身體、情緒、智力的付出，只是各要素的付出程度不同。在名詞使用上，本書所稱的「勞動」泛指所有有酬、家務或義務性勞動。但是「工作」一詞則主要是指有實質報酬的勞動。本書在行文時，將交替使用「勞動」與「工作」這兩個詞彙。

資本主義制度運作的邏輯是不斷地製造產品、推陳出新。資本家不只利用供給創造需求，在持續「創新」之後，舊產品雖然仍堆滿倉庫、新產品卻已然上市。為了順利銷售利潤更高的新產品、提高市場占有率，銷毀、捨棄或停止更新舊產品所需零件或軟體是常見的手法。過去較常聽到的例子是農作物、漁獲、食品；然而即使對於像汽車這種高單價的商品，生產與銷售邏輯亦是如此。

思考與討論

1. 請上網搜尋台灣目前有哪些大學系所的課程名稱含有「勞動」、「工作」、「職業」、「就業」或「人力資源」等用詞；比較一下這些課程彼此間的內容、大綱、教材，以及與本書內容的差異。

2. 訪問家中長輩對於勞動（家內或市場性）、工作、「吃人頭路」或「做頭家」的看法，以及在過程中較難忘的經驗。

3. 關於勞動或工作的研究，似乎與經濟學的關係較為密切，與心理學的連結較遠。但是個人的心理狀態有很大成分與家庭內、辦公室或工廠內的勞動有關。例如：家庭主婦、上班族或失業者都可能患有憂鬱症。請試著利用圖書館的資源或網際網路，搜尋不同勞動型態者如何罹患憂鬱症及其間的差異。

延伸閱讀

1. **李宗榮、林宗弘編（2017）《未竟的奇蹟：轉型中的台灣經濟與社會》。台北：中央研究院社會學研究所。**

   勞工的處境及勞動法制的建立都與國家政權的意識型態、經濟發展歷程及全球化競爭動態趨勢相關。本書匯集多位國內外學者，透過原創性研究，就這些外部的結構環境和產生的後果提出論述與具體證據。

2. **謝國雄（1997）《純勞動：台灣勞動體制諸論》。台北：中央研究院社會學研究所。**

   本書旨在探究台灣的勞雇關係是如何被打造出來的。書中清楚且深入地解析台灣勞雇關係與資本主義的特色，內容包括勞動控制、台灣的外包流程與家庭代工、做件意識、勞資爭議、職業災害賠償與〈工會法〉的立法及早期修法過程。

3. **瞿宛文（2017）《台灣戰後經濟發展的源起：後進發展的為何與如何》。台北：中央研究院、聯經。**

   本書從東亞及台灣的政治和經濟環境變動、歷史遺緒及國家領導者的意志等面向，說明台灣在二次世界大戰結束後數十年間的發展趨勢的形成與結果。本書使用的結構觀點可用以和新自由主義及發展社會學理論對話。

1960 年代高雄加工出口區電子工廠內女性勞工工作情形
照片提供：高雄市婦女新知協會

第二章　勞動理論及勞工的異化與認同

重點提示

1. 根據涂爾幹的《分工論》，在原始社會中，社會秩序維持的基礎是簡單的、集體性認知，稱之為機械連帶。在分工日趨精密的工業社會中，維持社會秩序的主要力量是訴諸於類似同業公會的組織；他將這種凝聚方式稱為有機連帶。

2. 根據韋伯的《基督新教的倫理與資本主義的精神》，工作勤勉、不虛度光陰是清教徒共有的勞動與生活信念；藉由這個信念，個人累積財富、擴大事業是正當且受到鼓勵的；這也是資本主義社會發達的基礎。

3. 官僚制組織的特徵之一是具備嚴格的規章和等級制度，組織內部的運作即是依據這些制度。但官僚組織所要求的分權負責、層層節制也可能讓人員綁手綁腳，或是過分注重程序而忘了目的。

4. 根據馬克思的論述，西方社會的歷史就是一部階級鬥爭史。在每一個階段的發展過程中，更能夠有效榨取勞動價值的新式生產方式會被逐漸發展出來。

5. 馬克思的理論被稱為經濟決定論，主要是因他致力於論證是生產模式決定了生產的社會關係和其它社會制度。

6. 根據剩餘價值論，資本家付給勞工的是勞力的使用價值，由這些勞力付出所轉換的成品在市場上是以交換價值出售，兩者之間的剩餘價值由資本家獨享。

7. 在資本主義社會，階級間的對立關係是資產階級壓迫勞工階級；工人意識的覺醒及團結是消除階級壓迫的條件。

8. 異化是勞工主觀的感受，是指個人與所從事的勞動、過程、成品及同僚產生疏離感。

9. 根據社會學者 Robert Blauner 的研究，異化的程度因工廠所使用的生產方式而有異。

10. 即使從事的是重複、單調性的工作或忍受管理階層的無理要求或壓迫，勞工也有可能發展出對自己工作的高度認同，並由此建立工作尊嚴。

11. 自由主義女性主義的觀點主張性別的不平等主要來自女性缺乏公平競爭的機會，包括接受正式學校教育和進入勞動市場的機會。

12. 父權制是指一種整體性的壓迫及主導形式。父權制的影響不只是藉助資產階級的介入才能發揮，同時也形塑資本主義對於女性的壓迫。

13. 根據女性主義經濟學者 Heidi Hartmann 的看法，馬克思主義和父權制之間是一段不愉快的婚姻，因為前者將一切的壓迫和不平等歸諸於市場性的物質基礎，而看不到家庭內物質基礎的差異也是女性被壓迫的根源。

14. 後殖民理論的女性主義學者認為，雖然女性之間有共同的遭遇和處境，但是白人、中產階級女性在勞動市場的遭遇不能反映弱勢族群女性所有的困境。

……和父親同樣地被拖到警察所去了的另外四個
人，都遇到了差不多同樣的命運。就是哪些乖乖
不作聲蓋了圖章的人們，失去了耕地之後，優先
可以到製糖公司的示範農場去賣勞力，一天做
十二個鐘頭，頂多不過得到四五十錢的工資。這
四五十錢的工也不是天天有的，因為公司擁有大
資本，土地又集中在一塊，犁地他們用的是機器
犁，連牛都失業了。他們要的只是很少很少的打
雜工人而已，優先被雇用的也是一做一停，大家
都得靠出賣這個、出賣那個來補貼生活，只是賣
的速度有分別而已。

　　　　　　　　　　——《送報伕》(1981[1934]: 41-42)

一、序言

　　楊逵是一位台灣文學家，成長於日本占據台灣為殖民地的時代。《送報伕》
（鍾肇政、葉石濤編 1981[1934]）是他眾多短篇小說之一。小說中主角的家庭
原是務農，後來殖民政府為了發展糖業，以支援日本國內需求，而擴大甘蔗種
植規模，強迫徵收包括主角家庭在內的許多自耕農農地。他的父親不肯答應賣
農地，以致於受到許多精神和肉體折磨，後來早逝。之後主角前往日本打工，
雖找到送報的工作，卻發現老闆以賺取保證金的方式，對他及其他送報生斂
財。本章一開始所引用的文字雖短，但已約略顯現出在資本主義生產邏輯下，
財力雄厚的資本家不斷地擴張生產規模及採行機械化，包括徵收農田、改種
經濟作物等。日本政府在財團化的發展過程中扮演積極鼓勵的角色。失去農地
的小農家庭，並沒有其它選擇，多數只好成為被僱的勞工。除了勞力被剝削之
外，還要擔心工作隨時不保，卻已無地可耕。引文中的「連牛都失業了」尤為
神來之筆，道盡個人對於經濟制度變化後的無奈與困境。

　　本書第一章說明勞動在社會學理論及實證研究發展中的重要性，以及與
其它議題之間的關連性。古典社會學理論家所關心的雖然並非全然是勞動的
議題，但勞動確實是許多理論及觀點中的重要概念，勞動也是連結個人與結

構這兩個社會學基本概念的最佳示例。法國社會學家涂爾幹 (Émile Durkheim, 1858-1917) 所著的《分工論》(*The Division of Labor in Society*) (1964[1933]) 主要討論社會凝聚的基礎和建構，並非一般所說的組織或工作現場中不同位置或職業間的分工。根據《分工論》，在原始的社會中，維持社會秩序的基礎是簡單的、集體性的認知，他稱之為機械連帶 (mechanical solidarity)。機械連帶的形成是立基於人們彼此間的同質性和親近性。涂爾幹也提到，在機械連帶的社會中，單一個人或個別家庭需要從事所有維持生計或家務的勞動，沒有其它來源可以依靠。甚至可能連以物易物的交易型態都不存在，也幾乎沒有經濟或是工作上的分工，性別的社會性分工也很模糊。然而，隨著社會結構的發展日趨複雜，人與人之間的關係不能僅依靠家族血緣或情感維持，同時宗教的作用也有限，因而轉趨於工具性。涂爾幹認為，在分工日趨精細的工業社會中，維持社會秩序的主要力量是訴諸於類似同業公會的組織；他將這種凝聚方式稱為有機連帶 (organic solidarity)。書中也提到，不論社會、組織或工廠內部的分工，未必都是過程和諧、分配平等的，而是具有上下從屬、階層的差異。勞動待遇未必都能與對產品製造或服務提供的貢獻成正比。

德國籍學者韋伯 (Max Weber, 1864-1920) 在他的名著《基督新教的倫理與資本主義的精神》(*Protestant Asceticism and the Spirit of Capitalism*，以下簡稱《新教倫理》)（1904，張漢裕譯 1974）中所讚美的資本主義精神之一，即是勤勉地勞動和追求財富。在《新教倫理》這一本薄薄的小書中，韋伯主要的提問是：為何經濟發展較為進步、中產階級興起的國家，其人民的宗教信仰都傾向基督新教？他認為這與該教派的教義有關。基督新教教導會眾：榮耀上帝最好的方式之一就是做好自己現世的職位，將其當作一種天職 (calling)。勤勉地工作、將累積的財富做更有效的利用，而不只是作一個守財奴或是奢侈花用，即是榮耀上帝的方式。這與資本主義意識型態強調擴充事業、不斷累積財富的信念是相吻合的。

雖然韋伯強調他無意提出肯定的因果關係推論，但在書中還是批評了馬克思所謂下層結構 (infrastructure)（經濟體制）決定上層結構 (superstructure)（如宗教）的經濟決定論（同上引：28）（本章第二節對於經濟決定論將有較詳細的說明）。韋伯認為，清教徒藉由實踐共有的勞動與生活信念創造了資本主義社會

的繁榮，甚至在人類社會中，宗教的影響遠大於階級。在信奉基督新教的資本主義社會中，具備不同知識、技術層次和擁有財富的未必是同一批人；但是在信奉其它宗教的社會中，教育和階級面向卻有較高的重疊性。但是否宗教的力量須持續存在，資本主義社會才能持續發展呢？韋伯認為不須如此。科技的進步、機械的發明已足以鞏固資本主義的生產模式 (mode of production)，到達某個程度之後即可不需要宗教教義的支撐。

除了《新教倫理》之外，韋伯的論點中與勞動議題相關的還有官僚或科層制度 (Gerth and Mills 1958[1946])。官僚或科層 (bureaucracy) 主要在呈現組織結構及其運作方式的規則性與層級性。官僚制的組織具有哪些特徵呢？首先是嚴格的規章制度和等級制度，組織內部的運作即是依據這些制度。整體功能的發揮是依據不同位置的作用，而不是單一個人的才能。其次，組織內部的人員是專職，職位也必須專業化才能留住及培養人才。受僱者在組織內可發展其職業生涯，如此才會有忠誠可言。許多國家的文官體系設計即在保障公務人員的工作權，並在服務一段期間後有退休制度可以依靠。第三，領導者的統馭是以理性的權威為基礎，既不是依靠專制性的威權，也不能寄望於宗教力量或是個人魅力 (charisma)。

官僚制的優點是在理性、專業的流程下讓工作更有效率。雖然設計構想是依照理性原則，但是組織在實際運作時，未必都是依循「看事不看人」的原則。不同層級的人員處理事務或做決策時，並非完全依照組織利益的最大化行事。官僚制度所要求的分權負責、層層節制也可能讓人綁手綁腳，或是過分注重程序而忘了目的。另一個走向則是：為了增加效率，組織在發展過程中也可能逐漸出現獨裁或寡頭統治 (Michels 1962)。雖然較容易達成目標，但卻缺乏民主參與精神，下層的參與機制可能逐漸腐化，使得整個組織內部缺乏凝聚力。不同的組織型態與領導模式會造成內部運作模式及組織變化的差異。對個體而言，有制度可循，受僱者即可有穩定的工作及瞭解職位的發展性，這是法治（制）的作法。人治（制）的作法則具有不確定性，也難以建立個人對於組織的向心力及忠誠度。本書在第六章還將提及內部勞動市場建構中的科層性質。

馬克思 (Karl Marx, 1818-1883) 的唯物論、勞動剩餘價值說直到今日仍持續影響許多理論和研究。他的階級衝突論和去除私有財產制的主張也在二次世界

大戰結束（1945 年）後的 40 多年間，成為前蘇聯、東歐及中國等共產主義政權統治意識型態的理論基礎。基於其學術與實踐上的影響力和見解，本書第二節將介紹馬克思所提出的有關勞動及勞動價值的理論。

　　馬克思論述中的另一項重要創見是「異化」(alienation)。異化主要是指在資本主義經濟體制下，工人參與勞動只獲得了工資，而非內在滿足，對勞動、勞動過程及製成品等都產生疏離感。在工業資本主義的生產型態下，工人運用自己的身體，但卻無法感受到勞動與個人的關係；所完成的產品雖有個人的汗水和心力付出，但工人卻感受不到產品和自己的關連。異化是馬克思對於資本主義的重大批評之一。然而，在工廠或企業內的勞工並非毫無展現主體性的可能。工人仍會嘗試在工作中透過與伙伴的合作，得到一些情感性慰藉或成就感，而建立工作的尊嚴 (Hodson 2001)。藍領勞工瞭解到社會階級結構的存在及所處的階級位置，但也對於身為勞動階級感到驕傲 (Lamont 2000; Skeggs 1997)。本章第三節將要介紹什麼是異化與實證研究的結果，以及在現代資本主義社會中勞工如何建立工作尊嚴和認同。

　　根據馬克思的階級論，勞工階級的解放必須訴諸於私有財產制的廢除和生產工具共有體制的實現。然而社會主義社會的來臨並沒有帶來女性地位的提升或經濟弱勢的解除。女性主義學者對於支持馬克思論述者的主要批評之一，即是後者忽略了一個事實：宰制女性勞動者的因素，除了資本主義，還有父權制度。除了被資本家剝削之外，女性在勞動場域也被男性勞工或管理者所支配；除了生產領域中的不平等，女性在私領域也是處於被支配的位置。階級關係的瓦解不代表性別權力關係也會趨於平等。此外，也有女性主義學者進一步加入族群面向，提出不同族群女性在勞動市場中被壓迫程度的差異。本章第四節將介紹幾個相關的女性主義觀點對於勞動性別差異與不平等的看法。

二、資本主義社會的特性和階級觀點

　　馬克思關於勞動價值理論的論述主要出現在《資本論》(Capital) (1990)。這本書共有三冊，是有志鑽研馬克思學說者必讀的著作之一。社會學系的研究生即使沒有看完全書，也會在修習理論課程時被要求閱讀其中的一些章節，或在

其它文獻中看到對該書內容的引用。中國大陸在實行經濟改革開放前（以 1992 年鄧小平南巡為起始點），社會及學術界也具有極高的封閉性；大學院校社會學系中被允許閱讀的教材極少，《資本論》是其中之一。相對的，台灣在處於反共抗俄的戒嚴時期，與共產主義及馬克思學說相關或作為書名的刊物均列為禁書，不得在市面上販售或閱讀。一旦被查獲，一般老百姓都極可能入獄。

　　馬克思其它常被引用和討論的著作還包括《德意志的意識型態》(*The German Ideology*)、《共產黨宣言》(*Manifesto of the Communist Party*)（以上均與恩格斯合著）、《1844 年經濟學哲學手稿》(*Economic and Philosophical Manuscripts of 1844*) 及《霧月十八》(*The 18th Brumaire of Louis Bonaparte*) 等。《共產黨宣言》是馬克思理論基本命題的綜述，書中同時闡述了為何人類社會是一部階級鬥爭史、資本主義社會中階級對立的特殊性、異化的產生等。由於要號召菁英和工人加入共產黨，這份宣言也系統性地說明：為何一個信仰他的理論的共產黨才能夠帶領民眾走出淪為資本家奴隸的命運。

1. 資本主義社會的特性

　　在《共產黨宣言》中，馬克思與恩格斯 (Friedrich Engels, 1820-1895) 開宗明義地提出「人類社會至今的歷史都是階級鬥爭史」(1848，唐諾譯 2001)。這些鬥爭發生於領主與農奴、貴族與平民、資本家與勞工之間。資本主義社會的特性即是在私有財產制之下，藉由工業生產與運輸技術的進步，擁有生產工具的資產階級（又稱資本家或布爾喬亞階級 [bourgeoisie]）不但成為剝削階級，同時將他們所僱用的勞工（甚至包括醫生、律師、教士、詩人和學者）都變成了普羅 (proletariat) 或無產階級。這些人沒有生產工具，除了個人的勞力之外，別無其它賴以生存的方式。

　　資本家如何賺錢、累積資本呢？馬克思的勞動剩餘價值 (surplus value) 論點是他批判階級壓迫的核心，主要放在資本主義的脈絡下討論。在資本主義生產模式下，勞動者運用勞力生產所創造的商品價值中，扣除資本家給付的工資後所餘留的部分，應該屬於資本家與勞動者共同所有，卻全都被資本家歸為其提供生產工具所應得的代價。勞工所生產的物品具有使用價值，資本家取得後則在市場上以交換價值售出，兩者間的差價被資本家獨享，成為資本累積的一部

分 (Giddens 1973: 46-52)。

　　產品是否值得被生產的前提是具有交換價值及市場價格 (Hyman 2006)。資本家擁有（僱用）勞力是為了獲利，而不是為了生產有用的東西。例如：窮人即便需要鞋子穿，如果負擔不起這筆支出，資本家就不會僱用勞力生產鞋子。相對的，奢侈品即使使用價值甚低，但只要有人負擔得起且願意購買，資本家還是會生產。在《共產黨宣言》中，馬克思和恩格斯也提到，技術的進步與分工使得工人成為機器的附屬品；資本家付給勞工的報酬也愈來愈低，僅足以維持工人及其家庭勉強溫飽所需。勞工的工作量也並未因新式生產技術的引進及分工精細化而減少。資本家藉由延長工時及增加勞動密度等方式，讓工人付出更多勞動量，但從比例上而言，後者卻僅能獲得原有或甚至更低的工資收入。女工或童工出現於勞動市場上排擠了部分男工，也都成為資本家的勞動大軍，只是被剝削的情況更嚴重。從階級對立的前提來看，在資本主義社會中，性別和年齡面向沒有特別的意義，只要是勞工，都是被剝削的一群。

　　馬克思及恩格斯的理論之所以被稱為經濟決定論或唯物論，主要是因他致力於論證：是生產模式決定了生產的社會關係和其它社會制度 (Marx and Engels 1981[1947])。仔細來說，生產模式既然決定了生產的型態，也就決定了交換與分配的方式。生產模式是由生產力（productive forces，不是經濟學所指的以計算單位產出量為內涵的生產力 [productivity]）與生產的社會關係 (social relations of production) 所構成。生產力是指讓生產得以進行的材料及方法，包括勞力 (labor power) 及生產工具。勞力當然是最主要的生產元素。生產工具 (means of production) 的範圍很廣，工具、機械設備、廠房、技術、原料及土地都包括在內。那麼資本家如何從生產中獲得利潤呢？由於生產工具的使用價格和數量幾乎都是固定的，唯一可變動的生產要素就只剩下勞力了。資本家獲取利潤的手段就是前面所說的：付給勞工的工資遠低於其勞力付出所實現的價值。付給工人的工資愈低，資本家所獲得的利潤（也就是前面所說的勞動剩餘價值）也就愈大。剝削勞工於是成為資本累積的必要手段。

　　構成生產模式的另一個要素是生產的社會關係。在所有的社會中，人與人之間有各式各樣的關係存在，但最主要的是階級間的關係，這是一種權力不平等、一個階級剝削另一個階級的關係。階級關係的型態是由生產模式所決定。

在整個社會結構中，生產模式是所謂的基礎或下層結構，由下層結構決定政治和法律制度等上層結構。論述上層結構或社會意識是由下層結構決定的意義何在呢？以資本主義社會而言，擁有生產工具的資產階級就是社會的實質統治階級，具有自主的階級意識，並且藉由教育、政治及宗教等制度將自身的階級意識灌輸給被統治階級。工人仍處於自在階級 (class-in-itself) 的階段，對於所身處的階級地位缺乏自覺，也沒有認知到這是一種集體性的處境。馬克思認為，此時的勞工對於階級結構的認識屬於虛假意識 (false consciousness)，接受資產階級所灌輸的意識而不察。直到被剝削的情境已經到了難以承受的地步，勞工才會開始發展出階級意識 (class consciousness)，而成為自為階級 (class-for-itself)。唯有到了這個地步，才可能出現推翻資產階級、發動無產階級革命的契機 (Giddens 1973: 91-94)。

馬克思也預言，工業發達國家的資本階級財富不斷累積之後，這種資本優勢也會蔓延到其它經濟發展後進、缺乏資本累積概念的社會；這些國家最後也會屈從於其它強大的資本主義國家，而被吸進資本主義的生產模式中 (Marx and Engels 1959[1888]: 12-13)。由於西方資本家的勢力龐大，工業生產所創造的資本累積遠超過之前的任何生產模式。不論國家的治理型態如何，不論是經濟較早開發的民主國家或法西斯國家，或是後進開發的國家，都會被迫進入資本主義的生產體系。

2. 階級結構與階級意識

本節以下的討論主要根據 Anthony Giddens 的研究 (1973)。在馬克思的論述中，人類社會科技持續進步、生產工具不斷創新，這些階段具有不可逆轉的特性；此一觀點具有「進化」或進步的意涵。在封建社會時期，農業技術的改良促成了生產的進步、城市的興起，以及工業的發展。到了資本主義社會，只有大資本家才能擁有昂貴的生產工具，造成財富的分配日趨兩極化。根據馬克思，西方社會的歷史就是一部階級鬥爭史。在每一個階段的發展過程中，更能夠有效榨取勞動價值的新式生產工具會被逐漸發展出來。於是擁有新式生產工具的階級得以更快速地累積資本，取代原有的統治階級成為下一個階段的新統治階級，也創造出一個新的生產的社會關係。唯有到這個階段，被壓迫的階級，亦即勞工階級，終究會發展出前一節所提及的階級意識，共同推翻資產階

級，創造出沒有階級的社會。整個過程發展形成一種辯證的關係：正、反、合不斷循環的關係。新的生產模式在下一個階段成為「主流」（正），並且形塑當時生產的社會關係；但是，被壓迫階級會起身反抗，當另一種生產模式逐漸壯大，能夠更快速及有效地累積資本後（反），前一種生產模式即被取代，後者成為主流（合），開啟了下一個階段的社會型態。

讀者或許有一個疑問：任何一個社會的組成都很複雜，如何可能只有兩個階級呢？馬克思當然也不會如此昧於現實，認為用兩個階級即可清楚劃分一個社會。他指出，在任何一個社會都有部分的人不能被清楚歸類到任何一個階級。例如：在封建時代，即有小資產階級 (petty bourgeoisie) 或是自行開店的工匠，他們並不屬於貴族或是農民階級。在資本主義社會，除了資產階級和勞工階級之外，也還有流氓無產階級 (lumpenproletariat)，如罪犯、乞丐、無業遊民等。此外，由於農業生產依然存在，還有人具有地主、自耕農的身分。也有一部分人屬於小資產階級，經營個人事業。然而，當資本主義社會發展到極致的時候，資本持續走向集中化與大型化，多數人都會因為無法抵擋大資本家累積財富的能力而成為雇工，或只能薄利經營。如果不出賣勞力，生活即無以為繼，因為資產階級才擁有生產工具。馬克思所說的資本主義社會終將普羅化 (proletarianization)，即是指在財富分配極端化之後，處於社會階層頂端的資本家人數愈來愈少，勞工階級的人數卻愈來愈多，形成社會的普羅化現象及兩極化發展。

3. 階級結構的實證研究

關於階級結構的實證研究，有學者利用馬克思對於階級分類的概念，將勞動市場的參與者分成雇主和受僱者兩大類。然而，在現代資本主義中，僅用這兩個對立的階級，並不足以代表現代組織內部的複雜權力結構。例如：專業人員在工作中被賦予的勞動彈性及待遇即遠優於基層工人，經理人員作為老闆的代理人管理其他工人，同時具有資方和勞方的身分。以 Erik O. Wright 的研究 (1997) 為例，即是採取折衷方式，將經理階層視為在階級關係中處於矛盾的階級位置 (contradictory location within class relations)。他以是否僱用外在勞力為面向，將生產工具擁有者區分為資本家和小資產階級。至於受僱階級，由於內部的異質性較高，又再被區分為兩個面向。其中一個面向是技術，另一個

則為是否擁有管理權威 (authority)，因此又被分成四類：中級或上層主管（高技術且有管人的權力）、下層主管（非技術但也有管人的權力）、專家（有技術但無管人的權力），以及勞工（無技術也無管人的權力）。也有研究將社會分成

方塊 2-1　共產黨宣言

　　《共產黨宣言》是由馬克思與恩格斯共同撰寫，德文版於 1848 年出版。這本小冊子的內容偏向政治性的宣言，主要闡述共產主義的進步性及階級革命的必然性。作者批判資本主義的剝削本質及達成共產主義的政治主張。台灣及中國都有多種翻譯版本。以下擷取其中部分內容，所使用的是較新的翻譯版本（1848，唐諾譯 2001：93-97）：

> 在資產社會之中，生命的勞動只是用來增加已積累的勞動的一種手段而已；而在共產主義的社會中，已積累的勞動卻是用來擴大、豐富並改善工人的生存。

> 是以，資產階級社會是過去支配著現在，現在支配著未來；資產階級社會裡，資本是獨立存在且有自我生命性格的，反倒是活生生的人卻被剝除了獨立性和生命性格。

> 然而資產階級卻宣稱，消滅這種悲慘性質就是消滅個性和自由！說的一點沒錯，這毫無疑問是試圖消滅資產階級的個性，資產階級的獨立性，以及資產階級的自由。

> 而自由的意義，在現今資產階級的生產關係之中，只意味著交易的自由，買與賣的自由。

> 然而，一旦購買和販賣消失了，所謂的自由買賣也跟著消滅了，這些有關自由買賣的說法，以及我們資產階級有關普遍自由的那些個「大話」，若要有任何意義，只有拿去對照於中世紀那些自由買賣處處遭受限制的被奴役小商賈；對於消滅買賣、消滅資產階級生產關係以及消滅資產階級的共產主義，則根本一絲意義也沒有。

> 你們一聽說我們要消滅私有制就驚恐起來，然而在你們當前的社會之中，對十分之九的人而言，私有制早已消滅了，這種私有制之所以能存在，正是因為有十分之九的人不存在著私有，因此，你們所譴責我們有關要消滅私有制一事，正是這種以社會絕大多數人不擁有財產為必要條件的私有制。

雇主、小資產階級、體力性質（技術或非技術）勞工、非體力性質（專業或非專業）勞工等類別 (Goldthorpe and Breen 2000)。Wright 的階級結構只考慮在正式勞動市場的就業者及雇主；失業者或是家庭主婦（夫）並沒有階級位置。

「黑手變頭家」曾經是 1980 年代台灣階級結構的特點（謝國雄 1989）。林宗弘的研究 (2009) 有部分採用 Wright 的分類，分析 1992 至 2007 年間「台灣社會變遷基本調查」（以下簡稱「變遷調查」）的資料，發現從時間趨勢來看，自僱與無酬家屬勞動者的比例都在下降中，似乎正走向普羅化；但從職業等級來看，技術性工人及專業人士的比例正向上攀升，呈現知識與技術密集的走向。黑手變頭家似乎愈來愈困難。

利用 Robert Erikson 及 John Goldthorpe (1992) 的架構，蘇國賢 (2009: 110-111) 將台灣的階級結構分成專業、行政、自營、務農、技術工和半技術工六類。他發現，女性勞動者的階級分布主要集中於行政和專業階級，其次為自營和半技術工；父輩則是以農民及自營階級為主。男性的階級分布則集中於專業和自營，其次是技術工與半技術工。根據早前的研究（Tsay [蔡瑞明] 1997；孫清山、黃毅志 1997），由農民階級轉到其它產業是台灣社會最明顯的階級流動類型。但工業化對於促進階級流動的作用有限，尤其是對藍領與白領之間的流動機會而言。台灣的勞動市場在招募及僱用上過於重視學歷是造成流動受阻的原因之一。

台北市街頭拾荒老嫗
照片提供：本書作者

三、勞動者的異化與認同

馬克思在《1844年經濟學哲學手稿》中提出異化的概念（1844，伊海宇譯1990）。在資本主義式的生產模式下，勞動者出賣勞力以換取報酬；勞動的價值體現在重複執行單調的工作，努力生產的目的只是幫助雇主累積財富，所獲得的工資僅足以餬口。勞動為個人、家庭及社會生產的美好意義被剝奪，造成勞動者與勞動、生產過程、所生產的產品、甚至是工作現場中的其他勞動者產生疏離。這些疏離所共同代表的即是異化的概念。以下分別說明這些構成異化的不同面向、實證研究的結果及現代資本主義社會中工作尊嚴的形塑。

1. 構成異化的面向

勞動者與勞動本身產生疏離是因為勞力付出已成為資本家賺取利潤的工具，喪失原來的意義。勞動者在生產過程中發揮個人的才智，讓周圍的人和社會受惠，個人會感受到創造的意義和成就。在此種意義下，勞動的付出是尊重個人的意志、適才適所，讓能力和才智得以自由發揮。從總體的角度來看，唯有尊重專長、讓每個人發揮所長，整個社會所得到的集體利益才是最大的。但在資本主義式的生產模式下，勞動的發揮被限制在固定的工廠、固定的生產流程、固定的工作位置。工人或許可以跳槽到不同的工廠、製造不同的產品、參與不同的生產過程，甚至經歷不同的勞動位置，但是被要求順從、勞動被商品化的本質並不會改變。資本家付出廉價工資換取勞力的同時，也剝奪了勞動者實踐勞動的意義。勞動者和勞動本身已然產生了疏離。

藉由不斷累積、擴張資本，資本家擁有生產工具和生產技術，並進一步掌控生產的知識，即使勞力付出是創造利潤的主要來源，勞工仍然被貶抑為與其它眾多生產要素一樣的商品。在生產過程中，工人的處境是配合機械和其它工具生產，熟練與耐心成為主要的技巧。因此，是生產過程在控制工人，工人雖參與生產，但對於生產方式和流程卻沒有影響力，工人與勞動過程之間所呈現的是一種疏離的關係。勞工在生產過程中所扮演的角色是被動的，個別的勞工也只是廣大勞動力中的一個微小角色。資本家總是可以找到有意願或別無其它謀生機會而不得不接受低廉工資的產業後備軍填補生產流程中的空缺。

　　資本家既然控制了生產過程，每個工人就只是參與其中一個環節而已；個別勞工只有數字上的意義，是大資本家僱用勞力中的千分之一或萬分之一。勞動力僅是生產要素之一。生產流程一再被切割、零細化之後，個人在生產流程中的角色持續被限縮、重要性被貶低。資本家所要求的是生產量不斷創紀錄，以及在形式上不斷增加產品的附加價值（如過度的包裝等），對於最後所完成、在市場上銷售的大量、過分高價 (overpriced) 製成品，勞工的付出也是被化約成只有萬分之一或千分之一的貢獻而已。當工人對於生產的進行沒有任何自主性、勞動的價值又被貶抑為繁複的生產成本計算公式中的一項因素時，對勞工而言，即使看見最後製造完成的產品，也並不覺得自己與產品有任何關連，反而有一種疏離的感覺。

　　在工廠的生產過程中，生產流程和速度控制在資本家和他們的代理人手中。工作的內容和程序都是資方事先規劃的；勞工彼此間有分工、但沒有合作。在工人之間，既沒有工作的連帶、也沒有情感上的連帶。在時間和產量的壓力下，工人的喘息和休息時間都被極度壓縮，彼此之間幾乎沒有時間或機會可以聯絡情感、發展友誼。由於勞力和完工時限不斷被壓榨，工人都必須盡快完成各自的工作，與其他工人之間的連帶只是半成品的移轉。工人甚至可能因為彼此間工作的協調不順而出現衝突。工人的命運雖然都是相同的，但是在工作現場，工人們在情感上及實質工作上卻無法發展連帶關係；相互間的疏離感也會愈來愈嚴重。

　　為什麼馬克思強調異化是一個客觀存在的事實，而不是主觀的感受呢？資本主義社會的生產體制既然是以對勞動的剝削作為增加生產力的手段，必然會抓緊對勞動過程的控制，勞工與勞動、生產過程、產品及其他工人之間的距離必然是愈來愈遠。這些已經被操到精疲力竭的工人，即使主觀上沒有「意識」到這種狀況，異化卻真實已然存在。異化與資本主義的生產模式息息相關。只要有資本主義，就會有異化的現象。異化的現象與勞動付出的程度成正比。工人付出愈多的勞力、替資本家製造出更多的產品及創造更大的利潤，與自己的勞動、勞動過程、所製造出來的產品及其他工人之間的疏離情況也會日趨嚴重。資本主義愈發達，工人的異化就愈嚴重。

2. 異化與生產方式的關係

　　在早期勞動社會學的熱門研究議題中，異化也是其中之一。其中最受到矚目的是 Robert Blauner (1964) 的研究。根據馬克思的說法，異化為一種結構性、同時也是客觀的勞動結果，是可以被客觀測量的。在資本主義式生產模式的壓力下，勞動和勞動成果都與工人產生了疏離，技術的發展和機械的使用更強化這種現象，但是異化的程度也會受到其它結構因素的影響，包括產業性質、機械化程度、工廠規模與居住地區等。他要探討的命題是：從事何種工作或在哪一個行業的工人所受到的異化程度最嚴重。

　　Blauner (1964) 首先將異化區分成具體的社會心理面向：無力感 (powerlessness)、工作缺乏意義 (meaninglessness)、孤立 (isolation) 和自我疏遠 (self-estrangement)。工人覺得無力是因為無法控制自己的工作內容、進度和速度。在失去控制的權力之後，個人的重要性被貶抑，每個工人對於勞動過程的貢獻變得微小，可以輕易地被取代，造成勞動意義的喪失。由於勞動不被重視，勞動的付出也不被組織肯定，很自然地，工人看不到個人在工作場域中的地位，也不會對於工作場域產生認同，進而感到孤立。勞動付出既成為只是一種賺取些微報酬以維持生活的方式，工人即會懷疑勞動的意義，甚至懷疑自我的意義；勞動變成單調地重複已經熟練的工作步驟，而不是啟發自信心或是產生成就感。

　　根據 Blauner 的假設，工人被異化的程度隨著技術進步而呈現倒 U 字型。流水線的生產方式創造最高的異化，而自動化的生產則會讓工人幾乎像工匠時代一樣感到滿意，並使異化程度降低。他的研究設計是先找出四個以不同生產方式為主的產業，進而比較這些產業內工人的異化程度，所使用的操作化指標包括怠工及流動率。這些客觀指標被視為象徵工人忍受異化或是具備工作認同的程度；低流動率反映較低的異化程度、較高的勞動認同。根據他對於美國印刷、紡織、汽車和化學產業的研究，在手工藝仍是主要生產方式的產業中（如印刷業），工人的自主性高、對勞動有強烈的認同感，異化程度較輕。大量製造 (mass production) 的方式（如紡織和汽車業）被引進之後，個別工人所從事的勞動只是整個流水線的一個極小環節，步驟簡單，很容易學習，也很容易被他人取代。此時工人的異化程度達到最高點；汽車業是最明顯的例子。在採行自

動化生產方式（如化學工業）的工廠內，工人變成大型機器的管理者，必須具有一定的知識和技術才能勝任；而所管理的機器愈昂貴也愈會增加工人的成就感。工人既具有控制的能力，也體認到個人在生產過程中的重要性，就會使異化的程度開始下降。

異化的研究在後來的勞動社會學研究中很少再被討論。其中一個原因當然是多數的學者都同意：單調的生產過程確實會對工人的心理層面造成影響，異化是客觀存在的事實，爭議不大。另一方面，異化既然是客觀存在的現象，從邏輯上來說，也很難經由工人的主觀態度得知被異化的程度或甚至異化是否存在。不論異化是否存在，由於主、客觀影響因素都太複雜，也不易得到一致的結論。再從研究法的角度來看，工人離職或怠工的原因複雜，不容易證實是否為工人異化的結果，也可能有效度不足的疑慮。

潘美玲 (2003) 曾採用 Blauner 的操作化定義，以訪問、觀察及問卷調查等多種方式，探究台灣某家石化公司員工主觀認定的異化程度。她發現，被研究企業的工作環境、薪資條件（分紅、入股）、工作保障（不輕易裁員）屬於友善型，絕大多數受訪者未顯示異化現象。但員工之間仍有區別，例如：女性的無力感和社會孤立感較高，異化程度顯著高於男性。

3. 工作尊嚴與階級認同

在壟斷資本主義的發展過程中，勞動者固然會呈現異化的狀態，卻並非所有個人或群體都會失去意志和能動性；不論是團體或個人都持續地處在體制壓迫、工作壓力下，但仍可能以不同的方式反抗或是尋找一些出口，在賺取工資之餘，也得到自我認同。這並非抽象的論述，也是現實的狀況。Randy Hodson 即認為，即使必須持續重複單調的工作或忍受管理階層的無理要求及壓榨，許多勞工仍然對於自己的工作有高度的認同，並由此建立工作尊嚴 (work dignity)。針對這個命題，Hodson (2001) 提出了勞工建構工作尊嚴的四個方式：抗拒 (resistance)、建立勞動現場的公民權 (citizenship)、建立獨立的意義系統 (creation of independent meaning system)，以及發展職場內的社會關係 (development of social relations at work)。

抗拒的出現是對於管理階層權力濫用的直接反應，包括只求產量卻未顧及勞工的身體和精神壓力、試圖干涉生產過程卻反而幫倒忙，或是用大聲叫罵等粗暴方式管理工人。工人在難以忍受之際，也會加以反擊、回罵、怠工，或採取破壞生產機器的手段。藉由抗拒，工人不只是發洩情緒，也是反映個人的工作認同、維護和重建工作的尊嚴。

勞動現場公民權的建立是出於對個人工作的驕傲，是組織內工作士氣維繫的關鍵。工人將自己當成構成組織這個「社會」的一分子，以成為組織內成員為榮，也願意為組織的發展貢獻心力。具體的表現方式包括：勞工願意主動改善工作效率以增加生產力；或藉由彼此間的合作，成為有默契的工作團隊，而不是為了配合生產流程而被強迫綁在一起的群體。重點在於這些意願或是合作都不是出於組織或管理階層的要求，而是工人之間自發的行為。這種勞動公民的精神，也是建立並維繫工作尊嚴的手段之一。

除了公民意識之外，另外兩個構成工作尊嚴的正面力量是建立意義系統和工作場所內的伙伴關係。工匠主義生產方式已被大量生產模式取代，勞工變成整個生產流程的一部分。但如果能夠在勞動過程中爭取到一些控制和彈性，工人仍然可以建構起工作的意義和尊嚴。根據 Hodson (2001: 46) 的說法，當勞工會自動自發為了工作而停頓吃了一半的早餐時，這即是反映工作帶給她／他的價值和意義至少暫時超過了組織的要求或是職場中不平等權力關係的壓迫。工人心中所想的並不是生產力或是組織的生產目標，而是單純地想要將工作做好、體現工作完成的意義。

建立勞動的意義和發揮組織內「公民」的精神，是建立工作尊嚴的元素，同時也是一種敬業的表現。但勞工終究不像機器人般不需要與人溝通或沒有情緒，也需要建立與其他工人之間的關係，形成良好的工作氣氛，否則建立意義系統和發揮公民精神都可能變成紙上談兵。Hodson 所說的工作場所氣氛不只是工人彼此之間情誼的發展，也包括培養與管理階層之間的關係。管理和被管理者之間畢竟不能經常處於表面衝突的狀態。伙伴關係的建立需要依靠日常間的友善接觸、有共同合作的情誼，或是組成聯誼性質的次級社會團體。同仁之間定期舉辦慶生會或是同事小孩滿月請吃蛋糕、油飯等，都是促進情誼的方式。

　　這四種方式或力量會隨著與管理階層之間的緊張程度而有所差異，也與組織結構和組織內部文化有關。較平和的社會生產關係會降低抗拒的機率，合作的可能性會增加。在高度競爭的產業或是以緊迫盯人為手段的控制方式，則較難產生團隊合作的契機。關於工作尊嚴概念的提出，一方面是與異化的概念對話，顯示在資本主義的生產模式下，即使被剝奪了生產工具和技術，勞工仍然有能力和意識可以建立勞動價值；另一方面也顯示工作場域中衝突與和解的辯證關係，工人並非永遠接受資方的宰制，而資本主義的深化竟然也在某種程度上需要倚賴工人自我工作尊嚴的建立（更多相關討論請見第五章）。

　　即使同樣都是資本主義式的經濟體制，不同社會文化之下，勞工階級的認同和對於階級結構的看法仍有差異。Michèle Lamont (2000) 發現，她所訪問的法國及美國男性工人都認同自己的階級身分，而且相當驕傲，因為是靠自己的勞力賺錢養活家人，而非依靠政府補助或福利津貼。物質生活條件與中產階級的差距不大，是塑造這些工人自我認同的要件。美國的勞工對於中產階級或上層階級並沒有特別的厭惡感，認為那多半是依靠秉賦和努力所得到的。相對的，法國的勞工階級對於上層階級較缺乏好感，認為生存目的並非為了不停地追求升遷或累積財富；對於管理階層欺壓下屬以作為未來晉升之路，深不以為然。這項研究具體說明了主觀階級認同形成的複雜性。

　　女性主義社會學者 Beverley Skeggs (1997) 以英國女性白領勞工階級為研究對象，發現這些女性對於個人的工作和階級身分也有高度認同。一些從事照顧工作的女性對她表示，並不是任何人都可以從事這項工作，或是可以勝任愉快。照顧工作帶給她們成就感。但是在生活起居和身體管理方面，她們之中有些人則是向中產階級的女性或家庭看齊。例如：她們會注意自己的體重，不要讓自己太胖；穿衣打扮也希望去除女性勞工以方便為原則的服裝品味，同時也注意不要太暴露。在居家生活方面，寧願存錢購買一個有品味的家具，也不要用相同的花費購買十個廉價的物品。綜合這些研究例證，物質條件的改善和大眾消費文化的興起讓勞工認同的決定因素和面向都出現了多樣化，而非單純缺乏工人意識與否的問題。

方塊 2-2　文獻內容量化分析方法

本章在正文中引用了社會學者 Randy Hodson 的研究。他在該書中所使用的研究方法相當特別，值得加以介紹 (Hodson 2001: 299-302)。這個方法可以簡單稱之為文獻內容量化分析方法 (documentary accounts quantitative analysis)。該書的主要資料來源是已發表的組織民族誌的著作。他和一位助理先上網搜尋、瀏覽書評，甚至直接到圖書館的書架上尋找。在排除了非使用民族誌方式為主要研究方法的著作後，選出了 365 本主題與組織相關的著作。第二個階段則是直接瀏覽每一本書，然後選出 86 本著作作為資料來源。選擇的標準為：（1）這些書的內容必須是來自直接的民族誌式的觀察研究，且研究期間至少在六個月以上；（2）這些觀察僅限於單一組織（以區辨組織的特徵）；（3）這些著作必須至少對於某一群體的勞動者有深入的研究，例如：生產線上的工人、辦公室的打字員或一個計畫團隊等。

除了資料來源特殊之外，Hodson 工作尊嚴研究的另一個特點是用統計方式分析書中的內容。因此，在選定資料來源之後，下一步工作就是確定書中哪些內容需要編碼，以便轉換成量化的資料。他及其他研究者和研究生分批仔細閱讀這些著作。書中凡是與工作尊嚴主題有關的段落（以對於行為本身或是事件發生的描述為主，主要是原作者訪談引用文或是觀察，不採用作者的結論或是個人意見）即加以編碼。如果某個行為可以被編碼成兩種或兩種以上的概念時，則重新檢閱之前的段落，確認該行為或事件最能反映某個單一概念。研究團隊每兩週聚會一次，討論進度並提出各自發現的疑難雜症。

Hodson (1998, 1999) 也說明這項研究如何檢測其信度和效度。每當一本書的編碼完成後，研究團隊中的一名成員即與負責編碼者聚會，由後者仔細說明編碼的理由，並由雙方共同核對。此外，也自編碼完成的書中選出一本，由三位成員分別進行編碼，再核對彼此的編碼結果。根據他們的統計結果，編碼結果的信度極高，相關係數值約為 0.79。Hodson 用兩種方式檢查編碼的效度。一種方式是在原作者的理論取向（功能學派、人際關係學派、馬克思主義、女性主義）或是研究特徵（民族誌進行的地點、作者在田野中的角色、在田野中所花費的時間，以及觀察完成的年分等）不同的狀況下，檢驗團隊成員是否可能因為個人觀點的差異而在編碼事件或行為時有不同的結果。分析後發現此一現象並不存在。另一種方式則是用統計方法分析編碼者的特徵是否會影響編碼結果，結果也不成立 (Hodson 1999)。

四、女性主義的勞動理論

雖然恩格斯 (1969[1892]) 曾經寫過關於家庭與階級的關係、提到女性的角色，但在馬克思的著作中幾乎很少談及女性作為有酬或家務勞動者在階級結構中的處境。他們在論述中所說的勞動者幾乎都是指男性。對於馬、恩來說，在資本主義社會中，階級的區隔遠比性別或是其它人群分類的區隔更具關鍵性，更能代表資本主義社會的特性。如同男性，女性也是被壓迫的對象；因此，階級的解放代表所有被壓迫者的解放，無產階級的解放也就是女性的解放。由於論述的基礎即是關於勞動剩餘價值在市場上的剝削，在馬克思的論述中看不到關於再生產勞動的討論，不同性別在勞動市場的差別待遇於是從未被關切。

不同流派或觀點的女性主義學者對於工作或勞動的看法豐富但分歧，本章無法一一介紹。以下主要根據 Heidi Gottfried (2006) 的整理，依理論發展的時間順序，將女性主義者關於工作的理論分成三個類型／階段。第一個類型是屬於自由主義女性主義 (liberal feminism) 的觀點，主張機會的不平等是造成女性無法在勞動市場上與男性一較長短的主因。第二種類型是馬克思主義女性主義。此一學派主張階級的壓迫是造成女性壓迫的主要源頭。但也有其他學者認為資本主義和家庭都是壓迫的體制，家庭內的權力關係與有酬勞動市場中的性別權力關係是相互作用的。第三個觀點則是後殖民理論，在性別與階級之外，再加入族群的面向，呈現出性別差異和不平等的複雜性。這三種觀點雖然可能出現後進理論反省先期理論的情形，但也並非是要完全取代，而較像是不斷修補早期觀點中的漏洞，對於性別差異和不平等的現象提出更完整的論述，在實踐上提出更有效的策略。

1. 自由主義女性主義

自由主義女性主義觀點的代表人物之一是 Mary Wollstonecraft。Wollstonecraft 成長於 18 世紀末的歐洲。她曾撰文抱怨當時女性的角色和言行舉止都被限制、被教導依靠男性維生即可。她比喻這種意識型態讓女性不能自由呼吸，女性的聰明智慧無所發揮（1792，李清慧譯 1999）。一般而言，自由主義女性主義的觀點主張性別的不平等主要來自女性缺乏公平競爭的機會，包括接受正式學校教育和進入勞動市場的機會。在 19 世紀時，不論是東方或西方，「女子無才便是

廿五淑女墓，位於高雄市
勞動女性紀念公園內，紀
念 25 名在工作途中遭遇船
難的旗津女性
照片提供：本書作者

德」的說法不僅在觀念上被接受，在行為上也被徹底執行：大學不招收女性、公司只僱用男性。Wollstonecraft 等人所反對的即是這種機會不平等的現象。在實踐上，由國家以立法和政策方式介入，禁止入學的性別歧視，則是此派女性主義者的普遍主張。許多國家立法禁止雇主在僱用時有性別歧視，也是出於此派學者的推動。

　　機會的不平等阻礙女性進入公領域的可能性；教育作為就業機會條件，缺乏接受高等教育的機會使女性難以在勞動市場上與男性一較長短。機會的開放去除了阻礙性別平等的第一道關卡，這些推動性別平等的先驅確實看到了問題的核心。不過，她們並沒有深究促成和鞏固性別工作差異與不平等機會的機制，似乎認為只要不再禁止女性入學和就業，憑藉個人的努力和才智，女性就可以和男性一樣開創出一片天地。然而，勞動市場內的運作機制十分複雜，造成和影響不平等結果的面向和原因很多，並非機會開放之後，這些問題就會自動消失，而達到性別平權。此外，公領域的勞動與私領域的勞動之間不只沒有清楚的界線，還會相互影響，受到這些影響最深的則是女性。開放公領域內的機會並無法自動消解私領域內的性別權力不平等關係，而後者也仍然影響著公領域內的性別權力關係和女性事業生涯的發展。

2. 馬克思主義女性主義的觀點與爭辯

　　傳統馬克思主義女性主義的論述主張階級的壓迫是造成女性勞工階級貧

窮、不能翻身的主要根源；資本主義對工人階級的宰制終將因為後者的覺醒而被推翻，女性也和男性一樣同樣被解放 (Gottfried 2006)。因此，階級差異遠比性別差異嚴重，解決性別不平等的方式就是先解決階級間的差異。不過，其他並不反對馬克思階級論的女性主義者意識到性別差異的獨特性，而將性別權力關係與階級權力關係的壓迫性並列。

Christine Delphy、Heidi Hartmann 及 Sylvia Walby 等人即是提倡性別與階級權力關係至少應該相提並論的學者。根據 Delphy 的觀點，家庭內的父權式生產模式所創造的是一種不平衡的權力關係。父權 (patriarchy) 或父權制度 (patriarchal system) 是強調男性優於女性、並由男性掌握社會、經濟及文化支配權的一種社會體系。在此種關係中，男性作為一個剝削階級，從剝削女性的家務勞動中獲益。女性的再生產勞動付出讓男性可以無後顧之憂、全心投入有酬的勞動，但男性卻反過來視家中的女性為依賴人口；似乎是他的生產養活了太太和其他家人，而貶抑或甚至忽略後者對於他的生產性勞動的貢獻。她提到：「……在階級過程中將資產階級男人和『資產階級女人』區分開來的原因，也就是使『資產階級女人』和『勞動女人』團結在一起的原因，因為她們都被依她們丈夫的階級歸類。這樣的分類是基於所有女人的共同點──她們只是『某人的女兒，並且現在或是將來會成為某人的妻子／女人』」（Delphy 著，張娟芬譯 2022[1984]：89）。對「資產階級女人」的敵意乃是基於一正確的認識，即女人並不真正屬於資產階級。這種敵意顯示出性別（即一個人的父權階級）重於「階級」，而且更進一步說，這「重於」被認為是正確的（同上引）。Delphy 所要批評的，不只是在階級研究中遺漏了女性的獨立階級位置，還指出女性的處境是跨階級的。她並沒有否認階級壓迫的存在，而是看到了在任何階級中都有性別的問題。

同樣也是認知到資本主義生產體制的壓迫性，英國的社會學者 Walby (1986) 對父權制度的影響提出更全面性的看法。她將女性在勞動市場及家庭內的不平等待遇衍伸到政治領域。Walby 認為，性別或是基於其它全體特徵的不平等同時包含公領域和私領域、文化與經濟、身體與工作所得。父權的運作不只出現在就業市場，還反映在家庭、國家、男性暴力及性關係上。

女性主義經濟學家 Hartmann (1976) 定義父權制或家父長制是以物質為基礎的社會關係；在此一階層式的關係中，男性是以集體的樣貌控制女性。簡單

來說，父權制即是一個男性壓迫女性的系統。這個概念並不是指責單一的個人
（男性或女性）或家庭對於個別女性的壓迫；因為，社會中確實存在個別的差
異。父權制是指一種整體性的壓迫及主導形式。例如：在多數的社會中男性是
掌權者和資源分配者；在多數的家庭中男性是一家之主和家中主要或重要的資
源提供者。父權制鞏固了資本主義式階級權力不平等關係（Hartmann 著，范情
譯 1999[1979]）。她更進一步用「男人要養家」的迷思解釋女性在勞動市場上的
不利地位。利用男性勞動才是家中主要經濟來源為藉口，資本家於是藉由職業
隔離 (occupational segregation) 的手段（關於這個名詞，更多相關說明請參考第
七章），將女性推入低薪、缺乏發展性的工作。女性賺的錢不足以養活自己及小
孩，也就無法擺脫對於男性家人的依賴。這個現實情況有助於鞏固男性在家中
的地位，助長不平等的性別權力關係。父權制的影響不只是藉助資產階級的介
入才能發揮。歷史事實顯示，當資本家或其代理人（管理階層）意欲增加女性
的僱用人數或是聘用女性從事傳統男性的工作時，經常受到工會或是男性工人
的強力反彈而導致無疾而終。因此，馬克思主義和父權制之間是一段不愉快的
婚姻，因為前者將一切的壓迫和不平等歸諸於市場性的物質基礎，而看不到家
庭內的物質基礎也是女性被壓迫的根源 (Tong 1989: 179-181)。

3. 後殖民理論的女性主義

　　後殖民理論的女性主義學者對於女性主義理論的最大修正就是提出族群的
優位性，認為族群的壓迫甚至是先於性別或階級的壓迫 (Gottfried 2006: 143)。雖
然女性之間有共同的遭遇和處境，但白人、中產階級女性有機會接受較好的教
育，在勞動市場上所面臨的困境是薪資和升遷的不平等，有色人種、下層階級
女性缺乏提升人力資本的條件，所面對的是工作機會結構上的不平等。以美國
的例子來說，種族間的差異與不平等更甚於性別。非裔美國男性在勞動市場上
所受到的歧視，包括不被聘僱或是在升遷過程中經常被忽略，也是非裔美國女
性的共同遭遇。弱勢族群的困境對於女性或男性而言都是真實存在的現象。

　　以台灣的例子來看，根據後殖民理論的說法，社會上對於原住民族的男性
或女性都有相同的刻板印象，包括膚色及容貌不適於從事某些工作、缺乏文化
資本及現代社會所需要的工作紀律等。這些刻板印象對於她／他們的就業和待
遇都有負面的影響。即使男性仍然比女性多一些優勢，但是族群間的差異與不

平等甚至大於性別間的差異和不平等。性別、階級及族群這三個面向之間的交叉關係又受到社會文化、國家經濟、政治統治型態或處境的影響，而有不同的型態。帝國主義的壓迫即可能同時造成對經濟弱勢國家中任一性別及族群的勞動者的剝削（邱貴芬 1996）。例如：跨國公司到「第三世界」國家投資設廠，後者的利基所在即是有大批工資低廉的勞工可用，且沒有保護勞工的法規，或者即使有，也未被認真執行。

方塊 2-3　馬克思主義和女性主義不快樂的婚姻

　　Heidi Hartmann 是一位女性主義的經濟學家。她自從取得博士學位之後，幾乎都是在學院以外的組織任職。在本書撰寫期間是一個非政府組織——女性政策研究所 (Institute for Women's Policy Research) ——的創始人及負責人。她早期的著作中有多篇經常被女性主義或社會科學研究引用，包括 1976 年在 *Signs* 期刊刊登的 "Capitalism, Patriarchy, and Job Segregation by Sex"。Hartmann 較近期的研究是關心女性低收入的現象 (Lovell, Hartmann and Werschkul 2007)，或比較男女性終身收入的差距並提出解釋 (Hartmann, Rose and Lovell 2006)。以下所引述的是她於 1979 年所寫的〈馬克思主義和女性主義不快樂的婚姻〉（1979，范情譯 1999：334-335）的片段：

> ……許多人曾認為雖然資本家和父權體制的伙伴關係現仍存在，長此以往，資本家將無法忍受父權體制，而摧毀家庭關係和父權體制。此論點的邏輯是資本主義社會關係（家庭不在此例）將具普遍一致性，婦女將增加賺錢能力，且拒絕在家中的從屬地位。而只要人們可以在家庭之外養活自己，家庭這個特別對婦女、兒童而言的壓迫根源，將會崩解。

> 我們不認為與家庭一體的父權關係能輕易被資本家摧毀，也看不到任何證據顯示家庭體系正在解體。婦女勞動參與力增加雖使離婚更為可能，但對婦女而言，離婚的誘因還不是那麼強烈。婦女薪資只允許非常少的婦女能獨立自足地養活自己和小孩。再怎麼樣傳統家庭衰頹的證據也是薄弱的。離婚率從未大幅增加，只不過在各階段中分布得更平均；同時再婚率也非常高，1970 年以來，結婚與育幼似乎延遲，但

最近出生率又再增加。很大比例的人不再生活在傳統家庭中，特別是年輕人正離開父母的家，在結婚以前即自立門戶。老年人，特別是婦女也正因子女成長或經歷伴侶死亡，孤子一身。儘管如此，趨勢顯示新一代在成年生活的某階段建立核心家庭的比例比以往要高。1930 年後出生的人，比以往有更高比例結婚生子，婚姻和育幼的期間也許縮短，但其影響仍在。

資本主義將瓦解家庭的論點也忽略了使家庭具有吸引力的社會動因。儘管核心家庭被批評有心理上的破壞力，在一個競爭的社會，家庭仍能滿足許多人的需要，這對長期的一夫一妻制和育幼都是事實。單親家庭有財務和心理的雙重負擔，特別對勞工婦女，這些負擔使得所謂的「獨立性的」勞動力如同迷人的幻象。近來政策分析家視單親家庭為過渡性家庭，她們將因再婚而成雙親家庭。

婦女勞動參與力增加也可能致使家庭內性別分工衰頹，而非離婚率升高，但也缺乏這方面的證據。關於誰做家事的統計顯示，近年來職業婦女仍做大部份家事，負擔雙重工作。加上性別分工也再現於勞力市場，職業婦女在財務上仍須仰賴男人的事實，也不令人驚訝。父權體制的未來不是只建立在家庭關係的未來。父權體制就像資本主義般，有驚人的彈性和適應性，無論資本主義「最終」能否忍受，它正在形塑資本主義。

五、結論

有些理論家具有雄心壯志，試圖提出一個理論，幫助我們看穿社會運作的本質、認識社會變動的主要推力，或是認同其社會改革或革命的主張。馬克思即是其中的代表人物。馬克思的學說促成了後續各種階級衝突理論或觀點的興起，其中有些是演繹他的論點、有些是延伸、也有些是批判，例如：新馬克思主義、後馬克思學說、批判理論、調節理論等均是。至於與勞動議題相關的論述，在美國研究者中，Harry Braverman (1974)、Michael Burawoy (1979)、Richard Edwards (1979) 及 Erik O. Wright (1985, 1997) 等人的著作，都毫不諱言是受到馬克思理論的影響，或是與他的論述對話。

　　沒有一個社會學理論可以解釋勞動結構和勞動市場運作的所有面向與機制；即使馬克思的學說影響深遠，也無法完全用階級觀點解釋勞動市場中性別或特定群體間的權力差異。但社會學先行者所提出的觀點或理論，仍然是我們瞭解勞動及勞動市場現象和運作的重要工具。關於勞動過程與勞動區隔的研究深受馬克思理論的影響；而職業分層、專業化則是反映了涂爾幹對於資本主義社會下職業專門化的見解；韋伯所提出的官僚化或科層化不只成為組織社會學的核心觀念，也是後人瞭解勞動市場運作及資源和位置分配邏輯的理論基礎。這些概念還將陸續出現在本書其它各章中。

　　晚近的社會學研究呈現出勞工建立自我尊嚴的可能性和過程，同時發現勞工對於所屬階級的認同。這些主觀意識雖然並不能完全否定異化的存在，卻也顯示勞工階級接受資本主義生產模式的事實；即使認知到工人階級與資本家和管理階層的差異及被剝削的事實，工人也並沒有（或至少還沒有）如馬克思所預言般發展出革命意識或行動。本章的討論顯示，勞動尊嚴和對於個人所屬階級的認同，並不是資本主義的社會生產關係變形或出自於資本家的善意，而是奠基於勞工的集體合作和連帶關係的發展，以及物質基礎的改善。而國家對於公民身分的認定也有可能成為破壞工人團結的尖刀。根據吳介民 (2019) 的分析，中國的戶口制度限制了到城市工作的農民工的公民身分，這種人為安排造成的公民權差序格局，造成對底層工人的雙重剝削。

　　女性主義學者對於馬克思主義的批評，使得女人作為一個集體，即使尚未完全站到幕前，在勞動社會學的研究中卻也不再面貌模糊、無聲無息。在現今社會中，不論是屬於何種經濟制度，女性勞動力都是產業和經濟發展中不可缺少的勞力來源。即使在工業革命初期，女性（與童工）也是重要的邊際性、補充性勞動力。而作為男性生產者的後盾，女性的再生產勞動持續至今仍然被忽視和貶抑。女性再生產的「價值」及在勞動市場上所遭遇的差異和不平等對待也將是本書諸多章節要介紹的議題。下一章的主題是被忽視的勞動，再生產勞動即是要討論的類別之一。

思考與討論

1. 除了生產方式和階級區隔以外，在不同的職業中，異化的程度或是工作尊嚴的建立方式也會有些差異。請試著從學術論文或媒體的報導中，找出對一些職業的工作內容陳述或勞動者的主觀認知，再從中分析是否具有馬克思或 Robert Blauner 所提到的異化特徵或面向。

2. 請從台灣學者已發表的著作中，找出二至三篇論文，簡單摘要這些文章中有關台灣代間或代內勞工階級流動的發現，並試著比較不同時期勞工階級流動的模式是否有差異及可能的解釋。

3. 關於階級的定義，早期有些社會學者（如 John Goldthorpe）是僅以男性為分析樣本。主要的論點是家戶中參與勞動市場的大多數是男性。由於女性勞動參與率的提升，類似的觀點已受到挑戰。請試著討論在一個雙薪家庭中，在哪些情況下先生的階級位置可以同時代表他與另一半的共同階級位置，在哪些情況下夫妻客觀的階級位置應該分別認定。

延伸閱讀

1. **顧燕翎編（2020）《女性主義理論與流變（完整修訂版）》。台北：貓頭鷹。**
   本書以歷史進程為主軸，將女性主義劃分為 11 個類別，由全球不同地區華語學者撰文說明或導讀，可作為女性主義及性別研究的參考及教學讀本。

2. **Giddens, Anthony (1973) *The Class Structure of the Advanced Societies*. London: Hutchinson.**
   本書以階級結構、階級衝突、工業社會及階級的未來發展為主軸，再現馬克思及韋伯對於這些議題的論述。

3. **Wright, Erik Olin (2010) *Envisioning Real Utopias*. New York: Verso. 中文版：Wright, Erik Olin 著，黃克先譯（2015[2010]）《真實烏托邦》。新北市：群學。**
   作者是知名的馬克思主義學者，在用量化方法分析階級結構的研究上具有先驅的地位。本書擴展其對於勞工階級在勞動市場處境的關懷，提出社會賦權的概念，倡議經濟發達國家建立基本生活收入制度。

公益組織「婦女新知基金會」民法諮詢熱線義工
照片提供：本書作者

第三章　被忽視的勞動

重點提示

1. 勞動是一個整體的概念；不論是發生在公領域或私領域、個人或社區、義務或有酬的勞動，也不論發生的場域或時間點，都構成社會整體運作的一環。

2. 在多數的社會中，勞動的付出並不是依循個人或群體之間的協議進行勞務／產品與金錢的自由交換即可，而是會受到國家法律的規範或道德性的約束。

3. 女性或男性都可能從事生產性或有酬的勞動，但是再生產勞動的主要承擔者則幾乎都是女性。

4. 家庭制度的出現並非由於人民的自由結合而生。婚姻、生育、教養等，都有國家的直接或間接介入。

5. 一個充滿愛情或親子之愛的家庭也可以是一個符合正義的家庭。如果夫妻中有一方承擔了家中的養育和其它勞務，則賺錢的一方就有義務讓另一半分享收入。

6. 關於性工作的法律地位共有三種看法。其中一個是禁娼派，主張所有形式的性交易都應該被法律禁止。此外，還有除罪化及合法化的主張。

7. 性工作者的勞動過程十分複雜。除了提供身體的勞動之外，還要付出美學勞動及情緒勞動。

8. 在資本主義社會中，情緒也是一種「商品」。經過特殊的包裝之後，情緒也成為資本家創造更多利潤、財富的工具。

9. 情緒勞動讓個人感覺變成一種規則。管理階層事先決定勞動者要如何感覺及如何表現感覺；不只是被要求表面上的禮貌或客氣，也還需要深層的操演。

10. 情緒勞動是指勞動者不能隨心所欲或是按照個人當時的情緒作調整，而是具有標準化和一致性的特質。

11. 過度或是長時間的情緒操演會使得勞動者產生疏離感或是情感的不協調，甚至造成心理上的壓力。

我所熟知的弗洛伊德，對動手修理東西一無所知
……。我深深懷疑他是否有辦法在牆上釘釘子，
再掛上一幅畫。瑪塔攬下日常生活的瑣事，指揮
若定，為了要讓丈夫專心於志業，有些事她得獨
自處理。……一八九五到一八九九年，弗洛伊德
撰寫「夢的解析」……這本鉅著。一八九五的
時候，他的長女八歲，長子才六歲大。假使這些
年間，他每星期得送女兒上舞蹈課，帶兒子去騎
馬，他還會有時間和精神寫書嗎？他不必為這些
家務事分心嗎？小女兒生於一八九五年。設想一
下她夜晚啼哭不止，而弗洛伊德得下床安撫的情
景。這些事情瑪塔一個人承擔了下來，弗洛伊德
才能保持心平氣和，不受干擾的著書立說。

——《天才的妻子》(2004[2002]: 2)

一、序言

上面引用的這一段話出自《天才的妻子》（Behling 著，楊夢茹譯
2004[2002]）的序言。序文的作者是著名的精神分析學家弗洛伊德 (Sigmund
Freud, 1856-1939) 的孫子，文中所提到的瑪塔 (Martha Freud) 是弗洛伊德的太太。
這個名字其實可以作為眾多功成名就男人背後默默付出的妻子們的代名詞，只
是其他女性未必像瑪塔一樣幸運，有一個孫子願意或是有機會用文字彰顯祖母
對於祖父學術事業的貢獻。這篇序文還提到，瑪塔和弗洛伊德一共生養了六個
小孩。雖然僱有兩名傭人，但瑪塔照顧一家八口的辛苦仍是可想而知。或許有
些人會說，感謝瑪塔，讓弗洛伊德得以完成人類知識上的偉大作品，何必計較
她對於人類社會的貢獻是在幕前還是幕後。但是，從性別平等的角度來看，如
果弗洛伊德或是其他許多功成名就的男性也願意多分擔家事和照顧子女的工
作，人類社會可能出現更多偉大的女性心理學家、物理學家或文學大師。幕前
和幕後工作價值的差異性對待反映出性別的不平等。

在我們的一生當中，除了睡覺或休息之外，都在從事各式各樣的勞動。但

不論是官方或學術界討論的勞動議題，大都只著重於可換取實質報酬的勞動。這種有金錢或實物交換才是勞動的想法，反映了社會建構的價值觀和制度。不只是擁護資本主義的經濟學者，包括馬克思或是他的追隨者在內，所關心及爭論的都是資本家可僱用的勞動力，而忽視了再生產勞動對於生產勞動的重要性。

再生產的意義至少有兩個面向：生育及維繫生命。生育主要是指為社會綿延下一代，即懷孕、生產等勞動。維繫生命則是指照顧家人，使嬰幼兒得以順利長大成人，而上班、上工的人可以在隔天繼續為雇主效勞，生病的人得以受到照顧而康復。但無論是哪一種形式的再生產勞動，多半是由女性承擔；然而再生產的價值不被重視、甚至被貶抑，從事再生產的人反而被稱為「依賴人口」。

如果有一種勞動付出讓被服務的人得到生理或心理上的滿足，勞動者也獲得報酬，此一沒有脅迫性、兩相情願的交易行為仍被認為非法的原因為何？在多數的社會中，勞動的付出並不是單純依循個人之間的協議進行勞務／產品與金錢的自由交換，而是受到國家法律的規範或道德性的約束。性交易即是一個明顯的例子。有些社會對於性交易採取合法化的政策，有些則是國家積極介入，完全禁止性交易或只是有限度地開放。國家介入的正當性之一是基於「道德」的考慮，認為性交易是「傷風敗俗」的行為，如果合法對待將形同鼓勵人民進入性工作領域；至於這是人民的或是政治人物的道德觀，則未必清楚。另一方面，由於性交易牽涉到人口販賣、對於未成年少女的身心戕害或是黑道介入等問題，從管理的角度來看，如果將此一勞動型態完全禁止，則執法人員較容易進行檢查和其它行動，但也較易衍生假公濟私、以檢查之名侵犯人權等問題。

有些營業行為被認定為非法，可能是因為地點不對、被稅務機關認定為逃稅或是無照經營等。財政部中區國稅局曾因要對攤販課稅卻不知道業者姓名，而用所販賣的食品為名，稱呼業者為「飯糰先生」、「雞排小姐」等，寄出補稅通知單，結果遭致批評（聯合報 2010 年 5 月 15 日）。或許這些小頭家或小攤販所從事的勞動本身符合社會規範，但是因為不屬於法律制度規範下的交易行為，而成為地下經濟，並可能因為涉嫌逃漏稅而入罪。勞動 (labor) 的行使受到法律及道德的規範，因而有了合法或非法、道德或不道德的區分。

諸如此類的「非法」勞動，大家都知道其存在、屬於「非法」，甚至仍公開營業，這些矛盾狀態在勞動社會學研究中很少被討論。本書將性交易等「非法」勞動，視為被忽視的勞動；既然勞動被忽視，這些勞動者的處境及勞動權益也相對缺乏關注和研究。對性工作者來說，雖然同樣會受到警察或司法機構的騷擾，但是與攤販或無酬家屬工作者等地下經濟勞動者相比，還必須承擔汙名，及受到國家法律制度更嚴厲的管束與懲處。

學者或婦女運動團體對於性交易是否應該合法化，有相當分歧的看法。主張性別壓迫觀點的學者認為，性交易剝削女性身體、反映出性別權力關係的不平等（林芳玫 1998）；持反對意見者則認為，在交易過程中，女性並非完全被動、從業者仍有其自主性，且以勞力換取報酬並無不妥（陳美華 2006）。不同的觀點也關係到性交易是否為工作的爭辯。

許多人在工作中所付出的不只是時間與體力上的勞動，還包括情緒，或被要求展現特定的面貌、儀態、聲音及表情等。身體外表的呈現也是勞動控制的內容。早期工業社會學的研究關注藍領工人的身體勞動（詳見本書第五章），卻鮮少提及情緒勞動。Arlie Hochschild 於 1983 年所出版的 *The Managed Heart* 開啟了社會學對於勞動情緒議題的重視。情緒可看作是廣義身體勞動的一部分；對於需要直接面對顧客的勞動者來說，表情的展現並不是隨心所欲的操作，而帶有一定程度的表演性質。隨著所創造的產值及僱用人力的持續成長，服務業成為台灣等工業開發國家的主要就業部門，情緒勞動的研究也愈來愈重要。

本章第二節將說明再生產勞動的意義與價值。由於本書第九章將會介紹家務分工及托育的議題，本節主要說明再生產勞動與生產勞動之間的關係，以及市場交換法則如何忽視私領域勞動對於市場性勞動的貢獻。第三節則說明非正式與「非法」勞動。這兩種類型的勞動均屬於一般所稱的「地下經濟」。第四節是介紹情緒勞動的概念、實踐及性別意涵。

二、再生產勞動

在現代社會，家庭的開銷已很難僅靠男性的薪水，女性的收入對家中生活水準的維持有重要貢獻，但是女性仍需承擔主要的家務勞動。不論太太本身是

否有工作，都需要以丈夫的事業或工作為優先，讓他回家可以好好休息、有熱騰騰的飯菜可以享用、有乾淨的床鋪可以睡覺，第二天早上還可以精神奕奕地去上工或上班。下一代的生育和照顧也多半是太太的工作。不論對個人、家庭或社會來說，這些都是維繫生命與生活的再生產勞動。從字面上看，再生產 (re-production) 就是讓生產被再創造。社會再生產是指與維持、組成社會之個人日常生存所需或與繁衍子孫直接相關的活動、態度、行為、情緒、責任及關係 (Laslett and Brenner 1989)。

1. 再生產勞動的概念

不論是從個人或社會的角度來看，勞動都是一個整體、難以分割的概念，現實狀態也是如此。Miriam Glucksmann (1995, 2000) 曾提出「勞動的全社會組成」(total social organization of labor, TSOL) 的概念。在總體層次，這個概念強調整體社會的存續是依靠不同領域和性質的勞動付出的結合。不論是公私領域、個人或社區、義務或功利性的勞動，也不論發生的場域或時間點，都構成社會整體運作的一環。Glucksmann (2000: 9-14) 提出的這個名詞較像是一個實證研究策略，其論述及設定是在挑戰將勞動分成公領域／私領域、工作場所／家戶

日本大阪市社區居民的義務性清潔勞動
照片提供：本書作者

內、商品／非商品、正式／非正式的二元模式。不同目的和性質的勞動之間有關連性及延續性，沒有人是每天單獨從事單一的某項勞動。勞動與勞動者的關係、時間性 (temporality) 及空間性 (spatiality) 是將社會整體的勞動及個人的勞動串連的面向。個體和社會整體的市場性勞動都不能脫離再生產；個人的勞動付出及轉換也與本人及家庭生命歷程的發展相關；勞動場域的更換不只是地點不同，還反映了性質、勞動條件或甚至是身分的改變。關係與時間、空間相互交織的結果，才是勞動的全貌。

　　家庭內的再生產是整體社會再生產的一部分。其中包括個人直接使用或消費的食物、衣服及居住環境，對於行動不便者及老人的照顧、小孩的教養及性需求的滿足（包括生理上的滿足及生育下一代）(Laslett and Brenner 1989: 382-383)；這些勞動同時具有精神、體力及情緒性質。個人勞動的實踐是透過不同的制度產生，包括家庭、學校、私人營利事業或公部門；不同形式勞動的價值與分工，會受到在地的自然環境、傳統價值和意識型態影響。雖然資本主義生產模式已經讓許多家庭內的產品或服務市場化，以家庭為主的再生產勞動依然是維繫個人生活、提供情感需求、延續家族生命的來源。

　　在一般認知、官方統計或甚至學術研究上，只有市場性、有貨幣交換的勞動才被認為是重要的、對家庭及國計民生有實質貢獻。每個社會的生產性、有酬性勞動都是以個人或其他家人的再生產勞動為基礎。多數人類社會、歷史的發展軌跡都顯示：女性或男性都可能從事生產性勞動，但再生產勞動的主要承擔者則幾乎都是女性，只是身分不同，可能是母親、太太、姊妹、媳婦、女兒或其他女性親友。

　　人們忽視再生產勞動的原因之一，是多數的再生產發生於家中，屬於私領域的範圍。一方面，勞動的過程及效果不易被觀察，也很難量化。另一方面，勞動的服務對象是家人，勞動須付出體力及精神的事實因而被愛心及親情所掩蓋，若強調照顧或打掃清潔的功勞，似乎會抹煞了家人之間的親情及付出。公領域和私領域的劃分使得家庭中的再生產性活動有很長一段時間被排除在公眾的討論之外，也被視為外界和國家不應介入的境地。

　　John Mill 在所著的 *The Subjection of Women* (1869) 一書中，提到公私領域劃分與家戶中性別不平等現象的關係 (Satz 2004)。男孩自幼即受到寵愛和重視，隨著年齡增長，很自然地成為家中的戶長，男性在公私領域的主導性即是從家中開始養成的。家庭中所呈現的是一面倒的利他精神，而女性是利他行為的主要執行者。家庭並不是一個自然的產物，而是由法律和歷史發展所形成的社會制度。經由法律及社會制度的規範與限制，國家介入家庭的建立和維繫。關於適婚年齡的說法、合宜的子女數、家人同住的安排、誰才應該是賺錢養家的人等，都是所謂的「家庭策略」(family strategies)。這些策略並非個別家庭或個人可依照各自的需求或意願決定，也不能完全歸因於生理因素，而有國家介入的

身影 (Laslett and Brenner 1989: 385)。台灣政府對於女性生育行為的勸說或介入就是一個例子。

　　為了減少人口成長對於國家財富累積成果的影響，國民黨政府於 1970 年代初期開始推動「兩個孩子恰恰好」的家庭生育計畫；鼓勵女性裝置「樂普」避孕（蔡宏政 2007）。到了 1990 年代初期，由於擔心人口及勞動力老化問題，執政的國民黨不再強調追求低生育率，〈所得稅法〉在扶養兒童寬減額的減免上也取消了以兩個小孩為限的規定。隨著生育率降低，從本世紀開始，如何鼓勵生育及多產又成為輿論的熱門議題，中央和地方政府都相繼端出口號及政策，獎勵女性生育。「傳宗接代」從來就不被單純地視為負責生育勞動的女人的事，而是夫家的事、家族的事，也是「國家大事」。此外，婚姻或是對小孩的教養等，都有國家的直接或間接介入。什麼樣的人才可以結婚、必須經過哪些程序、誰才有資格可以養育小孩、離婚必須具備哪些條件，以及誰能繼承遺產等，這些都是明顯的例證。子女姓氏如何決定、父母有管教子女的權利、小孩可以繼承父母的遺產、領養非婚生子女須符合一定程序等亦同。

　　女性在家庭中扮演養育下一代和處理家務的角色，雖然有生理上的連結（如小孩必須在母親的子宮內孕育、出生），但並不代表女性就應該負擔後續所有的或大部分的養育和照顧責任。因為負擔再生產勞動而缺乏獨立收入的女性，一旦離婚或先生突然過世時，也很容易立即陷入貧窮狀態。退出勞動市場的結果也讓女性的人力資本（如原來累積的人力資本）折舊，而成為再就業時的障礙。經濟上缺乏獨立也讓許多女性必須忍受男性家人施加給她們或小孩的暴力。女性要離開家庭的困難度遠高於男性，但男性要另組家庭卻比女性容易許多。女性並沒有因為在私領域內的貢獻而受到制度性的保護、進而在經濟或人身安全上獲得保障。作為再生產勞動，家務勞動也並非僅有身體上的勞動，母親、太太、女兒的情緒勞動付出也是家務性別分工議題中較被忽略的課題 (Erickson 2005)。

　　從歷史的角度出發，Barbara Laslett 及 Johanna Brenner (1989) 用階級差異說明公、私領域劃分的社會建構性質。對中產階級的婦女而言，由於丈夫的薪資足以養家，因此前者專職家務勞動及母職的情況較為普遍，成為「男主外、女主內」的範例。但是在勞工階級的家庭中，性別分工就缺乏清楚的公私領域界

線。因為收入有限且不穩定，妻子不只要操持家務、照顧小孩，還要藉助親屬網絡打零工、賺點外快，以貼補家用。

人類社會初始的勞動實踐並非如此「公」「私」分明。Hartmann（1979，范情譯1999）提到，當家庭仍是生產單位的時候，由於女性和小孩都參與農地或家中小型事業的生產性勞動，男性對於家務勞動也較不會袖手旁觀。工業革命初期，工廠內普遍使用童工，父親也承擔許多兒童的帶領及教導工作。當童工的限制增多、工資收入成為維持家人溫飽的主要謀生手段後，家庭薪資 (family wage) 的概念及訴求也開始出現；男性工人及工會要求雇主給付足以養活本人、妻子及子女的薪資。這些訴求的成功，阻擋了女性出外就業或得到合理工資的機會，子女的照顧成為母親的完全責任，同時也鞏固了劃分女人／私領域、男人／公領域的界線。

2. 再生產勞動的價值

我們應該如何重新評價再生產的價值呢？資本主義發展的一個意外效果是使得幾乎所有的勞動都可以在想像或實務上被商品化，反而讓我們可以客觀評量再生產的價值有多少。如果家中三餐都外食，那麼所花的吃飯錢就等於太太或妻子為家人準備和烹飪食物的工資。如果是請人到家裡幫忙做家務、照顧老

空服員服務乘客時不只需要情緒勞動，還要付出體力及美學勞動
照片提供：本書作者

人或小孩，則付給這個人的薪水就是家中照顧者的所得。如果太太不肯與先生發生性關係，後者去找性工作者提供服務而給付給對方的酬勞也可以反映太太所提供的服務價值。有些夫婦希望扶養小孩，但不願意領養或難以找到合適的對象，於是採用人工受孕或代理孕母的方式，這也可以看成是可「正常」生育子女的婦女價值所在。這些例子是要凸顯重視交換價值、以致於誇大生產性勞動對社會發展的重要性、而將再生產勞動邊緣化及貶抑的不合理。

　　如果婦女也是國民，那麼在計算國民生產毛額 (gross national product, GNP) 時，婦女的家務勞動投入為何沒有列入計算（瞿宛文 1999）？這或許是技術上的原因，因為家務勞動不是經由市場交易發生的，因此沒有市場價格，難以量化的緣故。不能出現在國民所得帳上，國家或個人固然沒有實質的損失。但如果國民所得是代表一個國家全體國民的勞動產出，遺漏沒有貨幣金額的再生產活動，形同對於女性再生產勞動貢獻的忽視。瞿宛文舉了一個例子說明：如果買便當，生產便當的勞務會反映在便當的價格上，因此就會被計算為國民所得的一部分。但如果是自己準備便當，家庭主婦買菜、洗菜、烹煮和善後等所付出的勞務成本就是自行吸收，並不會反映在國民所得的數字裡。此一計算邏輯的結果即是將男性視為賺取麵包或米糧的人，其他的家屬則為依賴人口。不只是政府統計，社會大眾也習於忽視再生產勞動的意義。

　　有工作的男性較少從事家務勞動，中老年女性會從事較多的義務性勞動。勞動不但有不同的形式或目的，其中的界線也經常是流動的，有時甚至會模糊到難以明確歸類。家庭主婦如果在家照顧病人或老人、幫忙家庭事業，她的勞動付出是無酬的；在現實上成了依賴人口、需要家庭中在市場上賺取麵包的人 (breadwinners) 提供物質來源 (Acker 2004)。但她如果受僱於某戶家庭，同樣是發生在私領域的勞動行為，烹煮晚餐就變成有酬勞動。如果家庭中僱用親友幫忙做家務，則此一勞動與金錢的交換即成為地下經濟；如果是正式的僱用，例如：透過仲介公司聘用外籍幫傭，則付給移工及仲介公司的費用即成為雇主的支出，國家會計帳上會記上一筆收入，仲介公司的營業收入也成為國家課稅的標的。由這些例子也不難換算再生產勞動的價值到底有多少。

方塊 3-1　看不見的黑色勞動

　　巧克力是許多人的最愛，也是情人節送禮的首選之一。許多食品在添加巧克力之後，身價和美味度都提升不少。夏天時消暑的巧克力冰棒、當作零食的巧克力餅乾、插滿蠟燭的巧克力蛋糕，乃至台灣冬天時流行的瑞士火鍋 (fondue)，都少不了這道黑色的食材。但是在享用之餘，可能很多人不知道許多巧克力粉是來自於兒童栽種的可可樹，也含有工廠中這些童工將可可子製造成粉的血汗。

　　《巧克力禍心》（Off 著，沈台訓譯 2009[2006]）即揭露了這個真實故事。該書作者是一位加拿大籍新聞記者。她藉由對當事人的親身採訪、對其他記者和相關人士的訪談，以及過去的影像和文字紀錄，在書中深刻地描寫了某些非洲國家如何利用本國或鄰近國家童工種植和製造可可，以應付全球市場（尤其是歐洲和美國）的需求。這些童工被誘拐或是強迫送到可可園後，終日工作，卻從未拿過一分錢的工資。由於缺乏正常飲食，這些兒童陷入極度營養不良的狀態。逃跑或是重病即被槍殺或拋棄。從這些兒童或青少年的勞力中獲利的是人口販子、可可園的主人和在非洲投資可可工廠的西方資本家。包括 Cadbury、Hershey's、Mars 及 M&M's 等知名品牌都曾經在非洲大陸投資設廠。為了避風頭，有些大廠於是遷移到中南美加勒比海地區 (Caribbean Area) 或在該地擴廠，但童工問題依然嚴重。儘管巧克力不是便宜的食品，但可可終究只是一項農產品，農人的利潤極低。這雖然不能正當化農家壓榨童工的行為，但可以說明為何農人連聘請成年工人都嫌太貴，而要極力壓低勞動成本。

　　根據原作者的描述，早期當童工被當作奴隸使用的新聞公開後，還曾經有巧克力大廠的發言人宣稱，使用兒童在自己家的農場中勞動是西方社會常見的景象。言下之意好像非洲的家庭都擁有自己的可可園，生產的目的是自給自足，虛構出一幅溫馨、富裕的農莊景象。這些資本家或他們的發言人甚至也忘了，美國或是有些歐洲國家曾經大量使用黑人奴隸幫忙經營他們的農莊。

　　書中所描述的這些情況，即使到了新世紀依然存在。以下引述作者在書末的幾句話（頁 330-331）：

> ……巧克力已經成為廣被接受的奢華享受，跨越種族、宗教與國家的區劃，毫無差異地被喜愛著──對每一個人而言，也是個價錢合理的零食，當然不能列入那些從沒聽過巧克力或沒有能力購買的人。諷刺的是，這一群不會羨慕的人，正包括生產巧克力最重要原料的人。

> 我所遇見的年輕馬力男孩，他們離家去尋找工作，並深入象牙海岸冒
> 險，他們耗去生命中的一段時光被迫去種植可可，他們以最艱辛慘烈
> 的方式得知一根巧克力棒的真實價格，即便他們從未見過它。……
> 這些孩子可能從不知道、而未來也不會知道巧克力嚐起來味道如何。

三、非正式與非法勞動

1. 非正式勞動

非正式勞動是指不在一般所定義的正式勞動市場 (formal labor markets) 中工作的勞力付出。從調查的術語來說，非正式的勞動力是指表面上退出勞動市場，但有可能仍然在從事生產性活動；只是勞動的實踐和結果並不被官方認可。在國民生產毛額的計算中，並不會列入這類勞動所創造的直接附加價值。國家或經濟學者對於地下經濟的關心焦點主要是稅賦的短徵和實質國民經濟的低估。地下經濟的項目包括法律禁止或逃漏稅法稽查的經濟行為。

任何社會都有地下經濟，一般來說，貿易、商業或金融等管制愈嚴格的國家，地下經濟的範圍就愈廣。以台灣來說，據學者估計，在 2008 到 2012 年間，地下經濟的規模約可達國內生產毛額 (gross domestic product, GDP) 的 28.1%（聯合報 2014 年 7 月 1 日）。根據國際貨幣基金會 (International Monetary Fund, IMF) 的估計，2015 年台灣地下經濟的比例約為 30%，高於韓國 (19.8%)、香港 (12.4%)、新加坡 (9.2%) 及日本 (8.2%) 等經濟管制較少的國家（International Monetary Fund 2018: 72-75）。

印度裔的美國社會學家 Sudhir Venkatesh (2006) 曾經長期觀察及訪談美國芝加哥市某一個非裔美國人聚集區的地下經濟活動。根據他的田野資料，這個社區從早到晚都充斥著經濟活動，但都是地下經濟，例如：在暗巷內從事快速性交易，或未領有食物販售執照的交易行為等，目的只是為了養家活口。要釐清該區民眾的經濟活動中的合法性或非法性幾乎是不可能的。交易結果不會出現在任何官方報告中（英文的說法之一是 off the books；這也是他的著作的主標題）。雖然在勞動力統計中，這批人被忽視，但勞動的事實和成果卻是真實地存在。

2. 非法勞動：以性工作為例

與性相關的工作除了性行為的交易（包括應召或是有固定營業場所）外，還有從事上空女郎、脫衣舞、電話色情、網路色情、色情理髮及鋼管女郎或牛郎等工作。除了幼教老師、幫傭、藝旦或檳榔西施之外，以性交易或性娛樂換取報酬的工作是另一個幾乎百分之百女性集中的職業，這同時也是一個因為道德及牽涉到性別權力關係不平等而被忽視但卻具有爭議性的職業。多數女性從事性工作的主要原因是為了獲取較高的報酬。根據黃淑玲的研究(1996)，由於家庭經濟環境欠佳與支持網絡薄弱等因素，台灣早期還有雛妓，其中原住民族群的少女占了相當高的比例。她們的勞動所得成為許多原住民族家庭經濟的重要來源。女性不易獲得高薪工作的現象也出現在年輕人身上。也有青少女出於經濟需求或因高薪工作機會不多，而自願從事此類工作（陳美華 2006）。

不論在西方或東方，早期與性交易相關的論述大都主張從事性工作是女性不得已的選擇，主要是為了養家活口等。對於性交易作為一種買賣行為給予強烈的道德譴責。認為嫖客的行為不僅殘害善良女性，如果是已婚者，更是對不起自己的太太；女性自願從事這些工作則是「令人不恥」。

在日本政府統治台灣之後所做的勞動力調查中，可看出至少在當時（1900年代初期）娼妓是一項被列入正式統計報告的工作。在日本，社會大眾及官方對於此一工作較不會用「非法」眼光看待。但在國民政府統治台灣之後，娼妓或性工作者再度被列為非法工作者，官方的調查資料不會出現這項職業的名稱，我們也不會知道從事這項職業的人數有多少。這個變化顯示：性工作是否為一項「正當」職業、性工作的勞動價值是否可以被列入整體社會的生產價值中是政治性的決定，在不同的國家與文化間並沒有一致性的作法。

不論是擺攤或其它形式的地下經濟，或是被汙名化的性工作，由於都被定義為「非法」，國家警察單位於是有權力進行臨檢、搜查或開罰單等取締行動。讀者應該都看過在大街上擺攤的成衣業者或在市場外賣水果的小販被警察開單的情景。電視上也會屢屢出現警察到酒店或理容院搜查、小姐們忙著用衣服遮蔽頭臉的畫面。這其中所引發的問題之一即是執法者濫權的可能性。被臨檢的店家、小姐或客人未必在臨檢時一定在從事性交易，警察單位預先通知媒體前

往採訪的舉動，再加上還未正式起訴之前記者和警察就認定這些勞動者違法的偏頗心態，本身即是違法且違反人權的。最後，因這些非法交易而被處罰的通常並不會是買方，而是賣方，也就是「罰娼不罰嫖」（請參考方塊 3-2）。因為過去的法令不罰嫖客，有些瞭解法律的客人於是用報警為手段威脅性工作者、交易結束後拒不付款，使性工作者受到雙重剝削（聯合報 2009 年 11 月 7 日）。自 2011 年 11 月 6 日起，法令則改為：除非是在官方規劃的特區內從事性交易，否則性工作者與其客戶都會被處罰。但由於各地方政府宣稱民意反對，迄今沒有任何縣市設立性交易專區。

方塊 3-2　性工作的除罪化趨勢

　　2009 年 9 月，兩位宜蘭地方法院的法官——林俊廷及楊坤樵——在審理警察移送的案件時，認為〈社會秩序維護法〉第 80 條的規定違反平等及比例原則，而申請釋憲。同年 11 月，大法官會議做出釋字第 666 號解釋，宣告「罰娼不罰嫖」的法令有違〈憲法〉第 7 條「中華民國人民，無分男女、宗教、種族、階級、黨派，在法律上一律平等」的平等原則，至遲應於兩年後失效。以下內容擷取自報紙對於大法官決議文的報導（聯合報 2009 年 11 月 7 日）：

> 大法官會議宣告「罰娼不罰嫖」現行法令違憲，雖然未明言「娼、嫖該不該罰」，但多位大法官在協同意見書都認為，性交易產業是職業的一種，應受保障，甚至還有大法官提及性自主權，娼妓除罪化已是趨勢。

> ……多位大法官以德國的作法為例，認為「性販售」只要未跟犯罪聯結，應該和其他職業一樣，受到憲法的保障。還有大法官在協同意見書中直言：「公序良俗的概念，已嫌落伍僵化。」

> ……大法官更指出，我國實際執法經驗，顯示對性工作者的查緝及處罰，帶有階級歧視色彩，警方經常對小旅館臨檢，少在幾星級以上的觀光飯店取締。

> 對於在街頭「站壁」拉客、從事性交易的流鶯，這些人大都是中高齡的婦女，公權力不僅未提供應有的安全與保護，反而加劇她們為生計掙扎的苦楚。

> 有大法官在解釋文中指出，性工作者可分為專職或兼職，有人涉及生存權、工作權，即使是拜金性質的援交，也可援引性自主權，雖然現

代社會風氣多半譴責，但最多只需予以道德責難，對社會公益侵害不大，無庸動用法律予以制裁。

（1）台北市公娼存廢爭議

在 1987 年，婦女團體（包括婦女救援基金會、勵馨基金會及婦女新知基金會等）共同發起了一項反雛妓、反對人口販賣的大遊行，遊行的地點是台北市萬華區的華西街。當時的華西街是台北市公娼集中地之一。公娼是指獲得政府特許、領有證件，且在有執照的特定場所（即公娼館）內以性交易換取酬勞者。10 年之後，1997 年台北市則發生了公娼抗爭事件。起因是當時的市長陳水扁因為與議會鬥爭而宣布立即收回公娼的營業和執業牌照，造成台北市萬華區和大同區的公娼失業。對於「性工作是否為一項工作」，至今仍持續在學術界、社運界和社會輿論上爭論不休。反對廢娼者認為，廢娼造成這些從娼者立即性的失業，在頓失收入來源的情況下，面臨斷炊的困窘。除了經濟性的理由之外，主張「妓權」的論述也認為，從健康的角度來看，地方政府對於公娼都會實行性病檢查；如果這些女性為了生活所需，成為「非法的」私娼，沒有檢查的機制，反而增加她們自己、嫖客或其他人感染性病的機會（台北市日日春關懷互助協會 2000a：17）。

這些原先領有政府牌照的公娼與支持她們的運動和學界人士開始持續地上街頭抗爭，要求市府撤回或暫緩撤銷她們的執業牌照。部分參與者後來集結各自的故事，出版了《日日春：九個公娼的生涯故事》（台北市日日春關懷互助協會 2000b）。接任的台北市長馬英九決定接受公娼暫緩兩年撤照的要求，台北市的公娼於 1999 年復業。但在 2001 年 3 月 28 日，即使反廢娼團體及公娼依舊反對，台北市政府仍正式廢除公娼制度。除了關於性工作是否為工作的爭議之外，這個事件也顯示「非法」與「合法」的界線是由人為、政治操作所決定。完全一樣的勞動型態，可以在一夕之間被宣布為非法，然後又被平反為在限期內仍屬「合法」。

針對公娼是否應該被廢除的問題，台灣輿論在 1940 年代即已經有熱烈討論，論述的重點甚至與 30 多年之後的爭論有許多相似之處。根據游鑑明的研

究 (2005)，當時有些人認為性交易是不道德的行為，從事性工作的女性都是被迫的。為了保障她們的「人權和人格」、解除她們的痛苦，應該要廢除公娼的存在。另外也有人提出疑慮，一方面擔心廢除公娼之後，會造成失業率上升；另一方面是擔心萬一公娼轉為私娼，將造成梅毒的傳布。但 1997 年的廢公娼爭議中有一個全新的論點，就是對於性工作是否應該合法的論述。從事性交易是否可以被視為工作的問題也等於在質疑：是否被法律所允許的才能算是工作或勞動。

　　Laurie Shrage (2007[2004]: 19-21) 從法律觀點，整理出三種對於性工作的看法。其中一個是禁娼派。該派主張所有形式的性交易都應該被法律禁止，國家應該透過社會方案拯救及協助這些女性。這也是台灣目前所採取的管理政策。另一個看法是來自除罪化的擁護者，認為性交易如同其它的商業行為一樣，所以性工作者不應該被入罪。第三種看法則是主張合法化。支持者承認性工作存在的事實，但是認為需要有適當的管理及控制，包括要求從業登記、工作者須做定期健康檢查、工作時須使用保險套及設立紅燈區等。在公娼制度被廢除之前，台北市政府對於公娼的管理即接近合法化的主張。

（2）性工作的勞動特性

　　女性主義學者對於性交易（或是相關的色情工作）是否可以成為一種工作有不同的看法。Carole Pateman (1988) 認為性工作是女性的社會和政治處境弱勢的寫照；而性工作與其它的「工作」不同，因為人的身體和性愛能力與性別認同是不可分割的。出錢獲得性服務符合男性的形象，女性出售性服務以獲得金錢則符合一個經濟和其它層面弱勢者的形象。由於在性交易過程中，女性是處於被動、下屬的地位（提供性服務以收錢），如果同意性可以商品化，等同於認可女性的弱勢地位是可以被接受的 (Satz 1995)。部分女性從事性工作讓所有的女性都受到汙名化。Martha Nussbaum (1999) 則持不同的看法，她提到，在兩百年前的西方，女性登台唱歌或是跳舞還被認為是一種性工作，因為良家婦女不會從事這種拋頭露面的工作。如今是將性交易視為一種汙名化的工作。因此，她認為女性主義者要做的應該是去除性工作的汙名，而不是因為社會上對於從事這些工作女性的汙名而反對性工作 (Shrage 2007[2004]: 19)。

　　綜合西方社會學及性別研究的論點及發現，Ronald Weitzer (2009) 認為，關於對性工作者及這項工作的看法有兩個極端。其中一個觀點認為性工作是男性壓迫女性的象徵，反映的是父權的性別關係；此一觀點也傾向於認為性工作者都是被迫進入性產業、是需要被拯救的一群人。不過，他也提到，支持壓迫論的實證研究在選樣及報導時，都是找符合此一觀點的對象或故事；由於研究發現缺乏外部效度，這個說法的說服力也就大打折扣。

　　與壓迫觀點相對的即是培力 (empowerment) 觀，認為性交易就如同其它的買賣關係。持有此一觀點的學者認為，性工作者的高收入不但可以改善女性的社經地位，而且比其它工作更具備自主性。此外，性工作者雖然在大多數社會中都被汙名化，被認為偏離道德規範；但是她們卻從顧客的滿意、信任或是稱讚中得到自尊。持有這項觀點的學者認為，壓迫論的說法是將女性當作受害者 (victimize)，而忽略性工作的優點。然而這個觀點也有以偏概全之嫌。並非所有的性工作者都是自願投入這個行業，也並非都能夠享受高收入或自主性。例如：阻街的性工作者遭到暴力對待或警察騷擾的機會就很多，收入也遠不如應召或是酒店內的小姐。Weitzer 因此提到，社會學研究可以從性工作的組織化程度及性工作者的個人家庭背景與從業經驗差異，探討性工作的壓迫或培力傾向。

　　以台灣的脈絡來看，性工作者是否有自主性，以及自主性與組織結構的關係，也是持不同觀點者爭辯的焦題。陳美華 (2006) 藉由深度訪談指出性工作者勞動過程的複雜性，其中除了提供身體勞動之外，還有美學勞動及情緒勞動，顯示出這項工作需經歷學習及調整的過程。此外，對從業者來說，性作為工作及性作為行為的差異，是可以有意識地在行為和態度上做出區分。即使性工作的專業性比不上醫生或律師，但也絕非只是機械式地出賣身體、女性完全沒有自主性，或嫖客只是在乎肉體的滿足。勞動者有意識地認知到她／他們是在從事一項工作。最後，在組織化程度較高的場所（如酒店），性工作者的自主性較低、被剝削的情況也可能較為嚴重；但由於性交易屬於「非法」勞動，自僱的性工作者受到執法單位騷擾的程度卻比有雇主的性工作者嚴重。組織的作用、個別勞動者的自主性程度還是會受到政治及法律環境的影響。

　　性工作與其它體力工作不同之處在於性勞動的付出是同時發生在兩個人身上（當然也可能多於兩個人），但多數都是其中一個人在付出勞動，而另一個人

則是出錢享受這樣的付出。付出者大多是女性，享受性服務的則大多是男性。這是持壓迫觀點者的立場（林芳玫 1998）。雖然這樣的陳述並非完全錯誤，但並不代表女性在過程中都未感覺到性交的愉快，或是沒有翻轉權力關係的可能性（陳美華 2006）。

如前面所提，有些性工作者的所得比一般女性的平均收入高，是多數女性進入這項工作的主要誘因。從性工作者本身的角度來看，性工作並不是人人都可以做得來的，還需要學習一些技巧，以及具有保護自己、將個人與勞動過程抽離的認知，並需做好「邊界管理」（陳美華 2006）。此一抽離與製造業工人所感受到的異化並不完全相同。抽離的原因也是要保護自己，不要因為太多的情緒投入，而影響個人的工作與私領域的感情生活。根據唐筱雯 (2003) 轉述一位前公娼的說法：「……就像勞工出賣勞力、學者出賣知識一樣，我們也是靠自己的身體賺錢，但是我要強調，出賣身體、絕對不是為了男人需求，而是為了我們的生存……我不偷不搶，負擔全家人的生計，我認為自己活得很有尊嚴……」。此一訪談紀錄的背景即是前述台北市政府決定撤銷公娼牌照之時。

女性主義法學家麥金儂 (Catharine MacKinnon) 於 2013 年來台演講時，曾在回覆提問中指出，「我所遇過的從娼女性中，沒有人希望她的孩子也過這樣的人生。……我從未聽過任何人說，雖然遺憾，但被勞力販運是這些可憐人所能得到的最好工作，所以就讓他們繼續待在那裡吧」（王慕寧等譯、陳昭如編 2015：262）。她提到，有許多未成年、甚至成年女性是被迫從事「性工作」，所得的收入十分微薄（或甚至沒有），當想要離開必須承擔極大的代價（甚至包括生命）時，認為這是一個有自主性的工作的想法太過偏離事實。麥金儂認為，娼妓制度「……根本不是工作，是……性虐待和性剝削」（同上引：267）。在具體政策上，她推薦瑞典政府當時採取的作法，對嫖客、皮條客及人口販運者科以刑罰，免除對從娼者的懲罰，並提供她們想要的服務與職業訓練（同上引：216）。

四、情緒勞動

由於主要於私領域中進行，再生產勞動的重要性時常被忽視或貶抑；在多數國家，性工作是實際存在、但被定義為非法的活動；而情緒勞動則是在

以工業資本主義生產模式為脈絡、男性藍領工人為對象的研究傳統中，長期被忽視的一種勞動形式（張晉芬、陳美華 2019）。美國社會學家 Hochschild 是第一位從社會控制角度看待受僱者的情緒操演、並提出情緒勞動一詞的學者。她認為情緒勞動是指在公眾場合中一種可辨識的面部及身體操演 (Hochschild 2003a[1983])。情緒勞動是許多職業特徵的一部分，多數服務業的受僱者確實都需要在工作中呈現愉悅或是特殊的表情或聲音，以推銷產品或服務。但 Hochschild 認為：表達適當的情緒或許是敬業的表現，也是一種禮貌；但在資本主義社會中，情緒也是一種「商品」。經過特殊的包裝之後，情緒於是成為資本家創造更多利潤、財富的工具。如同工廠裡的勞動過程受到雇主或管理階層的控制、藍領勞工的身體操作節奏受到規訓，服務業受僱者的勞動過程也是被控制、白領勞工的身體和情緒也是被「管理」的。情緒勞動概念與實證研究的出現拓展了社會學對於勞動內涵、勞動過程、自我認同及女性工作的認識與勞動社會學研究的深度。

1. 情緒勞動的制度化

除非是面對機器，否則多數的工作在勞動過程中多少都需要付出一些情緒。但 Hochschild (2003a[1983]) 所說的情緒勞動是指情緒成為工作特徵的一個重要部分。在工作場域中，情緒勞動並非是受僱者個人可以自由發揮或是視個人心情而定的操作，而是必須接受管理階層的訓練和指導，有具體的文字規範，在服勤時自然地表演。以她所研究的一家美國航空公司為例，公司的管理階層將空中服務的勞動流程和細節及情緒肢體的表達全面制度化，明載於各式各樣的手冊中，要求空服員按表操課。在面試時，應徵者即會因為外表特徵先被篩選，被檢視的項目包括體重、身材、牙齒（整齊與否）、面容、五官及年齡。被錄用的空服員在就職前必須接受一連串訓練，以瞭解哪些是合適的情緒操演、在什麼情境下應該有何種表情或肢體動作。其餘被制度化的訓練項目包括：要不要主動拿雜誌給客人看？如果要的話，在一趟行程中需提供多少次這樣的服務？這些雜誌拿在手中的姿勢如何？在遞送的同時需要微笑嗎？

因此，在這套控制邏輯下，感覺可以成為一種規則 (feeling rules)，管理階層可以事先決定空服員要如何感覺及如何表現感覺。空服員不只被要求具備表面上的禮貌或客氣，還需要深層的操演。要讓客人從空服員的表情中感受到親切

及熱情。為了達到有效控制,管理階層深知操演和個人的真實情感是不可能長期分開的。因此,必須先拒絕表面操演的可能性(如裝出來的笑容或聲音),以避免造成空服員的情緒失調或沮喪感,還要讓客人感受到服務的真誠。為了克服認知上的不協調,於是空服員必須要學著改變自己的感覺,讓情緒的操演成為真實感覺的一部分。這即是所謂的「深層操演」:勞動者內化組織的要求,修正個人內心的真實情感,讓外表的情緒和動作自然而然地符合組織的要求。理論上,勞動者的深層操演可以降低個人的心理壓力、提高個人的成就感。如同工廠的工人需要學習克服工作中的單調與無聊,飛機上的服務人員也要學習克服感覺上的疲乏與偽裝(即使是心甘情願的)。

空服員或其他需要提供情緒勞動者,未必不願意做一些表演,或提供客人親切的服務。但是在組織內,這些表演並不能隨心所欲,也不能按照個人當時的情緒作調整。肢體、表情和聲音是受到監控的,具有標準化和一致性的特質。最理想的狀況是勞動者會形成自我控制 (internalized surveillance),隨時有意識地維持個人的身體和情緒。因此,公司白紙黑字地規定:必須面帶笑容、必須與乘客的眼神接觸、不能生氣 (Tyler and Hancock 2001)。空服員甚至被教導:客人永遠是對的,至少不會錯,因此絕對不能責備客人。空服員被要求無時無刻要以公司的銷售為念、自己就是代表公司的形象。客人如果滿意空服員的服務,就會成為常客,為公司帶來更多生意。雖然如今飛機上乘客的性別組成已經不再單一化,但早期的乘客幾乎都是以因公出差的男性為主。當時的空服員甚至被期待要讓客人產生一點性幻想。Hochschild (2003a[1983]) 也提到,西方航空公司甚至也將亞洲航空公司廣告中的女性形象(標榜柔順、親切)列為學習的樣板之一。

即使被要求展演的情緒未必符合勞動者當時的心情或生理反映,但由於情緒操演是工作的一部分,勞動者還是必須表現出愉快或是親切的笑容或行為。空服員既是生產者(提供旅客服務)、也是推銷者(提供情緒的勞動) (Williams 2003)。Hochschild (2003a[1983]) 也訪問過討債公司員工,與空服員的情緒勞動做對照。和空服員被要求聲音舒服、態度良好相比,催討人員則是被要求態度和聲音要愈兇愈好,讓欠債者心生恐懼,或許就會立即還錢。相形之下,這些人的情緒勞動簡單的多,從事這項職業的也大多是男性。有些職業對於情緒勞動

的要求是表情與動作要呈現莊重、肅穆、整齊，例如：殯葬業的禮儀師（蘇逸佳 2019）。勞動過程儀式化的目的是要幫家屬完成心願。

除了制度性的規訓和上司（主要是座艙長）的直接監督之外，乘客或消費者的反應是另一種監控空服員合宜情緒勞動的手段。好的回饋未必帶給勞動者更多的經濟報酬或其它好處，但負面的顧客反應則可能帶來指責或是實質的處罰，對於之後的情緒管理造成更大的壓力。從勞動過程的角度來看，如同對於生產線工作速度和方式的控制（請參考本書第五章），管理階層對於情緒勞動的控制也符合一種轉化勞動能力的邏輯。藉由控制空服員的勞動情緒，讓客人滿意，穩定和創造客源，獲利最多的還是公司和股東們。

2. 性別化的情緒勞動實踐

不論是家中無酬的照顧者，或是被宣布為不合法的性交易，在勞動過程中勞動者同樣都需要付出許多情緒。照顧工作之所以被視為女性的或符合女性特質的工作，其中一個主要原因即是勞動過程中需要展現愛心和耐心，這些似乎都被視為女性與生俱來的氣質，女性也較可能服從情緒管理。性別、照護工作與情緒勞動之間有直接的關連性。牧師、醫生、護理師或是社工等職業當然必須具有相當的愛心才能勝任。然而，從事這些工作的人也是在考慮個人的能力、意願或工作機會和發展前途之後，才決定以這些工作為個人的事業選擇。但是，教會的會眾、病人或是身心阻礙者對這些人的期待往往超過專業的要求。如果從事這些工作的是女性，那麼基於一般人對於女性的刻板印象，還會投以更多的期待，而期待落空之後所受到的挫折及責難也較嚴重。

許多職業對於勞動者的表情、面貌、儀態或甚至服裝都有所規定。這些職業大都出現在服務業。由於多數國家的服務業受僱人口早已超過勞動人口的一半（在台灣則已超過三分之二），表示現在多數的工作都需要某種程度的情緒扮演。但是這些要求往往存有性別差異。在成長過程中，女性的情緒表達比男性多元，但也同時受到較多的管束。以空服員為例，女性比男性空服員更被期待要展露笑容、表現親切。

性別特質的期待於是超過對其職業身分的期待。除了要有服務績效，女性政治人物還被期待要面帶笑容、口氣親切，但男性政治人物即使總是「面無表

情」也不會受到責難，甚至可能被視為莊重、有威嚴。同樣的性別期待差異也出現在其它職業，包括警察、銀行員或是老師。至於服裝的要求 (dress code)，往往也與對面容或情緒的要求一樣有性別差異：對於女性的要求多於男性。在台灣即曾經有銀行的董事長認為女性行員穿長褲不像話，而要求每天都要穿裙子，因為這樣比較符合女性的形象。經報導後，該行在輿論壓力下才撤回這項規定。這還是在 21 世紀發生的真實事件。

　　過度或長時間的操演會使得空服員產生疏離感或引發情感的不協調，甚至造成心理上的壓力。因此，情緒勞動的副作用不容易察覺，但長久累積的結果卻會對勞動者造成職業自我認同的困境或是精神上的問題 (Hochschild 2003a[1983]: 90)。不過，情緒勞動的從業者也並非完全沒有自主性或是一定對客人百依百順。Greta Paules (1991) 研究餐廳裡的女侍，發現她們也可以技巧性地利用情緒管理，而在與客人的應對中占上風。但是，她們可以自我表演的前提是主管沒有控制或要求情緒表現。這些困境大都發生在女性身上。Hochschild 本身的研究發現空服員對於工作是有怨言的，但是也很清楚地將工作的情緒要求和自己的工作期待區隔。根據她對一位資深空服員的訪談紀錄 (Hochschild 2003a[1983]: 126)：

　　……我們是不是高興我們的工作其實不重要，這也不是我們來工作的
　　目的。我們是為了賺錢、能夠碰到好的男人、找一些刺激和有機會旅
　　行才來做這一行的。但是我們這種在飛機上所從事的勞務，是在其他
　　地方都找不到的最耗費心神、沒有快感、又疏離的家務和女侍的勞動。

　　或許大家都有過這樣的經驗：空服員一旦下機後，即使在出入境大廳中碰到同機的旅客，也不會再笑容可掬或展現親切的問候；多半的時候她們甚至裝作沒看見一個小時前還曾經笑臉以對的客人。比較敏感的旅客或許心靈還會受到小小的挫折，認為空服員的臉色似乎變得太快了些。不過，我們可以想想，如果要自己在飛機上連續好幾個小時穿著很合身的制服及高跟鞋，還要保持微笑、持續招呼，恐怕並不容易做到吧？離開工作現場後還要對一些陌生人持續不停地微笑，更是強人所難。對空服員來說，飛機上是她們的前台；在前台所展現的笑容是一種表演、是敬業的表現，是由「制度」所安排。乘客離開飛機後，她們所享有的空間是「後台」，在此她們等同回復到真實的自我，可以自己

決定想要表達的表情或肢體動作。

由於成功地描寫並分析空服員的情緒勞動，Hochschild 的著作成為後續情緒勞動和性別研究的重要典範。根據她在原書附錄中所言，該書出版後她收到很多空服員或從事其它情緒勞動工作者的信件，甚至還有人親自拜訪。這些讀者或訪客謝謝她說出了她們的心聲，用「情緒勞動」這麼一個貼切的名詞形容她們的勞動感覺和經驗。

3. 不可分割的情緒與身體勞動

除了前面提到的許多職業之外，銷售或服務性的工作都經常要與客人進行情緒上的互動，例如：化妝師、美容師、或美髮師等。在大型的企業組織中，勞動者的身體被視為是組織的身體，身體的勞動是要執行組織的勞動 (organizational labor)，因此，這樣的身體也成為被馴化的對象 (Wolkowitz 2006)。台灣在 1950 到 1960 年代時期，政府與企業為了促銷國產商品而創造出商展小姐，對她們的要求是保持微笑和舉止端莊（吳怡靜、王秀雲 2019）。如今，從事互動式服務的勞動者還需要美學勞動 (aesthetic labor)，包括儀容、打扮、穿著都必須得體（如空服員、秘書）、符合時尚（如女性服飾的專櫃小姐）、很有造型（如美髮師）或帶有屬於異性戀的性感（如檳榔西施）。而情緒及美學勞動被實施地最徹底的大概就是模特兒這項職業（楊雅清 2019）。這些因為要維持特定姿勢和表情、長時間穿上高跟鞋所造成的肢體傷害則是由個人承擔。

在一些特定工作中（如男性模特兒或精品店的男店員），受僱者也被要求在身體、表情及穿著上同時展現出肢體、情緒和美學勞動的操演。這些男模或男店員總是身材高大，在穿著上表現出男性的特質；不能有太多面部表情，也不能太陽剛。這與女性的扮演不同之處在於，對於女性的身體和情緒勞動要求更為嚴格。和表達親切及和善相比，表達莊重的表情終究不需要一直維持笑容滿面，不需要以取悅顧客作為主要的勞動方式。以旅館業為例，女性服務人員往往被要求保持性感形象，但這卻是男性服務人員比較不會被要求或甚至會抗拒的勞動狀態。在這種工作環境中，女性不只是受薪工人 (wage labor)，還要充當隱形的性工作者 (sex worker) (Adkins 1995)。

懷孕的身體則是美學產業的禁忌，有些專櫃雖然會讓孕婦繼續服務客人，但卻是少數；在伸展台上幾乎從未看過懷孕的模特兒走秀。不論是身體、情緒或美學勞動的討論，如果加入性別的面向，都可看到雇主對於男性或女性、陽剛特質或陰柔特質具有差異性的對待與期望。

Carol Wolkowitz (2006: 1) 以一個生動的比喻巧妙地點出美學勞動與身體的關係。Body shop 作為普通名詞，是指打造或修理汽車的工廠；但是，有一個保養品的品牌及店名也叫做 Body Shop，販賣的是打造身體的乳液或面霜。美學產業和美學勞動在世界多數國家都出現驚人的成長，產值和僱用勞工人數都持續增加中。美學勞動的實踐經常需要在出場前做許多準備工作 (shadow work)。這些準備都需要花費時間和精力，但卻不會被算入正常的工作時數內。實際上在受僱者還沒有離開家門之前，雇主已經開始使用她／他們的勞力，但卻不須付費。

五、結論

所有的勞動，不論是發生在私領域或公領域、有酬或無酬、非法或合法、屬於身體或情緒付出，都是真實存在的，是個人或社會勞動整體的一部分。本章試圖呈現被忽視勞動的真實性及重要性，同時指出連帶被忽視的還包括非法勞動者本身及其處境。不論是個人、家庭或社會，生存和生命（有形或無形）都需要自己或他人投入再生產的勞動。養育和照顧下一代、家事勞動的付出都極為耗費精力和時間。在多數的家庭和社會，這些工作主要都是由女性承擔。再生產勞動的負擔對於女性參與有酬的生產勞動卻形成了極大的阻礙。為何對於嬰幼兒和家人的照顧成為女性的「責任」、大家都承認照顧工作重要但為何照顧價值卻受到貶抑、家務分工的性別化又是如何形成的，這些都是社會學的重要研究議題。本書第九章將說明這些議題和學者的研究。

不論在任何一個國家或地區，或是處於什麼時代，成年人之間自由買賣的性交易是否應該被完全禁止或合法化，或採取設立專區、用專案管理方式處理等，都難以形成社會共識。性交易其實具有高度的產業關連性，促成周邊旅館、美容及美髮、飲食或其它娛樂業的發展。不論我們是否反對或贊成性交易

方塊 3-3　親密生活的商業化

Arlie Hochschild 有多本著作成為社會學的經典。除了本章所提到的 *The Managed Heart* 之外，她的另一本書 *The Second Shift* (2003b[1989]) 也是研究家務性別分工、女性勞動參與困境及家庭權力關係學者必引的著作（請參考本書第九章）。她在 2003 年出版的 *The Commercialization of Intimate Life* 探討家庭和工作的親密關係如何被教導、訓練，而成為可行銷的商品。以下節譯書中關於不同社會階級之間，情感商品化 (commodification of feeling) 的意義（頁 102）：

> 感覺的商品化不是在每個社會階級或職業部門都被凸顯。我所說的社會階級，並非嚴格地指所得、教育或職業地位，而是與這些都多多少少相關的──創造和維繫適當工作意義的任務。銀行的經理或是國際商業機器公司 (IBM) 的總裁可能比較會需要用「前途無量」、「進展良好」、「關心」或是「可信賴」來定義自己、辦公室或是組織；這些名詞的意義需要透過情感才得以實踐。只有像這類的工作，情感規則 (feeling rules) 才會被特別凸顯；也較可能執行規則的提醒和懲處。這並不能被看成⋯⋯是中產階級「出賣」他的人格，而是因為許多工作要求使用展演規則、感覺規則及深層操演能力。
>
> 勞工階級的工作則通常被要求個人外在的行為和所創造的成果──組裝一台汽車、駕駛一輛卡車送貨到五百英里之外的地方，或是修路。其中當然也有意義創造和維繫的部分，但老闆並不會為這些部分給付工資。有些下層或勞工階級的工作確實會要求情緒勞動──例如：性工作者、僕役、褓姆及老人照顧者等。這些勞動者是情緒管理 (emotion management) 洞見的重要資料來源。由於她／他們的工作收入遠不如上司，或許還與它（情緒勞動）更疏離、更有感受 (perceptive)。正如同我們可以由研究什麼是不適當的處理去瞭解「合宜情境下的感覺處理」 (appropriate situation-feeling fits)，或許我們也可以從下面這些來自受訪者的疑問，更加瞭解什麼是情感的商品化，這些疑問是：這是我真正感覺到的、還是我必須感覺到的？

合法化、樂見或厭惡紅燈區商業活動的發展，這些都是許多個人維繫生計的所在和整體經濟活動的一部分。現有的勞動社會學研究也較少關心性工作及其周

邊勞工的勞動條件與處境。由於她／他們所從事的工作在許多社會中被劃定為非法，這些勞動者在被視為「罪犯」或「共犯」之餘，勞動條件和被雇主剝削的情況也因此被嚴重忽視。學者如欲深入研究，也是困難重重。

　　除了少數需要長時間面對機器或儀器、屬於個人操作的工作之外，多數的工作都需要經常面對客人、同事或上司。因此，情緒勞動的付出絕非空服員或專櫃小姐才有的工作特徵或負擔，而是適用於所有的服務業或白領勞工。雇主在僱用及訓練員工時，會要求不同的深層或表面表演，但情緒勞動的付出卻很少能夠為勞工賺得額外的薪水。此外，許多注重情緒勞動的職業在招募及聘用應徵者時，還會出現族群和階級的歧視。早期美國的航空公司在招募空服員時，偏好中產階級（最好是金髮）出身的女性，讓旅客在語言使用（沒有特殊腔調）和言行舉止上感到熟悉和親近。在台灣籍的航空公司中也很少看見皮膚較黑或國語有特殊腔調的空服員。在提供情緒勞動的產業中，「美」的標準不但主觀而且有明顯的階級與族群歧視。

　　本書前三章分別說明撰寫本書時所採取的主要立場和全書架構、以馬克思剩餘價值說為主的理論，以及被忽視的勞動概念和類型。這三章共同構成本書第一部分，主要為後續章節提供論述架構，並將其餘各章的討論界定在與市場性勞動和家務勞動相關的議題。由於以下各章的內容都將有具體的議題，並以台灣社會的發展脈絡和以台灣為對象的研究成果作為主要的內涵，因此第四章將試圖提供一個勞動力和勞動市場的整體輪廓，包括介紹台灣勞動市場的樣貌、福利制度與勞工的關係，以及與多數勞工權益相關的〈勞動基準法〉。

思考與討論

1. 聯合報曾經刊登一則報導，內容是專訪一位資深的空服員。根據這篇報導，這位前空姐是如此描述公司對於她們身體的要求：「……當年執勤標準超嚴格，採軍事化管理，為了保持空姐『秀色可餐』，所有人執勤前，得先站上磅秤量體重，只要超重當天就禁飛，三次違規就轉任地勤。」同一則報導中同時提到：「……華航首代空姐連口紅與指甲油都要求只能塗大紅色，耳環尺寸、大小也有規定……」（聯合報 2009 年 5 月 10 日）。請找出其它平面媒體的相關報導，比較現在台灣航空公司對於空服員的要求與台灣 40 年前及與 Arlie Hochschild 所描述的美國空服員的相同與相異之處。

2. 自從 1997 年台北市公娼存廢爭議以來，學界和婦女運動界對於性工作者除罪化與否始終呈現不同的聲音。不論主張存或廢的意見，主要都是圍繞著〈社會秩序維護法〉第 80 條（請參考方塊 3-2）。該條規定自制訂以來，直到 2011 年才獲得修訂。前後條文對照如下：

1991 年 6 月 29 日制訂條文	2011 年 11 月 4 日修訂條文
有左列各款行為之一者，處三日以下拘留或新臺幣三萬元以下罰鍰：	有下列各款行為之一者，處新臺幣三萬元以下罰鍰：
一、意圖得利與人姦、宿者。	一、從事性交易。但符合第九十一條之一第一項至第三項之自治條例規定者，不適用之。
二、在公共場所或公眾得出入之場所，意圖賣淫或媒合賣淫而拉客者。	二、在公共場所或公眾得出入之場所，意圖與人性交易而拉客。
前項之人，一年內曾違反三次以上經裁處確定者，處以拘留，得併宣告於處罰執行完畢後，送交教養機構予以收容、習藝，期間為六個月以上一年以下。	註：第 91 之 1 條係新增規定，授權地方政府得設置性交易專區，並有權管理設置區域。

民間關乎修改方向的聲音主要可分成三個立場：罰娼不罰嫖（2011 年以前的法律規定）、罰嫖不罰娼（部分反對性工作除罪化的個人或團體的主張）及都不處罰（支持性工作除罪化的個人或團體的主張）。這些聲音當然都要求嚴懲人口販賣者。讀者會支持哪一種看法呢？為什麼？此外，2011 年修

訂後的法律條文是否符合你／妳的看法呢？設置專區會是一個可行的作法嗎？此外，第91之1條第2項第7款規定：「性交易服務者，應辦理登記及申請證照，並定期接受健康檢查」。從現實上來說，這是否可行？

3. 女性的懷孕生產是再生產勞動中很重要的一個要素。有些女性因為一些身體因素而不能在自己的子宮內孕育胎兒，於是在國外就有代理孕母（人工生殖的一種）的出現。代理孕母是在為她人從事再生產的勞動，但這項勞動是有報酬的。代理孕母作為一項工作是否應該合法化，一直有許多爭議。反對合法化的意見包括不希望女人的身體被物化，應該鼓勵領養、下一代不一定要與自己有血緣關係，不應讓男性漂白與外遇所生的子女。贊成者則認為，這其實可以顯示女性的再生產勞動是有「價」的，而且讓女性有機會賺得一些收入也沒什麼不好。請討論代理孕母這項工作是否應該合法化。如果贊成合法化，則試著思考從事這項工作者有哪些勞動權益需要被保障？如果不應該合法化，則請討論這是否形同剝奪女性的身體自主權及代理孕母的工作權？

延伸閱讀

1. **陳瑤華、陳俊宏編（2015）《人權讀本：經濟、社會與文化權利篇》。新北市：群學。**
   本書是由編者們選取國內學者發表的與勞工人權及族群正義相關的文章所集結而成。收錄的文章所關懷的議題或群體涵蓋 RCA 勞工的訴願、移工／民、貧窮家庭、卡債族、就業風險以及原住民等。

2. **Nable, Robin (2013) *Picking Up: On the Streets and Behind the Trucks with the Sanitation Workers of New York City.* New York: Farrar, Straus and Giroux. 中文版：Nable, Robin 著，高紫文譯（2017[2013]）《垃圾天使：清潔隊裡的人類學家》。新北市：左岸文化。**
   本書作者是一位人類學家。經考試通過後，正式成為美國紐約市的清潔隊員，並開始她的參與觀察和田野調查計畫。書中內容不僅是描述清潔工的勞動過程、工場及職場性別差異，同時也揭露資本主義生活方式下消費行為對於清潔工工作安全與大眾生活環境的威脅。

3. 柯瓊芳（2021）《性別、健康與老人照顧：歐盟國家的比較研究》。高雄：巨
    流。

    在這本輕薄短小的書中，作者利用調查資料呈現人口老化議題的諸多面向，
    並說明歐盟國家社會福利與老年照顧政策的異質性。作者論述勞動參與和性
    別、健康與社會福利研究的高度相關性。書中並用一些具體、有趣的例子，
    顯示各國社會的特殊性及相應的福利政策。

第二部

勞動條件
與勞動者的處境

早晨大批經由台北橋進入台北市工作的機車通勤族
照片提供：本書作者

第四章　台灣勞動力與勞動權益基本態樣

重點提示

1. 勞動參與率代表一個國家潛在勞動力參與市場勞動的程度。台灣的整體勞動參與率在 1980 年之前是緩慢地成長；1987 年達到高峰（將近 61%）；之後開始下滑直到現在。

2. 2019 年時，男性的勞動參與率為 67%，女性的勞動參與率為 51%。性別間的勞動參與率差異逐年縮小。

3 關於勞動者的階層分布，受僱階級占所有就業人口的比例在 1978 年時為 62%，此後呈現持續上升的趨勢，到 2019 年時將近 80%。女性勞動者普羅化的情形又比男性明顯。

4. 外包制度是多數開發中國家應付國外訂單的重要生產方式。這種方式又以原廠設備、海外製造的模式為主，簡稱為 OEM 生產模式。

5. 加工出口區的設計是台灣的創舉；1966 年時，全世界第一個加工出口區在高雄開始運作。女性是加工出口區的主要勞動力來源。

6. 資本主義國家為了減輕失業、薪資不平等及貧窮對於資本家的生產秩序、政權穩定性與正當性的影響，建構出不同模式的社會福利制度。

7. 福利的概念是將個人可以獲得的工廠工資擴大為社會工資，由社會福利承擔兩者間的差距。用國家的力量維持社會的穩定及維繫勞動大軍的再生產力，有利於資本主義的運作。

8. 丹麥學者 Gøsta Esping-Andersen 將西方資本主義工業國家的社會福利制度分成三類：自由主義式、保守主義式及社會民主主義式。分類標準包括國家直接或間接介入福利提供的程度、社會參與的程度和所保障的範圍等。

9. 台灣的福利國家制度介於自由主義式和保守主義式之間，主要具有下列特徵：政府的福利支出偏低、社會支出屬於投資人力性質、福利權不夠普遍、福利待遇具有差別性、個人及家庭仍須負擔較高的保險支出等。

10. 就勞工基本勞動條件的保障而言，於 1984 年通過的〈勞動基準法〉是最重要的法律依據。其立法宗旨是：「為規定勞動條件最低標準，保障勞工權益……」。

11. 由於〈勞動基準法〉規範的是基本勞動條件，勞工希望法定標準提高，資方則主張限縮，其中關於工時、休假、資遣費的規定，經常是勞資衝突的焦點。

12. 基本工資不等於最低工資。雇主即使提供少於基本工資的報酬，理論上也並沒有違法，凸顯法律對於勞動條件的保護不夠完善。

13. 豁免或責任制勞工的工時或休假可以不依照〈勞動基準法〉的規定。有些雇主卻用這個方式壓榨白領勞工，卻又不給予對等的工作權保障及勞動待遇。

……一九三〇年，台北煙草工場有三百多名第一
線女性作業員，負責捲菸葉、包裝等需要雙手靈
巧的工作。台北煙草工場每天七點上班，五點下
班，沒有週末放假，月休二日和十六日兩天。
……女工絕大多數是台灣人，且多住在大稻埕。
她們年紀從十幾歲到五十幾歲都有，總規規矩矩
梳著典型的台式包頭。

——《人人身上都是一個時代》(2009: 106)

一、序言

台灣從日本殖民時期開始出現資本主義式的現代工業生產模式。雖然男性參與市場性勞動的人數仍遠多於女性，女性到工廠（場）內上班卻已經不是十分稀奇的事。似乎是城市的小姐或太太們才較有工作機會。根據引言作者陳柔縉的研究 (2009)，當時的松山菸廠（即引文中提到的台北煙草工場）曾經對這些女工進行問卷調查；當被問到未來的願望時，最常回答的選項是：像現在這樣，一直工作。這些女工期待持續工作的動機為何，並不清楚。但這個結果顯示當時的女性頗能接受離開家庭、出外上班的生活模式。

由自給自足的生產與消費模式轉換為受僱於人、再拿工資到市場上購買服務與商品，是資本主義經濟制度的特徵之一。維繫這個制度的關鍵條件即是龐大的勞動人口：勞動者既是幫助資本家累積剩餘價值的生產大軍，也是購買有形及無形產出的消費大軍。勞動參與是勞動力被利用程度的指標，就業身分的分布則反映生產大軍普羅化的程度。在台灣開始以出口勞力密集產品為經濟發展的火車頭時，廉價但具有一定教育程度的女性勞動力是吸引外資來台設廠的重要誘因。

廠商間的競爭和經濟景氣的暴起暴落，造成失業和貧窮成為資本主義的常態。國家已不能被簡單化約為資本家的代理人，除了創造有利的投資和生產環境，以利經濟成長和獲得一定的稅收外，執政者也必須適度排解勞工階級的不滿以維護政權的正當性，因而提出一些救濟和救急的政策或法律 (O'Connor

1973)。雖然程度和內容有別，僅有少數國家可以真正冠上福利國家 (welfare state) 的美名，但社會福利制度確實已成為現代資本主義國家的共同特徵。福利政策可發揮維繫勞動者再生產能力的作用，同時也能讓國家為資本階級所製造的勞動市場困境收拾殘局。

　　支持市場自由運作的論述主張由勞雇雙方協商勞動條件。如果資方違反勞動契約，再進入司法體系，藉由訴訟結果解決紛爭。這個觀點忽略了雙方權力和資源不對等的事實。即使資本主義意識型態最牢固的國家，如美國和英國，都有法律規範最基本的勞動條件，包括童工的最低年齡，童工、女工與一般工人每日的最長工作時間，以及工廠或礦場的工作安全要求等。台灣也制定有〈勞動基準法〉（以下簡稱〈勞基法〉），用以規範勞工的工資給付、工時、出勤及適用範圍等基本勞動條件。該法的出現並非出於當時的國民黨政府保障勞工權益的考量，而是受到國外的壓力。基於美國市場對於台灣出口工業的重要性，台灣的執政者被迫提出勞動基準的法律，並開始實施基本工資的制度。〈勞基法〉的出現讓勞工具備向雇主要求基本勞動條件的法源基礎，但也成為日後許多勞資衝突的焦點所在。

　　本章第二節將說明台灣勞動力參與的基本態樣及特性；第三節介紹福利國家的概念、福利制度與勞工的關係，以及台灣福利制度的特殊性；第四節則說明〈勞基法〉此一規範台灣基本勞動條件和待遇的法案之立法緣起、法條中重要的規定及相關的爭議。

二、台灣資本主義勞動大軍的形成與分布

1. 勞動力與勞動參與率

　　我們首先利用官方的數據呈現勞動參與的整體樣貌。在官方的統計中，潛在勞動力是指 15 歲以上的民間人口，排除了在軍隊、監獄及長期療養機構中的人口，也不含失蹤人口。從 1950 年代開始，由於人口穩定成長，潛在勞動力人數也持續增加。到 1970 年已超過 800 萬人，當年全台灣的人口數為 1,400 多萬人；1990 年時可用勞動力成長近一倍，為 1,400 多萬人；2017 年時超過 2,000 萬人，2019 年則接近 2,019 萬人。

　　國際上通常是用勞動參與率 (labor force participation rate) 作為衡量一國人民參與市場勞動程度的指標。計算公式是以實際進入勞動市場者（不論是就業或失業中）為分子，除以 15 歲以上民間人口數（即潛在勞動力人數）。表 4-1 列出主計總處正式公布的台灣歷年不同性別和不同年齡層的勞動參與率。台灣的整體勞動參與率在 1980 年之前是緩慢地成長；1980 年代略有波動，但上升趨勢不變；1987 年達到高峰（將近 61%）之後，即開始下滑直到現在。純粹就公式的組成來看，勞動參與率持續下降是由於潛在勞動力人數（分母）的增加速度比勞動力人數（分子）的增加速度更快之故。由於年輕人口的在學期間逐漸延長，台灣勞動力結構老化的現象甚至比人口老化現象更快發生，也更明顯（王德睦、陳寬政 1991）。

　　從社會面向來看，台灣勞動參與率的下降主要肇因於男性勞動參與程度的降低。直到 1990 年代，男性的平均勞動參與率都維持在 70% 以上；在新世紀開始之初則降到 70% 以下。至於女性的勞動參與率，雖有多次的小幅度波動，但整體而言是維持上升的趨勢：1980 年時還只有 39%，2018 年時已超過 51%。台灣以出口導向為主的勞力密集型製造業吸引了大批農村女性進入工廠，之後教育平權、服務業大幅擴張，女性勞動者成為台灣勞動市場的「正規軍」，而不再是產業後備軍。與鄰近國家相比，我國的女性勞動參與率雖仍續成長，但速度不如日韓，至 2017 年開始居於略為落後的狀態（台灣 51%，日本 53%，韓國 54%）；男性的勞動參與率也偏低（台灣 67%，日本 72%，韓國 74%）。以下用圖 4-1 進一步說明台灣市場參與勞動力與非勞動力（未參與正式勞動市場）的組成結構。

　　根據圖 4-1，我國潛在勞動人口中有 41% 未參與勞動市場，其中包括學生及家庭主婦（夫）。不過，這並未排除學生打工賺錢及家庭主婦（夫）兼差做家庭代工或當褓姆的情形，他們實際上仍參與著有酬勞動。在被官方調查認定為參與勞動市場的勞動人口中，有 4% 處於失業狀態（現在無工作，但正在尋找工作）。在就業人口中女性約占 45%，男性則超過 55%。圖中並列出這些就業者的產業分布及性別差異。整體來說，勞動參與的主力已經從製造業轉到服務業。有 72% 的女性勞動者在服務業工作，在製造業的比例為 23%，男性勞動者在這兩個產業所占的相對比例各為 50% 及 30%。營造業是提供男性就業機會的

另一個重要產業。雖然沒有參與市場性勞動的 15 歲以上人口仍是勞動力，但由於在學界、一般大眾及官方的用語中，勞動力通常指實際參與市場勞動者。因此，除非是指稱勞動參與率，本書所稱的勞動力均指參與市場勞動者。

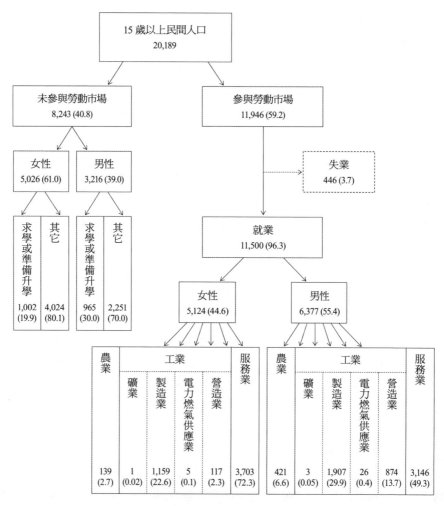

單位：千人 (%)

資料來源：行政院主計總處《人力資源調查統計年報》，2019 年。

圖4-1　非勞動力及勞動力結構

表4-1 台灣地區勞動參與率：以性別及年齡分層

單位：%

年別	男性					女性				
	總計	15-24歲	25-44歲	45-64歲	65歲以上	總計	15-24歲	25-44歲	45-64歲	65歲以上
2001	68.5	33.6	94.1	78.9	10.9	46.1	37.2	65.3	39.5	3.5
2002	68.2	32.8	93.6	78.4	11.5	46.6	37.6	66.3	39.9	3.8
2003	67.7	30.8	93.1	78.1	11.4	47.1	36.8	67.6	41.3	4.0
2004	67.8	30.8	93.3	78.1	10.8	47.7	36.1	69.3	42.0	3.9
2005	67.6	29.7	93.2	78.1	10.7	48.1	35.4	70.6	42.6	3.9
2006	67.4	28.5	93.3	77.6	11.2	48.7	34.4	72.8	42.7	4.0
2007	67.2	28.1	93.0	77.3	12.0	49.4	34.0	74.0	44.1	4.5
2008	67.1	27.8	92.9	76.9	11.7	49.7	32.5	74.8	45.1	4.6
2009	66.4	25.7	93.0	75.7	12.0	49.6	31.5	75.6	45.2	4.4
2010	66.5	26.5	93.2	75.4	12.1	49.9	31.1	76.5	45.6	4.4
2011	66.7	26.4	93.9	75.5	12.0	50.0	30.7	77.5	45.6	4.2
2012	66.8	26.9	94.6	75.4	12.5	50.2	31.2	78.4	46.0	4.2
2013	66.7	28.3	94.5	74.8	12.8	50.5	30.8	79.1	47.1	4.4
2014	66.8	29.0	94.6	75.1	13.3	50.6	29.7	79.4	48.7	4.6
2015	66.9	30.4	94.8	75.3	13.6	50.7	30.1	80.3	49.0	4.6
2016	67.1	32.6	94.9	75.5	13.7	50.8	30.9	81.0	50.0	4.3
2017	67.1	33.2	95.5	75.6	13.9	50.9	32.1	81.2	50.6	4.1
2018	67.2	34.8	95.9	76.2	13.2	51.1	33.9	82.0	50.8	4.4
2019	67.3	37.3	96.0	76.5	12.9	51.4	34.9	83.2	51.1	4.5

資料來源：行政院主計總處《人力資源調查統計年報》，2019 年。

2. 勞動者的就業身分

勞動的型態、組成及變化與生產模式有密切關係。在農業社會、自給自足的生產模式下，勞動力呈現扁平式結構，大多數為自耕農或農工，主要區分為地主與佃農兩個階級。隨著工業生產技術和生產關係的發展，勞動力的階層化日形複雜。當資本主義工業生產模式成為經濟制度運作的核心、資本累積進一步受到法律制度的保障後，資本的集中化趨勢明顯，絕大多數勞動者的就業身分演變為以受僱為主。然而如本書第二章所述，現代資本主義社會的階級結構難以用資產與勞工兩個階級概括。職業和職務的分化造成受僱者之間的差異甚至超越階級之間的差異。胼手胝足打拚的小資產階級，其收入及財富的累積速度可能還不及受僱於企業集團、領有股票的高階白領勞動者。根據謝國雄的研

究 (1989)，雖然 1980 年代有黑手可以變成頭家，但是這些小頭家本小利薄，依然要參與實際的生產過程，勞動付出情況實與受僱的勞工無異。

在台灣官方或是學術界的勞動力調查中所使用的「從業身分」稱呼，因為同時具有職業及階級的概念，如果稱之為「職業階層」似乎更合適。根據官方的統計結果，不意外的，大多數勞動者都屬於受僱的身分，其次是自營作業者（小雇主或小資產階級）、無酬家屬工作者及雇主。以人數分配及比例的變動來看，自 1978 年迄今，台灣的經濟發展趨勢頗符合馬克思對於資本主義經濟型態所做的描述，包括工人階級的擴張及小資產階級或自僱者的萎縮。屬於受僱身分的勞動者占所有就業人口的比例在 1978 年時為 62%，此後呈現持續上升的趨勢，到 2019 年時將近 80%。受僱者比例的增加主要來自私人企業的大型化。相對地，身分屬於自營作業者或無酬家屬工作者的比例則在下降中。以後者為例，目前比例已降到 5%；但在 40 年前，尚有 12% 的勞動者屬於為家庭事業工作且有收入者。隨著經濟的發展，台灣勞動力「普羅化」的趨勢頗為明顯。

就性別差異而言，女性勞動者普羅化的情形比男性突出。1978 年時女性成為受僱者的比例尚低於 65%，1988 年時超過 71%，到 2019 年時已達到 84%。相對的，女性作為無酬家屬工作者的比例，在 1978 年時為 24%，之後持續下降，目前不到 8%。這個結果一方面凸顯資本主義的資本累積特性造成家庭生產模式因缺乏競爭力而萎縮，迫使許多女性必須到勞動市場尋找就業機會；但是從另一方面來看，愈來愈多女性可以從家庭或家族經濟以外的工作中獲得經濟獨立的機會，或許也可看成是一個培力的發展。

沒有工作機會的土耳其中高齡人士的收入來源——在街頭擺放體重計，路人秤一次給 1 里拉（土耳其貨幣），約合新台幣 1.7 元
照片提供：本書作者

至於男性勞動者的職業階層分布，從趨勢來看，與女性相似：成為雇主的比例都呈現緩慢下降趨勢。企業規模逐漸走向大型化與集中化。不過，男性仍明顯比女性更有機會成為雇主或小頭家。以 2019 年的統計為例，男性成為受僱者的比例為 76%，而女性的比例更高；男性勞動者中具有雇主身分的比例為 6%，女性則只有 2%；男性自己開店且未僱人的比例為 15%，女性成為自僱者的比例則只有 7%。此外，即使男女性的比例都在下降中，女性成為無酬家屬工作者的比例仍然是男性的 2.6 倍。而這些無酬的女性也是以存活為經濟策略的家庭企業得以存續的關鍵勞動力。這種為家庭付出的考慮也影響了已婚女性對勞動型態的選擇，許多婦女放棄個人獨立發展事業生涯的機會，而為家庭或家族事業打拚（呂玉瑕 2009）。

3. 出口工業的女性勞動大軍

日治時期台灣已有雇主開始僱用女性工人，只是她們大多來自城市，資本家尚不需自農村吸收人力（游鑑明 1995）。1950 年代戰後嬰兒潮的長成、農村歷經綠色革命及農耕工具機械化後釋出的大量女性勞動力，以及教育程度的提升，都造就了女性勞動大軍的形成。從 1960 年代開始，台灣進入出口導向時期，許多無酬、全職從事家務的女性被鎖定為主要的勞動力來源。不論是早期屬於出口大宗的紡織業和成衣業，或是隨後日漸重要的電子產品，都需要廉價及能夠忍受單調、高度重複性工作的勞動力。女性勞動人口急速地從鄉村流出，投入這些外銷加工廠的生產線，為後來被譽為台灣經濟奇蹟的榮景打拼。彼時，一些跨國公司，如通用、飛利浦、RCA 等，紛紛來台投資設廠，生產勞力密集的電子產品。

為了應付產量不斷增加所衍生的勞工需求，許多電子工廠透過與教育體系的建教合作培訓員工，或是鼓勵以自我介紹的方式招募薪資低廉的女工。根據艾琳達的分析 (1997)，在 1960 到 1970 年代投入輕工業的女性勞工主要可分為兩類：一類是年輕未婚的女性。資方認為這些女性較為溫順，所以就算穩定性較低也願意錄用。另外一類是年齡較大、教育程度較低的女性，在子女達到學齡後出外工作。這些女性進入工廠的主要考量是家庭的經濟利益。在 1960 年代初期，紡織或成衣加工業者為了吸引更多女性加入，還曾主動興建員工宿舍，並提供交通車等福利；為了因應不斷擴大的生產規模，有些雇主也設計出「介

紹人獎金」制度，以擴大勞力供給來源（周玟琪 2003）。在歷經能源危機時期的不景氣後，大公司為了節省成本，將業務分散給小型承包公司，再轉由女性以代工方式生產。政府也有計畫地推動「社區發展計畫」，以「客廳即工廠」的方式，運用家庭主婦零碎的勞動生產力，鼓勵她們賺取「補貼」家計的外快，同時也節省工廠的生產成本（成露茜、熊秉純 1993）。在台灣出口工業快速發展的 1960 年代，製造業的雇主仍舊以女性不用負擔養家責任為藉口，壓低女工薪資。但事實上，當時已有許多未婚女性在家中經濟困窘時外出工作，一手撐起養家的重責（艾琳達 1997）。艾琳達的調查戳破了所謂「男性養家」的迷思。

外包制度是多數開發中國家應付國外訂單的主要生產方式。這種方式又以原廠設備 (original equipment)、海外製造 (manufacturing) 的模式為主，簡稱為 OEM 生產模式。以成衣的生產為例，OEM 即是指由國外客戶提供產品的圖樣及規格，台灣的廠商照著做，所賺取的只有代工費用。由於產品加工過程簡單，國內接單廠商要競爭的是在最短期限內交出既定的貨量、但仍能維持低價的優勢。這也因而造就了台灣當時大量家庭代工的出現。從接到國外廠商的訂單開始，貿易商將訂單交給製造商（單一或多個均有可能）承做，後者即開始進行生產流程分割、層層下包的作業（謝國雄 1997：86-88）。代工頭將不同的工作內容分給不同的外包點，這些外包點再將工作交給不同的家戶進行代工。或許許多讀者或其父母、（外）祖父母輩都曾經參與過這種家庭代工或更上游的生產行列。發包方式通常都是由一位騎著摩托車的男性，將好幾大包的半成品（如塑膠花或聖誕燈材料）交給村子或社區的一戶人家，再由後者分配到有意願承做的家戶中。這些材料則是在台灣其它小工廠中生產出來的。

加工出口區的設計是台灣的創舉；1966 年全世界第一個加工出口區在高雄開始運作。這種在特定生產區域內進行的生產模式是在原物料、零件運抵港口後，就地在港區腹地的工廠內生產。利用當地的人力資源加工和組裝後，成品直接運到碼頭，然後裝船，再送到國外市場。加工區內所需要的附加材料由鄰近地區的廠商提供，所需要的大量女性操作員也以當地人為主。國外的廠商在加工區內生產因此省下可觀的運輸費用、進出口規費及稅金，台灣則希望藉此吸引外國投資，增加外匯和勞工的就業機會。除了高雄港之外，從前的高雄縣、市和台中市等，後來也陸續成立加工出口區。目前在加工出口區的職員及

勞工人數合計約為 8 萬人。屬於白領階層的職員中,男性為多數。藍領勞工階層則以女性為主力(經濟部 2019)。這與台灣整體就業人口的職業與性別分布有些不同(請參考本書第七章)。自 2021 年起加工出口區陸續更名為「科技產業園區」。

三、社會福利制度與勞動

在本書第二章所介紹的古典理論中,馬克思的階級衝突論在現實社會的影響力無疑是最大的。1917 年俄國共產黨革命成功,成立了全世界第一個社會主義國家。之後,藉由軍事鎮壓或威嚇,將鄰近國家,包括現在的喬治亞(曾經在 2008 年與俄羅斯發生短暫戰事)、烏克蘭、亞塞拜然及烏茲別克等,先後納入蘇維埃共和國(Soviet Union,簡稱蘇聯)的範圍。二次世界大戰之後,前東德、波蘭、匈牙利、捷克斯洛伐克、保加利亞、羅馬尼亞、南斯拉夫及阿爾巴尼亞等東歐與中歐國家,也分別在蘇聯的直接軍事脅迫或是間接影響之下,成為社會主義國家。中國則是在 1950 年代中期宣布成為社會主義國家。在亞洲和歐洲之外,拉丁美洲也有一個長期由共產黨執政的社會主義國家,就是古巴。在這些國家,共產黨的執政歷史都至少達 40 年。當時的新聞報導、官方用語及學術文獻,均普遍使用「第一世界」稱呼美國、英國、法國、日本、澳洲等與西方有密切軍事合作關係的國家。蘇聯、東歐、中國及古巴則被稱為第二世界。大家可能最常看到的名詞——第三世界國家——則是不屬於上述兩個分類的國家。在經濟發展初期,台灣也曾被列為「第三世界國家」,但是由於反共的立場,在軍事和政治上則是靠攏所謂「第一世界」。如今隨著蘇聯和東歐社會主義體制的崩解、中國採取社會資本主義的走向,以及許多發展後進國家在經濟上的崛起,將世界各國分成三類的作法已然不符現實。不過,「第三世界」一詞卻持續被當作經濟、甚至文化落後的代名詞。台灣的媒體也會用「第三世界」稱呼其它經濟發展後進、戰事頻仍的國家。然而社會主義國家雖然宣稱沒有資本家的剝削,但也絕非是社會福利國家的同義詞。

1. 福利制度的出現與意義

關於福利制度為何出現及福利國家的意義,根據英國福利制度研究學者 Ian

方塊 4-1　加工出口區的女工

　　鄭至慧是台灣最早的婦女運動團體——婦女新知基金會——的創始人之一。該會即是推動〈性別工作平等法〉（詳見本書第九章及第十章）的主要婦女團體。她在生前除了長期參與該基金會的工作之外，也將中國湖南女性自創文字學而寫成的「女書」引介到台灣，並譯成漢文。此外，她也是文學創作者，著有《他鄉女紀》、《菜場門口遇見馬》等書。以下所摘錄的內容來自她在 2006 年所發表的一篇文章：

　　在那貧困的年代，討海雖是旗津人的主業，卻不足以養家活口、供子女唸書。更因漁民容易出事，一般人總認為要生下三個男孩才保險，因此人口出生率高於台灣的平均值。

　　……民國五十五年底，台灣第一個加工出口區在前鎮落成，中洲人多了一條出路。男孩要服役，要受較多的教育，平均到二十歲才出外就業；女孩則通常較早輟學，平均在十五歲時就外出工作，不僅為父母分勞，為弟妹乃至兄長賺取教育費用，更為國家賺取外匯。雖然從民國五十七年起，台灣就實施九年義務教育，但許多女孩並未享受這項福祉。尤其是長女，讀完小學就就業的比比皆是。郭麗香就是典型的例子。

　　……麗香剛從小學畢業，隨即借用別人的證件，冒名進入博士電子公司當女作業員。船難喪生的二十五名女子中，和她一樣未滿十四歲，冒名在工廠就職的共有六位。她們因未用本名投保，領取醫藥補助費與撫卹金都成問題，對家人而言無異雪上加霜。加工出口區在成立之初，就大量招募女作業員。一般來說，她們的工資比起男性要少三分之一以上。

　　……每天下班時間，五萬一千個女作業員像潮水般湧出前鎮廠區，這是台灣婦女史上無比壯麗的場景。她們任勞任怨，許多工廠主卻軟土深掘，不僅用不合理的薪資結構來箝制她們，還經常拖欠遲發工資。在戒嚴體制下，女工無法組織有力的婦運、工運團體來爭取權益，只能以離職、跳槽來表達不滿。等到高流動率對廠方造成困擾時，資方就違法雇用不足齡的童工——當然又以女性居多。這種剝削婦孺的現象存在已久，卻要等到七十餘位中洲勞動女性傷亡後，才獲得些許關注。

　　　　　　　　　　　　　　——〈高雄廿五淑女之墓〉（2006 年 6 月 15 日）

Gough 的見解，勞工的困境（如失業）是資本主義生產模式主導西方工業國家的經濟之後才有的現象：「……作為一個薪資受雇者的真實情境，是會由於各種理由而失去工資，導致家庭暴露在艱苦之中，現代社會安全體系的發展乃根本地立基於這個基本事實上」（1979，古允文譯 1995：48）。國家建構社會福利制度的另一個目的則是出於政治性的考慮，防止因為勞工或中產階級的反彈，而影響資本主義的「正常」運作及統治政權的穩定 (O'Connor 1973)。所謂的福利國家是指：「……運用國家的力量去修正勞力的再生產與去維持資本主義社會中的非工作人口」（Gough 著，古允文譯 1995[1979]：67）。各國政府介入福利制度的時機、範圍和程度都有極大的差異。例如：英國實施社會福利的時間比德國晚 20 年，美國又更晚。此外，實施的動機也各不相同。不論是僅提供救濟措施，或是主動地提供訓練機會、規劃年金或退休金制度等，建立福利制度的核心概念都是為了協助沒有工作的勞動者或收入偏低的家庭。福利概念的引進是將個人可以獲得的工廠工資 (factory wage) 擴大為社會工資 (social wage)，兩者間的差距即是社會福利負擔的部分。例如：除了給付工資，雇主還需負擔勞工的部分保險費用。國家也可能利用福利制度的設計，為勞工負擔另一部分的保費。用國家的力量維持社會的穩定及維繫勞動大軍的再生產力，也是有利於資本主義的運作。如果實質工資與社會工資相近，國家就不需要用預算填補薪資的差額；相對的，當工人生產或服務所創造出來的價值大部分都被資本家攫取、社會工資並沒有相應提升時，貧富懸殊的狀況就會更明顯，福利制度的存在就更加必要。

福利國家總是處於對工人提供必要協助，但又需要避免救助措施助長懶惰這兩個目標間的矛盾。失業補助如果太少或領取條件太苛刻，將無法抒解因為失業或工資偏低所產生的家庭經濟惡化困境和社會不安；但如果提高補助金額、放寬申請資格，則又可能影響失業者的求職意願或變相鼓勵失業。多數國家似乎是採取較嚴格的規定：「……當失業方案開始運作時，它通常用來維持工作動機與加強勞動力在工廠中的紀律。……在所有先進資本主義國家中，一個工人如果離開先前的工作而沒有『好的理由』、或由於『行為不檢』而被辭退、或拒絕接受另外的工作安排、或涉及勞資爭議，都將使他／她無法接受失業給付。終究，社會安全乃是根據資本主義工業組織需求而做調整的」（Gough 著，古允文譯 1995[1979]：49）。

2. 西方福利制度的類型

丹麥的社會學家 Gøsta Esping-Andersen（1990，古允文譯 1999）將西方資本主義工業國家的社會福利制度分成三類：自由主義式 (liberalism)、保守主義式 (conservatism) 及社會民主主義式 (social democratism)。分類的標準主要根據國家直接或間接介入福利提供的程度、社會參與的程度和所保障的範圍及標準。這些標準的設定並非只是一種技術性的選擇，也是反映政治意識型態及對於福利的見解。福利制度與勞動市場的關連性是多面向的，本小節的討論將著重於減輕女性勞動者再生產勞動負擔的面向。

自由主義式的國家，如美國、加拿大及澳洲，強調的是市場開放、自由競爭，不論哪一個政黨執政，基本上都是實行國家介入愈少愈好的原則。福利的提供主張以救急為主，救濟或是提供補助都相對有較嚴格的條件。美國紀錄片導演 Michael Moore 曾經在他一部極著名的紀錄片 Bowling for Columbine (2002) 中披露了一個該國社會福利制度的怪現象。美國聯邦政府雖然提供低收入戶救濟金的補助，但是要求領取者必須要接受政府安排、以工代賑 (workfare)。有些工作地點很遠，工人必須早出晚歸。一些單親母親找不到家人帶小孩、也請不起褓姆，只好將小孩關在家中。有些意外事件因此發生。在此類國家中，財富的累積、貧富的差距及階級結構的存在或尖銳化都不是政治人物在設計制度時優先考慮的議題。當然，即使在自由派類屬中，各國也未必都完全一致。例如：加拿大的自由主義思維就不如美國深化，福利制度的設計並非全然依照施捨邏輯。

德國、法國及義大利屬於福利制度較保守的國家。保守主要指的是對於傳統價值的堅守，主張國家介入以維持這些傳統。其中之一即是家庭價值的維護。這類國家對於家庭功能較偏向於核心家庭的思維，強調女性的生育及持家角色；因此在稅賦的設計上即是以家中只有一位賺錢的人為思考邏輯，夫妻均有各自事業的家庭反而不利。對於托育的設計極為注重傳統母職，傾向於母親親自接送、照顧嬰幼兒的育幼方式。在此一福利概念下，不論階級，所有家庭的兒童都被認為應該受到重視與照顧；對於階級間的財富差異，雖然並不如自由派國家般，認為是個人競爭的結果，而非社會之惡，但也較不會用財政或福利措施加以矯正。

　　相對的，社會民主主義的國家傾向均富主義，反對放任市場自由競爭，對於資本的節制也較為重視。由於福利預算較高，因此稅賦也比自由主義國家重。在福利制度的設計上，不只是提供多項救濟措施，同時也積極地設計社會安全措施，讓社會及國家一起分擔個別家庭或個人的需求和責任。北歐（或稱斯堪地那維亞）的國家，包括瑞典、芬蘭、丹麥及挪威等，均屬於社會民主主義式的福利國家類型。為了促進不同性別在工作上的平權，這些國家提出許多積極性的政策，包括設立高比例的公立托兒所、建構龐大的公共部門以吸納女性勞動者，以及薪資結構較扁平等。北歐國家也同時擁有全世界平均最高的婦女勞動參與率。

　　由於理論意涵豐富、實務操作也相當可行，Esping-Andersen 對於西方資本主義國家的分類受到學界極大的重視。這個概念只是一種理念型，各個類型所屬的國家在福利制度的設計上仍有異質性。例如：法國雖屬於福利較保守的國家，但也廣泛設置公立托兒所，減輕職業婦女的照護負擔（Folbre 著，許慧如譯 2002[2001]），並未強調母親親自照顧的價值觀。而在不同類型的福利國家之間，也有某些政策和措施上的相似性。例如：歸功於全國性工會（被國家稱為社會伙伴）的強大協商能力，德國工人的勞動條件與待遇優於英國，而與社會民主主義國家相近。在全球化競爭的壓力下，1990 年代遭逢經濟不景氣之後，瑞典政府也開始緊縮福利制度。意識型態逐漸由提供基礎公民生活保障，轉變為根據實際需求來提供社會救助 (Mishra 1999)。對於失業者的補助也變得嚴格，且強制要求領取補助的勞工必須接受「以工代賑」的安排，亦即領取社會福利給付者須接受政府所指定的工作機會，以勞力付出換取福利給付。雖然基本的意識型態仍有差異，但每個國家的社會福利政策並非總是一面倒地偏向自由主義或是社會民主的意識型態。

　　在不同的福利制度之下，勞動結構的型態又有哪些差異呢？用馬克思的階級理論檢視，Esping-Andersen 的三分法呈現資本主義下階級結構的差異性：在保守或自由主義式福利國家，階級兩極化、勞動貧窮的現象就比社會民主主義式福利國家嚴重，也缺乏友善的家庭照顧制度。但從職業的性別區隔來看，在以自由主義為主要意識型態的國家，如美國，女性較有機會成為高所得群組 (Mandel and Semyonov 2005)，或是進入以男性為主的職業，性別職業隔離程度

反而比瑞典和緩 (Charles and Grusky 2004)。在社會民主主義國家，公部門照護產業擴充的結果，提供女性較多的工作機會，且不需因為育幼負擔而離職，因此，女性集中於低薪、照顧性工作的比例相當高，但女性或工人家庭陷入貧窮的機率卻低於美國。顯示福利制度的型態與性別平權概念的實踐之間並非完全相關。本書第七章還將詳細說明這個議題。

　　勞動市場的建構並非完全由生產模式決定，也受到經濟制度、福利制度及工會力量的影響。前述 Esping-Andersen 的福利國家類型提供了一個瞭解各國勞動制度的切入點，但所關注的仍是西方資本主義國家的情境。這些福利國家所使用的分類架構可以適用於台灣或其它東亞國家嗎？根據林萬億的分析 (2006)，台灣的福利制度起步慢，且趨於保守。在 1990 年代時，執政的國民黨政府對於社會福利的想像仍限於貧窮救助，同時強調應該盡可能由個人或家庭解決，而非仰賴政府。包括老農年金及全民健康保險制度的實施，主要都是由當時在野的民進黨先提出後，國民黨政府才在選舉的考量下，不得不跟進。

　　以 Esping-Andersen 的研究為操作化架構，國內學者李易駿及古允文 (2003) 認為，台灣目前的福利制度介於自由主義和保守主義之間，其特色包括：政府的福利支出偏低、社會支出屬於投資人力性質（如教育）、福利權不夠普遍、福利待遇具有差別性（依職業而定）、個人及家庭仍須負擔較高的福利責任、福利的商品化程度也不高。韓國的情況與台灣相似，而日本的失業保險與年金制度則比台、韓成熟。東亞國家對於勞工福利的保障似乎自成一個類別。不過，台灣自 2008 年開始實施國民年金制度，主要對象為沒有以職業身分投保的國民；但年金金額並不高，如果沒有其它收入，民眾可能仍難以僅依靠年金維持平日生活所需。

四、〈勞動基準法〉

　　法律規定是台灣勞工福利及勞動權益制度的主要基礎。與勞工福利和一般性勞動權益最相關的法律則是〈勞基法〉。保障勞工退休生活及職業災害賠償等的法律主要為〈勞工保險條例〉。由於屬於社會保險性質、對於不同對象和事件適用的狀況和補償條件不同，以下僅簡單介紹〈勞工保險條例〉的相關規定，

其餘相關規定將留待其它各章介紹。本節主要篇幅將用於介紹〈勞基法〉。

方塊 4-2　積欠工資墊償制度

　　台灣於 1986 年實施「積欠工資墊償基金提繳及墊償管理辦法」。這項辦法主要依據〈勞動基準法〉的規定，由雇主按月提撥所有勞工之勞保投保薪資總額的萬分之 2.5，作為基金來源。此筆基金主要用以墊償勞工遭雇主在歇業、清算或宣告破產前半年內所積欠的工資。但許多勞工未必知道這項法律，有些可惜。以下摘錄一則官方所發布的新聞稿（聯合報 2010 年 7 月 7 日）：

　　九十六年十二月，亞力山大健身中心歇業，加上關係企業共積欠了約一千名員工的薪資；九十七年五月，老字號航空公司遠東航空因財務危機，宣布停止營運，多達一千一百多位員工失去工作。勞保局「積欠工資墊償基金」，保障了這些員工遭積欠的薪資。

　　積欠工資墊償制度從七十五年開辦，如果公司歇業、宣告破產，老闆跑路或付不出工資，歇業前六個月的積欠薪資，可由積欠工資墊償基金先付給勞工。到今年五月，積欠工資墊償基金總共墊償了一千一百零七家因歇業而無力給付薪資的事業單位，受惠勞工超過五萬人，總墊償金額達卅五億三千七百多萬元。

　　……

　　勞保局提醒，一旦公司有積欠薪資的情形，勞工可向當地勞工行政主管機關申請協調，要求給付薪水；如果公司歇業，可以請老闆出具「無法清償工資證明」，向當地勞工局報備。若老闆跑路，勞工可以透過法院判決方式，獲得公司積欠工資證明文件。

　　遭積欠工資的員工，可以檢附公司歇業證明、薪資資料，以及出勤紀錄等文件，向勞保局申請積欠工資墊償。但如果公司只是「停工」，還有可能復工，勞工就不能申請。包括工資、獎金、津貼等經常性給予的給付，都能申請墊償。……

〈勞工保險條例〉的宗旨是「保障勞工生活，促進社會安全」（第 1 條）。保險給付的範圍包括生育、傷病、醫療、失能、老年及死亡等。老年（年金）給付的意義相當於退休金。根據該法規定，年滿 60 歲的勞工，如果參加勞保的年資滿 15 年（可以累計受僱於不同雇主期間的年資），可申請老年年金給付；未滿 15 年，則可請領一次金給付（第 58 條）。若申請退休後又再度受僱，則即使已年滿 65 歲，還是可以參加勞工保險（第 9 條）。至於〈勞工保險條例〉中有關職業傷害給付的規定，將留待第八章討論；第九章將說明婦女產假期間的薪資給付規定。

至於保險費的負擔，在適用範圍上，勞工保險強制加保的年齡上限為 65 歲。僱用五人或五人以上的企業或組織，其僱用之勞工全部都必須投保。僱用員工人數不到五人的小企業，也準用這項條例，由雇主為受僱者投保（第 6、8 條）。投保單位的差異關係到保費的分擔比例。如果雇主替受僱者投保，則保費的負擔比例分別為雇主七成、勞工二成、政府一成。透過職業工會投保，則勞工負擔六成、政府四成（第 15 條）。有些雇主為了減少保費的負擔金額，不為勞工投保、拖欠該提撥的保險費、要求勞工自行找職業工會保險，或是用底薪或基本工資申報等。許多勞資衝突即是與雇主故意虧欠或是壓縮退休金的提撥有關（請參考第十三章）。

1.〈勞動基準法〉的提出與主要內容

1951 年，當時執政的國民黨政府曾經成立一個由中央和地方政府官員、立法委員、工會代表及學者專家所共同組成的考察團，前往七個城市進行「勞工福利調查」（內政部 1951）。調查報告揭露了當時雇主壓榨工人的諸多事件，包括：因為工資太低，工人必須長時間工作才能賺得溫飽所需（同上引：5）；鹽工只受僱於可曬鹽之日，因此幾乎是用半年的收入維持一整年的生活（同上引：31）；雖然當時勞工保險規定強制退休年齡為 60 歲，但為了迴避老年給付，公營的台灣糖業公司卻規定 55 歲就必須退休（同上引：20）。官方後來如何處理這些不當違反或壓縮勞動條件的情事，我們並不清楚。但透過這些事例，已略可瞭解當時勞工權益低落及缺乏保障的情形，甚至在公營事業中都出現剝奪勞工權益的事件。當時的勞工事務尚被視為社會事務的項目，屬於內政部管轄。配合〈勞基法〉的修正，1987 年 8 月 1 日中央政府才成立統籌勞工事

務的專責機構──行政院勞工委員會（2014 年升格為勞動部，以下均稱勞動部）。此後關於勞動權益的維護、勞工安全的檢查及勞資衝突的解決等，均為勞動部的工作項目。國家介入勞動事務的權力更直接且廣泛，也相對地被要求負起主要責任。

　　就勞工基本勞動條件的保障而言，於 1984 年通過的〈勞基法〉是最重要的法律依據。在〈勞基法〉通過之前，規範勞動條件的依據是〈工廠法〉。稱之為「工廠法」肇因於現代資本主義的興起是從製造業發端，工廠內惡劣的勞動條件及工作安全亟需法律規範及矯正。當時的製造業也是多數勞工主要的受僱產業。〈工廠法〉的規定事項包括：僱用童工和女工的限制、工作時間、休息及休假、工資的給付、工作契約終止的條件、工人福利（包括女性員工的產假）、工廠安全與衛生設備、工人津貼及撫卹、學徒的收用及定期召開工廠會議的規定等。所涵蓋或規定的範圍十分廣泛，但並沒有罰則的規定。例如：關於性別同工同酬的規定（第 24 條），看似很先進，但僅具有宣示作用，如果違反，雇主並不會受罰。此外，〈工廠法〉終究是以規範工廠內的作業安全為主，立法重點並非在於保障勞工最基本的勞動條件。該法已於 2018 年被公告廢止。

　　〈勞基法〉是以〈工廠法〉的相關規定為基礎，再加上維護基本勞動條件的規定。該法的立法宗旨是：「為規定勞動條件最低標準，保障勞工權益……」（第 1 條）。在這項法案通過時，台灣仍處於戒嚴時期。在當時的高壓政治下，並沒有工會或工運團體膽敢主動要求制訂法律，以保障工人權益或工會的自主權。國民黨政府之所以主動擬定草案，而送到立法院之後也能夠快速通過，與來自台灣最大的出口市場──美國──的壓力有關（焦興鎧 1989）。美國的全國性工會團體認為，包括台灣在內的「第三世界」國家工資低廉、不當競爭，使得美國的跨國企業出走到台灣等地生產，造成該國勞工失業；因此向美國國會及行政部門施壓，要求國民黨政府提高勞工的薪資水準，最後促使國民黨政府在政治戒嚴、經濟掛帥時期不得不「主動」訂定保護勞工權益的基本法。但法律通過之後被落實的程度卻似乎不堪檢驗。

　　在〈勞基法〉的制訂過程中，勞雇雙方、立法委員及行政官僚體系之間即衝突不少，對於部分法條的內容缺乏共識，包括適用範圍、資遣費標準的認定、對於基本工資的看法、積欠工資的清償順位是否應優先於雇主的其它債

務、退休金的給付標準，以及職業災害給付的責任認定等（李順帆 1992：35-42）。以是否應該優先清償積欠工資為例，勞方主張：如果事業單位的經營出現歇業、清算或是破產情事，以致於經營困難或無法繼續經營時，積欠的工資應該優於其它債務項目償還；資方則是以影響企業經營彈性、銀行貸款受限為理由，強烈反對。雙方的主張各獲得不同立法委員的支持。最後的折衷方案是：如果有上述的經營情況發生，只會優先償還最多六個月的積欠工資（〈勞基法〉第 28 條）。

　　由於〈勞基法〉關乎基本勞動權益，勞工希望法定的標準不斷提高；但站在成本及勞工控制的角度，資方自然是要求更寬鬆的規定以增加解釋空間，〈勞基法〉於是也成為與勞工相關的法案中修正次數最多的一項。從通過（1984 年）到 2020 年為止，總計修正了 22 次。這些修正結果並非一面倒地偏向資方，或是全都對勞工有利。修法的結果受到諸多因素影響，包括勞工動員能力、工會與執政黨的關係及當時的經濟環境等。例如：1988 年的修法是為了延緩廠商赴中國投資的風潮，因而順應業者團體的要求，使工資、工時及休假日的規定更彈性化，讓雇主對於解僱勞工有更大的權力，並可延長試用期間。王振寰及方孝鼎 (1992) 將此一修正舉動視為國民黨政府「收束工業公民權 (industrial citizenship)」的象徵。工業（或產業）公民權是指一個國家給予勞工的基本權利。除了工作權和經濟權之外，勞工也享有集體性的權力，包括組織權、罷工權、協商權等。既然〈勞基法〉是規範最低勞動條件的準則，如果連最低條件都被限縮，勞動者的權益將無任何保障。2000 年立法院和工會團體曾幾乎成功地將〈勞基法〉中對於工時的規定改為雙週 84 小時，但被當時執政的民進黨政府覆議而遭到否決。直到 2002 年，受到當時在野的國民黨立委支持，工會成功維持原案，減少工時，但新修正的法案讓雇主可以在四週內彈性運用工時（參考本書第十四章）。由此可見，〈勞基法〉的修正經常是政黨鬥爭的對象之一。如果在國民黨政府執政時期，或許也會否決 2000 年工會所提出的修正案，國民黨立委也未必會支持 2002 年的條文修正案。

2.〈勞動基準法〉的執行

　　在戒嚴時期，由於全國性工會和多數產業工會被國民黨或產業黨部所掌控而缺乏自主性；再加上〈動員戡亂時期臨時條款〉的實施，勞工組織、抗議和

罷工的基本權利均被壓制，要求改善勞動條件的聲音微弱（請參考第十三章）。當時，勞工教育課程的主要目的是宣達政令或是強調勞資和諧，而不是告訴勞工有哪些權益受到法律的保障，也沒有提醒勞工如何運用〈勞基法〉的規定以維護個人工作權益。

理論上，訂定基本工資是為了保障勞工的基本收入。有些國家則是訂定最低工資 (minimum wage)。這兩者的意義仍有差異，有些雇主雖然表面上給予勞工基本工資，但實際上卻可能用各項費用名目扣除薪水，最後勞工獲得的報酬是低於基本工資；派遣勞工即最可能遭遇這種方式的剝削。不過，〈勞基法〉第1條明確指出該法是規定「勞動條件最低標準」，顯示基本工資與最低工資之間有極大的相關性。在1984年〈勞基法〉通過之前，台灣已有基本工資的行政規定，但並非法律。直到〈勞基法〉通過後，才具有法律效力：工資由勞雇雙方議定之，但不得低於基本工資（第21條）。至於基本工資的水準，則是由勞動部的基本工資審議委員會決定。

自1980年代中期開始，隨著經濟的快速成長，之前調升幅度緩慢的基本工資才開始有些變動，當時幾乎每年的基本工資都有微幅調整。有學者分析（許甘霖2000），至少在1990年之前，基本薪資的調整並不是為了反映物價波動，而是出於政治性的考量，包括維護政權的正當性、應付政治上的危機或爭取勞工的選票等。政治力意外成為制衡市場力量、向勞方利益傾斜的關鍵。1997年的基本工資為15,840元，此後10年間未再調整。直到2007年，才上調為17,280元；最近一次調整是在2023年，基本工資月薪調高為26,400元，時薪為176元。

一個全國性的工會組織──全國產業總工會──曾經將基本工資與台灣家庭最低消費支出作比較，發現每月的相差金額在15,495元（台北市的水準）到4,835元（台北市、高雄市除外之其它縣市）之間，顯示出基本工資偏低的程度（全國產業總工會2009）。基本工資的訂定不只影響薪資水準本身，包括勞工保險、全民健保及退休金的計算項目都會隨著基本工資的變動而有所調整（陳慧敏2008），也因此每次調整或未調整都會引起勞資雙方的激烈辯論。

縱有再多法條或命令，如果沒有被認真執行，也是形同虛設，亦即所謂的

「徒法不足以自行」。雖然〈勞基法〉明確規定在勞動契約中應該有關於休假和
請假的規定。如果加班時數在兩小時以內，必須按時數至少給付以工資一又三
分之一倍的加班費；如果超過兩小時，則超出兩小時的部分須給付的倍數為一
又三分之二倍；如果在例假日工作，或因為天災、事變或突發事件，仍被要求
上班或上工，則工資需加倍處理（第 24、32、36 條）。實施一例一休後，勞工
除了有例假，還有休息日（第 36 條）。雇主若要求勞工在休息日工作，須給付
更高的加班費。加班兩小時內，工資為平時的二又三分之一倍；超出兩小時的
話，超出時數的工資為平時的二又三分之二倍（第 24 條）。

　　根據官方統計，因為違反〈勞基法〉的規定或勞動條件檢查不合格而被處
分的廠商，在 1990 年時有 13%，2019 年為 18%，顯示違法的比例相當高。不
合格的勞動條件事項主要有工資、工作時間、未舉辦勞資會議及未提供例假日
上班的補償等。大多數的告發案件是以罰錢的方式解決，僅有極少數案件會導
致雇主或管理者被移送法辦。以被處分件數極多的 2001 年為例，資方被移送法
辦的比例為 13% 左右；近 20 年來的移送比例更不到 1%。在解讀這些數據時，
還必須考慮到勞動檢查是抽樣性的作業，被檢查的工廠家數比例並不高。例
如：在 1996 年時，台灣正式登記的事業單位有 529,831 家，檢查的件數（有些
工廠被檢查的項目不只一項）為 6,203。即使假設這些件數即代表廠家數，被檢
查的企業家數比例也只有全體的 1% 左右。因此，如果這些抽樣具有代表性，
那麼台灣整體產業內的違規、違法率是相當驚人的。

　　就細目來看，早期違法事項中最嚴重的兩項分別是未提撥退休金及未給予
女性足期的產假。以 1993 年的檢查結果為例，不履行退休金給付，以及沒有訂
定退休金給予標準及資遣辦法的現象最普遍，違反的比例超過八成（行政院勞
工委員會 1993）。根據〈勞基法〉的規定，企業應給予女性勞工 8 週（56 天）的
產假。但是，只有約三分之一的企業符合規定，當年全體女性勞工的平均產假
為 46 天（同上引：21）。到了近期，違反〈勞基法〉的項目則以工資及工時為主
（勞動部職業安全衛生署 2020）。此外，勞動部於 1998 年依據立法院的決議，
逐步要求服務業將受僱者納入〈勞基法〉適用範圍內。但是，在規定生效之
前，許多雇主已經開始要求員工改簽訂承攬工作契約，甚至解聘正式員工，以
盡量壓低勞保支出，以及規避退休金提撥和資遣費（聯合報 1998 年 3 月 2 日）。

勞工權益的維護需要善用法律及政府行政單位的保護機制。圖為台北市政府勞動局「2020 年兒童認識勞動權益四格漫畫競賽」的得獎作品

照片提供：張哲與

在 Rosabeth Kanter 的名著 *Men and Women of the Corporation*（1977；中譯本名為《公司男女》，2008 年出版）一書中（本書第十章還將詳細介紹該書內容），提到豁免人員 (exempt workers) 及非豁免人員 (non-exempt workers) 這兩個名詞。前者指工作時間、工作內容或是勞動控制等事項並不需要遵守固定的規則，而是採取責任制。非豁免人員則有具體的工作時間和工作內容規範，而且必須遵守，也受到較嚴格的勞動控制。在組織中，對高階白領人員的僱用比較像是前者，而其他受僱者則屬於非豁免人員。但豁免人員也並非都是高階白領。如保全人員，由於工作性質和時間特殊，勞動條件偏向責任制。

但豁免人員的彈性勞動條件卻給了資方違法、壓榨勞工的機會。2009 年 7 月，一群在國立台灣美術館（位於台中市）工作的勞工組成自救會，起因是派遣公司所提供的工作條件較差，於是訴求希望由該館直接僱用（陳詩婷 2009）。派遣公司為了壓低勞動成本，將這些派遣勞工稱為「保全」人員，以求形式上符合〈勞基法〉第 84 之 1 條的排除規定，使其成為責任制的豁免人員，於是工時和休假等就可以避開〈勞基法〉的規範。實際上，這些勞工都是假保全、真行政人員，實際的工作內容是協助策展及執行展覽場的工作，應該是被納入〈勞基法〉保障的非豁免人員。到 2020 年時，國立台灣美術館的勞工抗爭還在進行中。

方塊 4-3　爭取打工族的基本工資

「青年勞動九五聯盟」是由一群大學和研究所學生（或畢業生）所組成的民間運動團體，成立於 2004 年。在他們過去所發起或參與的行動中，有一項是爭取打工族群的基本工資。〈勞動基準法〉中有基本工資的規定，但工讀生或計時工作者的時薪換算方式並未依據基本工資的標準，計算結果對於打工者十分不利。

根據勞動部的算法，時薪是以基本工資（例如：在 2007 年之前為 15,840 元）除以 240 小時（每月 30 天，每天 8 小時）來計算。每小時工資為 66 元。實際上，以領取月薪的勞工來說，每個月至少會休假 2 到 4 天，有些單位實施週休二日，休假達 8 天。勞動部的計算邏輯卻是假設打工的人都不用休假，拼命一個月之後，才可以領到 15,840 元。此一計算方式行之有年，後來被青年勞動九五聯盟及其它團體揭露，並採取激烈抗爭後，勞動部才在壓力下修正原來的算法。關於前述時薪的計算方式和其它勞動團體對於時薪計算的意見，請參考苦勞網：http://www.coolloud.org.tw/node/3895。

五、結論

本書第二部分共有七章，所要探討的主題是勞動條件與勞動者的處境。本章是從鉅觀的層面，說明台灣勞動力的圖像、福利制度與規範基本勞動條件的勞動法規。勞動力組成的人口特徵及變化，是觀察一個社會的勞動結構及轉變的基本面向。台灣的勞動結構在最近 30 年所呈現的狀態是：一方面年輕人口進入勞動市場的速度和數量減緩，造成就業人口的平均年齡持續上升。勞動市場對於文憑的重視、高等教育的擴張和就業機會的緊縮，均造成年輕世代就學期間拉長，延緩進入勞動市場的時間。另一方面，女性的勞動參與率和男性勞動參與率呈現平行但差距逐漸縮小的發展模式：前者緩慢上升，後者持續下降。雖然性別間的勞動參與率仍有高達 16% 的差異，女性勞動力已不再僅是扮演邊緣性、預備軍的角色。

福利制度的出現是資本主義國家解決或抒緩失業與貧窮、維持政權穩定性和正當性的重要手段。當成為受僱階級是多數勞動者尋求溫飽及安身立命的主要方式時，沒有工作、工作報酬偏低，或因為發生特殊狀況而退出勞動市場

時，個人或家庭即可能陷入困境，並且引發其它問題。福利制度的介入不只是協助個別勞動者和家庭度過難關，在讓勞動市場去商品化的同時，也確保了資本主義生產模式的存續。台灣勞工福利制度的主體仍以保險為主，勞工必須先付費加入勞工保險，才能享有後續的醫療及退休給付。如同本章所引用的學者說法，台灣的勞工福利制度保守且有嚴格的適用標準。本書第十二章將說明，這種保守的意識型態，也使得台灣的就業安全體系較著重於失業時的臨時救助，而不是積極協助勞工回到穩定、可獲取合理工資的就業狀態。

　　台灣的例子顯示，法條制訂不夠周延時，帶給勞工的不僅是虛幻的期待，還可能誤導，使得勞工白忙一場後，仍然喪失權益。此外，徒有法律，但多數勞工卻不知道或不瞭解的話，法律的制訂將徒具形式，而無實質作用。台灣的中等及大學教育、各企業或組織的勞工教育均應強化對於勞工法規的認識及解讀。最後，法律的效果也需要執法和行政單位主動檢驗法條的實踐情形。根據本章所提出的數據和說明，台灣的雇主在勞動權益保障的作為上仍有高度違法的情形，但懲處及改正效果不明；〈勞基法〉的執行效果令人質疑。

　　本書第二章曾提到，異化形成的面向之一是勞動者與勞動過程的分離。勞動過程不是只有技術層面。除了代表商品生產或銷售、服務提供的流程之外，也反映社會性的生產關係。在勞動過程中，我們看到受僱關係的具體實現、勞動控制及性別差異、勞動條件的決定，以及勞資間衝突的產生。第五章即將介紹這些議題。

思考與討論

1. 請自行查找歷年不同年齡層的勞動參與率，並利用較近期的數據，將不同年齡層的勞動參與率畫在同一張圖內，然後比較各個年齡層的勞動參與程度差異，並針對較大的差異提出一些解釋。同時再繪製另一張圖，呈現納入不同時期的結果，並加以說明。

2. 在媒體報導或文獻中，經常可看到「重北輕南」的說法，主要是指國家的資源分配有區域性的差異：北部，尤其是台北市，獲得較多中央政府預算和政策的支援，經濟和各項建設都優於南部或其它地區。相對的，南部或是其它地區除了仍是主要的農業產區之外，也聚集了許多具汙染性、危險性的工業廠區。請試著找出台灣目前有哪些工業區及加工出口區，這些專業區的地理位置分布如何，以及主要製造的產品有哪些。最後再根據位置分布圖說明出口區的地理及產業分布特徵，並討論「重北輕南」的涵意，以及對於勞動參與的影響。

3. 經濟學者和社會學者對於很多議題有迥異的看法，其中之一是政府是否應該訂定基本工資。前者認為基本工資的法律化破壞市場機制，後者則支持不只應有基本工資，且應隨時調整。請試著找出國內經濟學家的相關論述及社會學者或工運人士的回應或意見，對照雙方的說法並提出個人見解。

延伸閱讀

1. **陳信行編（2010）《工人開基祖》。台北：台灣社會研究雜誌社。**

   本書主要收錄曾經發表於《台灣社會研究季刊》且研究 1980 年代台灣勞工、工會與工運的文章。編者認為，這些研究所關懷的世代是台灣的「工人開基祖」。全書內容主要分成五個主題：國家與工人階級、性別與工業化、家戶生產方式與階級流動、工人運動與工人階級的形成，以及「服務業」課題與工人階級的擴張。

2. **林宗弘、洪敬舒、李健鴻、王兆慶、張烽益（2011）《崩世代：財團化、貧窮化與少子女化的危機》。台北：台灣勞工陣線協會。**

   本書是由學者與工運團體合著，利用社會、經濟和人口的集體數據，呈現台

灣所得不平等情況惡化、少子女化現象及青年貧窮的問題。序言中提到，希望「藉由對於新自由主義之批判，以更鮮明的立場確立台灣未來的社會圖像，以建立一個公共性的新台灣」（頁 VIII）。本書在出版當時頗受矚目，也是社會倡議出版品中少見的暢銷著作。

3. **Chan, Chak Kwan and Kinglun Ngok (eds.) (2011)** *Welfare Reform in East Asia: Towards Workfare?* **New York: Routledge.**

本書編者集結社會福利、社會政策、社會學及社會工作等領域的學者，撰文檢討東亞國家與地區的以工代賑及相關政策。這項政策源自西方高所得國家，目的在於提供有工作能力者短期補助，以維護其生計和基本權利的行使；最終仍期待接受者重回勞動市場。本書即是探討此一政策在台灣、南韓、新加坡、澳門、日本、香港及中國的施行狀況、並提出政策建議。

電腦主機板工廠內神情專注地安插零件的女性作業員
照片提供：張逸萍

第五章　勞心與勞力的分隔：
　　　　勞動過程與勞動控制

重點提示

1. 勞動過程除了指產品或服務的產出過程，也包含生產的社會關係。

2. 從技術面來看，勞動過程是指產品在製造過程中所需要的機械設備和技術，以及工作或職務的分工設計。勞動過程也反映生產的社會關係；勞工階級出賣勞力，處於對立位置的雇主或其代理人——管理階層——則透過對勞力的控制以增加生產力，累積剩餘價值。

3. 科學管理的概念主要有三個原則。第一是將工人的技術與勞動過程抽離，第二是將工作硬分成勞力和勞心兩種，第三則是由白領階級實際掌控生產過程的每一個步驟及執行模式。

4. Harry Braverman 稱科學管理的本質是一種去技術的思維；將勞動的意義化約成所有細分後動作的集合體。當工作變得瑣碎、單調、任何人都隨時可以上手時，去技術化的後果也是讓勞動本身失去價值。

5. 科學管理的執行將工作流程簡化，增加了非技術性工人或非工會會員的工作機會。造成具有不同技術傳承和不同族群勞工的分裂，以及對於傳統工匠工會的衝擊。

6. 在 Michael Burawoy 研究的工廠中，工人用趕工遊戲克服長期從事單調、重複性工作的無聊和疲累。不同的工作場域都可能會出現不同類型的趕工遊戲。這也成為資本主義社會中基層工人間彼此凝聚的方式之一。

7. 趕工遊戲的出現和持續代表著工人接受資本主義的生產模式，因而鞏固了工作現場的階級關係，象徵著工人的志願性順服。

8. 在不同政經脈絡和地方政治下，資本家採取因地制宜的生產及管理策略，工廠可能使用截然不同的勞動過程與控制。

9. 在以傳統製造業為田野的研究中，對女性勞動者的控制、服務業中對於女性身體和情緒勞動的要求等議題相對被忽略。

10. 根據學者的研究，在早期美國的工廠中，勞動過程的控制型態以市場專制與工廠霸權為主；在東亞的外資工廠中，出現的則可能是地方專制與家庭霸權。

11. 在服務業的勞動過程中，身體控制與製造業藍領工人的經驗相似；但除了工作時間的管理及銷售量的要求以外，還增加了面貌、服裝穿著及姿勢等要求。

12. 根據藍佩嘉的研究，專櫃小姐的勞動過程可由四個身體面向分析：剝削的身體、馴化的身體、鏡像的身體及溝通的身體。

13. 女性的身體和情緒勞動被要求地更為嚴格。女性服務人員往往還被要求保持性感形象，甚至提供男性慾望的想像空間。

袁（音譯）先生……的工作是組裝 1,600 份硬碟
——他每天的工作配額——及確保每一份產品都
完美無缺。他穿著富士康發的黑色運動衫、棉
長褲及公司規定的白色塑膠拖鞋，坐在生產線中
間的位置，等著輸送帶將一個個半組裝好的方形
硬碟送到他面前。他將兩個塑膠晶片放到硬碟盒
裡，插進一個作為指示燈的裝置，然後用電鑽鎖
上四個螺絲，再將硬碟放回輸送帶上。他只有一
分鐘的時間完成這些動作。……在生產線上不會
浪費多餘的動作。這些動作都已經被分析並且用
碼表試驗過。……他（袁先生）說：「如果你一
天下來都一直做同樣的事，是會變得麻木，但我
已經習慣做這類的工作了」。

—— *New York Times* (2010)

一、序言

　　由台商鴻海科技集團投資、在中國廣東省深圳市的富士康工廠，在 2009 年
陸續傳出勞工在宿舍跳樓自殺的新聞。到了 2010 年上半年，自殺事件甚至更
為頻繁，也引起中國、台灣及國際媒體的廣泛報導。資方將自殺歸咎於個人原
因，但輿論則認為工人薪資過低、管理方式不當、工人被當作機器使用等，才
可能是造成自殺頻仍的主因。富士康公司隨後以調薪方式試圖緩和輿論壓力；
這項舉動立刻產生示範作用，在中國的一些外資工廠勞工也起而罷工或抗議，
要求提高薪資水準。在加薪前，富士康工人若每天工作 11 個小時、每週休息
1 天，每月的薪資僅有人民幣 2,300 元（約台幣 11,000 元）（聯合報 2010 年 5 月
22 日）。在自殺事件成為熱門新聞後，國際媒體試著透過不同管道，訪問深圳
外資工廠的工人以瞭解內幕。引文中的袁先生即是在主管的許可下，接受美國
紐約時報 (*New York Times*) 的訪問。但其實早在一百多年前，這位受訪者所敘述
的生產線的操作經驗就已經出現。

　　歐洲和美國工業資本主義的穩定發展是從 19 世紀末期開始，至今已經超

過一百多年。在博物館或是檔案資料中，可以看到當時所使用的、尚未完全自動化的機械設備，以及一群男性工人站在生產線旁操作的情形。許多人或許也曾經從錄影帶、光碟或是 YouTube，看過 19 世紀末出生的英國導演和演員卓別林 (Charlie Chaplin) 所拍攝、主演的默劇。其中，「摩登時代」(Modern Times) 也是大學課堂中經常放映的教材之一。從這部 1936 年發行的喜鬧劇中，可看出卓別林的諷刺意味：流水線的生產模式似乎可以運用於任何生產階段，或是工廠內的任何角落。雖然不怎麼成功，不過連中午用餐都有辦法利用機械代勞，讓工人在用餐的同時還可以繼續工作，一點時間都不浪費。而亦如資本家所願，在反覆操作之後，工人們真的變得非常熟練；劇中的工人在碰到任何有孔的物品時，都會反射性地想要鎖上螺絲。在工廠中工人的一舉一動也都被監視著。只要稍有偷懶，老闆的身影就會出現在大螢幕中，立即予以糾正或訓斥。在 George Orwell 名著 *Nineteen Eighty-Four* (1949) 中，似乎也有這部經典默劇的影子。

　　在社會學的學科知識發展過程中，工業社會學或產業社會學在早期也是重要的研究領域。當時在課程中探討的內容包括勞工集體的心理狀態及如何促進勞資和諧，也涵蓋異化、滿意度、組織及職業特性等議題。直到 1980 年代初期，在以馬克思理論為基礎的衝突學派興起之後，工業社會學開始出現勞動控制、剩餘價值、階級衝突的討論。勞動過程 (labor process) 的名詞也開始大量出現在文章或專書中。這個名詞是指勞動者透過有目的的行動（指工作），使用生產工具（指工具或科技）改變勞動對象（指生產原材料），進而創造使用價值的過程。廣義上則泛指勞動者在工作現場的直接生產活動及其在此種生產活動中建立的社會關係。

　　從泰勒 (Frederick Taylor) 的科學管理 (scientific management) 理論 (1911) 開始，到 Braverman (1974) 及其他學者 (Zimbalist 1979) 對於勞動控制和大量生產模式的討論及批評，以及大量生產模式被普遍實踐的事實和所引發的問題，勞動過程已經成為勞動社會學的核心議題。而幾乎所有介紹、評論或是論述勞動過程的著作也都是以科學管理及後來的「福特主義」(Fordism) 作為序曲。運用科學管理的概念，福特汽車雖然不是最早或唯一採用流水線生產模式的企業或產品，但其驚人的生產量卻成為最佳的「典範」。此後在紡織、成衣、電子業的廠

房內，長條型的裝配線和兩端坐滿工人（多數是女性）的景象，與 70 年前卓別林的電影或是老照片中的影像相去不遠，即可見證這種以效率為前提的分工方式的魅力。單調、重複、所需技術簡單，成為達成效率的最主要手段。科學管理的主要原則就是去技術化 (deskilling)，即運用科學原則，去除工作中的複雜性、工人的自主性及知識基礎，讓工人只需從事單調而重複性的操作。

而工人對於勞動過程的去技術化如何反應呢？為何馬克思所預期的工人在被極度剝削之後的奮起抗暴並沒有出現呢？這是勞動過程研究中的另一個重要議題。針對工人的反抗策略，本章主要將採用美國社會學家 Burawoy 在其著作《製造甘願》(*Manufacturing Consent*)（1979，林宗弘等譯 2005）中的論述。除了對於工廠內勞動過程的本質和演變提出論述，該書也對於為何勞工不反抗去技術化及管理階層的霸權控制提出解答。這一章也將說明其它以華人社會為對象的研究成果。出生於香港的學者 Ching Kwan Lee（李靜君），對於 1990 年代中國經濟崛起之後，電子工廠內女工的生產過程及勞動控制，曾利用近一年的時間進行民族誌研究。由這些著作，我們將可比較在不同的產業、組織、地域及時代中，勞動過程與控制的異同及性別差異。

以馬克思主義為藍本的勞動過程討論雖然將重心由促進勞資和諧轉移到生產的社會關係的衝突，但是勞動者在勞動過程中的身體意涵似乎較少被討論。傳統勞動過程及控制的論述強調生產的去技術化及去知識化，但較少討論對於身體的剝削。勞工出售勞力的同時，不只是出售時間讓雇主極大化對於勞力的使用程度，也出售自己的身體 (Leslie 2002; Wolkowitz 2006)。借用 Michel Foucault 對於身體規訓的論述，勞動過程中身體的使用和監控，也成為重要的議題。藍佩嘉在關於百貨公司化妝品專櫃小姐所經歷的勞動過程與控制的研究 (1998) 中，即再現服務業中勞動控制的樣貌及身體的操演。

本章第二節將說明科學管理觀點的出現和主要意涵、其中所代表的去技術化思維，及學者對於科學管理的批評。第三節則是說明勞工對於勞動控制的順服原因與反抗。第四節將介紹管理階層如何藉由身體與情緒的勞動控制而達到累積剩餘價值的目的。

二、科學管理與去技術化

1. 科學管理

　　泰勒闡述其科學管理理念的著作 *The Principles of Scientific Management* (1911)
確實已成為勞動研究的里程碑，對於後來資本主義生產、管理方法及勞動社會
學的發展都影響深遠。在 20 世紀初期，類似科學管理或泰勒主義 (Taylorism) 的
概念或名詞並非只有泰勒提出而已，只是「科學管理」這個名詞被引用和討論
得最多。科學管理的基本理念是分工，將產品的製造分成不同的步驟，每個步
驟再分配由不同的人執行。18 世紀的經濟學家 Adam Smith 在他的名著《國富
論》(*The Wealth of Nations*) 的前幾頁就已經舉例說明分工對於工人技巧和熟練度
的重要性。他描述別針製造的方式是：「……某人抽鐵線，另一人拉直，第三
人切斷，第四人削尖、第五人研磨頂端以便裝頭；而製作針頭則需要三個特別
的工序……」(1776，謝宗林、李華夏譯 2000：20)。Smith 於是強調，即使只有
十個人的工廠，如果大家分別負責其中幾個項目，一日的生產量都可大大地提
高。但是如果一個人負責所有流程，可能一天下來連一根別針都做不出來。然
而，「科學管理」所強調的不只是分工或是配合機械操作，還包括如何進行勞動
控制，使生產更有效率。

　　提出「科學管理」一詞和理論的泰勒是一位美國工程師。他在進入一家鐵
工廠工作後所觀察到的現象，促使他萌生設計一套新式管理制度的想法。在工
業資本主義發展的初期，工廠工頭或老闆所使用的管理方式直接且粗暴，引起
很多衝突，工廠內紛擾不斷，經常影響生產的進行。此外，根據泰勒的說法，
工人似乎在生產達到特定數量之後，就會開始摸魚、偷懶。更令他難以接受的
是系統性拖工 (systemic soldiering)，就是工人有意地、集體性地放慢工作速度。
泰勒認為，以工人的生產能力來說，其實可以達到更高的生產量。但由於管理
者不熟悉工作流程及實際生產過程中所需要的勞力投入和技術程度，以致於無
法精確地要求工人如何更有效率地生產、或是要求每日達到多少生產量。因
此，工廠內的管理方式固然使得工人不願意配合管理階層的要求；但後者不能
掌握和控制生產的流程，只能憑主觀判斷提出要求或斥責工人，更是造成生產
無效率、產量無法提高的關鍵。

　　泰勒於是提出了科學管理的重要性，其主要概念是：先盡量簡化工作流程，分解每一個勞動步驟所需要的肢體動作和所需要的時間；然後再經由持續的「時間和動作」研究 (time and motion study)，設計如何讓工作流程可以進一步細分、讓完成每一個步驟所需要的勞力和時間盡量降到最低。生產流程的規劃改由管理階層和工程師接手（更具像的說法是在工廠樓上或是辦公室內的人），工人的責任只是執行其中一個或少數步驟，而且讓操作愈來愈熟練。在實際執行上，管理階層先詳細列出所有的步驟（以泰勒的說法，是前一天就先籌劃好）。工人上工時會收到一張白紙黑字的派工單，詳列當日要完成的工作、工作方式及所要求的時間底限。理論上，工人不會知道當日要完成的到底是什麼樣的產品。

　　然而，如何讓工人在原有生產技術及自主性被剝奪的情形下不至心生反感和抗議呢？泰勒認為，經濟誘因就足以讓工人願意服從管理、賣命工作。他相信，任何一個懂得理性計算的人都會樂意看到自己的薪水袋愈來愈厚，而不在乎勞動過程中的付出。科學管理實施的結果如果不是皆大歡喜，至少也是兩相情願：資本家提高了生產效率和利潤，勞工則是增加了收入。

2. 去技術化

　　勞動過程同時具有技術和社會關係的面向。從技術面來看，勞動過程是指產品在製造過程中所需要的機械設備和技術，以及工作或職務的分工設計。卓別林在「摩登時代」中所呈現的，即是生產過程中技術面上的非人性部分。但從社會學的意義來看，勞動過程也反映生產的社會關係；在這個關係架構中，勞工階級出賣勞力，替雇主創造利潤；處於對立位置的雇主或其代理人──管理階層──透過對勞力的控制以增加生產力，創造最大的成本效益。集體的社會生產關係即形成階級結構。勞動控制是指資本家為了確保工人的勞動成果符合其利益，並取得其剩餘價值，而在生產過程中對工人所做的各種監督；實質內容包括對於生產流程的掌控、勞工工作時間的要求及勞動強度的設計等。生產技術也是勞動控制的手段之一。由於階級利益並不一致，勞資間出現衝突也是可以預期的。因此，任何勞動過程都是暗潮洶湧，是呈現與再現階級衝突的場域。勞動過程及控制也成為瞭解當代資本主義運作、勞動本質及階級關係變化與矛盾的基礎。勞動或是工作社會學作為次領域，也逐漸取代產業或工業社會學的名稱。

方塊 5-1　泰勒科學管理概念的實踐

本章正文中所提到的工程師——泰勒——曾經用一個搬鐵礦的試驗實例說明科學管理的可行性。科學管理的第一個要訣是找對人。他首先花了幾天時間應徵一批工人，從中找到幾位他認為是「可造之才」的試驗對象。第一位被他相中的工人叫做史密德。泰勒問他：是否認為自己是一個值得拿高薪的人。泰勒持續不斷地反覆套話及逼問，直到史密德說了好幾次「我願意多賺一些錢」之後才停止。然後泰勒告訴史密德：一個拿高薪的人應該要服從工頭的命令做事，工頭要你工作的時候你就工作，要你休息的時候你就休息，你認為是不是這樣呢？史密德也同意了。於是試驗正式開始。泰勒找了另一位鐵工廠內的人員，拿著碼表，指揮著史密德的工作。這個人指揮著史密德的每一個動作，而且不斷地重複：剷起鐵礦然後開始走過去、現在坐下、現在休息、現在開始工作、現在休息等。如此一天下來，泰勒很滿意地宣布他的驚人發現。史密德在同樣的工作時間內剷起了 47.5 公噸的鐵礦，而他之前的工作量為 12.5 公噸，僅這一天的生產量就增加了將近四倍。然而，他的薪資增加了多少呢？僅比過去增加了 60%。泰勒對於他的試驗成果非常滿意。根據他的說法，史密德也很滿意他的新工資，且願意持續這樣的工作模式。

泰勒在書中宣稱：後來有很多工人願意為了增加工作收入而加入科學管理的試驗。泰勒從類似的例子證明他對於工人集體性怠惰的結論，及按照他的方法，生產量及利潤可以增加到什麼樣的程度。結論是，如果要達到這樣的效果，只要給工人一點甜頭就可以了。泰勒進一步申論說，如果像剷起鐵礦這樣簡單的工作都可以在用科學方法分析、執行後，讓生產量達到如此驚人的效果，其它更精密的生產流程設計將更可以仿效而達成更大的生產量。他提出科學管理概念的出發點之一，就是要改善過去全美國工廠和企業的無效率狀況，讓資源都可以發揮最大的效用。泰勒是一位很有使命感的人。他甚至期許科學管理的方法可以大幅提升美國的國力，還希望總統能夠採納他的富國經驗。只是這些期待和雄心都未被採納或實現。

許多著作都對科學管理概念及其執行的可能性提出討論或批評。而對他這一套想法提出較有系統性批判的作者之一是 Braverman。他是一位新聞記者，並非學院中人；曾經在金屬工廠當過多年的技術工人。直到現在，Braverman 對於科學管理和類似概念的批判仍然是勞動過程與勞動控制研究的經典著作。

在 *Labor and Monopoly Capital*（1974，谷風出版社編輯部譯 1988）這本書中，他提到科學管理的概念主要有三個原則。第一個原則是將工人的技術與勞動過程抽離。生產過程的設計變成由另一批有頭腦的人（如類似泰勒一樣的工程師）擔任，不再由工人控制。流程的進行不再依賴工人的技藝、傳統工法或是私相傳授的知識。第二個原則是將工作硬分成勞力和勞心兩種。組織內的計畫中心（由管理階層和工程師所組成）負責勞心，工人負責勞力。前者擁有生產所需的知識，規劃生產的流程和進行步驟；後者只需要熟練已經被簡單化的工作步驟。工人只要服從命令、執行被要求的動作即可。第三個原則是由計畫中心實際掌控生產過程的每一個步驟及執行模式。而且必須不斷精益求精，讓每一個步驟的動作都能夠愈來愈有效率地被執行，達到可以被管理階層認可的生產力。

這三個原則其實是一體的，共同的軸心概念就是勞力與勞心的分離。泰勒認為勞力與勞心必須要分開，一方面是因為他相信工人缺乏技術創新的能力，關於技術和科學的知識發展及應用只有工程師最能勝任，也應該是由後者負責。另一方面，工人也不應該被賦予這樣的責任或權力。如果生產過程要仰賴工人的技術和經驗才能進行，管理階層就無從得知工人的產能可以到達什麼樣的程度。工人應該將時間投注在生產上，而不是技術的研發或生產知識的學習。科學管理是要去除勞動過程的人為面向，讓「人」的因素減到最低。如此一來，生產過程就不會被工人把持，甚而欺騙雇主。

整個心力分離的設計乍看之下好像只是一個工程師的技術性想法，沒有其它涵意；但事實上，根據 Braverman 的分析，這個概念是將工人貶抑到如同動物一般，不需要思考、不需要知道工作的目的和意義。工人的地位甚至還不如機器人，而只是機器人的一個關節或肢體而已。去技術化的結果讓勞動的意義化約成所有細分後動作的集合體。當工作變得瑣碎、單調、任何人都隨時可以上手時，去技術化所造成的後果也是讓工作的價值被貶低 (degrading)。Braverman 認為科學管理將勞動剩餘價值的壓榨程度推到極限。在馬克思的理論中，勞動的完美性在於心力合一，為個人、家庭、社會而生產。但是在科學管理的邏輯下，勞動變成無意義的一連串動作的組合。工人與生產方式之間不只存在情感上的疏離，更有實質上的隔離。手與腦之間是分離的，負責動手的工人與動腦的人之間不是維持著合作關係，而是從屬、對立關係。科學管理的概

念比任何之前的管理技術都更加貶抑從事身體勞動者的價值和勞動的意義。在工人被原子化（被細分為許多彼此區隔甚而對立的群體）之後，認識到集體位置和處境、發揮集體意識和付諸行動的機會也下降了。這是 Braverman 認為去技術化趨勢難以挽回、對工人命運抱持悲觀想法的主要根源。

在許多情況下個人是理性的，偶而也會認真計算一下利益得失。但是，經濟理性不過是眾多理性或工作目的中的一種。經濟報酬的極大化並不是個人生存或勞動的唯一動機，勞動的目的也不只是為了賺錢。這是泰勒的科學管理並沒有完全被實現的主要原因之一。或許在短期間內，工人可能會為了提高工資而志願被當成機器的一部分。但即使是全然出於經濟理性或生活所需的考量，經年累月地持續同一單調和機械性的重複性工作，也會造成反效果，包括身體嚴重地彈性疲乏、意外事故增加，因為不滿而怠工或是故意違反工廠規則、請假、遲到、早退，甚至大量離職等。這些現象當然也都不符合資本家的利益。

在 Braverman 的書出版後，也有其它著作批判勞力與勞心分離及去技術化。Andrew Zimbalist 所編輯的書 (1979) 即蒐集了多位作者在不同產業或職業內所做的研究案例，包括工具機、文書人員、印刷業、木匠、碼頭工人、煤礦、汽車、電子、成衣業等。以工具機為例，根據學者的解析，資本家逐步去技術化的作法是先讓某些工具電動化，但是產品的完成仍然需要操作這些工具的技術再加上工人的判斷；等到工具機的作業完全自動化之後，連半技術工人都變成了無技術工人。David Noble (1979) 認為，資本家的想法就是要減少對於工人判斷能力的需求，讓工人對於生產流程毫無控制機會。在電子業也是如此 (Brecher 1979)。管理階層不斷簡化個人的生產動作，讓現場工人的每一秒鐘都不浪費地用於生產上。甚至還對生產線上的操作員設計了 12 種動作原則 (principles of motion)，作為分工設計的指南。

三、順服與反抗

工人當然也很清楚雇主引進大量生產的用意。面對科學管理和其變形不斷地被引進到工廠中，不論是由工會主導或是工人自發的抗爭皆層出不窮。根據 David Montgomery 的研究 (1979)，在科學管理概念開始流行後，工人們之間也

相互傳閱泰勒所寫的關於科學管理的文章，以瞭解老闆的企圖。工人對於「時間和動作研究」特別反感。執行這項工作的人被憤怒的工人趕走，有些還被毆打。對於工人來說，大量生產機器的採用勢不可免，去技術化也很難抵擋，但是有監控者站在背後、拿著碼表測量工作時間這件事卻是難以容忍的。

1. 大量生產模式的興起

泰勒科學管理的極端主張雖然並沒有真正被完全實行過，但是生產流程分割、用流水線串起不同勞動項目的設計，已被運用在不同的工作組織和產業中，實質的影響非常廣泛。包括肉品包裝、成衣製造，甚至香蕉從生產到裝箱的過程，都遵循一貫作業、標準化、大量生產的原則完成：在種植時已先控制香蕉的大小，揀選及裝箱都在生產線上完成 (Chapman 2007)。最能貫徹科學管理精神、同時成為現代製造業流水線生產鼻祖的當然就是美國福特 (Ford) 汽車公司。

在現實的發展上，科學管理的概念後來幾乎被另一個名詞「福特主義」所取代，這主要是指：以一種符合大眾消費的價格大規模生產標準化產品的模式，與支持這種模式的經濟制度；但也被用於代表使用流水線的大量生產方式。在福特汽車首先開始使用生產線的方式製造汽車之後，大眾對於這種看似十分先進且自動化的生產過程感到好奇，對於生產效率的提升也大為驚訝。當時的輿論對於這種生產方式是讚嘆多於批評。一次世界大戰爆發後，軍事產品的需求大增，一方面促成了福特主義的擴張，但另一方面，工人也有了籌碼可以要求改善管理策略和待遇。1914 年福特汽車宣布實施一天工作 8 小時、一天工資 5 美元的政策。這個薪資條件相當優厚，是當時製造業工人平均薪資的一倍。汽車廠外的求職者大排長龍。福特汽車號稱找了 100 位「社會學者」幫他們甄選合適的工人，考慮的條件包括日常生活習慣、家居生活及態度等。這些求職者中也有許多是從歐洲各地來的新移民 (Montgomery 1979: 120)。為了讓他們「成為美國人」(Americanization)，福特汽車還為他們開設了英語課程。到 1920 年初，在實行流水線生產方式的美國汽車工廠中，只有大約 9% 的勞工是屬於技術工人，其餘的工人中有 18% 是在生產線上，另有 47% 屬於非技術性的機器操作工。包括福特家族在內的大資本家靠著產品的大量生產及暢銷而日進斗金、快速累積財富；非技術性工人也嚐到了一些甜頭，實質工資大幅成長，

分享了美國經濟快速發展的部分果實。

美國的工匠文化沿襲了歐洲基爾特 (craft guild)（請參考本書第十三章）的傳統，大約在 19 世紀中期開始逐步建立行會和專業性 (Montgomery 1979)。技術的培養和傳承是依靠工匠和他們所收的學徒。這些具有技藝的工匠包括模具製造工、滾輪製造工、玻璃工人、水泥匠、煤礦工、機械工、陶土工、縫紉工、製鞋匠或是紡織工等。有些是自己開業，有些則是受工廠僱用。不論工作的組織型態如何，工匠們對於自己的勞動過程擁有極大的自主性，同時訂有自我約束的行規和工作倫理。工匠們對自己的技藝充滿了自信，在自己的專業領域內建立了傳統和自我保護機制。因此也排斥由其它工匠團體所訓練出來的工人進入相關行業。由於工人的來源和技藝受到限制，生產量也控制在工匠手中，對非技術性工人而言，大量生產（及大量需求）所產生的工作機會，是過去在技術性工人掌控技術、入行門檻及工會組織的時代，幾乎難以想像的。科學管理的執行將工作流程簡化，且需要大量工人以應付市場需求，讓非技術性工人或非工會會員得到工作機會。去技術化的工作流程設計，讓僅具有學徒資歷的人就可以操作機器，且每日的產量遠超過工匠習以為常的數量，都使得技術性的工人難以接受及心生不滿。生產技術的引進意外造成具有不同技術傳承和不同族群勞工的分裂及對於傳統工匠工會的衝擊。

2. 勞工的志願性順服

如果 Braverman 對於勞力與勞心分離發展的預測完全正確，我們應該可以預期，馬克思所說的勞工階級揭竿起義、推翻資本主義暴政的現象，應該很快就出現。但現實的發展卻並非如此，甚至是背道而馳：社會主義的影響範圍日益縮減，資本主義日益擴張。檢驗歷史發展的軌跡，實行資本主義經濟制度的國家中雖然時常有工人罷工、圍廠等事件（請參考本書第十三章），但都不至於影響到政權的統治權力，工人也並沒有要推翻資本主義的生產模式。歷史上最後被瓦解的卻是號稱讓工人階級翻身的共產主義經濟體制。但這並不代表大量生產方式已被工人無奈地接受。資本家為了終極的利益，也不得不在勞動過程的控制上做一些妥協；但妥協的同時也會想辦法提出不同的控制手段，反制勞工的暫時優勢。勞動過程的發展呈現出辯證關係。

1970 年代高雄一家畫框公
司女工工作情形，其中一
名女工為老闆的女兒
照片提供：呂思嫻

　　Burawoy（曾經擔任國際社會學會 [International Sociological Association, ISA]
會長 [2010-2014]；近年來積極倡議公共社會學）認為 Braverman 的論點其實在
馬克思的理論中都已被討論過 (Burawoy 2008)，但是 *Labor and Monopoly Capital*
這本書的出版確實讓工業社會學改頭換面，使勞動過程與階級衝突成為勞動社
會學的重要議題。從 1970 年代末期開始，Burawoy 即已針對「為何在實行大
量生產的工廠內並沒有出現工人革命」發表多項著作。其中最常被勞動社會學
者引用或作為教材的就是《製造甘願》（1979，林宗弘等譯 2005）。在這本書及
其它相關專書和論文中，Burawoy 一方面和馬克思的預言對話，另一方面也反
對 Braverman 的極端性說法。在現代資本主義社會中，工人階級被剝削的現象
確實存在；生產知識和技術逐步被機械和精密的工具取代，生產流程被細分；
但這並不表示生產現場的所有工作都可以清楚地劃分成勞心與勞力兩個區塊。
工廠的生產不是如我們所想像般，在工程師設計好流程圖、裝配線擺好之後，
電力一發動，工人就位，生產開始啟動，產品就會源源不斷地製造出來。根
據 Burawoy 的參與觀察，生產過程中有很多步驟是要依靠工人長期的摸索和經
驗累積才能順利進行。尤其在機器或工具失靈、生產流程在不明原因之下停頓
時，工人比管理階層更能夠迅速或有效地解決問題。在理論上，勞心與勞力的
分離似乎可行，但在實踐上確實有相當大的困難。

　　Burawoy 的經驗資料主要來自於他在美國芝加哥一家農具工廠進行約一年
的參與觀察結果。他是以現場機器工人的身分進入這家工廠工作。包括管理階

層和工人都知道他是一個博士班學生，要用觀察的結果撰寫博士論文。Burawoy 在書中偶而會提到因為他的身分「特殊」所感受到的一些特別經驗。例如：有些工人會主動告訴他一些事情，並特別叮嚀他要記得寫進書裡面。工人們知道他不懂機械的原理、之前也不會使用機器或工具，多數很樂於教他。有時候即使弄壞了機器，也不會責怪這位讀書人。管理部門也給予許多幫助。透過 Burawoy 的描述，我們可以想像他在工作場所與工人和管理人員互動的狀態，也幫助我們瞭解書中的實質內容。根據以下一則書中所舉的例子，可以看出學者如何從大量的田野資料中擷取有意義的事件並加以詮釋，同時也很有效地利用這個事件說明了機械廠內複雜的社會生產關係。

　　工廠出現機械故障應該是平常的事。曾經有一次機械故障，因為事態嚴重，造成生產進度嚴重落後。這是 Burawoy 弄壞的，但他卻怎麼修都修不好。到後來，工頭、夜班經理、檢查部門的監督、流程安排人員、裝卸人員都出現了，甚至其它部門的經理也三不五時跑過來看看怎麼一回事。夜班經理表現出「很懂」的樣子，要他東試西試，都不成功。結果到了第二天，是另一位來上班的工人解決了這個問題。夜班經理當然覺得很沒面子，認為是機器原圖畫錯了，讓他沒辦法修好 (Burawoy 1979: 67-70)。

　　Burawoy 所舉的這個例子同時說明了好幾個現象。首先，憑藉著長期累積的工作經驗，現場工人對於新機器的瞭解確實會比管理階層更快。即使這是一個自動化的生產模式，工人的技術和判斷仍然是有需要的，這些能力與知識無法完全由機械取代。這可說明科學管理理論試圖將勞力與勞心完全分開的作法窒礙難行。其次，能夠正確修好機器讓工人自豪，而且產生了成就感。同時也不是只有這位工人本身才會有這種感受，其他現場工人也與有榮焉。在無形中這個事件成為工人自我培力、產生階級意識的機會。最後，工作現場的衝突不僅出現在管理階層與工人之間。管理階層之間也有一些矛盾及相互較勁之處。夜班經理其實不需要動手修機器、卻仍然堅持要露一手，也是看到其他管理階層來探班後的無形壓力所致吧。這個例子也讓我們看到：工人之間或是低階管理階層內部因組織中的位置和社會網絡關係，而出現利益一致或內部衝突的情況。

3. 工廠霸權

在工業資本主義之下，勞工確實遭遇極大的去技術化和低度成就感，但這並不代表對自己的勞動付出完全感到毫無意義或無法做出抵抗。工人對於資本家和他們的代理人——管理階層——的不滿確實存在，工作本身也確實有高度重複性，工人如何克服不滿和無聊，而讓自己還可以持續地接受這種生產模式呢？根據 Burawoy 的分析，工人是用趕工 (making out) 遊戲克服長期從事單調、重複性工作的無聊和疲累。趕工是指工人之間用一種互相競爭的方式比較個人的生產量。在趕工遊戲中，工人擁有有限的自主性及相對的主體性，也與管理階層產生某種程度的共識，並接受了資本主義的生產與管理模式。在自發性謀求更多利益的同時，也協助了資本家掩蓋利潤極大化的動機並累積剩餘價值。此外，趕工遊戲的運作將與管理階層之間的縱向衝突轉化為工人彼此間的橫向衝突。此一自發、集體性的行為代表著一種志願性順服。「玩遊戲的活動本身，產生了尊重遊戲規則的同意。……一個人不能同時一邊玩遊戲，卻又一邊質疑遊戲規則。……同意奠基於玩遊戲，同意是在玩遊戲中被建構出來的」（1979，林宗弘等譯 2005：82）。

雖然趕工可以提高收入，但趕工遊戲的出現並不完全出於經濟動機。工人並不會傻傻地不斷提高個人的生產量，而讓管理階層知道自己的能耐後反而不斷提高對於工人的要求，甚至降低原訂的時薪。然而，管理階層知道趕工遊戲的存在，這中間的拿捏就由工人之間的默契及和管理階層的互動決定。趕工遊戲本身也反映了生產的社會關係。趕工的形式受到生產技術和過程的影響，生產過程本身必須具有一定的挑戰性，工人才會覺得有趣、好玩，才會出現趕工的比賽。因此，並不是在所有工廠、工作現場或是生產方式中都會出現趕工遊戲。或者說，不同的工作場域都可能會出現不同類型的趕工遊戲，或應付單調生產節奏的方法。破壞遊戲規則、趕工到破壞默契上最高生產量的工人會被嘲笑及排擠，還會得到一些難聽的封號，例如：「軟腳蝦」(shrimp)、「破壞規矩者」(rate breaker)、「奴隸」(slave) 或「超速王」(speed king) 等 (Hodson and Sullivan 2008[1990]: 168)。工人參加趕工遊戲並不代表願意完全順應資本家的期待，不斷衝高生產量。

什麼是甘願呢？根據 Burawoy 的說法，是指在主觀及客觀意義上，工人自

願性地參與資方所設計的活動。透過他的實際工作經驗和分析，Burawoy 發展出工廠政權 (factor regime) 的概念與分類：市場專制 (market despotism) 及工廠霸權 (factory hegemony)。前者是指在市場上眾多廠商的劇烈競爭下，資本家為了生存而對工人進行高壓控制、強化勞動及隨意解僱工人，工人在無其它謀生之道的情況下只能忍耐以對 (Burawoy 1983)。亦即因市場的競爭壓力而造成資本家對勞動者的絕對權威，此權威是出自資本家對勞動者的強迫，而非出於兩者間的共識或勞動者自願。但這種狀況其實很少。大多數工業資本主義的工廠內所採取的是霸權式的管理，由資本家掌控勞動過程中的運作規則，勞動者在某種程度上與資本家達成共識、接受其管理，而非全然出於被迫。

在 Burawoy 的分析架構中，工廠霸權的出現受到國家政治（社會福利制度及勞動法律的建立）、工廠政治（如內部勞動市場）及生產（過程）政治（趕工遊戲）的影響。這三者之間沒有必然的直線或因果關係，而在不同國家或期間可能出現不同的組合關係。就他所關心的議題──為何在資本主義社會或大量生產的工廠中並沒有發生革命，他提到：在所觀察到的工廠霸權下，資本家決定勞動場域內的遊戲規則，工人是在同意這種市場生產的意識型態下，出售勞動力以換取報酬。趕工遊戲成為工人之間的競爭、移轉（但非全部解除）與管理階層之間的衝突；工人是在同意資本家所設定的生產模式和技術、無人逼迫的情況下，從事這項遊戲。借用 Burawoy 的說法，工人對於「工作遊戲的參與，……協助資本主義關係的再生產以及剩餘價值的增長」（1979，林宗弘等譯 2005：224）。

高雄市一處打鐵舖的黑手
照片提供：本書作者

方塊 5-2　疼痛作為對勞工日常經驗的抵抗

在 Aihwa Ong (1987) 針對馬來西亞女工所做的民族誌中，曾經提到由於營養不良、睡眠不足，一些在外資工廠的女工經常會有頭暈或是出現幻覺的現象。疼痛也可能讓女工們獲得一些喘息的機會，或使工頭緊張，成為反抗單調生產線工作的策略。研究中國女工的潘毅 (2007) 也記載了類似的情景：

> ……慢性疼痛作為人類痛苦的具體呈現，也可將其視為個體抵抗真實日常經驗的具體過程。……疼痛不僅會拖慢工作節奏，而且有時候甚至會直接導致生產的中斷或者完全癱瘓。……疼痛的身體並不是失敗的身體，相反它可以為自我建構出一面抵擋微觀權力直接攻擊的盾牌。因此，可以將女工們集體性的慢性疼痛視為她們用自己的身體對工作、對充滿異化與懲罰的工業勞動所進行的根本反抗。
>
> ……
>
> 工廠裡經常發生女工在工作中暈倒的現象。五月的一個炎熱午後，A 線上一個叫阿蘭的女工又暈倒了。她的臉色煞白，嘴唇沒有一絲血色，冰冷的身體不停地顫抖著。面對阿蘭身體的冰冷和疼痛，大家都束手無策，生產線被迫停止了運轉。「這是女人的事情、女人的週期，女人的命運。」線上的所有女工都很清楚阿蘭暈倒的原因，每次看到有人暈倒她們只能不斷地唉聲嘆氣，並擔心這種厄運遲早會落到自己身上。工廠裡每個月都會有一、兩名女工因為痛經而被送進醫護室。工廠裡的所有女工，無論其年齡（從初潮到絕經的年齡之間）、所屬地方，以及族群，全都要面臨這種威脅、這種疼痛，以及這個無法逃避的問題。這種女性的普遍經驗無可避免地將工業時間的僵化本質與女性生命之間的衝突暴露無遺。
>
> ……女性的時間是與眾不同的，它永遠不可能被社會時間所完全整合。……

——《中國女工》(2007: 274-276)

四、性別、身體與勞動控制

在 Burawoy 的書中，工作現場被提到的同僚或上司都是「兄弟」，並沒有女性勞工的身影。他進行參與觀察的工廠是以製造機械用具為主，而在 1970 年代的經濟環境，除了文書工作之外，女性甚少有機會進入這類工廠工作。當時社會和學術界的性別意識也還處於覺醒期。然而也是自 1970 年代開始，電子工業逐漸成為太平洋彼岸許多國家製造業的發展重心。跨國公司在成本的考慮下，前往經濟發展「較落後」的國家設廠生產，成為日後資本逃亡 (capital flight) 的濫觴（請參考本書第十二章）。這些跨國公司新廠落腳的所在地主要是位處東亞的台灣、香港及韓國；有些也在馬來西亞或菲律賓投資；跨國資本家看重的是這些國家或地區相對穩定的政治環境（被壓制的社會運動及工會組織）、較優厚的投資條件（勞力便宜、關稅減免），以及具有基礎教育程度的女性勞工。中國自 1980 年代末期實行改革開放之後，成為西方跨國公司、台灣及香港企業的新寵。Burawoy 所指導的一位博士生沿用他的理論架構、但加入了性別和區域的觀點，研究東亞地區電子工廠內的勞動過程，呈現勞動過程研究中女性勞工的勞動控制實情與特殊性。

1. 地方專制與家庭霸權

如同 Burawoy 的撰寫經歷，Lee 於 1998 年所出版的 *Gender and the South China Miracle* 也是改寫自她的博士論文。她在位於香港及中國廣東省深圳市的兩家電子產品工廠（實際上均屬於同一家港資公司）進行將近一年的參與觀察與訪談，從意識型態、組織及認同三個面向探討勞動過程中的性別意涵 (engendering labor process)。由於作者出生及成長於香港，文化及語言的利基降低了進入田野及執行研究的門檻；與深圳廠女性勞工們同住的經驗，使得這項研究得以將勞動現場與離開生產線後的再生產活動（休閒、飲食、睡眠等）連結，呈現出勞動的整體性。

Lee 以家庭霸權 (familial hegemony) 形容香港工廠的勞動過程。這個概念是指管理階層以類似家庭父權的方式取得勞動者的服從。與地方專制相較，是較為鬆散的勞動控制型態。該廠的主要勞動力是一群資深的中年婦女（作者稱之為 matron workers）；她們的薪資低，但相對地在勞動過程中也很少受到

管束，工作時間具有相當的彈性。而在深圳的工廠則是採用地方專制 (localistic despotism) 作為勞動控制的意識型態。這是指管理階層利用勞動者之間的社會網絡關係對勞動者間接施壓，以實行強勢控制。深圳廠的女工除了來自當地以外，也有從四川和福建來的外地人。這家工廠所生產的產品才是港資公司主要的利潤來源，但女工薪資偏低，管理階層對於工時及工作彈性的控制也極為專制，包括每天工作 11 個小時已成常態、強制性加班及工作時間不能擅自離開座位等。這些來自農村的女工都渴望到城市工作以賺取工資；她們得以從眾多求職者中脫穎而出，許多人是透過已經在廠內工作的同鄉或親戚推薦。因此，對於工作機會的需求及個人社會關係網絡的牽制成為廠內管理階層執行專制性控制的籌碼。

由於地方政府渴望引進外資以增加當地的工作機會及稅收，兩地的行政及立法機關都沒有確實執行保護勞工的法律，亦未主動維護勞動權益。雖然香港工廠內的女工們在勞動過程中較少受到控制，然而她們所得到的「多餘時間」或是簡省下來的體力並不是為了個人的利益，而幾乎全是為了家庭的再生產，如接送小孩、料理家務等。在父權體制的霸權之下，不論是否從事有酬的工作，家庭內的照護及家事勞動仍然多由女性承擔。這些女工於是犧牲在勞動市場上的發展（如尋找薪資較高但工時較長的工作）以實現家庭內的勞動。

與 Burawoy 的《製造甘願》對話是 Lee 這項研究的特點之一，主要的議題當然還是勞動過程的異同。其中有兩個差異值得特別提出。一個是關於勞動過程的控制。根據 Burawoy 的參與觀察，1970 年代時，經濟性報酬仍然是雇主控制勞動過程的主要方式，主要目的是為了提升產量，以應付美國國內的需求。不錯的薪資是勞工願意忍受長期單調、重複性工作的主要誘因。但是在 1990 年代的東亞地區，生產電子產品的資本家所面對的是一個與全球其它新興工業國家完全競爭的市場狀態，在技術層次相當的條件下，資本家創造利潤的主要手段是壓低工資以降低成本。來自農村的女工們對於工作機會的爭取是廠內專制得以實踐的原因之一。在勞動過程中，女工們的認同是多元的；除了階級與工作之外，她們也展現出對於家庭及親屬網絡的認同。認同政治於是成為資本家施展勞動控制的手段之一。

另外，Lee 的研究具有實驗設計的特性，藉由對兩個個案的比較呈現出勞

動過程與控制的差異。根據她的參與觀察，雖然雇主相同、產品相同，也都仰賴女工作為主要勞動力來源，但深圳和香港廠卻出現截然不同的勞動過程控制，反映出資本家因地制宜的生產及管理策略。由於香港本地的女性勞動力主要集中在服務業，工資偏高，如果在當地進行大量生產並不符合成本效益，於是公司老闆將大量生產的工廠設立在勞力供給充足、工資低廉的中國，而讓香港廠成為試驗新產品的基地。香港在 1980 年代曾經是全球廉價成衣及電子工廠的集中地，許多中年女性都具有生產線的工作經驗。於是，利用這些女性仍然希望有機會賺錢貼補家用、但又要兼顧家務需求的兩難，雇主雖然支付極低的工資，卻仍能夠吸引當地勞工。Burawoy 的研究顯示出用提高薪資以製造甘願的可能性。Lee 的研究則顯示，工作機會本身也可以製造甘願，在不同的經濟發展階段及政治環境中，資本家會用不同的方式獲得勞動者的順服。

在中國設廠的資本家即使極盡壓榨勞力也鮮少受到官方約束、工人反彈或出走的威脅。資方甚至經常用扣減工資的方式迫使勞工接受「制度性」的管束，包括不能任意請假或遲到、不得拒絕加班等。由於訓練成本極低，高流動率並不會困擾管理階層。在港資或台資工廠中，勞工沒有用趕工遊戲提高工作樂趣的奢望。對於在深圳的女工們而言，她們幾乎每天每個小時都已處於趕工狀態。在不同的政治經濟環境及生產技術下，勞動過程的進行和控制因而出現極大的差異。

2. 對勞動者身體的控制

George Ritzer (2008) 用麥當勞化 (McDonaldization) 的字眼形容現代社會。他認為社會的發展趨勢愈來愈像麥當勞漢堡店的經營理念：講求效率（採用最快速有效的生產方式）、可計算性（能被量化比較或衡量）、可預期性（提供標準化的服務）及控制（訓練標準化的員工）。麥當勞化也代表社會由傳統思維轉向理性思維與科學管理的過程。麥當勞標榜要讓服務人員迅速完成客人的點餐，並與廚房人員充分配合，快速地將客人所要的餐點送上。麥當勞本身就經常實施時間和動作研究，不斷改進點餐和送餐的速度。Ritzer 認為，因為餐點很快會送上，客人會覺得所花的錢是值得的，連食物品質不佳都可以接受。一般人認為，到高級餐廳用餐，花的錢多，食物需要慢慢調理，即使上菜速度較慢也可以被容忍，相對地對於食物就會比較挑剔。而去速食店用餐時，則因服務員已

經很快提供服務了，似乎就不應該再抱怨食物的好壞。大家或許可以回想，在台灣任何一家麥當勞的分店點餐時，服務人員詢問的速度即便僅比平常慢了一兩分鐘，我們可能都會察覺或甚至覺得不耐煩。而麥當勞也很自豪：顧客到全世界任何一家分店，所享受到的服務速度和品質都是一樣的。銷售人員更被教導要時時刻刻以突破現有的業績為念，改進或是創新行銷手法，增加消費人數 (Dawson 2003)。

產品和服務流程標準化的達成主要是透過對勞動者身體的控制和訓練。此種對於勞動者身體的控制，在服務業尤其明顯。透過標準化的服務流程，企業傳達出品質保證、員工專業的形象，吸引更多的顧客，促成銷售業績的成長。由於女性是服務及銷售等白領工作的主要勞動力來源，關於服務業內勞工的研究也多是以女體為對象（如 Adkins 1995; Leslie 2002）。以下說明在勞動過程中身體本身如何成為「商品」的一部分，以及如何被控制。

關於身體的控制，Foucault 的理論是經常被引用的觀點之一。根據 Foucault 的研究 (1979)，權力的展現主要是透過對於個人身體的掌控和馴化，藉由身體的實踐（如勞動），我們才可以看見權力運作的成效。掌控或馴化的方式包括利用或是推出新科技、強調知識或專家的意見，或是直接使用矯正的措施，如處罰。Foucault 的觀點也被應用在醫療、服務業的身體或身體勞動的研究。Hochschild (2003a[1983]) 提到，在訪問對象所服務的航空公司中，曾經有空服員只因為體重超過標準的一磅而被解僱。體重多了一磅並不會改變個人的體型，但處罰是為了強調管理的權威，也是警告其他空服員：規定就是規定，必須被遵守。更有效的規訓當然就是內化、自我規訓，包括 Hochschild 曾提到的深層操演（請參考第三章）。

根據藍佩嘉的研究 (1998)，雇主藉由對專櫃小姐的儀態和外觀要求，控制、塑造、同時也馴化了她們的身體。根據對化妝品專櫃小姐的勞動過程分析，她將身體的勞動分成四個面向：剝削的身體、馴化的身體、鏡像的身體及溝通的身體。剝削的身體是指對工作時間、身體姿勢和業績（產品）的要求。在櫃台工作的時間大約是 7 至 7 個半小時。但加上營業前的準備和在後台或倉庫整理貨品所需的時間，實際工作時間可能還要增加好幾個小時。由於是採輪班制，上班時間並不固定，對日常作息也造成影響。在櫃台工作時，不論有無

客人詢問或需要服務，櫃員們都被要求站立。長期站立很容易引發胃痛或背痛，日積月累後產生職業傷害。

被剝削的身體需要被馴化，也就是讓勞工甘願接受控制，雇主才能夠有效地利用勞力。因此對於臉部化妝、穿著打扮和身體姿態都有一定的要求。藍佩嘉認為這也是一種身體工程學的應用（同上引：62）。具體的要求包括維持站立姿勢，以及注意與顧客應對時的慣用語、鞠躬（如果需要時）的角度與面部表情等。也就是身體、動作、姿勢、情緒或甚至感覺都是被控制的項目。國外學者的研究也出現類似的觀察。Leslie (2002) 提到，百貨公司或購物中心的服飾專櫃有時會有神祕客人光臨，實際上是總部派來暗中突擊檢查服務品質的人員。監視的項目包括店員是否穿著該品牌的衣服、是否主動招呼客人及主動推銷店內的產品等。

被控制的身體同時也是一種被反射的身體，是一種鏡像的身體。雇主對於專櫃小姐身體勞動的控制不只是因為需要藉由這樣的身體販售產品，也是要藉由這樣的身體替產品做廣告。專櫃小姐的儀容打扮可以呈現化妝品的效果，吸引顧客的注意和購買慾。

藍佩嘉 (1998) 發現，百貨業中，雇主也會使用看似專業的頭銜，象徵性地提升工人的形象及勞動價值，例如：稱專櫃小姐為「美容顧問」。她稱之為溝通的身體。這種勞動控制手段除了有助於產品行銷之外，也同時「……形塑勞動主體和認同」（同上引：68）。在這個面向中，由於專櫃小姐相對於顧客成了權威，反而與資方的利益變得一致。

Barbara Ehrenreich (2001) 曾經在美國最具規模的大賣場 Walmart 工作過幾個月。她與許多男性或女性工人所做的事情是將貨物上架或下架、整理客人試穿過的衣服等；而 Walmart 給予她們的稱呼並不是服務員，而是伙伴 (associate)。表面上，這個名詞比工人或服務員好聽，雇主似乎在表達與工人平起平坐的善意，也提升店員在顧客面前的形象。但實際上這確實只是一個名稱而已。在Walmart，勞工所獲得的工資極低，經常超時工作也沒有加班費。同樣的，專櫃小姐雖然被稱為美容顧問，但並不代表只要說明產品即可坐領高薪，其實仍然只是領取底薪，且要靠更多的身體勞動衝業績以換取獎金。因此，如果說百貨

專櫃對於專櫃小姐的勞動控制是從頭到腳也並不誇張。這是她們在每個上班日都必須經歷的過程。

Burawoy 所觀察到的趕工遊戲，是藍領工人對抗工作乏味和管理階層的控制所發明的抵抗／順從策略。服務業的女性勞工也有她們應付過度勞動控制的方式。為了鼓勵銷售小姐衝業績，百貨或是化妝品業者提出佣金制，讓銷售成

方塊 5-3　保險行銷的標準化和例行化

根據本章的內容，大家對於工業產品或是漢堡生產程序如何被例行化 (routinization) 及產品如何被標準化，應該都不難理解。但是，如果說連推銷保險都可以運用這個邏輯，或許就有點難以想像。Robin Leidner (1993) 的研究顯示，確實有保險公司要求職員按照一定的作業程序推銷保險。公司不鼓勵員工用自己的方式去推銷保險、衝業績，而是要求採取標準化的開場白、手勢及行銷策略。就如同每一家麥當勞的大麥克漢堡都是一個樣，「合體保險公司」（Combined Insurance，作者虛擬的公司名稱）的銷售人員，不論張三、李四，與客戶見面寒暄、推銷產品的模式也都被標準化。公司並非是在訓練一批機器人，為了追求業績，員工如何增強個人正面情緒態度 (positive mental attitudes, PMA) 也是要學習的，反映出對於情緒勞動的控制。以下摘錄作者進行非參與觀察時所記錄的部分實景（同上引：100-101），跟媒體報導的直銷員大會的場景有點類似：

> 實習課中會有一段時間是要求學員記憶和反覆練習銷售的例行事項。她／他們不但被教導要能夠正確複誦行銷手冊上的文字，複誦時還被指示要用正確的手勢、聲調、眼光接觸及其它的身體和情緒面向表現這些事項。課堂上很多時間用在要求學員集體大聲唸出這些文字；大家要努力讓發音正確，同時與手和眼光的動作一致……。要學習如何正確地敲門、進入（客戶的家）及離去。……指導員並且不斷強調個人性格是成功的要素之一，最重要的特質就是……正面情緒態度。在實習的第一天，課程一開始先是喊暖身口號，……「馬克要我們站起來並且教我們要大聲喊出：我感到健康、我感到快樂、我感到棒極了。在喊的同時還要有動作，振臂揮出『致勝的一擊』或『致勝的一刻』。然後馬克就問我們：『你們的 PMA 如何啊？』，我們就大聲地說著：『棒極了』。他接著帶領大家大聲鼓掌。」

績好的櫃員可以獲得較高的獎金收入。相反的，當業績不好時，櫃員也會被扣薪作為懲罰。專櫃小姐有時即採用輪流報獎金的制度，互相掩護，將個人業績讓給當月生意較為冷清的伙伴，以減輕後者的壓力（藍佩嘉 1998）。業績分享成為對抗勞動控制的方式。

五、結論

大量生產並不是製造業唯一或最佳的生產方式，採用科學管理原則的業者也不限於汽車等工業產品的製造商。本章的內容顯示，採用科學管理和標準化流程不只是基於技術性的考量，也不僅是為了增加生產效率，更是為了能夠有效地控制勞動的使用和勞動者。學者對於勞動過程控制的研究也緊扣著勞動力組成和產業結構的變化，從製造業男性工人的抗拒與順服，延伸到製造業女工如何同時受到資本主義與父權的控制與壓迫，再到服務業勞動者的形象及身體控制。在不同的時代、不同的產業，勞動控制與反抗的方式雖然有差異，卻又反映出：資本家控制與勞工抗拒的基本對立模式並沒有改變。

不論是台灣或美國的百貨公司，光鮮亮麗的專櫃小姐們所受到的身體控制與製造業藍領工人的經驗十分相似。但除了工作時間的管理及銷售量的要求以外，由於直接面對客戶，情緒勞動的要求及自我身體管理更是服務業第一線勞動者所特有的勞動控制型態。所有從事直接服務、金融或買賣商品者，在勞動過程中既要推銷具體的商品，同時也提供抽象的勞務。為了增加業績，她們似乎「甘願」接受這些勞力又勞心的勞動方式。霸權式的勞動控制方式並不會因為勞動的環境、產業、組織型態、職業或所在現場的差異而有所不同。

對於資本家而言，最有效的管理方式並不是對所有被劃分為「勞力」及「勞心」的工人採取同樣的手段，而是配合技術或生產成果的需求，針對不同層級或職業的勞工，施予不同的手段。這些手段包括控制方式、勞動條件及事業生涯的發展機會。結果不只能有效地逼出勞動力，同時也造成勞工階級之間的分層或甚至分裂，降低工人團結、挑戰資方利益的可能性。勞動市場的分割、相對應的勞動控制方式及內部勞動市場的建構，即是下一章將要說明的主要議題。

思考與討論

1. 或許有讀者曾經看過，速食店在訓練新進的工讀學生或工讀媽媽時，會拿著一個碼表站在她／他們後面，記錄完成點餐、收銀、撈起薯條、裝好冰紅茶等動作所花費的時間。或許你／妳們也曾經在速食店打工過，親身體驗過這些訓練。請試著找到一些有過類似經驗的人，詢問其實際的訓練流程，以及平常在工作過程中是否也有類似的訓練，並請教這些人的經驗和感想。或者根據自己的經驗回答這三個問題。

2. 整體而言，工人階級的技術到底是愈來愈進步，還是愈來愈走向去技術化的方向，最好是作為一個實證性的問題，而不是僅做抽象的思考判斷。請試著說明有哪些工作或職業類項所需的技術是日益複雜，又有哪些類項的技術或知識被簡單化。

3. 除了百貨專櫃、旅館或餐飲業，服務業中還有許多職業或工作需要同時實踐身體和情緒勞動。請試著尋找一個熟悉的職業，觀察管理階層如何規訓這些勞動者的工作時間、穿著、服務過程和態度，以及勞動者如何抗拒（直接或間接）這些規訓。

延伸閱讀

1. **張晉芬、陳美華編（2019）《工作的身體性：服務與文化產業的性別與勞動展演》。高雄：巨流。**

   本書收錄的文章主要包含三個主題：工作、身體、性與性別。早期以製造業男性及其陽剛的身體作為「工人」、「勞動者」的社會想像。本書則是呈現服務與文化產業中女性的勞動型態與勞動過程。書中探討的職業及議題包括商展小姐、模特兒、原住民織女、居家照顧服務員、外籍看護、美髮工作者、男男情慾按摩師、禮儀師、及醫院內處理性騷擾事件的權力運作。

2. **Burawoy, Michael (1979)** *Manufacturing Consent: Changes in the Labor Process under Monopoly Capitalism.* **Chicago: University of Chicago Press. 中 文 版： Burawoy, Michael 著，林宗弘、張烽益、鄭力軒、沈倖如、王鼎傑、周文仁、魏希聖譯（2005[1979]）《製造甘願：壟斷資本主義勞動過程的歷史變遷》。新北市：群學。**

    本書作者為馬克思主義學者，他以個人參與觀察的經歷，論述在壟斷資本主義的生產模式下，為何即使是技術性藍領工人都心甘情願地加入資本家建造出來的趕工遊戲，臣服於工廠霸權。

3. **林立青（2017）《做工的人》。台北：寶瓶文化。**

    本書作者是一位在工地現場監工的工程師。書中描述的對象為他在工作中所接觸的師傅、工匠、包工，以及工地附近的小販、按摩及性工作者。作者對於營造工作個案的勞動過程及職業災害提供第一手的觀察。本書於 2020 年被改編為同名電視劇集播出。

台灣白領上班族辦公情形
照片提供：陳依宏

第六章　分裂作為控制的手段：
　　　　勞動市場的區隔

重點提示

1. 早期的社會階層研究主要利用流動表排列出個人在不同時間點或世代之間的不同位置，然後分析向上流動或向下流動的模式和機率。

2. 根據身分取得模型，父母親的社會經濟成就會影響個人的教育成就；家庭背景和個人教育成就又影響個人進入勞動市場後的第一份工作及現在的工作。

3. 不論是跨國、跨世代或跨階層的研究，都顯示教育對於個人的職業成就及待遇有顯著影響。

4. 勞動市場區隔觀點是將就業市場裡的職務分成次級與主要兩類，有些還將後者細分成獨立與非獨立兩個類別。

5. 勞動市場的區隔也可能與經濟部門重疊：核心經濟最可能出現主要勞動市場，邊陲經濟的工作則屬於次級勞動市場。

6. 主要勞動市場中獨立部門的工作大都屬於白領性質，勞動過程的重複性不高，需要較多的知識或其它能力。

7. 主要勞動市場中非獨立部門的工作具有重複性，知識和技術的需求不高，主要依賴工會的勢力獲得較佳的勞動條件。

8. 次級勞動市場對於勞工技術和知識的需求程度最低，勞動條件也最差，勞工流動率高。

9. 在同一產業內，次級勞動市場較可能出現於小型企業中，例如：流程簡單的加工廠、外包工廠或小商店。

10. 由於工作性質不同、對於勞動產出的要求和衡量標準不一樣，在不同的勞動市場區隔中，勞動過程及勞動控制的方式也有差異。

11. 勞動市場區隔的結構化主要來自區隔之間的不流動性。不同市場區隔之間鮮少有流動性。

12. 內部勞動市場有三個主要特徵：明確的職務升遷階序、（大多數的）員工進入企業時是從最底層開始，以及職務的升遷代表一定的經歷、技術或知識的卓越性。

13. 內部勞動市場是資本家控制勞工的另一種手段，但也符合勞工的利益，讓勞工在勞動過程中仍有一定程度的自主性，同時防止管理階層濫用權威。

14. 內部勞動市場制度的存在並不代表組織對勞工的獎賞一定公平處理，升遷的機會和期待仍有性別差異。女性升任主管的機會少、主觀上也認知到欠缺機會。

現在還太早，辦公室區還全黑著。這些辦公室一
個挨一個，一排又一排，整個看上去就像用康城
白石疊起來，海綿似的一塊……最好的位置當然
留給廠長和各單位的大頭，再來就是負責工業關
係，品牌管理展望和形象維護的部門，還有在這
個分秒必爭、每個動作都講求效率的時代裡最受
歡迎的方法研究室，然後是「人力資源關係人事
管理部」……最後才是專門發薪水的支薪部，這
回我們每個人的名字總算都被列出來了，一個挨
著一個。……這些滑溜溜的門面裡頭，其實只負
責執行指令，因為還有個地方，比它更遠更高
……距離這裡不到三百公里，一座雄偉的玻璃大
廈，肆無忌憚地衝上天……玫瑰大理石入口，噴
水池的出水口全經過精雕細琢，輕聲細語地噴
著，一股有鎮定人心作用的皮革味，從那些沙發
椅和公事包裡流出來，總公司裡的那些巨頭，都
是在這裡開大會，然後制訂出整個公司的大方針
……

—— 《女工，我母親的一生》(2005: 66-67)

一、序言

引言所引述的著作是一位法國女工的日記，由作家 Franck Magloire 為其母
親整理呈現。內容陳述自她去福斯 (Volkswagen) 汽車公司應徵開始，所經歷的
工作現場狀況、罷工情節等。該書的文體十分特別，全書敘述一氣呵成，沒有
章節區分，是一部「小人物」的口述歷史。這段引言呈現了不同位階之間所
在的空間和能夠使用的空間有多麼大的差異。然而，空間上的差距即使再遠，
也不足以完全代表資本家和勞工之間關係不對等的程度。此外，表面上，白領
工作者的地位較高，在空間上也被有意地與藍領工人區隔開來，但終究還是被
安排在離「雄偉的玻璃大廈」有一段距離之外的空間。勞動市場內的區隔反映

勞動結果和勞動控制的差別待遇，但也是雇主實行「分隔以便掌控」(divide and conquer) 策略的現實寫照。

　　個人的職業取得／成就 (occupational attainment/achievement) 是勞動社會學最重要的議題之一。職業成就一方面反映個人條件、努力程度和就業機會結構，另一方面，職業成就的分配也反映了社會不平等的程度。收入、聲望、權力或職業階層都是測量職業成就的指標。在社會學的理論發展中，身分取得觀點 (status attainment perspective) 的影響力廣泛且深遠。簡單來說，這個觀點強調教育成就和家庭背景對於個人職業成就的影響。在社會學的次領域中，包括教育社會學、社會階層化與流動、勞動社會學及經濟社會學的研究都曾與這項觀點對話。本章第二節即是介紹身分取得觀點對勞動待遇決定機制的解釋。

　　社會學者 Patrick Horan (1978)、Ivar Berg (1981) 對於身分取得理論所提出的質疑是 1980 年代及勞動市場區隔觀點興起的先聲。這些研究認為教育的影響雖然存在，但擁有高教育程度未必一定就會有好工作，而會受到市場結構的影響。勞動市場內在的不平等也不是經濟學家關心的議題。美國左派經濟學者的研究，如 David Gordon、Richard Edwards 與 Michael Reich (1982)，以及 Richard Edwards (1979) 等，在 1970 年代所提出的勞動市場區隔理論是經濟學界中的異聲。勞動市場區隔觀點主要論述為何勞動市場不是抽象的單一制度，也不是一個完全競爭的場域，而是存在不同的區塊。這些區塊之間因待遇、勞動控制方式及工作穩定性等面向的差異，而至少形成主要和次級之分，在不同的層級之內也還有其它形式的區隔。

　　勞動市場區隔理論並不是要取代身分取得理論，也沒有否認教育對於個人工作成就的重要性。市場區隔觀點主要強調：勞動條件和勞動待遇的差異並不完全是由家庭背景和個人成就所決定；不同性別或族群集中於不同組織或職業的現象也不是偶然。教育或工作經歷雖然有助於個人職業生涯的發展，但是結構的限制卻可能會讓具有同樣條件的勞動者徒有武功、卻無用武之地，遭逢不一樣的機遇。本章第三節即是介紹勞動市場區隔理論，並說明其如何補充身分取得理論的不足。

　　勞動市場區隔的另一個涵意是區隔之間的非流動性，也就是結構的僵化。

主要勞動市場的優勢是依靠一個保障既有勞動者待遇和升遷機會的制度，這套制度設計的具體表現即是內部勞動市場 (internal labor markets)。內部勞動市場的特徵之一是確立一套組織內的人員流動機制與規則。年資成為保障體制內勞工向上或平行流動的主要條件。本章第四節的內容即聚焦於說明內部勞動市場的建構和類型。

二、身分取得觀點

在當代的社會學研究中，衝突的產生及解釋似乎成為主流的研究議題。左派或是衝突學術論述試圖反映社會的現實並非一片美好，而是存在許多差異，甚至是不平等，許多人辛勤工作卻未必能夠得到應有的回饋，或是認真尋覓卻仍長期找不到穩定的工作。學者的關懷即是要呈現這些差異或不平等的現象，並試著提出解釋。階級、身分階序的形成與背後因素是勞動與社會階層研究同感興趣的議題。

1. 階級流動

社會流動是集體的社會現象，反映不同層級內的人群流出與流入的模式。流動可能發生在代內或代間。代內流動是指在個人的生命歷程中不同階層的轉換，代間流動則是指父母親與子女兩代之間所處階層的變化。至於階層要如何劃分，社會學家有不同的操作化方式。在早期的社會階層研究中，多數學者採用階序排列方式，將社會分成不同的層級。有些分成五類，包括上上層階級（或階層）、上層階級、中層階級、中下層階級及下層階級 (Kerbo 1983)。其它分類方式還

香港白領階級辦公大樓外牆的清潔工人
照片提供：本書作者

包括：用勞動階級取代中下階級、將下層階級改稱窮人階級或窮忙族 (the working poor)，或簡單地分成上、中、下三個階級等。不論是採用哪一種分類方式，多數研究是利用流動表排列出個人在不同時間點或世代之間的不同位置，然後分析維持原狀、向上流動或向下流動的模式和機率。理論上，一個不依靠革命即有高度流動機會的社會，代表來自不同群體的個人或下一代均有向上發展、但另一群人卻往下流動的機會；這樣的社會在認知上屬於相對穩定的狀態。當流動停滯，或是特定族群的人鮮有機會向上發展，但另一群人卻可自動繼承家族經濟勢力或社會聲望時，社會階層化的現象較為嚴重，也較可能出現動亂。但高度的社會不公平現象也未必一定會造成劇烈的社會動盪或革命，例如：印度社會長期存在的種姓制度 (caste system) 似乎就難以被撼動。

直到現在，使用流動表或是更精緻的對數線性模型 (log-linear model) 仍是社會學家研究個人生命歷程或世代之間流動機會的重要理論觀點和策略。台灣的學者用不同的職業類別作為階層劃分的基礎，顯示世代間階層結構變化幅度最大的是父代以務農為主要職業的階層，到了年輕世代，這幾乎成為人數最少的階層（蘇國賢 2009：106）。在 1960 年代後期，基於流動表分析缺乏解釋機制及拜新的統計技術演進之賜，社會學者 Peter Blau 和 Otis Duncan 提出了採用路徑分析概念及線性迴歸方式研究個人和代間流動的理論模型。在他們合著、已成為社會學經典著作的 *The American Occupational Structure* (1967) 一書中，身分取得觀點首次出現。直到現在，此一觀點及研究策略仍然持續出現在教育階層化與職業成就研究中。

2. 身分取得

Blau 及 Duncan 使用一項在 1962 年所完成的美國全國性抽樣調查結果（共有兩萬名男性樣本），做了多種關於流動性的分析。其中最重要、也是與個人工作流動最為相關的即是身分取得的解釋模型。他們將個人的身分取得分成教育和職業成就兩項，然後分析家庭背景及個人特徵對於個人教育成就和職業成就的影響。教育成就是指個人在接受問卷調查時所獲得的最高學歷，職業成就則是以受訪當時所從事之工作的職業聲望 (occupational prestige) 為測量標的。呈現個人或下一代的身分取得機制是該書最具啟發性的理論和實證貢獻。家庭背景，如父親的教育程度與職業、個人的出生地、族群背景等，屬於天生的

（ascriptive 或 ascribed）特徵；這些因素對於受訪者本身的教育成就都有獨立且顯著的影響力。最重要的因素則是父親的教育程度。對個人的職業成就而言，除了天生的特徵之外，本身的教育成就（從統計模型的設定來說，在這個方程式中，教育成就也受到模型中其它自變項的影響而成為內生變項）及進入勞動市場後的第一份工作（也是內生變項）則是最重要的兩個影響因素。這兩個因素被稱為成就 (achieved) 特徵。

身分取得模型並非僅適用於男性家長及兒子。圖 6-1 係綜合後續的研究、改寫自該書身分取得形成路徑的模型 (Blau and Duncan 1967: 170)。本人的教育成就顯著受到父母親社會經濟地位的影響；個人進入勞動市場後的第一份工作受到本人教育成就和父母親工作的影響；最後，個人目前的工作則受到父母親工作、本人教育程度及本人所從事的第一份工作的影響。衡量職業成就或工作地位的指標包括職業聲望、職業的社經地位或是收入。這兩位作者所提出的身分或地位取得的因果路徑模型，同時具有理論和方法上的突破。在理論上，路徑模型比使用流動表的方式更能顯現代間地位傳承和代內職業地位流動的決定機制。在方法上，迴歸分析的使用讓學者可以具體地檢測個別變項的顯著性和重要性，以及分析模型的解釋力。在書中，作者花了相當多的篇幅詮釋家庭背景及其它因素如何影響個人的教育和職業成就。

The American Occupational Structure 的出版開啟了後續無數關於教育階層化及地位階層化的研究。美國一份以發表書評為主的期刊——*Contemporary Sociology* ——曾經於 1992 年（第 21 卷第 5 期）邀集在各次領域研究有成的社

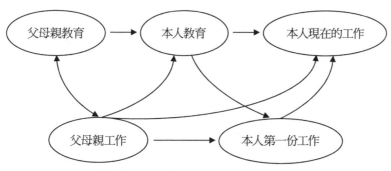

資料來源：改繪自Blau及Duncan (1967: 170)。

圖6-1　個人身分取得形成路徑圖

會學家（如 Glen Elder、Paula England、Leo Goodman 及 Robert Hauser 等），評論這本書的影響或是不足之處，以專刊形式發表這些評論，並請兩位原作者回應。後續許多量化研究雖然在使用的變項上有所不同，但是因果路徑的設計和解釋機制背後的理論框架仍然不脫身分取得理論的觀點。例如：以對教育成就的影響來說，有些文獻加入受訪者年輕時的教育期望、智力測驗的結果、在學校的成績或是重要他人的鼓勵（如學校老師或同學）。也有研究加入家中手足的影響，以確認家庭背景、基因或後天環境各自的影響力。至於對職業成就的分析，有研究加入了受訪者個人對於未來職業的期望。由於這些後續的研究多數是由美國威斯康辛大學麥迪遜校區社會學系的教授或是其所訓練出來的學生陸續發展出來，因此，特別是納入社會心理變項的研究，被學界統稱為「威斯康辛模型」(Wisconsin Model) (Kerbo 2009: 414-419)。在後續的研究中，工作收入或是工資也逐漸取代其它勞動結果，成為測量個人職業成就時最常用的指標。

由於身分取得理論彰顯家庭背景，尤其是父母親的社會和經濟地位對於子女教育和職業成就的影響，也因此樹立了生命歷程觀點及因果關係模型在社會學研究中的重要性。藉由每一個變項單獨的影響力（統計術語是指迴歸係數），路徑分析的結果可以具體呈現分析模型中最重要的影響因素。而由於代間關係的不可逆轉性（例如：雖然並非完全不可能，但子女的教育程度影響父母親教育程度的機率相當低），在個人身分取得的路徑圖中，各變項之間的因果關係相當明確，個人生命歷程中重要成就的影響機制也有跡可尋。

身分取得模型與經濟學家的人力資本理論 (human capital theory) 相似之處在於：都強調教育對於個人職業成就的重要性。不論是跨國、跨世代或是跨階層的研究，都顯示教育對於個人的職業成就及待遇有顯著影響。以台灣的研究來說，上一代和個人的教育成就對於個人的職業聲望有正面效果，個人教育成就也受到父母教育程度的影響（許嘉猷 1981；蔡淑鈴、瞿海源 1992；黃毅志 1993）。根據人力資本理論的解釋，教育是個人能力培養過程中的重要投資，也是雇主判斷求職者未來能力的重要過濾指標 (Parnes 1984)。身分取得觀點雖然不會反對這樣的說法，但強調的是教育和職業間的連結，而非僅是理性的計算。

身分取得理論和人力資本理論的另一個分野在於：前者強調家庭背景的重要性，並確立代間傳承的機制和重要性。除了幫助我們瞭解社會流動的機制之

外，身分取得的研究也具有許多政策意涵。例如：現有研究結果顯示出，家庭背景較不利的青少年，必須要有更多的實質資源和來自各項制度的支持，才可能藉由教育成就創造向上流動的機會。

方塊 6-1　社會資本與社會網絡

社會網絡是指由行動者與她／他人之間的關係所構成的社會結構。尋職、換工作，或甚至組織內的升遷機會，經常需要依靠個人的社會網絡。但並不是社會網絡中所有的關係都是有用的。一般的想法是，愈熟識的人對於我們的幫助必然愈大，對於不熟識的人，可能還不好意思開口請人家幫忙。美國社會學家 Mark Granovetter (1973) 則反證了這個看法，他認為弱聯繫 (weak ties) 才是幫助我們找到工作或甚至理想工作的關鍵。跟我們很熟的朋友或同事，由於經常來往，對於彼此的交友網絡也很熟悉，雙方的網絡高度重疊，所能提供的新訊息有限。因此，同質性高、有強聯繫關係的網絡雖然是我們日常生活、工作和情感上的重要依靠，但是當個人想要在勞動市場中開創更多機會時，異質性網絡可以讓觸角伸展得更遠。但並非所有人找工作時都需要依靠社會網絡或是弱聯繫。若是僅需要一般性技術或人力資本較底層的工作，由於需求量較大，不需要依靠網絡也可以找到工作。反而是職業層級愈高的人愈需要依靠個人的網絡，才能更上一層樓 (Granovetter 1974)。層級愈高時，所要承擔的責任愈重，因此組織除了對於個人能力和經驗的要求較嚴格，人格特質相近、可信任更是重要的條件。關於上層位置出缺或是要換人的訊息，經常是透過人際網絡流通，也往往需要透過認識的人介紹，才有被錄用或拔擢的機會。

在中國的社會主義經濟體制下，單位是決定許多人工作和流動機會的結構，個人的社會網絡可以決定個人在單位內是否有發展或是否有機會轉到其它單位。根據邊燕杰在中國天津所做的調查 (Bian 1997)，在中國的官僚組織中，個人社會網絡的功用是要影響高層或有力人士，而不是獲取情報。由於多數人離權力核心比較遠，因此透過強聯繫及弱聯繫的結合，才可能協助個人獲致理想的位置。

三、勞動市場區隔理論

即使不贊同或是未必完全接受身分取得模型的看法，多數學者也不會懷疑

教育對於個人勞動成就的重要性。理論上，憑藉著較高的教育程度，勞動者在就業市場中較可能找到好的工作機會；由於高教育程度也代表著知識、技術和較佳的學習能力，所得到的報酬及發展機會也較佳。理論上這些說法都是可被接受的，在現實上我們也的確發現平均薪資是與教育程度成正比。但是一張教育文憑真的就可以完全決定勞動者能夠找到的工作、流動的可能性和待遇嗎？Horan (1978) 即認為，身分取得模型過於重視個人條件而忽略了結構的影響，包括個人所處的勞動市場的特性。在勞動社會學中，勞動市場區隔理論即是對於身分取得模型的部分解構。

1. 勞動市場的分層

許多學者都曾經提出勞動市場區隔理論，包括 Ivar Berg (1981)、Randy Hodson 及 Robert Kaufman (1982)、Toby Parcel 及 Charles Mueller (1983)、Michael Wallace 及 Arne Kalleberg (1981)、Lynne Zucker 及 Carolyn Rosenstein (1981)。在眾多研究中，Edwards 的研究 (1979) 較早提出，而且該書對於區隔的形成、所造成的結果及區隔的結構化或僵化有較詳盡的論述，以下關於勞動市場區隔的討論即以該書為焦點。Edwards 是一位左派馬克思主義的經濟學者。他在 1979 年所出版的 *Contested Terrain* 一書中，生動地描述三位虛擬主角的家庭背景、社會人口特徵、勞動性質、所遭遇到的勞動控制、工作的穩定性及所賺取的報酬等，以凸顯這三位主角所處的勞動市場區塊的差異，之後再陸續鋪陳其理論性見解。除了內容以外，該書的寫作策略也頗值得參考。

(1) 次級勞動市場

Edwards (1979) 將美國的勞動市場分成次級勞動市場 (secondary labor markets) 與主要勞動市場 (primary labor markets) ，而後者又再分成獨立 (independent) 與非獨立（或稱為下屬）(subordinate) 兩個類別。區隔這三層勞動市場的標準包括工作內容的複雜性、勞動控制方式、勞動待遇及勞動者的個人特徵。在次級勞動市場中，工作的內容簡單，並不需要太多技術、知識或能力；例如：汽車修理工廠的學徒、小型成衣廠的縫紉工，或是小型百貨商店的售貨員。這些工作很容易上手；一旦熟練之後，工人即不太可能從勞動過程中再學習到新的技術或知識。由於學習門檻較低，工人因生病、懷孕生產或是特殊原因請假時，老闆

可能就會要求其他同事義務幫忙，或是聘僱臨時人員來因應。生產或服務成果屬於勞力密集性質，附加價值低，老闆的利潤不如擁有大企業的資本家豐厚，對於工資的給付更是斤斤計較，但卻要求高密度的勞動。由於勞動力的付出高、工資低、所從事的職務本身沒有向上升遷的機會、老闆也不是很在意這些工人的去留，因此次級勞動市場的另一個特徵即是高流動率：工人離職率高，回流的比例也很高。不論對於勞方或資方而言，流動成本似乎都很低。雇主既然沒有對勞工提供太多訓練投資，勞工離職所造成的損失其實有限；而勞工即使有足夠的勞動經驗，也不會因此而有大幅調薪的機會，離開原雇主的損失也不大。勞資雙方對彼此都無忠誠度可言。

　　隱涵在 Edwards 論述中的另一個結構性面向是經濟組織規模與勞動市場的關連性。這是雙元經濟理論的延伸 (Averitt 1968)。以美國的情況為例，雙元經濟 (dual economy) 理論將經濟體系區隔為核心與邊陲兩個部門，兩者的差別在於產業特徵的差異，例如：核心產業內的企業具有高度資本與技術密集、高生產力、高獲利率、產品具壟斷性、市場全國化及國際化、高度工會化等特徵；而邊陲產業的企業特色則與其相對。有些主張勞動區隔的學者更進一步主張：由於產業特徵的差異，核心產業內的勞動條件及待遇也相對較佳（如 Wallace and Kalleberg 1981; Chang, Parcel and Mueller 1988）。

　　次級勞動市場大都出現在小型企業中，例如：流程簡單的加工廠、外包工廠或是家庭企業。這些小規模的生產單位中，有許多都是大公司的衛星工廠，僅從事整個生產過程中的一小部分加工任務。這些性質相仿的小工廠主要依靠低報價以獲得訂單，在惡性競爭之下，利潤和工資都被壓得很低。工人在這些工廠之間流動，所獲得的工作和工資差異不大。即使如此低廉，當經濟景氣欠佳時，許多小工廠往往撐不住而倒閉，次級勞動市場工人的工作不穩定性因而很高。且由於平均薪資偏低的關係，多數收入必須用於日常生活開銷，很難有多餘的錢可以儲蓄。因此，與位居主要勞動市場的失業勞工相比，他們應付失業後生活的能力更差。

　　身分取得模型強調的是教育成就對於個人事業生涯的重要性。次級勞動市場的工作並不需要太多教育或訓練即可勝任；雇主不會因為工人的文憑較高或是工作資歷豐富就提供較高的薪水。因此，在這個勞動環境中，即使教育的投

資報酬率不是負值，文憑也幾乎很少有用武之地。此外，無論工人在同一間工廠內或在工作生涯中所累積的服務年數有多長，對於收入的提升也不會有太大幫助。

進一步用現代社會的經驗說明，高教育程度或有工作經驗未必被當作有用的人力資本，在某些結構性脈絡下，勞動者難以將人力資本轉換為有發展前途的工作或是實質的薪資報酬。在台灣，有一些中產或上層階級家庭聘請來自菲律賓的女性看護工或家事管理者。這些女性中，有許多人都具有大學或高中學歷，而且也曾經在其它國家從事過類似工作，教育程度和工作經驗都可說相當優秀（藍佩嘉 2006）。這些能力對於她們從事照護工作也不能說完全沒有幫助。但是，她們在母國的勞動市場找不到就業機會，來到台灣大多只能進入次級勞動市場。工作負擔未必輕鬆，但重複性很高、薪資低、工作權益缺乏保障，同時也沒有向上流動的機會。雇主如果不滿意，隨時有可能透過仲介將她們解僱，或甚至遣送回國。即使她們的教育程度對於工作可能有幫助，也不會反映在工資上。有些家庭甚至對於僱用高學歷的外籍幫傭存有疑慮，唯恐難以管束，寧願僱用學歷較低的移工。在這種市場環境中，高教育程度反而成為障礙、而非資本。

（2）主要勞動市場

教育和工作經歷對於在主要勞動市場內的勞工就很有用了。Edwards 將主要勞動市場區分成獨立和非獨立兩個類別。工作性質和平均教育程度是主要的劃分判準。獨立部門的工作大都屬於白領性質，勞動過程的重複性不高、有較高的自主性，需要較多的知識或其它能力。這些勞工大都具有較佳的學歷。老闆或管理階層對於獨立部門的勞工所期待的並不是每天完成多少件產品或是服務多少位客人，甚至不是一時的業績，而是一定期間內的研發、執行或生產／服務績效。雇主重視這些白領工人的經歷，避免因為過高的流動率而影響組織的運作和發展；組織對於這些人員的聘用、敘薪、升遷和解聘等都有一定的程序和規定。多數企業為了培植白領工人，還可能會積極地提供在職進修的機會；對於醫療保險、福利或是退休金的提撥等附帶福利，也有制度化的處理方式。

在主要勞動市場中還有一群受僱者是處於非獨立部門。若直接翻譯原著中對於此一層級勞動市場所使用的字詞，應是隸屬或承屬 (subordinate)，意指勞動過程缺乏獨立自主性，但並不是指這些工作不重要。因此，本書將其意譯成「非獨立」，較為貼近實質的涵意。在非獨立部門中，雖然會要求勞工具有一定程度的教育背景，但年資才是決定報酬和工作穩定性的關鍵。Edwards 在說明非獨立部門的工作性質和待遇時，所描述的對象是美國製造業大型工廠的藍領工人。包括汽車廠、鋼鐵廠或是機械廠在內，都僱用了許多技術性或半技術性的工人。這些人的職業多半是機械管理員或操作工。工會勢力是讓勞工的勞動待遇獲得保障的主要憑藉；在所屬的產業工會與資方所簽訂的協約下，這些工人的薪資優於多數中小企業的平均水準，且可以隨著物價和年資調升。如果有空缺，廠內的資深工人具有優先遞補的資格。如果工廠或公司要裁員，則是資淺的先離開。

區隔不只是一個社會的總體勞動市場現象，也可能出現在產業或組織內 (Althauser and Kalleberg 1981)。例如：金融業中屬於國有的銀行，所提供的勞動條件和待遇就可能優於商業銀行；在銀行內，貸款部門行員的待遇優於臨櫃的第一線服務人員，同時也有較多的工作保障。根據區隔理論的見解，影響勞動條件的因素絕非僅有個人能力或努力，還必須考慮經濟和就業結構限制。

在台灣，大概只有公營事業藍領工人的工作性質和勞動條件最符合 Edwards 對於美國主要勞動市場中非獨立部門工人的描述（張晉芬 2001）。以中國鋼鐵公司、中華電信公司及台灣電力公司為例（前兩家已改制為民營企業，但政府仍具有大股東身分），員工結構是以藍領工人為主，如機械工或電線電纜工等。這些工人大都具有高中或以上程度的學歷，許多還是經過國家考試才得以進入公司。具有擬公務人員身分則是這些公營或前公營事業的藍領工人得以享有工作穩定和較佳薪資的主要憑藉。

2. 勞動控制與勞動市場區隔

如同 Burawoy (1979) 在同一時期所關懷的議題，Edwards (1979) 的市場區隔理論也可看作是與 Braverman (1974) 的勞動過程控制理論對話。根據勞動市場區隔的論點，由於工作性質不同、對於勞動產出的要求和衡量標準不一樣，在

不同的勞動市場區隔中，勞動過程及勞動控制的方式也有差異。對於主要勞動市場的勞工，雇主期待的是他們的自發性和主動性，工作內容屬於業務處理或是執行特定工作計畫。在勞動控制方面是採用官僚式控制 (bureaucratic control)。對這些勞工的生產力不是用計件或計時的方式來衡量，而是經過一定時間之後進行整體績效評估。在平常的工作日，也不會有人監視或干涉這些人的勞動方式、進度，當然更不會有人在旁邊給予工作指示或計算完成一個動作所需要的時間。後者的控制方式是次級勞動市場勞工才可能面臨的處境。

由於勞動過程簡單（零細化），且生產力的計算是以量化為依據，次級勞動市場的勞動力和勞動者可以輕易地被雇主或工頭直接監控或要求。在小規模或小範圍的工作場所內，雇主本身大都熟悉生產的技術和過程，較容易執行直接控制（personal control 或 direct control）。

但這樣的作法在大規模的組織中不太可行，或至少會出現許多困難。以汽車的製造為例，整個製程很可能綿延好幾個廠區，雇主或管理階層要直接監督生產線或機器的運作，有實際的困難。此外，他們也未必全盤瞭解整段製程或相關的知識及技術。若直接監督或是拿著碼表做動作與時間研究，可能還會引發工人的反彈而影響生產進度。因此，在主要勞動市場中以藍領工人為主要勞動力的區隔內，技術性控制 (technical control) 變成主要的控制方式。實際的作法包括控制生產線的速度、要求每日達成一定的生產量及上下班時間須打卡等。這些也都是 Burawoy (1979) 或 Lee (1998) 所研究的工廠內部狀況；只是如以同樣的生產力相比，1980 年代時，中國或香港電子工廠女工的薪資遠不如美國 1970 年代的藍領男性工人。

3. 勞動市場區隔的群體差異

將複雜的社會現象分類及比較，可以幫助我們分析及歸納現實的狀況。但如果僅是分類，則議題的討論似乎只有描述性的成分，無法提供更多有意義的理論推演或思考空間。Edwards 的論述 (1979) 確實不只是提出分類而已，而是以分配和流動面向進一步說明區隔的結構化。分配是指哪些群體最有可能出現在哪一層區隔；流動則是指主要及次級勞動市場區隔之間流動的可能性。

那麼，哪些人最可能出現在次級勞動市場呢？如果沿用 Edwards (1979) 書

中的內容，以美國的情況為例，女性（尤其是已婚又有年幼子女者）、學生、移民或是弱勢族群最有可能出現在次級勞動市場。在台灣，也是女性、學生、原住民及移工有較高的機率出現在次級勞動市場。不論是在速食店或 KTV 打工的年輕學生、在大賣場擔任臨時工的中年婦女、外籍幫傭或在建築工地揮汗攀爬鷹架的原住民男性，都構成台灣次級勞動市場的主要勞動力來源。

主要根據勞動市場區隔的觀點，張晉芬 (1996) 將就業市場分成公營、出口、其它製造業及民營服務業四個區塊，發現這些區塊之間有明顯的薪資、年資及教育程度差異。這四個部門間的層級排序頗為明顯：最好的是公營事業，最差的是民營的服務業。然而，單就薪資水準而言，出口導向產業是四個部門中最低的，性別間的薪資差距也最大。

除了女性之外，移民及少數族群的男性也較可能是次級勞動市場的主要勞動力來源，許多製造或營造業的體力性工作及家庭內的照顧勞動都是由移工擔任。在移工進入台灣的捷運或建築工地之前，原住民男性在營造業還有較多的工作機會。但由於移工的工資更低，又較願意忍受工作時間和福利的不合理要求與對待，因而排擠了原住民的就業機會（朱柔若 2001：101-102）。

造成勞動市場隔離的另一個面向是區塊之間的不流動性，亦即區隔的結構化或僵化。在同一個組織內有不同的市場區隔，在次級勞動市場的工人少有機會能夠晉升到主要勞動市場；即使處於主要勞動市場內，資深的藍領工人也很難有機會在獨立勞動市場獲得管理或專業的職位。區隔間缺乏流動的意義是沒有往上流動的可能性。雇主的偏好、缺乏技術提升的機會及內部勞動市場對既有工人的保護等，都是造成區隔間的流動停滯的原因。但另一方面，主要勞動市場的工人也可能因為中年失業而淪落到次級勞動市場。區隔間缺乏流動造成許多後果，包括有些人雖長期就業，但也長期處於貧窮的狀態；這主要即是指處於次級勞動市場的受僱者。

Edwards (1979) 在書中闡述資本家如何藉由不同的勞動控制方式以達到最大的生產效果，同時又成功地分化勞工之間的團結。在另一方面，他同意馬克思所提出的無產階級普羅化的預言，即好工作愈來愈少、多數勞工最終將只能在次級勞動市場中求職。

方塊 6-2　族群與勞動市場區隔

詩人莫那能曾經寫過一首詩：

為什麼這麼多的人　湧進昏暗的礦坑　呼吸著汗水和空氣　轟然的巨
響堵住了所有的路　洶湧的瓦斯　充滿在整個阿美族的胸

——《紅嘴巴的 VuVu》(1997)

莫那能是台灣詩人，族群上屬於原住民族。藉由他這首詩，我們看到成為礦工的辛酸和在礦區工作的危險性。台灣礦工中當然還是有許多漢人，名作家和導演吳念真的父親即曾經是新北市瑞芳區一座礦場的礦工（見第一章方塊 1-3）。《紅嘴巴的 VuVu》的作者——利格拉樂‧阿𡠜——在書中描述，從 1950 年代末期開始，在煤礦公司的招攬下，開始有原住民下山到新北市多處礦區工作。礦工的職業聲望低、工作報酬偏低，但卻相當消耗體力，且具有高度危險性。

楊士範 (2005) 參考現有關於原住民勞動類別和境遇的調查及分析，依歷史發展的時間順序，歸納出原住民最常現身的工作場域，分別是：礦坑、遠海、工地。從勞動市場區隔的觀點來看，不論是礦工、船員或建築工人，都屬於次級勞動市場層級的工作者。以前者為例，需要長時間、佝僂著肩背待在密不通風的礦坑中。除了健康受到明顯的損害之外，礦坑也是一個高度危險的工作場所。

四、內部勞動市場與升遷

Edwards (1979: 183) 在論及主要及次級勞動市場區隔時強調，在勞動市場區隔化的情況下，次級勞動市場的勞動者鮮有機會進入主要勞動市場工作。這兩層勞動市場的最大差別是前者工作不穩定、薪資極低且無升遷的機會，而後者則因工會運作或由於員工本身的高度技術或教育程度的關係，不但年資獲得重視、薪俸較佳，事業生涯也有較多的發展機會。在以官僚體制方式為勞動控制手段的主要勞動市場中，雇主為強化企業經營的穩定性及勞動控制，願意建立員工僱用、解聘及升遷的制度。這些都是內部勞動市場的特徵。

1. 內部勞動市場的特徵

最早提出內部勞動市場論述的是兩位美國勞動經濟學家 (Doeringer and Piore 1971)。內部勞動市場一詞出自他們所出版的著作—— *Internal Labor Markets and Manpower Analysis*。他們對於此一特殊勞動結構的定義是：「……勞工的僱用及敘薪均遵守一定的行政規則及程序……」。之後，包括 Burawoy (1979) 和 Edwards (1979) 都曾分別在他們的著作中論述這個概念。內部勞動市場是指：組織中，部分工作結構內受僱者的敘薪和職務配置有一套獨自的規則和程序；升遷或職務更換機會是保留給已在這個結構內的受僱者。與這個名詞相對的即是外部勞動市場 (external labor markets)，其主要成員是組織內的基層工作者。

內部勞動市場有三個主要特徵：明確的職務升遷階序、（大多數的）員工進入企業時是從最底層開始，以及職務的升遷代表一定的經歷、技術或知識的卓越性 (Althauser and Kalleberg 1981)。內部勞動市場所反映的是組織內部流動的封閉性。在這樣的制度下，除了最底層或是最高層的職務之外，其餘職務的聘用和變動均有一定的規則和程序。進入內部勞動市場即代表未來事業生涯有較好的發展機會，包括職業訓練與升遷機會。當申請者的條件相同時，在公司任職的資歷長短是決選的重要標準。理論上，這樣的設計讓勞資雙方互蒙其利。對資本家而言，提供企業或組織業務相關的技術訓練 (firm-specific job training) 有額外的成本，只有當勞工有發展潛力、流動率較低、願意長期留在原來的組織時，人力投資才具有利益。允諾未來的發展機會既然是重要的誘因，職務分配的透明化及公開化，即是重要的程序及條件。當職務有空缺時，資方必須公告；理論上，符合資格的勞工都可提出申請，但年資和與現有職務的銜接性是被考慮的優先條件。

對勞工而言，內部勞動市場的存在提供未來發展機會的承諾。不論實際狀況是粥少僧多、個人升遷機會少，或不論實際操作情況如何，至少有一個願景可期。勞工更重視的是敘薪的制度化，期待不會受到外在因素的影響而變動。即使在公司利潤降低或外在經濟景氣不佳時，勞工的薪資也不會縮水。內部勞動市場的出現也代表資方認同工人成為管理階層的可能性，願意培養工人成為管理者。即使愈往高層機會愈少，這種有機會改變階級位置的情形，都是在工廠生產成為主流經濟模式的 20 世紀前期的藍領工人想像不到的轉變。

從信箱的分配也可看出組
織內部的層級區隔；助理
的信箱多人共用，部門正
副首長則擁有各自的信箱
照片提供：陳依宏

　　本書第五章曾提及，從「科學管理」的概念來看，在生產過程中勞心與勞
力的人屬於不同層次；付出勞力的人是要服從前者的規劃、執行任務，這些人
也不宜晉升到管理階層。內部勞動市場的建立難道代表資本家回心轉意、體察
到勞工付出的重要性嗎？作為一個理性的經濟人，多數的資本家大概都不會自
願建立這樣的制度，綁住自己使用勞力和調整工資的彈性。Kalleberg (2000) 即
認為，內部勞動市場的出現是歷史的偶然，並不是常態。資本家通常都傾向於
使用彈性化的勞動運用方式。

　　內部勞動市場的設計和存在確實具有特殊的時空背景。1960 和 1970 年代
時，挾著大量生產的技術和金錢資本，美國的製造業呈現一片榮景，對於勞力
的需求有增無減。為了平息藍領工人對於大量生產工作的單調化及去技術化的
反彈，經過多次的抗爭與協商，資本家同意工會要求，創造一個以年資保障為
基礎的內部勞動市場設計。如果工人有機會獲得高薪、工作穩定性獲得保障，
甚至日後可能成為管理階層的一員時，對於資本家或生產過程的反彈自然會大
幅降低。怠工、惡意破壞機器或是離職的可能性降低後，資方的流動成本相應
減少，生產能順利進行，仍然可以達到快速累積利潤的效果。內部勞動市場成
功地將工人對於資本家的抗拒轉換為工人之間的競爭，也轉換成對組織的向心

力。Edwards (1979) 認為內部勞動市場只是資本家控制勞工的另一種手段，但Burawoy (1979) 則認為此一結構的出現也符合勞工的利益，讓勞工在勞動過程中仍有一定程度的自主性，同時防止管理階層濫用權威。整體而言，內部勞動市場的出現代表著勞工對於實行勞動控制的雇主權威的妥協。下一小節要敘述的升遷則是內部勞動市場建構中最重要的面向。

2. 升遷

事業生涯流動 (career mobility) 是指在就業生涯中垂直或平行流動的機會。這個概念與社會流動不同，後者著重階級位置在個人生命歷程或世代間的向上或向下流動，研究重心是整體社會的階層化。事業生涯流動是要解釋在就業歷程或組織內的升遷模式。根據 Kenneth Spenner 等人 (1982: 1) 的定義，事業生涯路徑是「員工工作經歷中可尋的事業變動軌跡」。而垂直的流動或晉升則是主要的研究議題。關於升遷的研究也不只是在探索就業歷程或組織內的流動模式，更重要的是個人的升遷過程和影響升遷機會的因素。美國的產業結構是以私人大企業為生產核心，這些也是就業機會的主要來源。僱用規模超過千人或萬人的組織是產業內的常態，許多還是跨州或跨國經營。組織內業務及部門規劃複雜，工作層級 (job ladder) 也非直線排列，組織內的晉升或流動總是競爭激烈。台灣在 2019 年時，僱用規模在 30 人以下的企業所僱用的人數為總就業人數的61％，在大企業（僱用 500 人以上）的就業人數所占比例為 6％（行政院主計總處 2020a）。多數本土中小企業內的工作層級有限。組織規模較大的政府行政部門和公營事業才有較複雜的升遷模式，也較可能出現內部勞動市場的設計。

大型組織內的人事結構多採取分流的方式，不同部門或職務的人適用不同的途徑，不同的工作群有各自的升遷結構和晉升標準 (Althauser 1989)。例如：技術人員和事務人員的升官圖就不會是同一個版本，後者可能較有機會升遷為總經理，前者的最高職務則可能是工程部門的經理。在製造業中，技術人員有較多的機會和較高的位置可以在組織內持續爬升，行政人員的升遷路徑則較短，很難晉升到組織中的決策位置。不論職別或部門別，年資都是重要的條件之一。一方面公司已經對個人投資多年，重用舊人可減少人力投資的成本，另一方面，也可獎勵員工的忠誠度。此外，工會的壓力也是原因之一。

　　內部勞動市場的運作主要仍以組織為運作範圍。即使在同一產業中，企業仍可能因為既有的組織文化或是高階管理策略，而出現不同的升遷模式 (Baron 1984)。James Baron 及 William Bielby 的研究 (1980) 是採用勞動市場區隔觀點的分析中，第一篇使用組織內部資料的文獻。根據他們的研究發現，在同一產業（化學工業）內生產類似產品的兩家化學工廠，其內部的管理模式幾乎完全兩樣。該文分析這兩家企業過去的人事資料，發現其中一家的升遷模式非常制度化，明顯具有內部勞動市場特徵：次級與上層職位之間的升遷流程一致，升遷者的年資也都類似，幾乎沒有跳級或偏離軌道的情況。另外一家公司雖然也有一些約略可辨的升遷模式，但多數的升遷或平行流動沒有固定的管道。很可惜的是，他們的研究並沒有追蹤內部勞動市場的存在與勞動條件的關係。

　　在任何組織內，都會有人怨嘆：雖然努力工作、具有才能，但卻沒有晉升的機會，遺憾懷才不遇、伯樂難覓。從集體的面向來看，相對於男性，女性的機會更低，怨嘆也更深。組織內的垂直隔離現象甚至比水平職業隔離更能顯示性別的作用。從實質面來看，升遷是提高薪資及福利的重要方式。愈高層的位置，所負擔的責任愈重大，對於組織的經營績效影響更大。另一方面，升遷是對工作投入和成果的肯定。當整個群體的升遷機率小於另一個群體時，即須尋求個人以外的因素解釋這種差異。

　　有學者利用台灣企業的人事資料分析內部勞動市場的存在與薪資及升遷之間的關係（林明仁 2005）。根據該公司勞工的職稱、權力層級及內部的階層結構，他發現確實有內部勞動市場存在，包括升遷機會限於已在內部勞動市場的受僱者。即使控制人力資本因素，內部勞動市場的特徵（如公司內部層級的劃分）對於個人薪資仍有顯著影響。景氣波動的影響相對較小，也形同證明內部勞動市場的勞工確實受到結構性的保護，免於外在環境變遷的劇烈影響。不過，黃毅志 (2001) 利用 1992 年「變遷調查」的資料，發現台灣勞工在大公司與小公司之間的流動相當頻繁。大型企業或組織的內部勞動市場結構並不嚴密。

　　Baron 等人 (1986) 利用六個量化指標代表內部勞動市場的特徵，證明技術是區分企業中內部勞動市場存在與否的重要因素。他們同時發現內部勞動市場的升遷途徑具有顯著的性別差異。在他們的分析樣本中，有 71.3% 的職務階序是完全由男性占有，只有 6.3% 是完全為女性，其餘則是男女兼有。女性勞動者被

迫集中在少數職務的現象十分明顯。組織性特徵（如不同的部門）及工會勢力比個人條件更能影響區隔的存在。

台灣的企業組織也被發現有類似的操作現象。嚴祥鷥 (1998) 研究新竹科學園區內的職業結構，發現職場中存在職業分配、薪資和升遷的性別差異性對待。例如：廠商藉由不同的職務頭銜，如「設備人員」，給予生產線上的男性工作人員較高的薪資，但是具有相同學歷、從事相同工作的女性卻只能屈居作業員。管理階層阻擋女性升遷的說法，包括沒有職缺，或是擔心女性下屬不能兼顧家庭生活等（同上引：194、196）。

張苙雲 (1988) 分析公務人員現職等的取得過程，算是台灣最早出現的升遷研究。根據迴歸分析結果，她發現行政部門內公務人員的升遷受到年資、初任職等、工作單位的層級（中央、省或地方）及職務類別的影響；對男性公務員而言，年資是最重要的因素；但對女性而言，初任職等的因素最為突出。顯示進入公家機關的第一份職務對女性升遷的影響力遠比其個人條件重要。女性公務人員由於平均年資較淺，因此相對於男性而言，在職等的升遷上仍處於不利的地位。張苙雲及莊淵傑 (2004) 利用 1986 年的公務人員資料進行分析，發現初任職等、年資與在職時期的教育投資都是影響個人升遷的重要因素。就性別差異而言，即使在考慮這三個因素後，女性的升遷機會仍不如男性；作者於是婉轉地提出結論：「我們是無法排除公務人員的升遷發展機會因性別而受到有系統地壓抑的可能」（同上引：178）。

國外對於公部門升遷的研究也顯示出制度性的性別差異。William Barnett 等人 (2000) 分析公務機關內的升遷模式或性別差異，發現在美國加州的州政府內，以女性或弱勢族群為主要勞動力的職業有較多升遷機會，但大都是短程，且薪水增加有限；白人男性居多的職業，平均升遷機會較少，但升遷的級距較大，且常有機會轉移到其它局處，升遷對於薪資的調升有極大的助益。他們因此認為，官僚化和理性化並不能消除生理性特徵對於勞動待遇的影響。

除了客觀資料的分析外，主觀上女性勞動者也認知到升遷的性別差異。張晉芬 (1993) 分析了一家食品工廠的勞動待遇，所使用的資料蒐集方式包括問卷調查、訪談及採用公司的文字紀錄等。該廠屬於國內一家知名的企業集團，位

於北部地區。在 1990 年代初期，該廠僱用的勞工接近 600 人。這項研究發現，該廠內部有兩種次級的內部勞動市場：白領工人（如業務員）的內部勞動市場及藍領工人（如工務員）的內部勞動市場。兩者最主要的差別在於：前者的升遷路徑較長，員工對未來的升遷也較有信心；後者的升遷機會雖不少，但多為短程，且多數員工不認為將來有升遷的機會。分析的結果顯示，不論是對升遷機會的期望或是在現職等的分配上都有相當大的性別差異，女性的機會遠不如男性，期望也較低。一項分析全國性調查資料的研究（陳昭如、張晉芬 2009）也顯示，根據個人的經歷或觀察，有一半的受訪者認為男女的升遷機會一樣，另有 39% 的受訪者回答男性的升遷機會高於女性。在後者中，35% 認為女性升遷機會的劣勢並不公平或很不公平，47% 覺得公平或還算公平，其餘 18% 認為「沒有什麼公平不公平」。整體來看，有相當高比例的受訪者回答升遷機會有性別差異且不公平。

　　針對女性在職場中缺乏升遷機會、遭遇垂直隔離的現象，有玻璃天花板 (glass ceiling) 及玻璃牆 (glass wall) 的說法。玻璃天花板是指看得到組織內上層的位置，但個人的升遷之路卻被一層無形的天花板所阻隔，無法突破 (Wernick 1994)。這個概念尤其是指女性爬升到管理或是較高層級位置的困難度。玻璃牆則是指在組織內缺乏到其它部門歷練的機會。除了業務性質不同之外，不同部門之間，內部的升遷管道和未來在組織內的發展機會也可能有差異。缺乏水平流動機會最後也可能斷絕向上流動的可能性，因此玻璃牆也是造成勞動者有玻璃天花板之憾的原因之一。相對的，男性的升遷常被稱為搭玻璃電扶梯，上升之路看得見、也摸得著，在事業生涯中將會持續地往上升，直到最高的樓層。

　　Trond Petersen 及 Ishak Saporta (2004) 利用美國一家大型組織的長期人事資料，細緻地分析了不同層級之間升遷機制的差異。他們發現，女性在招募階段或是進入組織的初期，都有明顯不利的待遇，包括錄用比例較低或是初職的發展機會欠佳。女性缺乏被納入內部勞動市場的機會，在往後的職業生涯中，與男性的薪資和升遷機會的差距也日漸擴大。但玻璃天花板現象在某些企業似有鬆動的情形。他們所提出的理由是：高層位置的提拔動見觀瞻，組織以才能和資歷為提拔標準的可能性遠大於個人的性別偏好。

方塊 6-3　日本勞動市場的性別區隔

　　從跨國比較的觀點來看，日本無疑是研究勞動市場區隔的一個最佳田野地點。長期僱用制是日本大企業最常採用的制度。企業希望藉由長期的工作保障增加勞動者的向心力，減少男性人才的外流。這個制度最希望留住的是白領工作者，但也擴及藍領階層。直到 1990 年之前，這個制度都一直穩定地運作。但是兩個外在因素的發生促使這個制度出現轉變。首先是在 1985 年，日本政府開始實施〈平等僱用機會法〉(Equal Employment Opportunity Law)。根據這項法律，企業不得在招募廣告中出現帶有性別歧視的徵人條件。但是上有政策、下有對策，大型企業於是設計出雙軌制的僱用和升遷機制，勞動者因職位的差異而分屬不同的管道。其中一個制度具有長期僱用保障及較長的升遷管道；能夠進入此一管道的受僱者大都是男性。相對的，企業將所僱用的女性安置於另一個管道，其升遷和僱用的機會均不如多數男性同僚所處的位置。因此，女性雖然開始有較多機會進入大企業工作，但所處的位置和事業的前瞻性仍遠不如男性 (Yu 2009: 32-33)。

　　另一個影響終身僱用制度的因素則是來自經濟情勢的變化。1990 年初日本經濟出現泡沫化現象，許多企業以大量裁員作為因應。一些大企業為了降低人事成本，但又希望留住現有的男性受僱者，於是將由女性所從事的長期僱用、全職性工作改為暫時、兼職性質。即使在經濟好轉之後，這種作法仍然沒有改變。這是造成日本女性中有高比例人口從事兼職工作的主要原因。根據統計數據，日本的兼職工作一直是供過於求 (Brinton 2001)。女性並非不希望從事全職工作，只是勞動市場上提供給女性的這類工作機會欠缺。因為結婚或是生育等因素離職之後又再度回到職場的中年女性，不論個人的人力資本多寡，能夠找到的工作機會大都是兼職性。即使企業需要僱用一些女性進入全職工作的管道，也大都選擇年輕、剛從學校畢業的未婚女性。社會上甚至出現一種文化性的偏見，認為仍在從事全職工作的女性是較為苦命的一群，因為先生不能夠提供足夠的養家收入，所以太太才需要出外工作。

五、結論

　　分類就像是將不同的物品歸類到貼著不同標籤的籃子裡，找東西時辨識籃上的標籤即可。勞動市場區隔觀點同樣也是針對勞動條件和控制的差異分門別

類，依照這些類別，我們即可推論不同區塊內的大致工作性質和勞動者結構。表面上區隔觀點只是戳破一個完整、單一勞動市場存在的迷思，但更深層的意義是呈現結構對於個人努力和成就的影響。不同的勞動市場區塊間具有上下、尊卑、好壞之分，並不只是標籤不同而已。每個區塊內部也還有進一步的區隔。區隔間的鴻溝即使並非完全無法跨越，也並非可以輕易地相互流動。每個產業、職業、組織或區域間，或是其內部，都有不同形式或程度的區隔。種種的隔離讓勞工之間的利益分裂、行動難以整合，形成資方另一種控制的手段。

對於多數教育程度偏低者、女性、弱勢族群或移工來說，工作機會主要存在於次級勞動市場；所遭遇的共同勞動條件是：工作穩定性差、工資偏低、工時偏長及缺乏更上一層樓的機會。在台灣，次級市場勞工的處境可能還有老闆拒絕提撥勞健保保費、拖欠工資與加班費，或不肯支付加班費等。惡劣的勞動條件與高度勞動控制之間的惡性循環，會讓弱勢者的處境更加惡劣。由於收入微薄，處於次級勞動市場的勞工更需要長時間工作，以賺取足夠的收入；因為工作機會不穩定，所以不得不接受粗暴的管理方式和偏低的工資。雖然主要勞動市場內的受僱者工作權較受到尊重，勞動過程相對較為自主，經濟報酬較為優厚，但這並不是來自資本家的「善意」，而是因為勞動付出的附加價值更高，可以創造更多的利潤。

市場區隔理論為複雜的勞動市場提供一個基本的分析架構。本書後續幾章還將說明：在資本家不斷追求人力運用彈性化以降低勞動成本之際，即便是次級勞動市場的工作都一再出現變形與分割，整體勞動條件更加不堪（第十四章）；而主要勞動市場的勞動者也可能面臨無故資遣、中年失業等危機（第十二章）。即使有內部勞動市場存在，也不再是保障勞工工作權與事業發展的萬靈丹。

形成市場區隔的面向之一即是職業。根據本書第一章的介紹，職業既是多數人身分認同的根據，也是決定勞動條件的重要類別。本章第二節提到身分取得觀點的提出及主要發現。在學者的實證研究中，不論使用聲望或收入，都是反映受訪者的職業特徵。雖然主要從事再生產勞動的家庭主婦（夫）有時也被稱為家事管理者，被視為一種職業，但她／他們的勞動條件和處境比較特殊，本書將留待第九章再做詳細介紹。以下第七章是有關職業的說明，將僅限於市場勞動的狀況。

思考與討論

1. 早期的地位取得研究常被批評忽略性別差異。以 Peter Blau 及 Otis Duncan (1967) 為例，因為所使用的資料只有男性樣本，分析結果也只適用於男性。時至今日，幾乎沒有研究會僅針對單一性別進行分析。請試著搜尋近期國內外以地位取得模式為主要理論架構的文章，比較影響女性和男性的職業地位機制有何不同，以及跨國的差異。

2. 除了產業和組織之外，區域也是形成勞動市場區隔的重要面向。請以台灣為例，根據一些政府或學術單位的統計資料，分析不同區域或縣市的勞動市場結構有哪些特性，並比較勞動待遇的差異，並根據分析結果提出看法。

3. 請試著從已屆或已逾中年（40 歲以上）的家人、親戚或朋友中找出 4 到 5 位具有長期工作經歷者，詢問自從事第一份工作開始直到現在的工作／職務或任職單位的轉換歷程，並以繪圖方式呈現這些歷程。其次，分析這些受訪者的職務轉換（尤其是升遷）是否有共同的模式、是否符合內部勞動市場結構的特徵。若果真符合，則是屬於組織、職業或產業的內部勞動市場呢？

延伸閱讀

1. **Veblen, Thorstein (1912)** *The Theory of the Leisure Class: An Economic Study of Institutions.* **London: Macmillan. 中文版：Veblen, Thorstein 著，李華夏譯（2007[1899]）《有閒階級論：一種制度的經濟研究》。新北市：左岸文化。**
   類似炫耀性消費、文化資本或休閒階級等相關論述，在 Thorstein Veblen 這本 19 世紀末出版的書中就已出現。有閒階級或貴族的出現與維持既需要勞工階級提供勞務，也有性別區隔的操作。

2. **Willis, Paul E. (1977)** *Learning to Labor: How Working Class Kids Get Working Class Jobs.* **New York: Columbia University Press. 中文版：Willis, Paul E. 著，秘舒、凌旻華譯（2018[1977]）《學做工：勞工子弟何以接繼父業？》。台北：麥田。**
   Richard Edwards (1979) 曾提到次級勞動市場工人的習性會影響在主要勞動市場覓職的機會，但後續的勞動市場區隔研究很少探討此一文化層面的區隔。Paul Willis 以民族誌方法觀察及分析男性工人間的互動與兒子教養方式，以

及工人家庭子女的階級認同。本書已成為研究階級文化傳承、家庭教育和陽剛氣質的經典著作。

3. **Oliver, Michael and Colin Barnes (2012)** *The New Politics of Disablement.* **London: Red Globe Press. 中文版:Oliver, Michael and Colin Barnes 著,紀大偉、張恒豪、邱大昕譯(2021[2012])《障礙政治:邁向消弭歧視的包容社會》。新北市:群學。**

資本主義的運作不只是製造出勞工階級,也定義什麼才是合格的勞動身體。女性因為生育、生理需求、承擔家庭責任,被視為不合格的身體。身心阻礙者也會因為某些身心功能受損,被視為難以從事正常工作的身體。將阻礙者矮化為依賴人口或許符合資本家及政治人物的利益,但卻是犧牲這個群體的勞動權和其它社會權利。

女性從事通常由男性擔負的體力性工作（中國）
照片提供：本書作者

第七章　行行出狀元：
勞動市場的職業結構

重點提示

1. 社會學家在歸納個人工作類型、為身分地位排序時，最常用的分類單位是職業。職業類別及所代表的特性也是社會學者區分階級的主要基礎。

2. 性別職業隔離有兩類，一類是垂直隔離，另一類是水平隔離。職業隔離的概念並非只是描述職業差異，還指涉實質的後果，包括職業聲望、收入及發展機會的差異等。

3. 衡量職業專業化程度有四個面向：對於抽象、特殊性知識的要求，自主性，權威性，以及利他精神。

4. 職業聲望反映社會價值觀，代表大眾對於各項職業的重要性和受敬重程度的主觀認定。多數職業聲望研究是利用受訪者的主觀意見作為聲望排列的根據。

5. 女性勞動者在不同職業種類的分布反映了台灣整體產／職業的發展趨勢；女性從事製造業工作的比例逐漸下降，在服務業的就業比例則持續提高。相對的，男性的變動較小，且種類較為分散；除了農林漁牧及民意代表和經理級人員之外，男性從事與製造相關工作的比例也很高。

6. 原住民族的勞動者有較高比例從事底層職業的工作。

7. 雖然女性的勞動參與率逐年提高，也有愈來愈多女性勞工會持續就業直到退休，但多數女性仍集中於以同性為主要勞動力來源的職業或產業中。性別職業隔離是造成性別間平均收入差異的重要因素之一。

8. 形成性別職業隔離的因素包括：雇主的偏好與男性工人的態度、制度性操作及產業的發展取向。

9. 制度性操作是指利用法律、行政命令或內規限制個別職業僅能僱用男性或女性。

10. 如果工作本身或工作現場有危險，雇主或國家應該採取的作法是改良生產流程、提供勞工合理的設備和保護措施，讓工作場所更安全，而不是為了「保護」女性而強迫男性從事這些工作。

……碼頭裡的男人工作比女人重，他們最常接美國進來的黃豆船，船卸黃豆時，黃豆從船上順著漏壺滑下來，岸上的工人將滑下的黃豆裝入有半人高的麻布袋，裝了八分滿拖到廣場中給女工人縫合。這些頭帶斗笠，面圍包巾，手著長布套的女人在烈日下，拿起穿了麻繩的大鋼針將布袋口一針一針縫密，男人再把縫好的麻袋扛上肩膀送到大卡車上，一袋黃豆有八十公斤，趕工時，從早上七點扛到晚上十點，強壯的有時一次扛兩袋，男人扛得肩膀又痠又疼，女人縫得手粗如繭。

——《鹽田兒女》(1994: 182)

一、序言

出自蔡素芬所寫的《鹽田兒女》中的這一段話，正是典型的「男人的工作」與「女人的工作」的寫照。需要耗費體力的工作由男性做，「天生」手巧的女性則適合做縫縫補補的細活。這樣的分工看似讓男女性各自發揮所長，還可共同合作、完成整個勞動過程。然而從「發揮所長」這個看似中性的觀點來檢視：有力氣的女性真的可以被接納、從事扛麻袋這份工資較高的工作嗎？如果有些男性的力氣不夠大，或者主觀意願上也想做縫麻袋的工作，他敢不敢冒著被人說「很娘」的風險，加入那些女性同胞的行列呢？勞動市場中有很多職業都具有類似的單一性別集中的情況，護理師與醫生即是最好的例子。職業間的性別區隔幾乎存在於所有的社會，只是界線偶爾會有些移動，如有些職業逐漸轉變為由異性主導。例如：在資本主義發展初期，多數社會的店員都是男性，但現在站在櫃台後方的則大多是女性。早期的理髮師（剃頭師傅）大多是男性，之後某段時期變成由女性主導；時至今日，女性美容院中僱用男性美髮師也不再稀奇。職業的性別隔離並不完全是自然發生的現象，而屬於社會建構的產物。

在歸納個人工作類型、為身分地位排序時，職業是社會學家常用的分析

單位。不論是在政府統計或民間學術調查中，職業一向是區分勞動者的工作特質與社會經濟地位的重要面向。職業類別及所代表的特性也是社會學者模擬階級結構的主要基礎（請參考本書第二章）。有些文獻會將職業 (occupation) 與專業 (profession) 混用。Hodson 及 Sullivan (2008[1990]) 列出了四個衡量專業性的面向：具有專業知識、自主性、權威性和利他性。這些面向代表程度差異，而不是有或沒有的區別。此外，這些面向的重要性也會隨著產業結構和技術的變化及教育的擴張而有所轉變。本章也將說明：職業類別的出現或沒落、專業化程度的消長與社會建構的關係。

台灣勞動者的職業結構隨著經濟發展階段的不同而有類別和比例上的變化。為了與國際上的標準一致，官方和學術界也曾經調整過職業分類。這個現象既顯示職業歸類的複雜性，也提醒我們，在使用二手資料時應先瞭解分類的面向及不同資料間的差異。如果試圖從職業的組成去反推整體的職業結構時，尤其需要注意前後期資料類別上的差異，避免對社會階層的分配與變動做出錯誤的推論。

工作的性別標籤化是指勞動市場中有所謂的「女人的工作」及「男人的工作」。這並非僅是一個形容詞而已。具有女性標籤的工作 (female-labeled work) 是指符合女性特質、只有女性才願意做且通常以女性居多的工作，如護理師、祕書、看護、幫傭、生產線作業員等。同樣的刻板印象也適用於「男人的工作」，只是性別置換成男性；具有男性標籤的工作 (male-labeled work) 包括醫生、工程師、軍人、建築工人等。整體而言，以女性為主的職業所具備的勞動條件相對較差，包括聲望較低、收入較差等。解釋性別隔離的觀點包括女性個人的選擇、雇主的偏好、制度性的歧視及產業的擴張等。

職業隔離的現象與解釋是研究勞動條件與待遇的重要概念，其中又以性別間的職業隔離最為顯著。從層級與類別差異來看，性別職業隔離可大致區分為垂直隔離 (vertical segregation) 及水平隔離 (horizontal segregation)。垂直隔離是指職業或職務有上下層級的區隔，一般而言，男性比女性更有機會擁有上層的位置。水平隔離則是一般所說的不同職業間的區隔，例如：有男性主導（以男性為主要勞動力）的職業及女性主導的職業之分。有些水平隔離也具有層級化的事實，例如：同一職業的行政人員相對於主管。本書上一章已介紹過垂直隔離

及升遷的議題，本章將介紹性別間的水平職業隔離。

　　以下第二節將說明職業類別與決定專業化程度的面向。早期的社會學家相對較注重職業的社會聲望。台灣學者針對不同時期的資料也做過職業聲望調查，本節也將比較不同時點調查的結果差異。第三節主要將介紹台灣的職業結構，包括在不同時期的分布及變化、性別和族群間的差異。第四節的內容則是關於性別職業隔離的現象與解釋，以及跨國比較的結果和長期變動趨勢。

二、職業與專業化

　　在描述古代社會的職業結構時，「士、農、工、商」是最常使用的分類。用現在的學術名詞來說，這四個類別同時具有產業和職業的區別，是一個粗略的分法。對於中年或更資深的世代來說，當問及「您在哪一行發財」時，通常就代表詢問所從事的職業。但在農業時代都已號稱有 360 行，現代的職業結構絕對比這四大類的分法更複雜。

　　現代社會工業和商業快速發展、機械取代人工、新技術不斷開發，更造就了許多新職業，也導致許多職業沒落。約於 30 年前，打鐵匠仍舊是一個與生產和家用需求息息相關的職業。損壞的農具、變鈍的剪刀、用至破漏的炒菜鍋，經過鐵匠的巧手修補後，都可以繼續使用，既環保又省下了重新添購的支出。但曾幾何時，當現代化工廠所製造出來的各類金屬用品便宜又多樣時，消費者不再需要磨刀或補鍋，打鐵這項工作也變成鋼鐵工廠內由技術工配合機械操作的專業。在中國導演張藝謀所拍攝的電影「我的父親母親」中，有一片段是行走大街小巷的補碗工匠被女主角的母親請去家中修補一只破碗的情節。雖然修補的痕跡清晰可見，但完成後，磁碗已可正常使用，頗令人稱奇。對於在富裕社會中長大的年輕世代來說，打鐵或補碗等職業似乎還來不及認識就已成為歷史陳跡。

　　有些職業雖似由來已久，其實卻是工業社會出現後的產物。例如：根據勞動史學家 Montgomery 的研究 (1979)，在一次世界大戰之前，美國的職業分類中並沒有模具製造工 (tool and die makers) 這一項。如今在多數國家，這已經是一個正式的職業名稱。此外，合法與否也是能否作為「職業」的另一項標準。

例如：在日本殖民台灣時期，娼妓是被列入官方統計文書中的職業。但是，性工作在台灣仍是非法的「行業」（請參考第三章）。過去有少數縣市設有公娼，目前已完全廢除。最後一家位於桃園市的公娼館，也因為 COVID-19 疫情的關係，生意大幅下滑，於 2022 年 6 月 30 日宣告歇業。在官方統計中沒有性工作這項職業分類，但不代表在現實社會中沒有人從事這項工作。

方塊 7-1　二次大戰下的性奴隸：慰安婦

　　二次世界大戰的後期，日本軍事侵略的範圍擴及東亞和東南亞國家。日本政府為了安撫在海外進行武力侵略的軍人，用欺騙（如假借為當地軍人燒飯）或強迫的手段，將台灣、韓國及東南亞等各國女性運送到東南亞地區或其殖民地，作為慰安婦，供軍人發洩性慾。關於這段台灣女性被迫勞動的歷史，長期幫助台籍慰安婦向日本政府索取賠償的台北市婦女救援基金會曾出版專書，呈現這些女性當初如何被騙或被迫、如何被軍人長期輪番強暴，及回台後面臨的遭遇和經濟困頓（台北市婦女救援基金會採訪記錄，夏珍編 2005；賴采兒等 2005）。

　　在日本政府否認這段歷史的說詞中，有一個理由是他們經常引用的，就是「這些女性是自願的，而且她們從事這項工作是有薪水可拿的」。聽起來日本軍人似乎創造了一個新興職業，實際上卻是一個成為性奴隸的工作。不過，日本政府並不願意讓日本女性出國擔任慰安婦，以免有損皇軍威嚴。據估計，二次世界大戰期間成為日軍慰安婦的人數約在 20 萬人左右。包括台灣、美國參眾兩院，及加拿大、歐洲多國議會，都曾經通過決議，譴責此一行為，並呼籲日本政府道歉。韓國民間團體多年來持續在國際上發聲，並協助韓籍慰安婦向日本政府索賠。在美國國會提起該項譴責草案的是一位美籍日裔的男性眾議員——本田 (Mike Honda)。以下內容摘自一位台籍阿嬤對於當時被迫從事慰安婦工作的口述紀錄（台北市婦女救援基金會採訪記錄，夏珍編 2005：84-85）：

　　　我小時候因家裡窮，無法上學唸書，在家煮飯、幫忙照顧弟妹。父親管我們很嚴，不敢談戀愛，所以我二十歲的時候還未婚。有一天看到一張到南洋做看護婦的布告，我朋友找我一起去報名。

　　　……那時戰爭的關係，待在田莊也沒有工作。

　　　……有工作需要我們時，我們都很願意去。一對日本男女帶我們從高雄出發坐船到印尼去，到了當地我們才知道是要做慰安婦的工作，很

憤怒地去找那對日本男女吵架，卻沒辦法回家。日本人以「為國勞軍」的名義要我們安慰軍人。

……每天被迫接客二十多個軍人，白天是士兵晚上是軍官，不能得到休息。

……在印尼時，得過瘧疾、盲腸炎開刀、右眼被炸彈碎片擊瞎、腹部受傷子宮被拿掉，日子實在苦不堪言，後來因為戰爭擴大，三年後我才能回到台灣。……

1. 專業化的面向

不同職業所需要的訓練、受重視的程度及勞動待遇往往有很大的差異，造成差異的原因之一即是專業化的程度。專業化 (professionalization) 是指一種職業成功取得專業地位並進而獲取報酬與特權的過程。根據 Hodson 及 Sullivan 的研究 (2008[1990]: 282-288)，可以由四個面向衡量職業的專業化程度。第一個面向是對於抽象、特殊性知識的要求。既然稱之為知識，即代表有一定程度的理論性。這不是透過個人反覆學習或操作即可習得，而有一定的複雜度和抽象性。這類知識學習的場所通常就是學校；學位或證書的取得代表專業認可的第一步或最重要的條件。此外，知識學習除了獲得自我滿足或自我享受之外，也必須能夠應用於實務上，才能成為一種職業。知識的學習包含技術的成分，以期完成服務或產品的製造工作。醫生即是一個最好的例子。除了需要長時間學習人體構造、生命維繫和疾病等相關知識外，醫生還需要知道疾病的病源和治療方法，同時也要能夠在實務上幫病人解決病痛，例如：開刀、檢驗或開立處方等。醫學系的學生最後能夠由學醫者變成醫生，除累積一定的臨床經驗，還必須經過不同階段的考驗及認可（陳端容 2004）。除了學校之外，專業的協會或國家考試都是提供專業知識與技術認證的機構。多數職業並不需要具備太多抽象知識，不用經歷通過學位或資格考試的階段，也不需要有一定的實習年限。

專業性職業的第二個面向是自主性。自主性是指在從業過程中，從事該職業的勞動者有決定如何完成該項工作的能力。這些能力的培養部分是透過前述的知識和運用。擁有自主性的相對要求就是要對實際操作結果負責，這即是責

信 (accountability) 的概念。自主性的施展也與是否獨立作業或受僱於組織有關。後者的自主性相對較低、必須配合組織規定和團體紀律;相對的,出現差錯時組織也會分擔部分責任。再以醫生為例,受聘於大醫院與診所的醫生雖然都在診療時擁有一定的自主性,但前者的分科精細,且需配合組織的安排,能夠使用的技術、儀器或用藥也需符合組織規定。不過整體而言,醫生的自主性仍普遍高於許多其它職業,如護理師或工程師。

專業化的第三個面向則是權威性。權威性代表從事該項職業者與客戶(例如:醫生相對於病人或牧師相對於會眾)之間有權力上的差異,並非是基於平等的權力關係。例如:在醫病關係中,病人須受醫生的引導來陳述症狀,問診的內容或時間長短也由醫生決定。在我們個人的求醫經驗中,或許也曾發生過:醫生在簡短的兩三分鐘內問完病情後,即使病人仍有話要說,還是會被醫生打斷。病人即便心生不滿,或採取實際行動向醫院或民間組織(如台灣醫療改革基金會)投訴,也都難以撼動醫生與病人之間的權力關係結構。

一項職業若只擁有知識、自主性及權威性,也未必能夠獲得尊敬或重視,能夠在適當時機或場合發揮領導能力,或做出不同於一般人的判斷或行動,也是塑造職業專業化的重要面向之一。這就是專業化形成的第四個面向,Hodson 與 Sullivan (2008[1990]: 287-288) 稱呼這個面向為「利他主義」(altruism)。構成利他主義的要素包括自律、主動參與義務服務及成為意見或行動上的領袖。自律 (self-policing) 是指不會濫用個人的知識或權威性而傷害客戶或攫取不當利益。例如:醫生應該盡力在短期間內讓病人獲得最佳治療,不能為了賺取健保給付或看診費而故意要求病人屢屢回診。主動參與服務則是指個人的專業不只用於營利,也會為社區或社會提供免費服務。例如:醫生在漁村或山區義診、職業球員到偏遠地區教國小學童打球等。這些服務之所以被看重,當然也是因為從比例上來看,只有少數人能夠勝任及提供這些專業性付出,而這些服務也是相對昂貴的。最後,在特殊狀況發生時,專業人士的發言或行動帶領除了可發揮實質作用外,也可鞏固該職業的聲望和權威。例如:在新流感 (H1N1) 疫情出現後,相對於一般民眾,公共衛生學者或醫生在新聞媒體上的發言與建議較會受到大眾和政府單位的重視。Hodson 及 Sullivan 在書中所舉的例子則是美國民權領袖 Martin Luther King 所帶領的反種族歧視行動;他願意投入民權運動是一種

利他的表現，但也因為他身為牧師這項職業的諸多專業特質，使得他的號召能夠受到廣大的回應。

專業的建立也與所處的社會及文化結構相關，而且需經由彼此互動的過程，並非自然發生 (Abbott 1993)。台灣自 1997 年實施〈社會工作師法〉後，社工師才開始成為一項專業。從事此項社會工作需要先通過考試、拿到證照，此一制度的設計和出現與社會對於社工人員的需求增加、社工相關團體希望建立專業性及受到社工系學生認同有關，同時也希望藉此強化社會大眾對社工作為一種專業的看法。

同一職業的專業性和重要性會隨著人為更改和重新定義而在不同時空下出現差異性的對待。根據吳嘉苓 (2000) 對台灣助產士地位變遷所做的研究，替產婦接生原來是女人的工作，助產士也是一項完全由女性擔任的職業。然而在當時，助產並不被視為一項專業化的工作。但是在分娩過程被醫療化之後，這項工作不但不能在家中進行，還必須假醫生之手。於是原來不被視為專業的工作被「專業化」。其實，由助產士在產婦家中接生所需的費用較低，可節省家庭、社會及國家的龐大成本。同時，擔任助產士也是許多已婚婦女參與勞動市場的方式。對照荷蘭及瑞典重用助產士的情況，該文指出了本地過於迷信醫療專業化的現象，反映出一種追求「現代化」的迷思。

2. 職業聲望

職業分類是統計及瞭解產業發展現況及就業者層級分配的基礎。1992 年 6 月，行政院主計總處為了與國際性調查及資料庫同步，修正了「職業標準分類」的分類項目（黃毅志 2003）。新的職業大（分）類與聯合國的 1991 年版「國際職業標準分類」(International Standard Classification of Occupations, ISCO) 相同，中、小、細類則參考美國、日本分類及我國國情而修正（行政院主計總處 1992）。此後，主計總處又以聯合國的 2008 年版「國際職業標準分類」（簡稱 ISCO-08）草案為基本架構，於 2010 年 5 月完成第六次修訂（行政院主計總處 2010a）。目前官方及學界通用的職業分類為：(1) 民意代表、主管及經理人員；(2) 專業人員，包括大學教授、其它各級學校教師、律師、法官及會計師；(3) 技術員及助理專業人員；(4) 事務支援人員；(5) 服務及銷售工作人員；(6) 農林漁

牧業生產人員，以及 (7) 技藝有關工作人員、機械設備操作及勞力工。此一職業分類架構主要反映知識或技術的專業化程度；同時也可幫助我們分辨出職業階層的高低。很明顯的，根據這項分類方式，屬於勞心性質的白領工作置於首位，其次是處理事務或面對顧客的中低階白領人員，最後才是從事勞力工作的藍領階層。農林漁牧類則較似依據產業性質所做的歸類。這樣的排列次序並沒有職業貴賤的區分，僅傾向於反映職業社會聲望的高低。此外，每個職業類別內的工作性質仍有相當大的差異，例如：專業人員中同時包括醫師、藝術及娛樂界人士。

　　職業成就是勞動社會學及階層研究衡量個人勞動結果的重要指標。其定義是指勞動者因所從事的職業（或工作）而得到的回饋；這個概念的操作性定義則包括所獲得的薪資、該職業所賦予的聲譽或主觀的成就感。在社會學者尚未對工作的金錢報酬形成濃厚的研究興趣之前，職業聲望是多數研究用以代表個人職業成就的主要指標。聲望反映社會大眾對於各項職業的社會地位評價，代表社會對於財富、教育、社會貢獻等各面向的綜合性看法。這屬於一種主觀評價，通常以調查方式加以評估，尤以職業聲望測量最為常見。早期多數的作法是請大學生（較容易聚集和取得資料）或被抽樣的民眾針對數目不等的職業給予評分。研究者再統計各項職業所得到的分數，最後排列出等級。根據黃毅志的研究 (2003)，不論是使用主觀的職業聲望調查或客觀的社經地位指標 (socio-economic index) 排名，平均分數較高的都是專業人員、民意代表及管理人員類別，其次是技術員及助理專業層級，再其次是服務及銷售人員，藍領工作者的職業聲望則偏低。這也與 1970 年代時台灣學者所做的研究結果相似；當時研究也顯示，聲望較高的職業是法官、大學教授、律師、建築師等（蔡淑鈴、瞿海源 1989）。顯見職業聲望隨著時間變化的程度不大。

三、職業結構的群體及收入差異

　　利用上一節所提到的職業分類，圖 7-1 列出自 1978 到 2019 年間，在不同時間點從事各項職業的勞動人口比例。很明顯的，從 1980 年代開始，藍領階層勞工的比例即持續下降；製造業（尤其是以出口為主者）是台灣經濟發展的核心產業，目前全體就業人口中仍有將近三分之一從事生產性工作。同樣呈現下

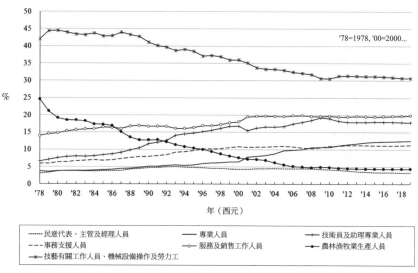

'78=1978, '00=2000...

年（西元）

　民意代表、主管及經理人員　　　　　專業人員　　　　　　　技術員及助理專業人員
　事務支援人員　　　　　　　　　　服務及銷售工作人員　　　農林漁牧業生產人員
　技藝有關工作人員、機械設備操作及勞力工

資料來源：行政院主計總處《人力資源調查統計年報》，2019年。

註：2001年起職類別配合「職業標準分類」第六次修訂而略有調整，為便於前後資料對照，均採用新
　　分類名稱。相關修訂內容請參考行政院主計總處網站說明 (https://www.stat.gov.tw/ct.asp?xItem=
　　26132&ctNode=1310&mp=4)。

圖7-1　勞動者職業結構變化趨勢

降趨勢的是屬於第一級產業的農林漁牧人員。其它白領職業則幾乎逐年呈現小
幅度的成長，反映台灣服務業的擴張現象；但其中多數屬於底層工作者，如服
務人員、售貨員及事務人員等。

1. 群體間的職業分布差異

　　關於群體的差異，本節主要討論性別及族群間的差異。女性勞動者在不同
職業種類的分布反映了台灣整體產／職業的發展趨勢：從事製造業工作的比例
逐漸下降，服務業的就業比例則持續提高。相對於女性，男性的職業分布變動
較小，且較具多樣性；除了農林漁牧及民意代表和經理級人員之外，男性從事
與製造相關工作的比例也較高。性別的職業或產業分布差異反映的是水平性隔
離，職位的差異則屬於垂直性隔離。根據圖 7-2，相較於男性，女性勞動者擔
任主管或成為企業領導人的比例偏低，但在基層白領工作中，女性則是主要的
勞動力來源。即使在以女性為主要成員的單位內，女性成為基層主管的機會都
很少。曾有研究提到，1980 年代末期，在某家紡織廠中，雖然女性勞工人數

達三、四百名左右，卻沒有任何一位領班（第一線主管）是女性（趙剛 1996：27）。

方塊 7-2　性別職業隔離指數的計算

除了類別比較之外，社會學家還發展出計算隔離指數的統計方法，以呈現職業間性別隔離的程度。採用指數的優點是：容許研究者進行跨國或長期性比較。關於女性和男性之間的職業隔離程度，一般文獻較常採用的計算方法是 Otis Duncan 等人所提出的相異指數 (index of dissimilarity) 或其它衍生的公式 (Duncan and Duncan 1955)：

$$\text{相異指數} = \sum_i \left| \frac{X_i}{\sum_i X_i} - \frac{Y_i}{\sum_i Y_i} \right| \times 100$$

其中 X 代表女性勞動人數，Y 代表男性勞動人數，i 則代表職業類別。用文字解釋這個公式，即是：將每個職業內的單一性別人數除以該性別的總勞動人數所得的比值，與同一職業內異性的該比值相減，再取其絕對值，最後將各職業的絕對值加總（$\sum_i$），所得數值即代表性別職業隔離程度。我們可用兩種極端狀況說明指數的意義。假設存在一個沒有任何性別職業隔離現象的社會，亦即男性和女性在任何一項職業 (i) 的比值都一樣，則兩個比值的差距為 0，指數即等於 0。再假設存在某個社會，其中任何職業都是由單一性別的勞動者擔任，則不論男性或女性，同一職業中必有一性別的比值為 0，而將各職業的絕對值加總後即得 1，隔離指數值為 100%。因此，性別職業隔離指數的數值範圍是從 0 到 100 (%)。數值愈大即代表隔離程度愈高。

蔡淑鈴 (1987) 運用人口普查資料及此項公式，計算台灣社會的性別職業隔離程度後發現，如果使用較為精細的職業分類，則隔離程度約為 46.8%。林忠正 (1988) 分析 1984 年「台灣地區人力運用調查」的個人資料，計算所得之指數值為 26.8%。張晉芬 (1995) 則是利用不同年分的「受僱員工動向調查」（針對廠商所做的抽樣調查）進行類似分析，所得數據分別是：33.0%（1981 年）、39.3%（1987 年）及 43.4%（1991 年）。這些結果均顯示，在台灣，不同性別勞動者的職業分布確實有相當程度的差異。

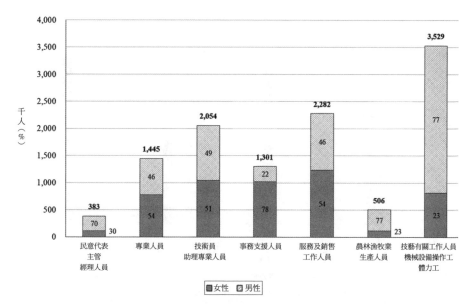

資料來源：行政院主計總處《人力資源調查統計年報》，2019年。
註：直方圖內的數字為百分比；圖上的數字為人數。
圖7-2　各職業內性別分配情形：2019年

　　至於族群間的職業隔離，在「變遷調查」的問卷中，受訪者父親的籍貫（近年調查已加問母親的籍貫／族群，主要為了反映新女性移民的出生地）及受訪者的工作特徵和類屬都是固定的問項。圖 7-3 是利用 2018 年「變遷調查」資料計算所得的父親籍貫／族群與個人職業類別的交叉分析結果。該調查所使用 ISCO-08 的分類與官方的類別略有差異。在四項籍貫／族群分類中，父親出生自大陸各省市的受訪者有相對較高的比例成為高階及中階白領人員，包括民意代表及政府行政主管、專業人員、技術員及助理專業人員；成為藍領階層的比例偏低。客家出身者成為白領工作人員的比例也高於藍領，但差距比外省族群小。閩南籍受訪者的職業分布則是白領、藍領兼有，較為平均。原住民族受訪者則明顯地集中於低階白領和藍領性質的工作。在這項全國性抽樣調查中，原住民無人屬於行政主管及經理人員層級，擔任技術員及助理專業人員的比例也偏低。由於原住民約僅占全國人口的 3% 到 5%，抽樣後的樣本人數較少。不過，本表所呈現的結果與過去針對原住民所做的調查相較，並沒有很大的差距。原住民勞動者在職業階層排序上明顯集中於中下層。外省族群則明顯集中

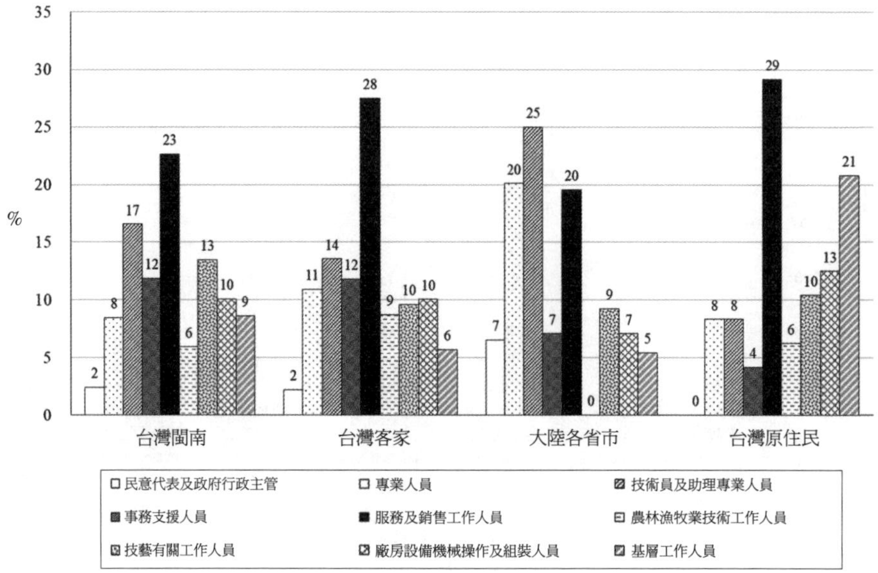

資料來源：2018年「台灣社會變遷基本調查」全球化與文化組。

註：圖中所示為各族群內的職業分布比例。

圖7-3　父親籍貫與受訪者個人職業類別的交叉分析結果

於中上層白領職業。雖然許多原住民婦女也從事女性標籤的工作，但也有許多人在建築工地或農場中與男性同樣從事耗費體力的工作。根據賴淑娟的分析(2006)，原住民女性的職業分布同時受到父權文化、資本主義勞動型態及族群因素的影響。性別並不是原住民族與其他族群之間存在職業分布差異的最主要歸因。

2. 不同職業間的收入差異

根據韋伯提出的有關社會分化的理論，構成一個社會階層化的主要面向是經濟、聲望和權力；相映的結構即是階級、地位團體 (status group) 和政黨 (Gerth and Mills 1958[1946])。經濟是指生產工具的擁有與否、實質報酬或財富，聲望代表地位和身分，而權力則是指基於所處位置迫使他人同意或服從的政治力。理論上，專業化程度愈高的職業，愈可能同時具備高報酬、高聲望及高權力的特質。除了上述舉例的醫生外，大法官、律師、會計師或大企業的專業經理人等，都是符合前節專業化描述的職業。不過，要擁有高收入或極高權力，卻未必非得從事專業化程度較高的職業不可。例如：從事股票投資的人或許可以短

期致富，但並非擁有極高的專業知識
或權威性；行政官員或民意代表可能
擁有極高的政治權力或影響力，但並
不需要經過專業認證或擁有高等教育
學歷證明。

　　討論職業差別的原因之一是其
工作收入間的關連性。表 7-1 是依據
主計總處的調查結果，以平均薪資為
準，由低到高排列出各職業類別。先
不論性別差異，高階白領的平均薪資
明顯高於其它職業，差異甚至達兩倍
以上。中階白領（技術員及助理專業
人員）的薪資高於藍領。農林漁牧勞
動者的平均薪資幾乎是所有類別中最
低的（有關收入變動的詳細討論請參
考第十一章）。台灣近年來有許多的

圖書館流通櫃台前清一色女性館員
照片提供：陳依宏

討論是關於家戶所得及財富分配的不平均。但是，工作收入是多數個人及家庭
主要的經濟來源；職業間的收入差異也是構成所得分配不平均的要素之一，卻
似乎少有研究提及。

　　在性別差異部分，不論哪一項職業，女性收入都低於男性。以 2005 年為
例，除了具有半專業性質的技術員、助理和事務人員的差距稍小之外，其餘職
業類別的男性收入都比女性多出約 1 萬元左右。近幾年性別間的薪資差距有縮
小趨勢。不過，在屬於高階白領的專業人員、主管及經理人員類別中，2019 年
性別間的每月薪資差距卻擴大，前者相差超過 1 萬 3 千元，後一類的差距接近
1 萬元。農林漁牧初級職業的男性薪資（30,796 元）比女性生產性或服務性人員
的薪資（分別為 26,762 及 28,078 元）還高，然而農林漁牧工作人員的平均薪資
已是男性於各類職業中最低的。男性藍領勞工的薪資收入除了比同一職業的女
性高，也高於女性服務、銷售人員及事務人員。這些均屬於差異性的描述。至
於如何解釋性別間的收入差異，本書第十一章將會有較詳細的說明。

表7-1　各職業受僱者每月平均薪資

單位：元 (%)

職業類別		1995	2000	2005	2010	2015	2019
農林漁牧業生產人員	女	14,670 (--)	16,295 (11)	15,919 (-2)	17,384 (9)	22,678 (30)	27,146 (20)
	男	24,703 (--)	26,661 (8)	25,450 (-5)	23,909 (-6)	26,591 (11)	30,796 (16)
技藝有關工作人員、機械設備操作及勞力工	女	18,401 (--)	21,081 (15)	21,761 (3)	21,274 (-2)	24,224 (14)	26,762 (10)
	男	31,232 (--)	32,198 (3)	31,045 (-4)	30,640 (-1)	32,416 (6)	35,376 (9)
服務及銷售工作人員	女	20,353 (--)	22,352 (10)	22,320 (-.1)	22,809 (2)	25,055 (10)	28,078 (12)
	男	31,718 (--)	34,800 (10)	32,756 (-6)	31,296 (-4)	32,770 (5)	34,733 (6)
事務支援人員	女	24,072 (--)	27,431 (14)	28,028 (2)	27,564 (-2)	29,596 (7)	32,846 (11)
	男	32,922 (--)	38,060 (16)	35,821 (-6)	34,131 (-5)	35,588 (4)	37,758 (6)
技術員及助理專業人員	女	28,867 (--)	34,801 (21)	34,894 (.3)	35,919 (3)	38,255 (7)	40,259 (5)
	男	39,217 (--)	43,715 (11)	42,373 (-3)	42,598 (1)	44,089 (4)	46,729 (6)
專業人員	女	35,959 (--)	42,623 (19)	43,743 (3)	43,496 (-1)	45,683 (5)	46,446 (2)
	男	48,051 (--)	57,230 (19)	56,085 (-2)	56,065 (0)	55,130 (-2)	59,534 (8)
民意代表、主管及經理人員	女	41,613 (--)	58,595 (41)	57,480 (-2)	65,315 (14)	67,058 (3)	68,812 (3)
	男	59,512 (--)	70,980 (19)	67,910 (-4)	69,532 (2)	75,056 (8)	78,530 (5)

資料來源：行政院主計總處《人力運用調查報告》，歷年。
註：括號內數字為變化率。

四、性別職業隔離與解釋

在女性勞動研究尚未受到重視的 1960 年代，美國社會學者 Valerie Oppenheimer 即已提出直到現在仍具啟發性的「工作性別標籤化」一詞和相關見解 (Oppenheimer 1968)。她指出，勞動市場中存在著所謂女性標籤的工作及男性

標籤的工作。女性標籤的工作被定義為具有女性的、陰柔的特質，男性的工作則被定義為具有男性的、陽剛的特質。於是生理的性別特徵與工作特徵幾乎被劃上等號。作為一種社會現象，女性或男性標籤工作的區分顯示兩個意義。第一，從勞動者的性別特徵來看，具有性別標籤代表特定工作僅能由特定性別的勞動者來執行，異性的出現是特例或幾乎不可能發生的現象。另一個意義則是工作本身具有一定的特徵，具有明顯的陰柔或陽剛特質。這兩層意義交疊的結果是將工作分配扭曲為：女性不僅適合、也應該從事符合女性特質的工作，而具有陽剛特質的工作幾乎只看得見男性勞工的身影也是合理的。

1. 性別職業隔離現象

經過 40 多年之後，如今 Oppenheimer 所指陳的現象已經隨著經濟結構多樣化及女性教育水準提升而有很大的改變。在西方工業資本主義發展初期，工廠內的勞動者幾乎都是男性；但是在東方社會，從工業發展初期開始，電子或成衣工廠內的操作員就幾乎都是女性。在服務業剛發展的初期，女性仍被認為不宜在外拋頭露面，東西方商店的店員清一色是男性；時至今日，不論是百貨公司或一般商店的銷售人員，卻都是以女性為主。在許多職業中，由單一性別主導的現象已被陸續去除，但結果大都是女性取代或加入男性勞動者的行列。僅有少數相反的例子，例如：男性進入美髮業或成為護理師。

但是，職業的性別隔離現象仍明顯存在於我們的社會。如護理師、幼稚園老師或祕書等，均是仍具有女性標籤的工作；男性標籤的工作則有卡車司機、飛行機師及技工。除了這些較為極端的例子之外，有些職業雖然同時有不同性別的勞動者擔任，但性別標籤仍可能是該職業給予一般人的印象。例如：雖然很多女性都有機會成為工程師，但如果不特別說明，浮現在大家腦海中頭戴鋼盔的工程師形貌仍是男性（聯合報 2013 年 7 月 16 日）。

性別職業隔離的後果之一是造成眾多勞動者的權益受到傷害，尤其是少數族群或女性 (Reskin and Hartmann 1986)。雖然有愈來愈多女性進入勞動市場，也有愈來愈多女性勞工維持就業狀態直到退休；但多數女性能夠找到的工作仍是在以女性為多數的職業或產業中。Trond Petersen 及 Laurie Morgan (1995) 即認為，職業的性別隔離表面上看來是分工，但實質上是不平等的位置分配。他們

方塊 7-3　男護士得其所在

「北國性騷擾」(*North Country*) 是一部根據真實事件改編的美國好萊塢劇情片。電影敘述一位女性在進入礦場工作後所遭受的連番惡整，包括排擠、捉弄、性騷擾及毀容，但主角依恃個人的堅毅，最後終於使那些製造惡意侵犯的男性工人受到制裁，也得到其他人的接納。這部影片所描述的是女性試圖參與男性主導工作時的遭遇。至於男性進入女性主導的職業又會受到什麼樣的對待呢？以護理工作為例，徐宗國 (2001) 發現，男性護理人員不但沒有受到欺負或排斥，反而藉由性別優勢讓他們在護理工作中「得其所在」。以下內容是摘自該文的片段：

〈男性化的情境管理〉在我看來，是一種男護士在擔任女人工作時的一種拓邊，把原屬女人的工作任務（但不受重視、是看不見的），"認出" 其中與男性氣質、身分契合之處，並藉此，他們得以覓得安身之處。這是他們的適應策略之一。

另一類適應策略在於男護士所採對護理的重新定義。這也是一種拓邊，把原護理範圍加以拓展俾便適宜男性的氣質說，及社會上對男性工作角色的看法。（頁 168）

……

他〔指受訪者〕繼而給我一個例子，提到他同學也是同事的女護士「這樣做啦（如上老師教的原則），結果醫生就說，『妳給我閉嘴』，她就沒有講話了」。可是，他接著說：「……妳（那位女護士）（以後）不想跟他（男醫生）講什麼，妳的專業就沒有辦法獨立發揮啦」。至於他，則，「也許是我的個性，那有一點是因為我是男生，今天我是男生，至少他（男醫生）比較不敢這樣子跟我講」。若講了，他認為，「我一定會跟你 argue 的，我一定會叫你跟我道歉」。（頁 178）

發現造成性別平均收入差異的主要源頭就是男性和女性的職業區隔（請參考本書第十一章）。以下將說明性別職業隔離的成因。

2. 形成性別職業隔離的原因

關於性別隔離的形成和維繫，新古典經濟學的解釋偏向於供給面觀點，認

為是人力資本差異或個人選擇所導致的結果。女性主義／社會學的觀點則提出需求面的解釋，強調結構因素與雇主個人的偏好與操作。

（1）供給面的解釋

許多女性在結婚或生育階段離開職場，其中有些會在照顧責任減輕後，重回勞動市場，但有些則選擇長期退出。新古典經濟學的觀點採用個人偏好及理性計算，解釋性別職業隔離的形成，指出女性因為預期到未來婚育離職的發生，所以在初入勞動市場時，會選擇人力資本投資回收較快、長期報酬率較低的職業 (Polachek 1979)。於是出現女性勞動者集中於女性比例偏高的職業。不過，後續的實證研究結果推翻了這些說法。根據 England 的研究 (1982)，如果是為了追求較高的報酬而選擇有高比例女性集中的職業，那我們應該預期這類職業會提供短期內較佳的人力投資報酬率；但實際上，不論就業者的年資長短，女性密集職業（文書、服務或銷售人員）的工資報酬始終偏低。此外，如果基於個人偏好，那麼準備持續就業（或僅是短暫退出）的女性會傾向選擇男性主導的職業。但根據分析結果，這些女性還是集中於以女性為主要勞動力的職業。

除了理性計算和個人偏好之外，社會化的說法也將職業隔離的部分成因歸諸於勞力提供者本身的因素。此一觀點強調在學習和成長過程中，男性或女性會下意識地將性別本質論 (gender essentialism) 內化為個人的價值觀，進而影響其教育和職業取向。性別本質論主張男女兩性的本質屬性是由生物特徵決定且不可改變的，女性的本質屬性是溫柔、感性、缺乏抽象思維能力的，而男性則是

馬來西亞沙巴省的男性伊斯蘭教徒魚販
照片提供：陳瑤華

勇猛、理性、具攻擊性的，性別間的差別待遇源於此種性別間的生理性差異。這其中所隱涵的就包括對於「女人的工作」、「男人的工作」的觀察、想像和接受 (Charles and Grusky 2004: 18-19)。促成內化和行動實踐的力量還包括女性對於個人能力缺乏信心、想像個人可能無法適應異性主導的職業內文化或工作，以及家人對於男孩或女孩選擇非傳統性別職業的反對或勸說壓力。

不論是經濟學或社會學的供給面觀點，均強調個人或社會壓力的重要性，將性別職業隔離的形成解釋為個人選擇的結果。但從現實上來看，個別勞動者終究不能憑藉自己的人力資本或喜好而隨心所欲地尋找工作或更換工作。社會學家所提出的需求面解釋，可以更有效地解釋性別間的水平職業隔離。需求面的因素可分為三類：雇主的偏好與男性工人的態度，制度性的操作，以及產業的發展取向。前兩項可統稱為結構性歧視。

（2）結構性歧視

雇主或管理階層偏好僱用男性，主要理由包括不相信女性的能力，或擔心女性的工作穩定性不如男性。這種「僱用的歧視」有些是根據個人的偏見或喜好，有些則是根據過去的經驗。一般常聽到的「統計性歧視」即是指根據過去的經驗或個人想像，認為具有某些先天性特徵的群體適合從事某些工作或有較高（或較低）的生產力，因而對於弱勢群體的機會與成就形成負面效果。有些時候雇主擔心工會或男性員工反彈，而刻意將工作機會保留給男性 (Charles and Grusky 2004: 17-18)。

制度性操作是指利用法律、行政命令或內規限制個別職業僅能僱用男性或女性。而如前章所述，有性別限制的職業多半是僅允許男性應徵。出現制度性操作的原因之一是男性為了保護同性的工作權，或害怕女性大量進入後會降低該職業的薪資水平。另一個解釋則是從父權意識型態出發，強調要保護女性。在礦場、工地或製造業工廠內，由於受到職業傷害的機率較高，也曾經被工會或雇主引以為限制女性從事這些工作的理由，或者以內規排除女性的進入 (Bielby and Baron 1984; Roos and Reskin 1984)。許多女性需要賺錢養家，因此願意從事辛苦、困難但工資較高的男性工作。以美國為例，在經過多次司法訴訟之後，煤礦業終於開放部分工作機會給女性（方塊 7-3）。之後確實有許多女性去

應徵礦區的工作 (Reskin and Hartmann 1986)。擔任礦工確實很危險，也很艱苦，但是所獲得的待遇比許多服務業工作好得多；如果工作機會開放，許多女性也願意從事這樣的工作。以下用一個台灣的例子說明因制度性歧視所造成的性別職業隔離和連帶後果。

台灣汽車客運公司（簡稱台汽。前身為公路局）曾經是台灣最大的客運公司，在 2001 年 6 月 30 日之前屬於公營事業，後改為私人企業──國光客運公司。台汽的職業類別主要分成職員、駕駛員、技工、售票員、業務工和工友；女性集中的職業為售票員、工友和職員。駕駛員和技工的職務都由男性擔任，從不開放給女性應徵。相對的，也沒有任何男性成為駐站或窗口服務員。只有最底層的清潔人員同時僱有男性和女性。幾乎是一個接近百分之百性別職業隔離的工作場所。職業隔離在僱用階段就已經形成，此後在組織內的所有待遇和經歷幾乎都依附著這個職業身分。當男性進入公司後，如果不能以正式人員的資格聘任，台汽隨後也會用交通人員資格或公司內部升等考試等方式，讓男員工改制或加薪。但是，對待女員工卻有截然不同的政策。在早期，台汽規定女性隨車服務員的聘期只有 7 年，約滿時必須自動離職。國光號的隨車服務小姐也被迫接受「單身條款」（結婚時即必須自動離職的規定）的契約。直到 1984年〈勞基法〉通過後，女性員工的工作權才開始受到保障（張晉芬 2002）。

性別職業隔離的結果也造成女性較高的資遣率。1996 年時，台汽被當時的台灣省政府要求進行第三次人力裁減，台汽對於所有職種都不限名額地開放申請離職或提早退休，唯獨駕駛員的可申請人數有限制。對於一家客運公司而言，駕駛員是核心勞力，沒有他們，客車即等同於廢鐵。但是由於女性被排除在司機這項工作之外，所有其它的勞動條件也都相應受到不利影響，成為結構性歧視的受害者。

（3）白領工作的興起

另一個形成職業隔離的因素則與產業結構的發展有關。Maria Charles 和David Grusky (2004) 提到了一個被忽略的現象，就是服務業大幅擴張後，增加了許多白領階層的工作，在女性平均教育水準提高、製造業工作機會飽和之際，這些工作機會於是吸引了大批女性進入勞動市場。這種趨勢很快地即促成女性

集中於白領、男性集中於藍領的職業區隔現象。Charles 及 Grusky (2004: 71) 計算 1990 年初日本、美國和多個歐洲國家的性別職業隔離程度。數值最高的是瑞典，達到 60%，其次是英國、瑞士及法國。隔離程度相對較低的則是義大利、日本和美國。以日本為例，相異指數值為 45%，與台灣當時的指數值相當接近。

這兩位學者於是提出一個「瑞典迷惑」：為何像瑞典或挪威等性別平權主義盛行的國家，性別職業隔離程度還是很難降低？她／他們所得到的結論是：當多數服務業所提供的是低階白領工作，女性集中於低階白領職業的現象就不易改變。瑞典的女性就業率雖在 70% 以上（2010 年），但多數受僱於服務業，而照顧工作是其中主要的項目。在職業結構中，照護嬰幼兒或老人的工作聲望和勞動報酬排名大都位居後段。

五、結論

本書的書名是《勞動社會學》。在「工（產）業社會學」之後，與勞動議題相關的課程或教科書較常使用「工作與職業」、「工作社會學」或「職業社會學」為名。由此可見職業結構與所代表的勞動市場現象在勞動研究領域中的重要性。在美國近期的教科書內，對於不同職業的社會學分析仍占據相當重要的篇幅。以 Hodson 及 Sullivan (2008[1990]) 為例，該書共有 17 章，其中 4 章分別介紹「職業及專業」(occupations and professions)，包括：專業與專業人員，企業主要決策者、經理及行政管理人員，文書及銷售人員，以及從事邊際性工作者；幾乎就是以本章所述的職業分類排列。介紹的內容包括該項職業的興起、專業化或成長歷程、工作性質和部分工作的女性化過程。本章則是採取不同的取徑，除了以統計資料凸顯職業結構的特性之外，也用較多篇幅介紹目前在社會學研究中較受到重視的議題，主要是職業的性別隔離和解釋。藉由瞭解職業隔離的形成和解釋，本章試圖讓讀者回頭檢視職業的內涵到底是什麼、為何會出現如此明顯的區隔，以及個人選擇與結構限制之間的關係。也期望本章（及本書）的介紹能夠激發出讀者鑽研這些議題的興趣。

不論對於性別職業隔離的形成如何解釋，現有的研究似乎都在追究一個同樣的命題：女性參與女性比例已經較高的職業，到底是一種選擇，還是不得不

然？實證研究大都利用二手資料呈現已經存在的隔離現象，及從客觀分析結果推論可能的解釋。根據本章的說明，這些推論都具有一定的解釋效力。但我們仍然需要更多研究來解答根本性的提問：如果有能力和意願擔任中高階白領職業的人數不斷增加，為何仍有高達六成的女性集中於低階、低薪的白領工作？原住民族的平均教育程度雖不斷提升，但為何多數原住民的工作機會仍然只存在於職業結構的底層？

　　不論是勞動市場區隔或職業隔離，除了勞動控制與待遇的差異之外，另外一個常被忽略的工作條件是在勞動過程中受到傷害的機率和程度。次級勞動市場勞工、藍領勞工、從事體力性工作者，在工作中發生意外的機會高於任職主要勞動市場、白領或體力消耗較輕的勞動者。勞動社會學如何看待及解釋工作場所中「意外」的發生、不同職業所造成的傷害程度、群體間的差異及國家的介入等，都將是下一章要討論的議題。

思考與討論

1. 在科技不斷創新的時代，經常可見新興職業的出現；但同時，也有很多職業
   因缺乏市場需求而消失。請試著找出三個新興職業和三個已幾乎消失的職
   業，分別說明這些職業的性質、從業者的群體特徵及職業消失或出現的原
   因。

2. 我們可以用一個小型實驗檢驗台灣大型企業的雇主是否有性別歧視。例如：
   針對刊登徵人廣告的企業，以不同姓名和性別分散寄出多封履歷表，同時分
   散寄發的地區。這些姓名需容易讓收件者分辨應徵者的族群，如原住民族的
   姓名、具有草根意味的姓名、具有中國風的姓名，或族群意涵強烈（東南亞
   裔台灣人）的姓名。實驗的細部設計視要分析的面向而定，其中還可有很多
   不同的操作，如學歷。最後根據回應的情況，計算有回應的比例（不論是否
   接受面試）、接受面試的職業分配，及其中的族群或性別差異等。

3. 表 7-1 呈現七個職業類別、女性及男性的平均薪資水準。但此一分類似乎過
   於粗略。請試著利用「台灣社會變遷基本調查」或其它學術性調查的資料，
   尋找是否有更細的職業分類，然後比較：(1) 不同職業分類間的收入差距，
   (2) 性別與職業的交叉分析結果，以及 (3) 族群與職業的交叉分析結果，並提
   出解釋。

延伸閱讀

1. **張晉芬（2022）《勞動待遇與代價：從性別觀點分析台灣醫護工作》。台北：
   臺灣大學出版中心、中央研究院社會學研究所。**
   本書透過對三間醫院超過 4 千位護理人員與醫師的問卷調查結果的分析，發
   現女性醫護人員具有高度的工作與家庭衝突和不良的健康狀態，但工作資歷
   帶來的收入增加率卻遠不及醫師。對已婚男醫師而言，再生產勞動是生產勞
   動的助力，但卻是女性醫師與護理人員事業發展的絆腳石。

2. **金炫我著，謝麗玲譯（2019）《我是護理師》。台北：春光。**
   本書作者是一位韓國的護理師，書中描述她在從事病房護理工作時須面對的
   長工時、高度壓力、來自病患與親友的暴力，以及 MERS（中東呼吸症候群

冠狀病毒感染症）在韓國流行期間的隔離經驗。

3. **De Botton, Alain (2009)** *The Pleasures and Sorrows of Work*. **New York: Pantheon Books. 中文版：De Botton, Alain 著，陳信宏譯（2010[2009]）《工作！工作！：影響我們生命的重要風景》。台北：先覺。**

作為全球知名的暢銷書作者，Alain de Botton（艾倫狄波頓）有機會到全球多個國家親訪及參與觀察一些特殊的職業及產業鍊的實作過程，包括物流人員、諮商師及畫家等。對於職業技能與知識的形成提供一些社會學式的描寫。

建築工人的安全防護裝備也應當被視為「生產工具」
照片提供：本書作者

第八章　工廠不是客廳： 勞動安全與職業災害

重點提示

1. 工作環境安全與勞動者健康不僅是工程或醫學專業的課題，也是重要的社會學議題。

2. 工傷事件頻傳是勞動安全長期被忽視的結果，也反映著一個社會的價值觀，顯示我們在經濟掛帥與勞動尊嚴、利潤追求與生命價值、財富累積與生活品質間的取捨。

3. 對多數雇主而言，工作環境的建造與配置、工廠設備的引進、生產流程的設計或貨物的運送動線等，是以高效率、低成本為首要考量，並不會特別重視對於勞工的工作或操作安全的影響。

4. 次級勞動市場的勞工較容易發生職業災害。除了工作環境較危險、勞動過程中對於身體的負荷程度較高之外，長時間、重覆性的工作也會造成身心疲累和器官的沉重負荷，增加工作或甚至下班時間發生意外的機率。

5. 工作時間過長或需要輪班的工作也會對勞動者的身體造成不良影響。在三班制或有輪班制度的工作場所中，勞動者需要輪流出任日班、小夜班或大夜班，強迫生理和生活作息依照工作時間調整，造成身體沉重的負荷，對個人的家庭和社交生活也會造成不良影響。

6. 職業病是因為職業或工作的關係，與有害健康的不良工作環境接觸、經常重複危害健康的工作方式或長期暴露於有害因素中而引起。

7. 台灣作為全球商品鍊的上游，為了滿足美國或其它西方工業先進國的市場需求、賺取微薄的利潤，而允許、甚至鼓勵化學產品的加工製造，讓許多勞工付出個人健康受損的代價。

8. RCA 是一家美國電子公司，於 1967 年來台灣設廠。曾經任職於該廠的女工中，至少已有超過 1 千人罹患癌症，其中有 200 多人死於癌症。環保署在原廠址實地進行化驗，證實 RCA 廠區及附近地下水含有過量的有毒化學物質。

9. 如果將社會上的人依照健康和壽命排列，將會呈現出一個坡度。個人在坡度上的位置並不是由絕對性收入決定，而是廣義的社會地位，因此稱之為社會坡度。社會地位的重要元素之一是對於工作環境的控制程度。

10. 職業災害發生的機率和嚴重性有明顯的社會階級區別。族群、種族及性別之間，因為集中從事的工作性質不同，遭遇到職業傷害的機率、受重視的程度及獲得賠償的機會等，也都有差別。

11. 勞工意識的覺醒、社會輿論的重視、公共衛生的改進及國家的實質介入，都有助於提升勞動者整體的工作安全。

12. 關於勞動及勞動環境安全的維護和改善，國家的介入（包括行政與立法的有效監督）可以減少意外或勞工受害的可能性。健全的制度設計可以建立對工作安全和職業傷病的重視和事前的防範。

萬一我發生任何事情，

我有一樣東西要先讓你看一下。

這是一張我親人的照片。

瓊斯先生，你以前看過我太太嗎？

你知道現在外面的情況怎樣嗎？

不要大聲說話，瓊斯先生，

否則你會造成（洞內的）崩塌。

我一直在仔細聽著好像有一個聲音。

可能有人還在往下挖，

或者他們已經放棄挖掘、回家睡覺去了。

（他們）大概想即使之前有人還活著，

現在也可能都已經沒救了。

……

——比吉斯合唱團「紐約 1941 年礦災」

一、序言

在工業化於台灣萌芽初期，為了應付遽增的出口需求，機靈的企業主們想出了外包加工的接力生產模式；家庭代工於是如同雨後春筍般出現。為了應付加工出口工業的發展，國民黨政府於 1970 年代提出「客廳即工廠」的口號，以充分利用「閒置人力」。這些所謂「閒置人力」是指老人、小孩及專職的家庭主婦。為了增加收入，許多家庭開始在客廳或飯廳角落置放起成堆的材料或等待發包商前來收取的半成品。本書作者也曾經在國小時期參與這場全民拼經濟的運動。記憶中的經驗，通常是在吃完午飯後加入隔壁鄰居（本村的主要外包點之一）客廳工廠的加工陣容，與鄰家大人和小孩一邊做塑膠花、一邊聊天，同時觀看電視台播放的歌仔戲。在趕工過程中，也獲得許多屬於孩童的樂趣；而當沒有材料可以加工時，甚至會覺得單純地看電視太奢侈了。然而，家庭主婦、老人、甚至小孩從來就不是政府口中的閒置人力，實際上，她／他們有忙不完的家事，甚至還要帶小孩、帶孫子女，或照顧弟妹。本章標題試圖藉由這句口號提出勞動安全的議題：「工廠可以是客廳嗎？」為了改善家中生計，不

論是否聽說過或響應國家的這項號召，許多家庭的客廳變成了工廠。在成為代工廠的客廳中，如果有人在勞動過程中受傷了，當然得無奈地自行吸收醫療成本，與包工頭或雇主無涉。但工廠當然不是客廳，甚至是危害身體健康或生命的場所。

本章引言所引用的流行歌曲是由美國頗負盛名、於 1960 年代發跡的比吉斯 (Bee Gees) 合唱團自填、自譜、自唱的一首知名歌曲，歌名就叫做「紐約 1941 年礦災」(New York Mining Disaster 1941)。歌曲發表於 1967 年。據作者自承，他們是對於 1966 年發生在英國的一件煤礦崩塌災害有感而發，於是創作了這首歌曲。這場礦災總共造成了 144 人死亡，除了礦工之外，其中有 116 名是兒童。這是因為礦區附近有一所小學，意外發生時多數學生均來不及逃生，而慘遭活埋，只有少數被救出。這些學童幾乎都是礦工的子女。

台灣的礦坑當然也不安全。北部地區是本島重要的煤礦區，過去因崩塌或爆炸意外而造成死傷的新聞，經常披露於報紙的頭版。除了大規模的工作場所災害事件外，報章雜誌或電子媒體也不乏零星職業災害的相關報導，包括工人掉進水槽致死、從鷹架上跌落造成重傷、因建築工地塌陷慘遭活埋、在送貨途中發生車禍、因長期吸入過多粉塵而致癌，或是因為過勞而在實驗室內猝死等。其中許多事件還是因為勞工要求雇主賠償或申請勞工保險給付被拒，才被公開揭露。

對個別家庭或個人來說，家人在勞動過程中喪生或受傷當然是不幸的「意外」。這些事件雖然被稱為「意外」，但是職業災害新聞頻傳反映出整體勞動環境缺乏安全性的事實。如果連被公開披露的意外或職業傷病都層出不窮，那麼實際發生卻未被揭露的事件及病例應該更多。發生意外或罹患職業病並非都可歸諸個人注意不周或不夠小心。工作場所本身的高危險性、雇主吝於改善勞動過程及現場的安全性、管理階層在安全維護上的疏忽或工作性質本身的高危險性等，都非個別勞動者所能解決或應該承擔的責任。

根據世界衛生組織 (World Health Organization, WHO) 的統計 (1995)，在經濟後進或新興工業國家的勞動人口中，約有 80% 所從事的工作或所處的場所對身心具有危險性，此比例在工業先進國家則介於 10% 至 30% 之間。這當然與各

國的產、職業結構及勞動安全制度有關。在以服務業為主要生產價值和就業部門的國家，勞工在勞動過程中受到重大傷害的機率，遠小於以初級產業、基礎化學或化工產業及營造業為主要部門的國家或地區；受到重視或獲得賠償的機率也較小。

　　工作環境安全與勞動者健康不僅是工程或醫學專業的課題，也是重要的社會學議題。工傷事件頻傳是勞動安全長期被忽視的結果，也反映著一個社會的價值觀，顯示我們在經濟掛帥與勞動尊嚴、利潤追求與生命價值、財富累積與生活品質間的取捨。雇主在勞動過程的設計及執行上缺乏安全考慮、國家漠視對勞動安全的要求與執法，以及社會對個人健康與生命缺乏尊重等，即顯示個人和集體財富累積的優位性已凌駕生活與生命的價值。本章第二節將說明職業傷害及職業病的類別、產生的原因，以及台灣的情況。

　　勞動安全也因社會及人口特徵而有所不同。社會中的弱勢族群、低教育程度者及勞工階級較容易在工作中發生意外，且在意外發生後也較欠缺足夠資源以獲得適度醫療或長期照護。英國學者 Michael Marmot (2004) 用社會坡度 (social gradients) 的概念說明為何不同社會或階級勞動者發生意外的機率、獲得醫療照顧的程度及人口學所說的平均餘命都有極大差異。此外，職災或工安事件發生後，責任的追究牽涉到與責任歸屬及賠償相關的法律、行政、保險知識與實際操作，這些均非弱勢勞動者所擅長的事務。從工作災害或職業病的議題中，尤可看出這些處於不利地位的勞動者所遭受的累積性不利或傷害 (cumulative disadvantages)。職業傷害或職業病的類型和發生機率也有族群和性別差異。男性雖然較可能因從事體力性工作之故發生重大傷亡，工作性質要求長期站立或長期重複同樣肢體動作的女性，也有較高機率在多年之後出現職業病徵兆。這些都將是本章第三節的主要討論內容。

　　職業傷害或職業病（本章統稱為職業災害）發生後，責任歸屬的判定與後續賠償會影響勞動身體的復原及其個人或家庭生活福祉。對個別勞動者來說，所擁有的資源和權力遠不及資方或國家，法律制度的介入成為保障勞動安全及進行事後補救的最重要憑藉。〈職業安全衛生法〉（在 2013 年 6 月 18 日之前稱之為〈勞工安全衛生法〉，以下簡稱〈職安法〉）是台灣規範勞動場所安全及防治職業傷害 / 病的首要法律；內容包括要求雇主重視工作場所安全並加以課責，

對於違反規定的雇主也給予某種程度的處罰。〈勞工保險條例〉是規範職業傷害、職業病或死亡等意外發生後的保險給付標準。〈職業災害勞工保護法〉則是對於遭遇職業災害但沒有勞工保險的勞動者提供生活津貼。國家法律及行政介入的內容和實質效果，是本章第四節所要討論的議題。

二、職業傷害與職業病

實務上職業災害被區分為職業傷害與職業病。前者屬於突發性、對身體外部的直接傷害，後者屬於累積性、體內的病徵。這也是台灣勞工保險制度對於蒙受職災者給付費用時的分類依據。本節也將依此區分，分別敘述勞動者因場所、勞動過程或職業／工作性質不安全而遭受的傷害種類和影響。

1. 職業傷害

職業傷害是指在勞動過程中，勞動者所受到的立即性傷害，包括工作場所的意外及因所事工作而造成的傷害。前者是指因為工作場所的突發性災害或場地、設施不安全而造成勞動者受傷或死亡；後者是指在工作執行過程中所產生的傷亡。雖然現在有些工作可在家中透過網路進行（如網路拍賣），或是在個人工作室內完成後再交案，但是在資本主義式生產制度下，激烈的成本與市場占有競爭，促使生產與消費日趨集中化與大型化，使得多數生產或服務工作都是在雇主提供或規定的場所內進行。因此，工作環境的安全性直接影響勞動者的集體安危。哪些工作場所最不安全呢？讀者立即想到的大概是礦坑、爆竹工廠或大樓建築工地。此外，石化工廠較容易產生氣爆、核電廠有輻射外洩之虞。這些都是因為工廠、工地或電廠本

丹麥哥本哈根勞工博物館的模擬塑像——戴有鐵製面罩的酒廠工人
照片提供：本書作者

身的生產性質而造成工作環境存有高危險性，並非僅靠個別勞工注意自身的工作安全即可避免受災。下面舉台灣煤礦業的發展史為例，說明因工作場所不安全而對勞工所造成的集體性職業傷害。

由於台灣北部山區蘊藏煤礦的緣故，從日治時期開始，當地即有大規模的煤礦開採活動。全盛時期（1966 年左右）的礦場勞工達到 6 萬人（魏稽生、嚴治民 2008）。但是關於當時災變的情形，似無可徵引的數據。目前可知的是國民黨政府遷台之後的紀錄。根據薛化元 (1998) 的整理：在 1950 年代，發生了 5 件礦場災變，共有 45 人死亡；1960 年代有 6 件，55 人死亡；1970 年代有 27 件，共 154 人死亡；到了 1980 年代則有 13 件，共 318 人死亡。之後災變致死的情況愈來愈嚴重。由於受到輿論的壓力，1984 年當時的台灣省礦務局終於要求各處礦場逐步關閉，全台 104 家煤礦場中有 77 家表示願意結束開採，才逐步終止了台灣礦場驚人的死傷紀錄。

雖然許多工作場所原本就具有高危險性，但也並非所有礦場或建築工地的危險程度都是一樣的。防範及警示設備和措施如果較為完善，就可降低事故發生的機率。相反的，如果工作場所的硬體規劃原本就較為草率，例如：鷹架或坑道內支架搭建得不夠堅固、消防設備欠缺或不足、逃生路線設計不良，或是為了趕工而忽略標準作業程序的執行或勞工體力負荷的極限等，都可能讓「意外」更容易發生，甚至一旦發生，死傷情況就非常嚴重。

另一個影響工安的關鍵性因素在於工作場所、工地或工廠的勞動環境都是以有助於生產或施工效率為前提而設計的，而非以勞動者的安全為最高原則。對多數雇主而言，工作環境的建造與配置、工廠設備的引進、生產流程的設計或貨物的輸出動線等，是以高效率、低成本為最優先的考量，並不會徵詢勞動者或工會的意見或關切。這種思維反映出成本動機的優位性，以及如何看待人與勞動、工廠或環境機器之間的關係。從資本家的角度來看，機器設備的引進、廠房的設計、辦公間的動線安排或櫃台的擺設等，都是資方的權力，不需要詢問勞工或勞動安全專家的意見（尤素芬、陳美霞 2007）。勞工被期待要學習適應機器設備或不良的工作場所，而不是讓機器、生產線或環境設施配合工作需求或符合最高安全原則。根據本書第五章對於勞動過程的敘述，工作流程的設計被認為是「勞心」階層的權限，勞工的重要性被矮化成只需遵從管理階層

或工程師的設計與安排。製造或施工的效率優於工作場所的安全性及意外防範措施的完備性。這種思維是要勞工去遷就機器或場所，而不是讓場所或機器的設計配合勞工的身體及操作安全。

當工作場所發生意外、造成勞工傷亡時，最常聽到的說詞是「人為操作不當」或「勞工沒有依照安全手冊執行」等。藉由這些說法，雇主或管理階層試圖擺脫可能需要擔負的道德及法律責任，並減輕或逃避後續的賠償責任。官方或媒體即使不全然附和資方的說法，類似的用語也製造了一種印象：事件之所以發生是因為勞工和雇主沒有做好職前訓練，或意外發生時的應變不夠機警等。這些反應均是將事件的發生歸咎於個體因素，而忽略組織和制度設計的壓迫。在不安全的環境下工作，任何員工都有發生職業傷害的風險。媒體將這些事件放在社會新聞版面，只是訴諸讀者的感官反應及同情，而忽略了對於制度和社會責任的要求 (Bronstein 2008)。

除了工作場所的事故之外，另一個造成職業傷害的原因是勞動過程中的危險性。有些工作在勞動過程中隨時都具有高危險性，例如：市場內的肉販容易發生手部的刀傷意外、客運或貨運司機發生車禍的機率遠高於其它職業的勞動者等。根據國內第一個由職業災害受害者及其家屬組成的團體——工作傷害受害人協會——對於遭受職業傷害的勞工或家屬的訪談 (2003)，顯示勞動者在勞動過程中直接受傷或死亡的意外情形相當廣泛，包括電工因電線走火而被灼傷、漁工遭船桅擊中頭部而身亡、纖維工廠勞工遭機器夾傷而截肢等。也有些職業傷害是肇因於持續性的動作，例如：有些工廠內的操作員需要長期站立或觀看顯微鏡（如晶圓廠工人）、重複同樣的肢體動作或提舉重物等（如搬家工人），因而較可能罹患脊椎彎曲、靜脈瘤或視力損傷等疾病。根據勞動部勞動及職業安全衛生研究所於 2010 年出版的的一份報告（楊啟賢 2010），當時全台人口的前四大死因依次是惡性腫瘤、心臟疾病、腦血管疾病及肺炎；至於造成勞工死亡的原因，第一名同樣是惡性腫瘤，第二名是事故傷害，第三名是心臟疾病，第四名則為慢性肝病及肝硬化。次級勞動市場的勞工較容易發生職業災害。除了工作環境較危險、勞動過程中對於身體的負荷程度較高之外，長時間、重覆性的工作也會造成身心疲累和器官的沉重負荷，增加工作或甚至下班途中發生意外的機率。意外和肝功能異常成為影響勞工生命安全的重要因子應不令人驚訝。

方塊 8-1　工作意外受害者的自述

　　與其它階層的勞動者相較，從事底層工作的藍領勞工最容易遭遇工傷。體力性勞動原本就需要較多的肢體動作和體力負荷，發生事故的機率也較高、較嚴重。此外，工作現場的安全維護經常不足也是一項重要因素。雇主基於節省成本的心態，而將勞工安全置於製造或施工過程的考量之末。底層勞工的政治影響力也不如其它階層的勞動者。《木棉的顏色》(2003) 是工作傷害受害人協會策劃的圖文集。書中對個別勞動者的工傷遭遇都配以照片、簡短的經過說明及受害勞工和家屬的自述。其中有一則工傷事件呈現出工作意外的發生並沒有公、私部門之分的事實。而對於無固定雇主的勞工（請參考本書第十四章）而言，災害的索償也比受僱於單一企業的勞動者更為困難。以下摘錄該書對此一事件的部分內容（頁 4-5）：

> 我在港務局碼頭輪船部做裝卸。民國 80 年，船艙操作桿的鎖扣掉下來，打到我的頭。我的腦殼、骨頭都碎了，右邊神經皆受傷害，像中風一樣，手腳一邊不能動，記憶力喪失，講話也不靈活。復健良久仍成效有限。
>
> 港務局的船在我出事當天又開始運作，出事現場早被收拾乾淨。碼頭工會幫我找港警所和港務局，但僅要到幾張無關緊要的照片。船公司則說他們只代理，沒有責任。我拖到刑事訴訟期限不得已才提出訴訟，高檢處卻只起訴並通緝船長、大副，但他們都是外國人，怎可能抓到？
>
> 我們再以民事告港務局及船公司。地院、高院都以港務局和工人沒有雇佣關係、船公司只是代理為由而判駁回！港務局承包工程請碼頭工人做，負責給付薪資及替工人投保勞保，工會也和港務局簽訂團體協約要受它指揮與調度，勞雇關係十分清楚，怎會不必負責？
>
> 出事後，我無法工作，家裡頓失收入，船公司只賠 53 萬，根本無法支付龐大的醫藥費。勞保局判定我為三級殘廢，給了 90 萬左右殘廢給付。港務局雖依法給我二年工殤假，也支付二年的勞保，但二年一到，也把我退保了。我已工作二十幾年，原本再幾年便可領到一百多萬退休金，如今職災不僅讓我失去健康及工作能力、勞保被退保，連勞保退休金也泡湯了。

工作時間過長或需要輪班的工作也會對勞動者的身體造成不良影響。在三班制或有輪班制度的工作場所中，勞動者需要輪流擔任日班、小夜班或大夜班工作，強迫生理和生活作息依照工作時間調整，造成身體沉重的負荷，同時也可能影響家庭和社交生活。護理師、警衛、清潔人員或電子工廠的勞工等職業，都經常需要長時間或輪班工作。夜班工作所帶來的困擾並非只有調整個人睡眠的問題而已，生理時鐘被強迫調整原本就極為傷害身體，而且較日班勞動者更可能罹患腸胃方面的疾病，沮喪和情緒不穩定的機率也較高，同時提高女性罹患乳癌的機率 (Edemariam 2005)。此外，除了經常性的加班，為了配合生產作業線 24 小時運轉，電子工廠的工程師或技術員也需要輪班。有些輪班制度的安排是每兩個人一組，日夜輪流，每日連續工作 12 個小時，每工作兩天後休息兩天（楊欣龍、李鼎 2006）。我們或許會羨慕在高科技產業中任職的科技新貴，認為她／他們年紀輕輕就已經累積不少財富。但能夠獲得高薪者終究是少數，許多人反而因此賠上了自己的健康，付出更昂貴的代價。

2. 職業病

在實務上，屬於慢性的、身體內的職業傷害被稱為「職業病」。公共衛生學者對於「職業病」的定義是：「因職業或工作的關係，與有害健康的不良工作環境接觸，或經常重複危害健康的工作方式，長期暴露於有害因素中引起的一種疾病」（詹長權 2006：81）。與職業傷害的區分在於：職業病是伴隨投入工作的時間和精力慢慢累積成疾，勞工不容易防範或立刻察覺。一旦發現時，病情可能已經相當嚴重，或甚至已屆病症末期，而難以根治或挽救生命。

以石綿為例，許多產品都需要用到這項原料，包括煞車皮、隔熱材料和紡織品。石綿中的纖維對於呼吸系統有極大的傷害，因此石綿廠工人胸腔部位致癌的機率是一般人的 500 倍。但潛伏期長達 10 到 50 年，平均 15 年之後才會有症狀 (Chen and Huang 1997)。石化業工人經常接觸到的化學物質——氯化乙烯——也是一種有毒物質，極易對人體內臟造成傷害。至於染料業所使用的染劑，因成分中含胺，會影響人體的膽功能。石綿、石化和染整工廠的運作，不只影響廠內勞工的健康，同時也對附近社區民眾的健康或生命安全（如廢氣外洩）有害。這些有毒物質若未妥善處理或遭隨意棄置，更可能造成長期性的環境汙染，危害勞工和居民健康。

礦場工人除了會因為礦坑發生意外而受到立即性傷害或甚至死亡之外，由於在礦坑坑道內長期吸入煤礦的粉塵，沉積在肺部、無法被排出，也造成肺部的疾病（請參考本書第一章方塊 1-3）。這項病症的正式醫學名稱即是塵肺症。從事採石工作、開挖隧道或陶瓷業的工人均是感染此一疾病的高危險群。除了礦場事故之外，由於塵肺症的發病率高，也是造成礦工平均壽命比全國平均標準低的原因之一。

根據陳美霞等學者的分析 (Chen and Huang 1997)，由於對勞工健康及生命的威脅，工業先進國家的化學或化學製品工廠均有嚴格的規範或甚至禁止生產。台灣作為全球商品鍊 (global commodity chain) 的上游，在化工產品的加工過程中，為了滿足美國或其它西方先進國家的市場需求、賺取微薄的利潤，卻付出無數個人健康和社會成本為代價。石綿及石化工業產品的生產過程不僅致病率高，也對環境造成極大的危害，在美國的設廠和生產規定都十分嚴格。這些國家的資本家便將生產線轉移到工業新興或後進國家，如台灣，以節省成本和規避母國法律。或許大家會認為這些可能都是許久以前的事了，但陳美霞等人的文章卻顯示，直到 1980 年代末期，台灣還在為美國廠商製造這些產品，政府並還曾經用租稅獎勵的方式，鼓勵染整業來台發展。

1972 年位於現在新北市淡水區的美商飛歌電子公司，即因工廠內使用強烈的化學劑，造成 5 名女工死亡及多人罹病，而被勒令停工。也是因為這起事件，迫使政府提出後改名為〈職安法〉的〈勞安法〉。20 多年後，在中國境內的跨國投資也同樣出現忽視工業安全和工人健康的現象。例如：在韓國企業集團於中國境內投資設立的製鞋工廠內，工人因長期吸進或接觸有毒化學物質，而被驗出有呼吸系統、皮膚或喉嚨等部位的病變 (Chen and Chan 1999)。

在台灣，勞動者因罹患職業病而要求集體賠償的案例中，最著名的例子就是曾經受僱於美國無線電公司 (Radio Corporation of America, RCA) 的勞工申請該公司職業傷害賠償而始終未獲得結果一案。與其它跨國電子公司一樣，RCA 因看重台灣工資低廉但具有基礎教育水準的女性勞動力，而於 1967 年來台設廠，在生產的高峰時期曾僱用高達 2 萬多名員工。但 1991 年時，卻為了規避應付的退休金等原因而關廠（詹長權 2006：88）。根據工作傷害受害人協會的報告 (2003)，在關廠後的 10 年間，至少已有超過 1 千名曾經任職於 RCA 的勞工罹

患癌症，其中有 200 多人死於癌症、100 多人患有腫瘤性疾病（柳琬玲 2002）。直到 2002 年，經過民間團體和勞工自救會不斷陳情，環保署到原廠址實地進行化驗，證實 RCA 的廠區及附近的地下水含有過量的有毒化學物質，包括三氯乙烯及四氯乙烯。由於「勞工保險給付標準」對於不同肢體或部位傷害的給付均有不同及嚴格的規定，而且有年齡及性別歧視（例如：45 歲以下的女性才可因子宮或卵巢切除而申請失能給付），許多勞工始終未能獲得賠償。遭受癌症病痛的勞工於是尋求自力救濟，在 1998 年成立「前 RCA 職業性癌症員工自救會」。有些民間團體也在後來加入協助求償的行動，如民間司法改革基金會曾經協助這些罹病員工對 RCA 提出訴訟（詹長權 2006：90）。勞動部隨後也修改相關法令，使無力打官司的受害勞工能在一定條件下取得訴訟補助。這件訴訟案直到本書三版付梓前仍在進行中。也是在 RCA 自救會及工運團體的抗爭下，政府於 2001 年將乳房切除列入勞工保險的失能給付項目之一。

除了受到職業傷害的人數眾多之外，RCA 事件的另一個社會性特徵即是受害者大多為女性。這也與工作的性別隔離有關。如同 Karen Messing (1998) 所論證的，由於在多數工廠中，女性最有可能擔任最底層的工作。因此，最可能直接接觸或吸入有毒物質。女性通常也是清潔、打掃相關行業中的主要勞動力，而這類工作也最容易導致皮膚病。教育程度較低、居住於經濟發展的邊陲地區或移民等身分，也迫使女性為了爭取工作機會，而對於勞動過程中受到的傷害或身體不適較怯於反應，唯恐丟掉飯碗。

除了肉體和器官的傷害之外，職業病也可能是情緒上的。在文學作品中，憂鬱經常被描述為一種「迷人的」氣質。多年前流行的瓊瑤小說中，很多男主角都是憂鬱小生，不僅文質彬彬、經常眉頭深鎖，且具有文藝氣質。但實際上，憂鬱也可能是一種病症，而且不分學歷、階級或職業別都可能發生。長期的工作壓力、職場上的性騷擾或失業等因素，都可能造成勞動者染上憂鬱症 (Depression)，或稱憂鬱性情緒失調。結果不但會影響工作表現，發病時也可能對個人身體做出自殘的行為。這也是一個隨著醫學進步而被認可為職業病的案例。參考日本的例子，台灣的工運團體成功推動將因為工作壓力而產生憂鬱症的勞工納入職業病的範圍。目前的作法是由勞工主動向勞工行政單位申請，再由「職業病鑑定委員會」鑑定是否為重度憂鬱症，作為勞工保險局給付的依據。

因為在日本陸續出現一些個案而受到重視的「過勞死」(Karoshi/Death from Overwork)，是另一個新興的職業病。造成過勞死的原因包括長時間或在壓力過大的狀態下持續工作，或因為被歧視、騷擾或霸凌而引發身體或心理上的疾病，進而造成悲劇（鄭雅文、吳宣蓓、翁裕峰 2013）。台灣也出現過一些案例，包括高階白領、低階的藍領或白領工作者，都是過勞下的受害者。不論勞動者本身之前是否有疾病或不適，勞動強度或密度過大所產生的「特殊壓力」是造成症狀出現或擴大的主要原因，因此首先要檢討的應該是工作場所的勞動過程及勞動條件的合理性（顧玉玲 2006）。此外，當勞工的加班時數超過法律的規定時，組織卻可能用「責任制」(exempt) 的說法，將超時工作歸因於個人的選擇，而非管理階層的要求（蘋果日報 2010 年 9 月 27 日）。但如果組織或場所本身注重勞工的勞動權益和再生產需求，而不只斤斤計較於產量是否達成目標或一再刷新紀錄，超時工作就不會成為常態或不得不然的選擇，勞工傷病或甚至死亡的機率自然也會降低。

三、職業災害的群體差異

如果沒有適當的休息或抒解，長期執行任何一項工作或職業都可能對身心造成某種程度的不良影響，但並不是每個工作的受「傷」程度都一樣；即使都需要付出許多勞力和勞心，不同位置和階級的勞動者受影響的程度還是會有極大的差異。勞工在勞動過程中遭受職業災害或是因為工作場所不安全而受傷並不是一個隨機的現象，也不是任何勞動者都會陷入同樣嚴重的狀態。實際上，職業或工作災害發生的機率和嚴重性有明顯的社會階級差異。同樣的差異也可能存在於不同的族群、國籍（移民相對於本國人民）及性別之間。

1. 社會坡度與健康

Marmot 是英國的流行病學和公共衛生學家。他曾經參加多項長期及跨國比較研究計畫。根據其研究發現 (Marmot 2004)，如果將社會上的人依照健康程度和壽命排列，將會呈現出一個坡度 (gradient)。個人在社會坡度上占據何種位置主要並不是由絕對性收入決定，而是廣義的社會地位 (social status)，因此他稱之為社會坡度。社會坡度的區分並非依照勞心或勞力的界線，也不純粹是根據工

作地位或聲望（如本書第七章所說的職業分類）；其中的一個重要元素是對於工作環境的控制程度。在社會坡度上占據高位的人，代表有較高的工作自主性和時間運用彈性；通常都是由其他工作伙伴或客戶配合他／她們的工作需求和步調，而不是倒轉的關係。此外，這些人的社會網絡也比較開放、多元，能夠得到的資源和協助也較多。高社會坡度的人相當於高階白領、大企業的董事或退休的公務人員；基層的藍領和白領勞工比較可能占據較低的坡度位置。Marmot認為，即使在高風險的環境下，社會坡度的高低仍然影響健康的風險。例如：同樣都是菸槍，低社會坡度者罹患呼吸系統疾病的可能性仍高於高社會坡度者。健康或平均餘命的不平等是社會階層化的後果之一，這是我們已經知道的(Kerbo 2009)。但是 Marmot 所提的對工作環境的控制權力、自主性及時間運用彈性對健康和平均餘命的影響，讓我們得以從同樣的結構性角度、但不同的勞動面向，理解職業災害的階級和群體差異。

　　處於高社會坡度者極少出現在危險的工作場所，較可以排除危害健康的因素，那麼處於低社會坡度者的狀況又是如何呢？除了第二節所提到的環境和勞動過程等結構性因素之外，底層或藍領工人之所以較容易在工作中受傷或缺乏維護健康的能力，與她／他們原本的物質條件較差、工作性質存在高度危險有關。從事體力工作者所得到的平均報酬幾乎是各類職業中最低的，因此通常都缺乏足夠的經濟報酬改善個人或家人的生活條件。此外，由於居住環境和家中設備較差，對於睡眠或休息品質也有負面的影響。從事體力或重複性工作對身體的負荷極大，但工人並沒有權力決定自己的工作和休息時間，也沒有多餘的精力和金錢從事休閒或養身活動。缺乏休息、長期處於疲勞狀態的工人即可能改為藉由抽煙、喝酒或吃檳榔等方式解除壓力。類似的飲食和生活習慣對於健康自然有不好的影響。這些消費行為或生活習慣又可能誤導醫師對工人的診斷，而將病因直接歸咎於個人的不良飲食習慣，罹病工人甚至因而無法獲得即時治療和事後賠償（或社會大眾的同情）。此外，體力消耗也會影響判斷力和注意力的集中度，而這些又會增加勞動過程中或下班後發生意外的機率。對於身處社會坡度後段班的勞工來說，所面對的不僅是單一條件或待遇較差的問題，還有累積性的不利。

　　本書第五章在討論勞動區隔理論時，提到勞動市場的區隔與群體差異之

間高度相關。這些群體差異主要是指族群／種族及性別。一般而言，女性、移民、弱勢族群有高比例人口從事低技術、高重複性或耗費體力的工作。弱勢族群、新移民或女性的身分不僅影響職業病的認定，在醫療資源的使用上也處於較不利的位置。

2. 群體的職業災害及待遇的差異

成衣業及電子業是創造台灣經濟奇蹟和豐厚外匯存底的關鍵產業，女性勞動者則是這兩個產業的主要勞動來源。本書在第五章有關勞動過程的說明中，即提到大量生產的流程設計造成工人們必須長期忍受生產線上單調、不斷重複的工作節奏。日復一日從事同樣的工作，手腕、手臂或背部都很可能因為長期使用及維持同一姿勢而發生「手臂肩頸疾病」及「職業性下背痛」（行政院勞工委員會 2009）。長期從事電腦文字輸入工作或觀看顯微鏡，則會分別對手指靈活度及視力造成傷害。懷孕的女性可能在工作中因提重物、攀爬或受到輻射汙染等因素，而導致流產或受傷。有些工廠甚至要求勞工不能隨便離座或專斷地限定上廁所的次數和時間，以防止工人「偷懶」或怠工，造成工人的泌尿系統和腎臟出問題。除了身體勞動所造成的傷害之外，在勞動過程中，電子工廠的女工也必須忍受材料或焊接所產生的臭味或身體接觸，成衣或紡織廠的女工則是在工作間不知不覺吸進許多粉塵。許多案例顯示，由於工作場所隨意處理有毒化學物質，或忽視纖維或化學物質對於呼吸道的影響，而在多年後造成工人感染疾病或引發重大傷亡，如上一節所提到的前 RCA 女工中有高比例人口罹患癌症的例子。顯見職業傷害與職業病之間的界線有時並不易釐清。

除了性別之外，族群或種族職業隔離 (occupational segregation by ethnicity) 的後果也反映在工作意外發生率的差異上：弱勢族群所集中的職業發生工作意外的機率較高。以有長期種族衝突歷史的美國為例，美國非裔族群 (African Americans/blacks) 有高比例從事原料加工的工作，在勞動過程中極易因為吸進大量的矽、棉絮、焦炭灰及金屬粉塵等，造成呼吸系統疾病 (Dembe 1996, 1999)。整體而言，非裔工人因工作傷害而致死的比例比白人多出 12%。而在因工作傷害而死亡的案例中，在美國的外國移民所占的比例約高達四分之一。這個比例遠超過移民在勞動人口中所占的比例 (Congressional Budget Office 2005: 3)。非裔或新移民的職業災害和死亡率較高，不全然是因為他／她們的體質較差、水

土不服或生活習慣不好的緣故，而是與他／她們有高比例人口從事三 D 工作
有關。包括加拿大、西歐、北歐及快速發展的中東產油國家在內，移民／工
健康受損、受創或死亡的機率都較各國的本地勞工高。在台灣的原住民中，
有高比例人口擔任船員或建築工地的工人，也是族群職業隔離的例子（楊士
範 2005）。這兩項都是辛苦且具有高危險性的工作。台灣自泰國或其它東南亞
國家引進的男性外勞，大都從事需長時間曝曬的捷運工程或長時間處於低壓環
境的隧道工程。許多原住民也曾經從事過這些工作，但由於雇主付給外籍勞工
的工資更低，因此早在外勞引進合法化之前，即有雇主開始僱用外勞，因而對
原住民的就業機會產生排擠效應（林季平 2003）。即使在同樣惡劣的工作環境
中，工作分派也有族群差異，弱勢族群較可能被指派難度及危險性較高的工作。

方塊 8-2　廚房成為健康殺手

　　一般人家中的廚房也隱藏很多影響健康、甚至致癌的因子，例如：燃燒不完
全的瓦斯氣體、炒菜引起的油煙，或是因切菜、燒菜而造成的刀傷或灼傷等。本
書第三章提到家內勞動也是勞動，但在學術論述中經常被忽略。在家中廚房工作
時所受到的傷害，因為不是一般認定的「工作」傷害，所以不被討論。但既然許
多女性填寫職業時會被要求填寫「家庭主婦」或「全職家事管理」，當她們因家
務勞動而受傷時，這些傷害是否也應該被視為職業傷害或職業病呢？

　　Kirk Smith (2008[2006]) 以拉丁諺語「死於廚房的人比死於劍下的人還要多」
（諺語原意是比喻飲食不當的後果）為題，說明南亞國家的貧窮女性因為在廚房
工作而對健康和死亡率產生的影響。她在文章中首先引用世界衛生組織的定義，
說明「健康」不僅指向生病或肢體殘缺，還包括所有生理、精神、心理、心靈及
社會福祉的狀態。她認為，此一說法陳義過高且很難被操作化；更重要的是，
影響貧窮國家與富裕國家人民健康的因素不同，造成女性與男性致病或傷亡的條
件也不盡相同。就後者而言，其中一個條件差異在於：多數女性待在廚房為家人
燒菜煮飯的時間遠多於男性。這點在貧窮國家影響更大，因為烹飪用具所使用的
燃料大都是便宜的沼氣或煤炭。這兩種燃料在燃燒時都會產生大量的化學物質，
而對人體肺部造成傷害。由於許多家庭廚房的設計因陋就簡、空氣流通不易，使
得傷害更加嚴重。烹煮食物所造成的傷害與汙水和衛生問題的嚴重程度相同。根
據世界衛生組織的估計，每年約有 160 萬人是因吸進過多燃料所揮發的油煙而致
死。而這些人幾乎都是女性和小孩。

除了職業或職務差異之外，不同性別、族群／種族或宗教在發生職業災害或傷病時，被重視的程度，以及是否能夠獲得適當治療或賠償，也有不同的際遇。例如：直到 20 世紀初期，美國的尤（猶）太人、女性或東歐移民工人的手腕或手部傷害仍被認為是因為緊張而引起的症狀，非與工作相關 (Dembe 1999)。這個因手部橫腕韌帶壓迫神經所引起的疾病，症狀包括手指疼痛、灼熱、刺痛及麻木。較可能發生在工作時手部動作的需求頻繁且重複使用腕部者，如鑽地工人、電腦族、司機、收銀員、生產線裝配員等，並非僅限於白領工作。當時的醫療權威認為，女性的工作在體力上負擔較輕，因此不可能出現手腕隧道症候群 (Carpal Tunnel Syndrome)。但現在，手腕隧道症已被多數國家（包括台灣在內）認可為職業病。經常刷洗或舉鍋的家庭主婦或主夫也都可能是受害者；不過即使已被認定有類似症狀，也不會被認為是一種職業病。醫療單位的差別性對待也與醫療資源擁有的差異有關。由於移民或有色種族人士通常只負擔得起較便宜的保險項目，在診斷時，其症狀較容易被醫療人員輕忽或當作輕微的症狀處理。

弱勢族群和移民本身相對較差的人力資本條件和社會網絡，也會影響對於職業災害或傷病的瞭解及後續處理和賠償結果。同樣的職業病症，白人獲得醫療理賠的機會顯著高於非白人，移民被確診職業病的機會則低於非移民 (Dembe 1999)。平均教育程度較低、獲得相關訊息的管道不夠多元或是不瞭解相關法規等因素，都使得移民或弱勢群體無法自醫生口中得知完整的病情或不適狀況，本身也不敢多問。尤其是外籍工人，更可能會因為語言和社會網絡受限的關係，不瞭解工作的危險性，甚至在事發後也不知要如何求償。

四、台灣的勞動安全制度與評估

要減少下層階級或弱勢族群發生職業災害的機率和提高其平均餘命，未必需要龐大的硬體設備或醫療支出。勞工意識的覺醒、社會輿論的重視、公共衛生的改進及國家的實質介入，都有助於提升勞動者整體的工作安全。對於前述三 D 工作或弱勢群體的勞動處境，尤其需要有特別的法律和行政制度積極介入和協助。Marmot (2004) 引述其他學者的論述說明：19 世紀侵害下級階層人民健康和生命的肺結核，到了 20 世紀初影響甚微。主因並非治療肺結核的新藥問世，而是窮人的工作和居家環境已大幅改善。

搬運工人實地工作情景
照片提供：本書作者

在現代社會的大量消費模式下，物質需求似乎總是大於收入所能負擔的
程度，工人必須持續投入勞動以換取報酬，才得以應付個人或家庭生活所需。
當勞工的「身體」不復可用時，雇主卻只需付出很少的成本，有時甚至惡意拖
欠，就可以在法律漏洞下丟掉這些「身體」。有學者以「人肉市場」形容台灣的
勞動市場，以凸顯人的身體器官原來各有不同貨幣價值的荒謬，以及嘲諷職災
發生後，雇主卸責、國家不理的殘酷現實（謝國雄 1997：211-263）。

關於勞動及勞動環境安全的維護和改善，行政與立法的有效監督也可減少
意外或勞工受害的可能性。良好的制度設計可以建立對工作安全和職業傷病的
重視和認知，以及對於個別身體及生命的尊重。在消極面，則應加強勞雇雙方
的安全意識，同時讓失職的雇主或管理階層受到處罰。多數國家對於職業災害
和傷病的認定都設有一定的標準。如同前一節的討論，參與認定工作者多數是
醫學或法律專家。但由於工會和工運團體的積極努力，國家開始接納工人和工
會的意見，讓法規的制訂更能保障勞工的權益。

1.〈職業安全衛生法〉與勞動檢查

台灣第一部與職業災害相關的法令是於 1974 年開始實施、現稱為〈職安
法〉的〈勞安法〉。在此之前，〈勞基法〉及〈勞動檢查法〉（以下簡稱〈勞檢
法〉）中也都有一些相關規定。例如：〈勞基法〉第 44 條即對於勞動者的身分加
以規範：「十五歲以上未滿十六歲之受僱從事工作者，為童工。童工及十六歲以

上未滿十八之人，不得從事危險性或有害性之工作」。〈勞檢法〉第 26 條則是列舉出危險性工作場所的類別。〈職安法〉第 1 條明確宣示：「為防止職業災害，保障工作者安全及健康，特制訂本法……」。該法對於工作現場中機械的使用、粉塵危害的標準與防護、作業環境的安全性及勞工健康檢查等事項有具體的規定，且都訂有相關的適用辦法。從法律的數量和規定內容來看，台灣的狀況顯示：國家在職業災害的防止和災害及賠償認定上扮演積極介入的角色。但執行效果才是最需要被檢驗的。例如：台灣申請職病補償件數偏低，少於鄰近的日本、韓國或西方國家，造成勞工健康和權益被忽視，而由個人承擔後果（鄭雅文、鄭峰齊 2013：42）。

職業災害在〈職安法〉中有具體的定義：「……指因勞動場所之建築物、機械、設備、原料、材料、化學品、氣體、蒸氣、粉塵等或作業活動及其他職業上原因引起之工作者疾病、傷害、失能或死亡」（第 2 條）。〈職安法〉同時訂有條文，賦予勞工行政單位主動檢查的權力。這項法律對於適用行業、安全衛生設備要求、童工、女性勞工及懷孕勞工不得從事的工作等，都採取列舉式說明。列舉式的優點在於項目已經明確列出，管理階層或雇主難以逃避責任。缺點則是未在列舉範圍內的項目即不適用，在解釋上可能會形成模糊空間，而引起爭議。此外，一旦發生災害時，記錄和後續處理有相當程度仍依賴資方的主動性。例如：根據〈職安法〉，工業災害的紀錄是由雇主本身主動向當地勞動檢查單位申報；而且是在發生死亡災害、受災人數達 3 人以上、或有人受災需住院治療時，雇主才需要通報當地勞動檢查機構（第 37 條）。此一規定顯然會導致工安事件或職業災害事件的低估。

要使職業災害的發生機率降低，前提是勞動安全維護措施或制度必須確實發揮作用。一方面需要求雇主和管理階層承擔維護工作場所衛生及安全的責任。除了場所設計及設備操作必須符合規定之外，減少勞工吸入或接觸有毒化學物質的程度，在事故發生時讓受傷的勞工可以立即獲得急救或醫療等，都是維護勞動安全的基本原則。除了制訂法律以規範工作場所及雇主對於職業災害的責任外，法律也允許勞工行政單位對於勞動場所進行現場檢查。根據〈職安法〉，勞動部負有主動檢查工作場所衛生安全的責任。分設於本島北、中、南的職業安全衛生中心等單位即是執行機關，每年出版的《勞動檢查統計年報》則

是檢查結果的統計報告。

方塊 8-3　公私部門別與工安課責的期待

本書第六章是説明勞動市場區隔的問題。以台灣的情況而言，公、私部門別也是一個重要的區隔。公部門包括各級政府機關、公立學校及國有事業。其餘的事業單位則屬於私部門或非營利部門（又稱第三部門）。以下用一個實例説明在台灣公、私部門別與所受的工業安全課責之間的關連（張晉芬 2001：130-131）。

1997 年 9 月，中國石油公司（簡稱中油）位於高雄市前鎮區的一條天然氣管線要進行換裝。由於管內仍有氣體留存卻未被發現，以致在包商換裝管線時，發生嚴重的瓦斯氣爆。這個工業安全事件並沒有造成施工人員的傷亡，卻造成至少 14 位民眾死亡及多人嚴重灼傷。事件發生後，相關的報導和評論連續多日成為大眾媒體的頭條新聞，輿論和立法院掀起一片對官員和中油的批評。

同一年，台灣電力公司（簡稱台電）位於屏東縣恆春鎮的核能三廠也於大修時發生液體外洩事件，雖然並沒有造成類似中油氣爆事件的重大災害，但是在政治壓力下，台電最後是以懲處相關人員的方式收場。這些事件被媒體大幅報導且受到立法委員高度關切的原因，與這兩家公司都是國有事業有關。從正面的角度來看，因為所有權屬於國家的關係，讓事件的討論和追查得以透明化，接受不同權力來源的監督。但是對於私人企業發生的事故，媒體報導的分量和企業受批評的程度就微弱許多。

在前述中油氣爆事件發生後不久，位於高雄市大寮區（當時為高雄縣大寮鄉）大發工業區內屬於私人擁有的峰安金屬公司（負責人為曾任監察委員的朱安雄）發生熔爐爆炸事故，造成 3 名工人死亡、5 人重傷、16 人輕傷。媒體雖有報導，但是篇幅明顯不如中油的事故。此外，立法委員當然也不會批評一個私人企業的老闆。

這些事件所引發的另一個問題則是區域的集中性。雖然之前的中油氣爆事件是發生在當時的高雄市，峰安公司的事件是發生在當時的高雄縣，地理區和行政區都不相同。但都是「高雄」似乎是給社會大眾直接的印象，而且也不能算是很大的誤解。高雄縣市確實是台灣重工業集中地區，連續發生職災的機率也高於其它地區。

　　表 8-1 呈現自千禧年以來職業安全衛生檢查的結果和處分情形。根據表中數據，起初幾年因違反相關規定而被處分的比例，大多在 10% 至 20% 之間；近幾年則低於 10%。多數的違規事件是以罰款和局部停工結案，被要求全部停工的比例最低。以 2019 年為例，在受檢的 125,798 家工廠／次數中，因違反〈職安法〉而被處分的比例約為 6.9%（8,619 件）。對於這些違反事件的處分結果，76.5%（6,591 件）是處以罰款，21.3%（1,832 件）是勒令局部停工。廠商即使違反規定也未必會被處罰，而即便被處罰，金額也不高。相對於改善生產設備所需的投資金額，違規需付出的成本極低，勞動檢查與結果對雇主的警惕和懲罰效果有限。一連串的法律制訂代表著國家積極介入維護勞動安全的企圖，但在實踐上是否發揮積極作用，需要更多的資訊與分析。

表8-1　違反〈職業安全衛生法〉處分情形

單位：件／次

年	總受檢廠數（廠次）	違反數據		處分方式			
		違反件次	處分率	罰鍰處分	局部停工	全部停工	移送參辦處分
2000	40,715	5,379	13.21	2,522	2,637	7	213
2001	62,840	5,899	9.39	2,059	3,633	8	199
2002	71,848	8,582	11.94	3,136	5,218	16	212
2003	86,774	8,092	9.33	3,135	4,700	14	243
2004	107,087	10,369	9.68	5,410	4,744	2	213
2005	100,521	15,041	14.96	7,782	6,973	17	269
2006	151,225	24,200	16.00	12,178	11,735	118	169
2007	197,888	23,917	12.09	11,931	11,844	35	107
2008	119,344	13,437	11.26	6,877	6,220	16	324
2009	149,887	11,054	7.37	3,469	7,352	11	222
2010	106,044	10,858	10.24	3,408	7,177	20	253
2011	101,689	10,473	10.30	3,299	6,908	41	225
2012	105,603	7,933	7.51	3,299	4,361	15	258
2013	102,286	6,498	6.35	2,740	3,698	2	58
2014	90,942	5,520	6.07	2,894	2,559	3	64
2015	104,862	6,892	6.57	4,645	2,095	1	151
2016	114,306	8,930	7.81	5,994	2,770	2	164
2017	114,912	8,807	7.66	6,702	1,911	4	190
2018	121,613	9,624	7.91	7,503	1,926	3	192
2019	125,798	8,619	6.85	6,591	1,832	2	194

資料來源：勞動部勞動統計查詢網（https://statdb.mol.gov.tw/statis/jspProxy.aspx?sys=100&kind=10&type=1&funid=q1002&rdm=rxZcpn6e，取用日期：2020年11月10日）。

註：1. 本表以經勞動檢查之事業單位其違反〈職業安全衛生法〉處分情形為統計對象。

　　2. 處分率＝違反件次÷總受檢廠數×100。

〈職安法〉中也有條文鼓勵勞工主動檢舉雇主的違法作為（第39條）。在保障申訴勞工的工作權方面，也規定「雇主不得對第一項申訴之工作者予以解僱、調職或其他不利之處分」（第39條第4項）。這樣的規定對於用內部力量督促雇主改善場所或設備應有相當大的成效。

職業災害的預防工作牽涉到相關知識的學習和經驗傳承，截至2022年5月為止，依據〈職安法〉而制訂的附屬法規共有72項。有些是具體規範不同產業工廠的機械設備使用規則或對場所的通風、通路等要求，有些則屬於安全衛生教育的訓練規則、安全衛生組織管理及自動檢查辦法。讓雇主和勞工都能夠經常獲得相關訊息和知識、受到必要的訓練，也是法律對於行政機構的要求。但如此多的法條要如何落實，而非僅流於形式，也是政府部門必須擔負的責任。

除了負有監督和檢查民間單位勞動安全的責任之外，政府本身還是全國最大的雇主。公務人員、公營事業員工、由政府委外的服務案件或工程人員等，都可算是國家的受僱者。但當政府單位發包執行的工程發生意外時，責任歸屬似乎不易釐清。根據勞動部於2020年所發表的《勞動檢查統計年報》，如同以往，營造業勞工仍是最可能發生重大職業災害的群體。主要原因是一些公共工程因趕工的關係發生意外，而造成勞工傷亡。2010年有6名勞工因六號國道的施工鷹架倒塌而受傷致死一案只是一個較近期的例子。國家作為台灣勞工最大的雇主，對於保障勞動安全卻未發揮示範作用，反而淪為負面教材。

2. 勞工保險與保護職業災害勞工的法律

〈勞工保險條例〉是勞工在就業期間發生事故或生命歷程轉變（生育、失能、老年或死亡等）時，或在工作中（包括上下班通勤時間）受到傷害時，給付標準和金額的法律依據。不過，根據工運人士實際協助職災勞工求償的經驗，勞工保險的賠償原則並未顧及因職災而產生的「整體勞動力損失」（蔡志杰2002）。勞保的處理原則是依實際受傷部位給予給付。若勞工因工損及手腳，即負擔手腳的醫療支出；手指斷掉，則提供手指殘廢給付（謝國雄1997）。但除了治療患部，職災勞工往往也需要長期復健或購買輔具，受傷期間也無法工作，甚至可能喪失原來的謀生能力。在雇主眼中，即使只有部分肢體受損，職災勞工也會被視為不堪使用的生產要素；相反的，在國家勞工保險制度的設計者眼

中，雖然肢體損傷已影響到勞工身心正常功能的運作及生計，但關照的對象卻只有受傷的肢體，而不包含職災對勞工和其家庭整體的影響。以下介紹的 2001年制訂公布的〈職業災害勞工保護法〉在某種程度上彌補了勞工保險限縮的給付原則。

台灣的民間運動團體除了協助揭發勞工職業災害事件及為受傷勞工和家屬爭取賠償之外，也經常實際參與相關的立法改革行動。工人立法行動委員會及工作傷害受害人協會等工運團體曾試圖以新的法律整合、取代現有的相關法律，企求制訂更能夠維護勞動安全的法律。不過，在官方反對下，最後仍是以補充後來被改名的〈職安法〉及〈勞工保險條例〉缺失的方式，制訂〈職業災害勞工保護法〉（以下簡稱〈職保法〉），並於 2002 年開始實施（羅桂美 2002）。本書第四章曾經說明，〈勞工保險條例〉並未強制規定小企業（僱用人數不足五人）的雇主為勞工投保。但根據〈職保法〉第 6 條，如果雇主未替勞工投保，沒有加入勞工保險的勞工，在遭遇職業災害時，雇主若未依據〈勞基法〉（主要是指第 7 章的規定）給予補償，職災勞工仍可依據〈職保法〉申請補助。而災害的舉證責任是由雇主負擔。除了對於因職業災害不能繼續工作而喪失收入的勞工提供期限不等的生活津貼外，該法也補助肢體受傷勞工添購輔具或聘請看護的費用。此外，該法也提供「建設性補償」，讓受傷勞工仍有機會回到原來的企業任職，或由公家機構提供職業訓練，增進其就業機會（張彧 2009）。不過，根據其它國家的實施經驗，有學者建議，由於職業災害的通報、認定、保費設計、補償及復健等實際運作相當複雜，仍主張應該單獨立法（林依瑩、鄭雅文、王榮德 2009）。

〈職保法〉第 39 條並且規定，政府應該建立工殤紀念碑，並訂每年 4 月28 日為工殤日。建碑或訂定只紀念、不放假的日子，除了具有象徵意義外，也確實提醒大眾：職業災害是重要且與每位勞動者切身相關的事件，而不只是偶而發生的意外。

五、結論

收入和成就感是正面的勞動後果，至於工作中所發生的意外傷害或職業

病,則是負面的勞動後果。但後者在「勞動社會學」的相關教科書中較少被討論。本書以專章處理,即是希望呈現這個議題與社會學中勞動過程、社會地位、性別及族群的關係。台灣的經濟發展及國民所得增長讓社會整體得以享受優裕的物質生活,但其背後有許多基層勞工的血汗付出。勞工除了有工作權、經濟權和組織權,也應該享有工作安全及不受到職業災害的權利。

職業傷害及職業病的發生並不是偶發事件或個人意外,更非某個特定工廠或產業才有的現象,而是反映整體產業結構的特徵、社會對於工業安全重視的程度,甚至是關於生命及健康的價值觀。當國家及民間均放任資本家將利潤累積及成本縮減的優先性置於勞工健康和生命之上,或任由政治人物將趕工完成某項工程作為選舉承諾或政治目的時,勞動安全就將只是一個抽象名詞;勞動過程中發生的工人受傷或致死事件,僅被當成「意外」及個人的「歹運」。本章藉由實證研究發現和學者的論述解構這個說法。

工人在勞動過程中肢體受傷、健康受損或甚至犧牲生命,都與業者設計、提供的勞動過程和環境不安全有直接關係。雖然受害的勞工可透過保險或訴訟結果得到一些賠償,但是對於女性、弱勢族群或底層的白領或藍領勞動者家庭來說,一旦家中的主要「賺食者」因工傷而無法工作時,長期失業和無收入將會對家庭產生嚴重的打擊。這些家庭在平時收入偏低的情況下,儲蓄原已不易。而當有意外狀況發生時,也較沒有足夠的經濟資源應急以度過難關。現有保險制度中,對於中低收入或貧窮家庭均有提供救助及子女學費補助等措施。這些當然都有助於勞工家庭維持起碼的生活水準。但是,根本的作法應該還是徹底實踐產業結構的改變,縮小次級勞動市場的規模及勞工發生職業災害的機率。

前面提到,過去在出口導向的經濟發展策略下,台灣對於外銷市場的產品,即使生產過程或產品本身已被醫學證明有害於人體,卻仍然疏於防止職業災害發生,或甚至反而鼓勵生產,如石化產品及染整業 (Chen and Chan 1999)。煤礦業也是因為死傷慘重,才被勒令停業。政府對於易造成製造業工人罹患職業病的行業,如前述的石化或染整業,也不應再鼓勵出口,而是協助廠商轉業。在 2010 年,台灣塑膠公司位於雲林縣麥寮鄉的輕油裂解廠(六輕)及其關係企業——南亞塑膠公司——位於高雄市仁武工業區的工廠,分別發生了重大

的火災及廢氣外洩事件，這兩起事件影響到廠內員工、鄰近工廠的勞工及當地居民的健康及生命安全。幾年前環保及勞工等運動團體極力反對國光石化公司於彰化縣大城鄉與二林鎮沿海設立台灣第八座輕油裂解廠（八輕），主要也是基於這些原因；這項建廠計畫於 2011 年因環評考量而終止。

　　本書第四至第八章主要探討市場勞動者的勞動過程及條件，對象是從事有酬勞動者。下一章則將聚焦於從事再生產勞動者的處境。對多數女性而言，再生產勞動主要是指對於子女的照顧，這是造成她們無法全職參與生產性勞動的主要原因。該章也將試圖呈現再生產勞動與生產性勞動之間的連結。

思考與討論

1. 勞工運動團體或人士曾經蒐集實例，為台灣勞工的職災經驗提出見證。從《基層婦女》（林美瑢 1995）、《工殤：職災者口述故事集》（郭明珠 1996）及《木棉的顏色》（工作傷害受害人協會 2003）中，我們看到許多勞動者因工作傷害求償無門或終身受苦的案例。請試著從這些人的故事，分析她／他們的家庭背景、族群及性別等是否有共同性，並解釋出現這些共同性的可能原因。

2. 除了階級以外，在台灣，族群和區域之間的健康狀態和平均餘命也有差異。請就可能找到的資料和數據，說明這些差距存在於哪些面向、程度和可能的解釋。

3. 勞動部是主管勞工政策及職業災害防制的單位，也是勞工保險局的主管。請上該部、勞保局或其它網站查詢職業病的種類有哪些，並從中找出 5 到 10 項「職業病名稱」，再根據適用職業範圍，試著找出相對的產業和職業名稱。

延伸閱讀

1. **黃怡翎、高有智（2015）《過勞之島：台灣職場過勞實錄與對策》。台北：台灣職業安全健康連線。**
   長工時是台灣勞工階級的工作常態。雖然收入未必會相應提高，但用時間以換取收入及工作穩定性卻是現實狀態。本書透過八名個案的經歷，說明職場上普遍存在的過勞狀態、制度上的縱容，主張用集體力量扭轉個人困境及掙脫組織結構的束縛。

2. **鄭雅文編（2019）《職災之後：補償的意義、困境與出路》。高雄：巨流。**
   本書作者之一指出「沒有人應該為了工作而犧牲生命或健康」，但職業災害或因公／工受傷卻是藍領或白領勞工經常遭遇的共有經驗。書中篇章涵蓋的內容包括職業災害對勞工的影響、台灣及國際補償制度的建立、台灣制度上的缺失及可改進的方向。

3. Marmot, Michael (2015) *The Health Gap: The Challenge of an Unequal World.* New York: Bloomsbury. 中文版：Marmot, Michael 著，洪慧芳譯（2021[2015]）《致命的不平等：社會不公如何威脅我們的健康》。香港：香港中文大學出版社。
作者是國際知名的公共衛生學者，出版多本分析英國政府部門人員及從跨國研究角度分析健康與職業關係的著作。本書指出，階級、性別、工作特性在健康與職業傷害的差異，並非不可逆轉。國家在醫療與教育的投資可以改善勞工階級與一般大眾的生活福祉，包括健康在內。

以女性為廣告訴求對象的洗衣產品配送車
照片提供：本書作者

第九章　婆婆媽媽的大事：
家事與照護勞動

重點提示

....

1. 雖然女性勞動參與率及性別平權意識不斷提升，多數女性仍是照顧與家事勞動的主要承擔者。家務分工仍存在性別不平等的現象。

2. 有學者認為，家庭是男人和女人操演刻板性別分工模式的場域，也是製造及複製社會性別的場域。

3. 沒有證據顯示本能與母親角色之間的關係，性別分工只是人類社會的組織方式之一。

4. 照顧工作的對象包括身心方面有阻礙者，其照料範圍、體力付出及精神負荷也遠大於照顧小孩或老人。

5. 品質良好的照顧工作會為社會創造有用的人才、嘉惠社會的整體發展、減少社會成本支出、增進社會和諧。社會上所有的人都會因此受惠，但卻不必為此付出任何費用，良好的照顧是隱形的公共財。

6. 一般人對於具有「母親」身分的求職者之能力及投入給予較低的評價，且對於她們的錄取資格或升遷要求都較已婚但無小孩的婦女或男性更為嚴格。

7. 結婚、生育及小孩上小學，是許多女性職業生涯中重要的轉捩點，這些個人及家庭生命歷程對於男性的事業生涯卻少有影響。

8. 根據主計總處最近一次「婦女婚育與就業調查」(2016a) 的結果，在 15 到 64 歲的已婚女性勞動力中，於結婚或生育階段離職的比例分別為 25% 及 18%。

9. 女性在結婚或生育階段離職後再復出的比例介於 51% 至 56% 之間。就業中斷的平均期間大約為 5 至 6 年。

10. 再就業模式有世代差異，年輕世代的勞動母親離職的時間點比之前的世代晚，離職期間也縮短。

……自從五年前，外子自中科院退休後，便陸續
接手了一些原本隸屬於我的工作。從那時起，最
常聽到外子的抱怨是：「今天，先是去郵局，再
到銀行、市場，接著去八德路買 Keyboard……整
天被這些瑣瑣碎碎的事給絆住，沒辦法做一件正
經事。」我不大確知他所謂的「正經事」指的到
底是什麼，不過，在他還沒退休前，那些他所謂
的「瑣瑣碎碎的事」，都是我掙扎著在課餘時間
包辦，我可從來不認為那是無足輕重的「瑣事」
……

——廖玉蕙〈女人需要感激涕零嗎？〉(2003)

一、序言

　　已婚或是有年幼子女的女性參與勞動市場的困境，是許多男性或甚至未婚
女性難以理解的現實。請大家回憶或設想一下：為何你／妳的母親或是家中其
他的女性長輩雖然很聰明、很能幹，卻只能在家中做一位賢妻良母？如果她有
機會到公領域發展，會不會對她更好？為什麼她似乎沒有選擇？甚至她似乎也
甘於這樣的安排？是什麼因素阻礙了她多方發揮的機會呢？為何她做了一輩子
的家事，但在填寫職業時，卻通常是寫「無」？家庭主婦不可以被當作一項職
業嗎？

　　女性在勞動市場上的工作經歷與個人和家庭的生命歷程息息相關。為了
賺取零用錢或籌措學費，許多人在求學期間即開始有打工以賺取學費或生活費
的經驗。有些甚至在童年或青少年時期，就已經開始幫忙父母或家中長輩做一
些簡單的加工或跑腿的勞務。學校生涯結束後，多數人也開始人生的其他生命
階段：進入勞動市場、結婚、下一代出生、小孩成長、父母年老，然後小孩長
大、組成自己的婚姻家庭，接著退休、配偶死亡等。當然，這些生命事件未必
完全依照此一順序進行；例如：有些人可能先有小孩才結婚。原生或婚姻家庭
的發展歷程和事件會影響個人角色的轉變，個人的生命史也牽動著家庭和個別
家人生命歷程的動向。家庭生命歷程對於女性勞動參與行為的影響遠超過對於
男性的影響。

對男性而言，勞動參與行為大多是指有酬的勞動；但是，女性的勞動參與型態卻遠比男性複雜：有些是專職於私領域的勞動，有些必須公私領域兼顧，僅有少數人可以如同男性、幾乎完全投入個人事業或興趣中。私領域內的勞動主要是指家務及照顧勞動，範圍包括做家事、生育和養育下一代、照顧老人或其他家人等。家內勞動的付出不是只有身體上的勞動，還需要心智及情緒上的勞動。從事這些勞動的大多是女性，而她們的身分可能是母親、妻子、姊妹、媳婦或女兒。除了未就業之外，女性也被建構為在生理及心理特質上適合從事照顧工作及做家事。

在多數的家庭中，女性較可能完全退出市場性勞動，而擔負起家事和照顧的工作。因此，從主張時間分配理論者的角度來看，此一分工雖然有明顯的性別意涵，但卻是現實使然，並沒有不平等的問題（李美玲、楊亞潔、伊慶春 2000）。另一個觀點則是權力相對論，認為夫妻中社經地位較高或是收入較多者，較可以迴避家務勞動。由於女性的教育程度、職業成就或工作收入通常低於男性，於是被期待承擔較多的家務勞動。也有研究強調性別角色態度的重要性，認為在相同的條件下，認同性別平權的家庭，家務勞動的性別差異會較小。此外，也有學者發現，原生家庭父母的家務分工較為平等時，對於下一代的家務參與有正面影響，因而強調社會化的效果（張晉芬、李奕慧 2007）。

在文獻中，通常將家務勞動分成做家事和照顧兩類。照顧勞動的負擔對於女性參與公領域勞動的牽絆又遠超過做家事。照顧是一種利他的 (altruistic) 行為，即使有所期待，照顧者也無法確知所付出的心力是否會得到回報。照顧小孩或老人是一項費時、費力的工作，在缺乏家庭和社會支持時，許多女性被迫退出勞動市場，犧牲建立及累積個人人力和社會資本的機會。國內已有許多研究探討女性如何成為家庭中的主要照顧者，及照顧者所面臨的困境。由劉毓秀編輯、台灣女性學學會出版的《女性‧國家‧照顧工作》(1997)，即是針對不同的照顧對象，呈現照護工作在台灣的實踐及對女人作為「愛的勞動者」的影響。

隨著教育程度的提高及就業機會的增加，女性的勞動參與率已經大幅提升，與男性的差距也持續縮小。然而，女性的勞動參與型態仍與男性有極大的差異。後者雖然也會轉換工作或失業，但多數仍保有持續就業的模式。女性則會因為結婚、生產或是照顧負擔而中途離職，若干年後再進入勞動市場。有些

甚至在不同的生命階段數度進出勞動市場，也有些女性因而完全退出勞動市場。女性的就業模式與再就業機會也是重要的勞動社會學議題。

本章第二節將說明家事勞動的性質與性別差異、理論上的解釋及實證分析的結果。第三節則說明母職的實踐、社會對於具有母親身分之勞動者的主觀評價，以及她們所受到的差別待遇。第四節則說明家庭生命歷程轉變對於女性事業生涯的影響及女性再就業的模式。

二、家事勞動與性別分工

哈佛大學是美國及全球知名的大學。在 2005 年，時任哈佛大學校長的 Lawrence Summers 在一項公開演講中，將女性在自然科學和數學領域表現不佳、相對於男性較難出頭的現象，歸因於女性能力和意願不足。這個演講隨後引起熱烈的討論和爭辯，成為全球性的話題（本書作者在 2009 年時曾上網搜尋相關新聞，發現在「Summers」、「Harvard」、「Women」這三個關鍵字的組合下，共有 5 千 2 百萬筆資料可供查詢）。然而，根據謝宇和其合作者的研究 (Xie and Shauman 2003)，女性科學家的成就不如男性的主要原因是懷孕、生產和養育小孩花費她們太多時間，而丈夫參與這些事務的時間太少，以致於她們無法全心全力投入實驗、論文寫作或擔任主管職等工作。

1. 家事勞動的性別差異

家務勞動是社會、家庭和多數個人生命得以維繫的關鍵。不論照顧嬰幼兒或老人、準備及烹飪食物，或是洗衣，都需要持續、經常性的體力與精神付出。在多數的家庭中，這些工作幾乎都是由女人以女兒、母親、媳婦或妻子的身分一手包辦。根據行政院主計總處「社會發展趨勢調查」，在 1990 年時，女性平均每日做家事或育幼的時間為 4 小時左右，比男性的 1 小時又 47 分鐘多出 2 小時以上。到了 2004 年，根據同項類調查的結果，女性平均從事家務勞動的時間降為 3 小時左右，但仍比男性投入的時間多出 1.5 小時。女性花在照顧及做家事的時間固然減少，但是所減少的時數並不是改由男性分擔。近期的統計顯示，如果加上週末從事家務的時數，妻子投入的每日平均時數為 3.81 小時，丈夫是 1.13，前者的付出比後者高出 3 倍以上（行政院主計總處 2016a）。

　　家務參與的性別差異既然如此顯著，也吸引了許多學者提出可能的解釋。受到較多討論的觀點包括相對資源、時間可得性及主觀性別態度（李美玲、楊亞潔、伊慶春 2000）。相對資源論 (relative resources theory) 認為夫妻各自擁有的資源（通常指經濟資源）多寡會影響彼此在家庭中的決策權力，進而影響其家務分配；相對資源較少的一方將負擔較多的家務工作。這項理論意謂著家務分工是一種資源交換或權力協商的結果。時間可得性理論 (time availability theory) 則主張：家庭成員會在工作與家庭之間做最有效的時間安排，因此夫妻中時間較充裕的一方將負擔較多家務工作。至於性別角色態度 (gender role attitudes) 觀點則是強調：社會文化對於男性或女性的角色及行為進行劃分或給予期望，而性別角色態度即是反映個人的傳統價值觀，並會影響個人的實際行為。支持傳統性別角色分工者較傾向於認為做家事是女人的責任。基於使用資料、測量家務性別分工的指標或是分析模型設定上的差異，現有的研究對於這些理論有不同程度的支持。例如：李美玲等人 (2000) 採用夫妻家務投入時間的相對值衡量家務分工，發現性別角色態度獲得最多的支持；其次是相對資源論，夫妻雙方的社會或經濟成就對於個人的家務參與有負面的影響。唐先梅 (2003)、蔡明璋 (2004) 及張晉芬與李奕慧 (2007) 均發現教育和經濟資源對於減輕妻子家務負擔有顯著的效果，支持相對資源論的解釋。綜合台灣學者的研究發現，相對資源論對於家事工作性別化的解釋獲得較多的支持，性別角色態度的效果並不一致，而時間可得性的解釋力較弱。

　　針對美國樣本所做的分析也顯示，如果對於家庭的經濟貢獻超過一半，太太確實會有較佳的協商能力，並反映在先生參與家務勞動的時數上 (Bittman et al. 2003)。但有些對於夫婦家事分工的研究顯示，先生的家務參與並不會因為妻子在外從事有酬勞動而增加。以德國為例，具有就業身分的妻子花在育嬰上的時間是丈夫的兩倍，全職家庭主婦所花費的時間則是先生的三倍 (Beck-Gernsheim 2002: 67)。針對英國樣本的研究也發現，不論就業與否，太太都是家事勞動的主要承擔者，職業婦女只是比未就業婦女少做一些 (Davies et al. 2000)。甚至出於對男性自尊的維護，失業在家的丈夫參與家務的可能性還低於有全職者 (Chapman 2004: 106-107)。時間可得性並不影響男性參與家務的程度，卻影響女性的參與。荷蘭及日本女性從事部分工時的比例是全世界最高的前兩名，她們在家庭中也幾乎包辦了所有的繁重家事項目，包括洗衣、照顧生病的家人、家內清掃

及烹煮三餐 (Chang 2006b)。

2. 家事勞動的性別化

許多男性確實也投入家務勞動，但如果用投入的時間計算，他們參與家務的程度遠低於妻子。這即觸及到家事性別化的議題，也就是男性雖然參與家務勞動，但較少參與具有女性標籤的家事。如果性別平權意識是指對於用性別作為區分不同家務勞動項目判準的反省或抗拒，家務性別分工模式會比投入家務工作的時數更能反映性別平權意識落實的程度。即使夫婦參與家務的時間相同，如果先生仍是負責傳統上屬於男性的工作（家中修繕工作）、太太仍然負責傳統認為屬於女性的工作（洗衣、煮飯），則這種分工模式並沒有脫離傳統的性別化模式。而由於具有「女性特質」的工作通常都較費時且屬於經常性的，家務性別化的意義不只是再現一種刻板的男女分工模式，同時也反映出家務參與量的區分。唐先梅 (2001) 曾針對一千對台灣夫婦進行調查，發現在十項家事項目中，除了金錢管理外，在其餘項目，妻子的參與量都超過先生。在清洗衣物、清掃家內及烹飪等這些仍然負有強烈性別特質標記的工作中，性別差異尤為明顯。根據 Scott Coltrane 的分析 (2000: 1210)，美國家庭中最耗時的五項家務勞動依次為：烹飪、清掃、採買、飯後清洗及洗衣服。先生最常參與的家庭修繕並不在其中。利用以色列的資料，Haya Stier 及 Noah Lewin-Epstein (2000) 發現，超過 80% 的受訪者回答洗衣服工作主要是太太在做，而接近 70% 的人回答修理工作主要是先生在做。因此，太太或其他人可能會參與家庭內的修繕，但先生卻很少承擔洗衣服的工作。由於不同的家事類別被標籤為「女人的家事」、「男人的家事」，分工的性別化模式是導致丈夫家務參與量及時間投入持續偏低的原因之一（張晉芬、李奕慧 2007）。

家事勞動的投入程度和類別反映著性別權力關係的象徵性操作，透過這些例行性家事的實際操作，男性及女性都在各自的原生家庭及婚姻中持續學習、重複性別分工模式。性別作為社會建構產物，在不同的場合和情境中，性別特徵不斷地被要求或提醒，家庭成為男人和女人操演刻板性別分工模式、「做性別」(doing gender) 的場域 (Berk 1985; Fox and Murry 2000)。無論丈夫或妻子都不是在進入婚姻後才開始操作性別化的家務分工。既然家庭是學習性別分工的私密空間，夫妻在原生家庭中就非常可能已經被要求或提醒要做男人（生）或做

方塊 9-1　女性迷思

　　如果説 Betty Friedan 是女性主義的先驅之一，應該不會有太多人反對。她在 1963 年所發表的《覺醒與挑戰：女性迷思》(*The Feminine Mystique*) 對於是否所有的女性都甘於成為一個家庭主婦提出質疑。這並不是一個中產階級婦女的無病呻吟，而是對於「男主外、女主內」性別角色分工的反省。以下摘錄該書（1963，李令儀譯 2000）中的片段：

　　當我承認無法找到真正符合「快樂家庭主婦」形象的婦女時，對於這些生活在女性迷思的保護陰影之下的能幹婦女，我注意到另一件事：她們十分忙碌，忙於購物、開車接送小孩、使用洗碗機、乾衣機和電動攪拌器；忙於園藝、打蠟、幫孩子做家庭作業、為心理健康養成收集嗜好、以及數以千計的瑣事。在我訪問這些婦女的過程中，我開始瞭解這些家務所花費的「時間」是不尋常的。（頁 351）

　　當我訪問那些將自己定義為「家庭主婦」的婦女，並把她們和少數全職或兼職的職業婦女做比較時，我一次又一次注意到這種模式。即使是在家庭主婦與職業婦女都有全職的家務幫手時，這種情況照常發生。但是，就算經濟情況好到足以雇用兩個傭人，通常「家庭主婦」仍然選擇自己做完家事。我也看到，許多瘋狂忙碌的全職家庭主婦都會驚訝的發現，當她們一開始讀書、做事或是專注於某些家庭之外的興趣時，她們能夠用一小時做完過去六小時，甚至於晚飯前仍做不完的家事。（頁 352-353）

　　舉例而言，如果主婦每天都使用洗衣機和乾衣機，和她過去每週四、五個小時使用曬衣繩比起來，乾衣機就節省不了什麼時間。畢竟，她仍然必須親自將衣服放進洗衣機，從洗衣機裡拿出來，收拾、整理。如同一個年輕母親所說的：「現在可以每週洗兩次床單了。上禮拜我的乾衣機壞了，有八天沒更換床單，每個人都在抱怨骯髒，我也覺得很內疚，這是不是很傻？」（頁 355）

　　……一連串的調查研究顯示出，當時美國婦女要管理的家庭比三十年前的家庭要來得小，而且較容易整理，她們能使用的家電用品是以前的七倍，可是她們花在家事上的時間還是一樣多，甚至比以前還要多。（頁 356）

女人（生）。採用社會化（或稱學習論）的觀點，Mick Cunningham (2001) 發現父母親在子女年幼時的家務分工模式會顯著影響成年兒子婚後的家務分工行為。當父親較常參與傳統女性的家事時，成年的兒子也比較會在自己的婚姻中出現類似的行為。個人對於家務分工的態度和實踐是從父母或家人的互動中理解，也會從父母對兄弟姊妹的不同要求中逐漸學習投入程度或類別的性別差異。

家庭雖然不能被視為戰場，但也絕非是一個可以由成員理性、共同決定各項事務及相互妥協彼此歧見的場所；家庭更可能是具體呈現順服與主導關係的政治場域 (Berk 1985; Chapman 2004)。家庭內的性別政治強化公領域和私領域的性別角色及性別關係機制，而家務性別分工模式則是這種家庭內性別政治操作的面向之一 (South and Spitze 1994)。

三、母職的實踐與貶抑

在家務勞動中，最重要、也最能展現性別角色分工的另一個項目是嬰幼兒的養育。即使在子女進入幼兒園或上小學之後，只要尚未成年或是離家前，對於小孩的教導和照顧工作仍然繁重。這些工作大多是由母親承擔，有時也會有家中其「她」女性的協助。根據衛生福利部的調查 (2019)，91% 的家庭是以母親為孩童的主要照顧者，父親為主要照顧者的比例是 78%。

1. 母職的實踐與勞動女性的困境

在許多關於性別的刻板印象中，認為「女人能夠生小孩，因此就比較會照顧小孩」的看法也是其中之一。母職 (mothering) 於是成為女人天生及命定的工作。社會上對於母職也有一套普遍認同的行為、規範及意識型態；經由實踐者與社會各種制度的互動，母職成為女性專屬的工作，許多社會制度也圍繞著這個概念和實踐而被發展出來，包括嬰兒與母親關係的論述、對於母愛的歌頌、母親對於子女教養責任的訓誨及母姐會（現多已改稱家長會）的設計等。根據 Nancy Chodorow (1978) 對於此種母職及照顧工作生物決定論的批判，沒有證據顯示本能與母親角色之間的關係，性別分工只是人類社會的組織方式之一。她認為，女性的母職實踐是經由客體關係的經驗以及兩性不同的自我心理認同，再製了自己，同時也再製了女兒對於母職的認同（張晉芬、黃玫娟 1997：

233)。當嬰幼兒或小孩有違規舉動或發生意外時，輿論傾向認為母親有失職守，母親大多也會愧疚不已。

　　大概不會有人否認，照顧嬰幼兒是一件耗費時間和精力的工作。對於全職的家庭主婦而言，終日的家事和照顧勞動，所帶來的是精疲力竭和缺乏自由活動的時間及空間。如果有緊急事情需要外出時，如何安排嬰幼兒的照顧即成為一個頭痛的問題。對於就業中的女性而言，所面對的即是「蠟燭兩頭燒」的困境。美國社會學家 Hochschild (2003b[1989]) 所說的「第二班」(second shift) 即是指從事全職有酬工作的女性在忙完一天的工作之後，回到家還要繼續上班的情形。這個「班」主要就是對於幼小孩童的照顧和所衍生的家事。如果無法兼顧，許多母親不得不選擇退出勞動市場或轉任兼職工作。

　　其實，除了母親被認為具有照顧小孩的本能，所有女性也都被認為有照顧人的本能，在家中照顧老人或病人的也大都是女性。從長期的角度來看，擔負家人的照顧工作對於女性的心理和精神狀態往往會造成不良的影響。即使是有酬的照顧工作者也會在勞動過程中出現情感上的負擔，而需要處理。台灣的學者曾經針對照顧老人及身心阻礙者的身心負荷提出一些看法。根據呂寶靜及陳景寧的研究 (1997)，在照顧成年人時，照顧者不可避免地要強迫受照顧者接受或避免一些行為，有時也會在無意中傷害對方的自尊；同時也可能讓自己的情緒受挫或感到為難。她們特別提到，與帶小孩不同的是，「……照顧子女可以分享其成長的喜悅，而照顧老人卻……經歷衰老病死的感傷」（同上引：66）。如果這些老人是自己的父母或家人，感傷的情緒可能更強烈。根據周月清的分析 (1997)，大多數身心阻礙者的照顧工作是由家中的女性承擔；所需要照顧的範圍、體力付出及精神負荷又遠大於照顧小孩或老人。經濟上的考慮及缺乏適當的安養機構使得家人無法將這些負擔移轉給專業人員。劉梅君 (1997a: 193) 引用國外研究者的說法，稱呼無酬的家庭照顧者為「灰姑娘服務業中的灰姑娘」。由於許多老人及病患都屬於需要長期照顧者，看似不知何時終止的照顧工作對於照顧者家屬的情緒和身體狀況都可能造成長遠的影響。女性主義經濟學家 Nancy Folbre（2001，許慧如譯 2002：62）用「愛的囚徒」(prisoners of love) 指稱照顧者雖然付出了很多愛心，且以為與受惠者之間有信任關係，但如果得不到回報也無可奈何。「愛（的）勞（動）」變成了「愛（的）牢（籠）」（劉梅君

1999：269）。照顧者卻被假設已經從家務勞動中獲得內在價值作為報償，愛心成為桎梏女性的枷鎖。

2. 母職的價值與在勞動市場上的負面效應

良好的嬰幼兒照顧工作所需要的是超過貨幣所能衡量和補償的愛心與關心。但是，在資本主義和父權制的聯手運作下，這項工作多由女性承擔，但母職的實踐並沒有相對應的經濟生活保障（Folbre 著，許慧如譯 2002[2001]）。聯合國所屬的亞洲及太平洋經濟社會委員會 (Economic and Social Commission for Asia and the Pacific) 曾經請專家實際計算家務勞動的價值。專家們利用機會成本的概念，先找出投入勞動市場可能賺取的平均工資，再用工資乘以女性或男性從事家務勞動所花的時間，即為在私領域所創造的價值。根據計算結果，女性的產出價值是男性的 5.4 倍 (Arboleda 2000)。數據本身所傳達的訊息當然很驚人，代表女性家務勞動投入的估計價值是男性在外工作價值的五倍以上。不過，數字所無法反映的還有家務勞動付出背後的愛心與善意。

為了彌補女性（或少數男性）專職家務後的收入損失，同時凸顯家務勞動的價值，有論述主張由家中其他從事有酬勞動的人付錢給家庭主婦或主夫。作為再生產性的勞動，家務勞動也幫助資本家創造剩餘價值（劉梅君 1999：259-260），要求雇主負擔部分家務報酬也是言之有理。在婦女新知基金會及晚晴協會等婦女團體的努力下，立法院於 2002 年通過了〈民法〉親屬編部分條文的修正案。其中一項新規定即是承認家務有給的精神。法案中明訂，在家庭生活費用之外，夫妻得透過協議，給家庭主婦或主夫自由處分金。但由於並沒有強制性，也有實質監督的困難，這項法令的實施效果尚不確定。

對於個別的母親來說，照顧子女並不是為了獲得實質的報酬；有些已經得到了物質和精神層面的回報；有些則可能得到了無奈的結果。但如果將為人母者視為一個集體，則母親作為一種社會身分在參與市場勞動時卻會遭致負面評價及差別性對待。

有學者針對母親身分在職場上所受到的不平等待遇進行實證分析，即得到非常有趣但也令人驚訝的結果。Shelley Correll、Stephen Benard 及 In Paik (2007) 三位學者採用實驗設計方法，以大學生為施測對象。她們發現，受測者對於具

外籍看護仲介公司招徠生
意的廣告看板
照片提供：本書作者

有「母親」身分的求職者之能力及投入都抱持懷疑的態度，對於她們的錄取資
格要求嚴格，願意提供給她們的薪水或是未來的升遷機會也都明顯偏低。這些
虛擬的「母親」在還沒有進入勞動市場之前，就已經被「客觀」的第三人認定
其能力和敬業精神一定不佳。Correll 等人隨後也針對真實的雇主進行一項虛擬
人選研究，以檢驗大學生回答的外部效度。虛擬人選研究是同時提供受試者兩
個虛擬的人選 (auditors) 做選擇。兩者除了某項特徵（如性別、種族或年齡）
外，其餘個人條件完全相同。如果受試者（如雇主）傾向系統性地偏好或厭惡
某群虛擬個案，則視之為具有歧視行為。結果與實驗設計的發現一致。社會學
的量化研究多是利用問卷調查的資料進行分析，很少有採用實驗設計資料的例
子。Correll 等人的研究提供了一個很好的研究策略示範，也實際證明了母親身
分在勞動市場上所受到的懲罰。更詳細的介紹請參考方塊 9-2。

也有研究以量化方式呈現有子女的女性勞動者所遭受的薪資歧視程度，發
現具有母親身分者所受到的報酬懲罰在 6%（只有一個小孩時）到 13%（至少
兩個小孩）之間 (Waldfogel 1997)。由於這項研究並未控制年資和工作經驗，被
質疑可能高估歧視的效果。Michelle Budig 及 Paula England (2001) 利用 1982 到
1993 年間美國「全國性青年貫時性調查」(National Longitudinal Survey of Youth)
的資料，控制工作經驗、就業中斷及工作和產業特性後，發現母親在勞動市場
上所受到的薪資歧視依然存在，每多一名子女，所減少的工作收入大約在 7%
左右。這兩位作者認為，這些結果顯示：在個人條件、經歷與工作特徵都一樣

時，勞動市場對於母親身分有明顯的歧視。為人母者養兒育女、為社會培養出新一代的好公民，社會大眾搭便車、共享這項人力資產，所給予的回報卻是認同母親身分在職場上受到的歧視。雇主不需負擔養育的成本，卻有品質優秀的勞動力可用，同時還剝削養育出這些勞動人口的女性。

3. 子女照顧工作的社會化

在日本殖民時期，統治者為了增加生產，需要拓展勞動力來源，所採取的措施之一是主動建構一個有利於女性就業的環境。總督府所推動的政策包括：「廢除纏足」，讓女性有出外工作的行動力；興辦女學，推動女子教育，累積人力資本；在固定地區設立公立托兒所；農忙時期則設立季節性的臨時托兒所，使母親可以外出工作（游鑑明 1995）。在國民黨政府統治台灣的初期，為了配合農忙時期農家生產的需要，也延續這項作法。這些臨時托育的安排只是為了能夠有效利用女性的勞動力，將女性視為產業後備軍：有經濟生產需要時，即將她們徵召到勞動市場；任務結束後，則強迫退出勞動市場。

品質好的照顧工作會為社會創造有用的人才而嘉惠社會的整體發展、減少社會成本支出、增進社會的和諧。社會上所有的人都會因此受惠，但卻不必為此付出任何費用，照顧的成果是隱形的公共財（Folbre 著，許慧如譯 2002[2001]）。照顧小孩不是個別家庭的事，而是觸及工作權、教養權、教育品質、社會公平和兩性平權的大事。這個議題既然如此複雜，解決的方法當然也必須多管齊下。理論上，國家應該提供品質良好的照顧設施和專業人員，尤其是大量的公立托兒所及老人、身心阻礙者的照護設施或服務人員，減輕女性作為主要照顧者的負擔及中低收入者的經濟壓力。現有的工作文化也必須改革，提倡父職實踐；男性也應縮短工作時間，增加對家人照顧工作的分擔。

從平衡家庭與市場勞動 (family-and-work balance) 的觀點來看，育幼及其它照顧／看護工作的社會化，已是社會民主主義福利國家的施政走向。社會化的意義是指由國家規劃及介入，但藉由其它機制（如社會保險或高額所得稅），讓全體國民共同參與照顧的責任 (Kamerman and Moss 2009)。北歐國家和法國等國家的政府，對於孕婦、嬰兒及年幼子女的照顧均積極介入，並提供較長的假期、優厚的津貼和父母親輪流請假的制度，以減輕家庭的經濟負擔及照護工作

對於女性就業的負面影響。挪威和瑞典即是以家庭為假期設計的單位，將產假和育嬰假合併考慮。挪威的男性勞工可申請兩週的父職假，雇主須照付薪水；全家合計的育嬰假最高可達 54 週；其中女性最少可請 9 個星期，父親的配額則是 6 個星期，其餘週數自由分配 (Brandth and Kvande 2009)；依照請假期間的長短，最高可獲得全額的薪資補貼，最少也有原薪的 80%。瑞典的設計原則與挪威類似，只是週數和薪資補貼的比例不同 (Chronholm 2009)。與其它國家相比，這兩個國家育嬰假制度的最大特色即是明文規定父親必須負擔一段期間的照顧責任，是提倡父職實踐的典範。而父母親可請假的週數也持續往上調整 (Nordic Council of Ministers 2022)。

在台灣，也有具體的法規用以平衡工作與家庭的需求。其中最核心的即是 2001 年通過、2002 年開始實施的〈性別工作平等法〉（以下簡稱〈性平法〉；本書第十章將針對此法的推動過程及相關內容，做較詳細的介紹）。〈性平法〉中列有專章，明確訂定促進女性勞動權益的條文，包括雇主需提供女性勞工產假（8 週）；女性或男性員工均可申請育嬰假與家庭照顧假（7 日，視為事假）及採取彈性工時等。男性勞工亦可申請 7 日的有薪陪產檢及陪產假（7 日）。該法同時具體規定，雇主不可在工作規則、勞動契約或團體協約中，規定或事先約定受僱者於結婚、懷孕、分娩或育兒時，應自行離職，也不可強迫員工同意留職停薪；更不得以這些理由作為解僱女性勞工的理由。〈性平法〉並要求員工規模超過 100 人的企業需提供托兒設施或措施，以抒解受僱者的托育負擔。這些措施兼具母性保護、防止「懷孕」歧視及要求組織承擔社會再生產責任的特點。此外，〈勞基法〉中也規定：勞工於懷孕期間，可要求調換至較不耗費體力的工作，雇主不得無故拒絕（第 51 條）。而政府部門的標案，也要求應徵廠商提出企業社會責任指標的證明，其中即包括工作與生活平衡項目，如提供友善家庭措施、企業托育、及彈性工時等。

產假期間的生育補助由勞工保險基金給付。在符合投保條件下，如果是男性勞工，其配偶生產者，可獲得一個月的薪資補助（〈勞工保險條例〉第 32 條）；如果是女性勞工，則共可獲得兩個月的補助。每月補助金額為平均月投保薪資。此一有薪產假制度降低家庭陷入經濟困境的風險。從國際比較的觀點來看，台灣似乎又介於自由主義式與社會民主主義式福利國家型態之間（請參考

本書第四章）。美國並沒有法律規定雇主必須提供有薪產假，而是交由企業自行決定。但如前面所述，挪威及瑞典的作法則又比台灣更為友善。

根據〈性平法〉，子女未滿三歲前，父或母均可申請最多兩年的育嬰假（第16條）。但在該法實施後，每年申請案件僅有約3千件。件數偏低的原因之一是育嬰假期間沒有收入。為了提高勞動者的申請意願，立法院於2009年通過〈就業保險法〉的修正案，讓子女未滿三歲的父或母均可申請育嬰留職停薪津貼（不能同時申請），每人申請津貼期間最長為半年，父或母申請期間合計最多不能超過一年。2021年立法院復通過〈就業保險法〉第19之2修正條文，允許父母同時申請育嬰津貼（自2022.1.18起施行）。津貼的來源是「就業保險基金」。根據勞動部的統計，實施育嬰留職停薪津貼之後，申請育嬰假的人數增加了10倍（中央社2010年5月7日）。2018年的育嬰留職停薪津貼的給付人數合計超過43萬人。這些統計數據顯示托育確實是許多女性或家庭的難題，經濟考量是讓問題複雜化的另一個面向，實質的收入補助至少部分抒解了這個困境。

四、女性的婚育離職與再就業

女性因為結婚或生育離職是一個跨文化的共通現象，反映職業婦女或勞動母親普遍所面臨到的持續就業困境。根據前一節的討論，托育制度及家庭與工作兼顧政策會影響女性的勞動參與率。許多女性在小孩進入小學或幼稚園就讀後，即會重返勞動市場。女性在婚育階段離職後迅速再復職的趨勢也是促使女性勞動參與率持續上升的力量之一。

1. 女性婚育階段的離職

圖9-1列出女性在不同婚姻狀態下的勞動參與率。整體而言，男性的勞動參與率在持續下降中，女性的勞動參與率則緩慢上升，性別差距正逐漸縮小。雖然在1990年代時略有下降，單身女性的勞動參與率依然是所有婚姻狀態中最高的。由於許多女性在結婚、生育階段退出勞動市場，已婚或同居女性的勞動參與率低於單身者。這不只是台灣的情況，包括日本、韓國及其它國家的女性，勞動參與率低於男性的主要原因就是女性在婚育階段退出勞動市場，只有部分退出者日後會再回到勞動市場 (Yu 2009)。但有高比例的復職女性只能找到

方塊9-2　用實驗設計方法分析母親求職受到的懲罰

　　本章所引用的 Shelley Correll、Stephen Benard 及 In Paik 三位學者的研究 (2007) 是利用實驗設計的方式檢驗受試者針對母親身分求職者之能力及待遇的評估。由於這是一個目前社會學者較少使用、但卻可有效驗證社會現象因果關係的方法，以下針對此一方法做較詳細的介紹。

　　作者們邀請了 192 位大學生參與她們的實驗計畫。這些參加者被要求分別對具有四種特徵的虛擬對象，評估其能力、投入及應得的薪資水準。該文的主要重點是用單一父親或母親與非為人父母者相比，並用種族及性別這兩項身分特徵將虛擬對象分成四種可能性：「白人父親──一般白人男性」、「白人母親──一般白人女性」、「美籍非裔父親──一般美籍非裔男性」、「美籍非裔母親──一般美籍非裔女性」。「一般」是指已婚但尚未生育子女的情況。假設這四組對象的生產力都相同。每位接受實驗者均針對這四組中的兩種組合進行評估。Correll 等人的文章中對於實驗設計的情境及執行步驟有仔細的敘述及解釋，讀者請參考原文，此處不擬重述。

　　受測者需要對於不同身分特徵組合者做出下列項目的評估：競爭力 (competitiveness)、投入 (commitment)、能力標準 (ability standard)、薪資水準、升遷可能性、納入經理人才培訓網及推薦僱用的可能性。研究結果顯示：不論族群差異，受測者對於具有「母親」身分的求職者之能力及投入都不看好，對於她們的錄取資格或是日後升遷的可能性都較已婚但無小孩的婦女嚴格，願意提供給她們的薪水也明顯偏低。如果說，為人母的求職者在此一實驗設計中明顯受到處罰，那麼為人父者所受到的則是「嘉獎」。在四組虛擬人選中（母親、父親、無子女已婚女性、無子女已婚男性），「父親」的能力最被肯定，所受到的檢驗最寬鬆，所給予的升遷支持和起薪也最高。Correll 等人對這篇文章所下的標題是〈以母親身分求職時是否會受到懲罰？〉，文中隨後的多變項分析顯示答案是清楚的「是的」。

　　為了檢驗實驗設計結果的外部效度，Correll 與她的合著者也做了一項虛擬人選研究，以核對受測者（大學生）回答的可靠性。她們針對報紙上的求才啟事寄出不同條件的履歷表，再根據是否收到回函及回函的內容分析具有母親身分的求職者所受到的待遇。結果與利用大學生所做的實驗設計結果類似。即使條件一樣，雇主對於具有「母親」身分的求職者存有強烈的歧視。虛擬人選研究的結果也證實了先前實驗設計研究發現的外部效度。

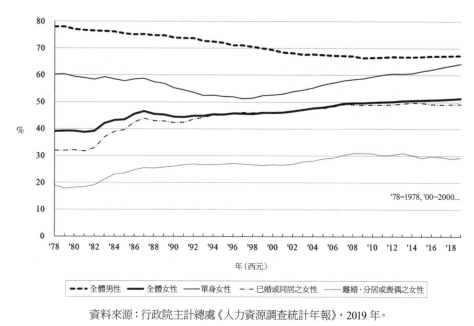

| --●--全體男性 | ——全體女性 | ——單身女性 | ——已婚或同居之女性 | ——離婚、分居或喪偶之女性 |

資料來源：行政院主計總處《人力資源調查統計年報》，2019 年。

圖9-1　兩性勞動參與率及女性不同婚姻狀態的差異

部分工時的工作。

　　至於女性婚育時離職的狀況，根據主計總處最近一次「婦女婚育與就業調查」(2016a) 的結果，在 15 到 64 歲的已婚女性勞動力中，有 25% 曾經因為結婚而離職；因為生育而離職的比例則為 18%。結婚離職比例較高的主要原因是該階段離職的因素較為複雜，其中也包括為生育而做準備或已懷孕。

　　由該項調查結果也可看出不同教育程度女性離職機率的差異。教育程度愈高的女性，因為結婚而離職的比例也愈低；具有高中或高職學歷的女性，因為結婚、懷孕或生育而離職的比例比擁有大專或更高學歷者幾乎高上一倍 (Chang 2006b)。由於能否恢復工作並非完全由個人的主觀意願決定，也取決於工作機會的多寡和家庭照顧的需求程度，教育程度較高的女性似乎擁有較大的優勢，即不僅機會較多，也較有能力承擔付費的托育服務。

　　結婚、懷孕或生產是生命歷程中的階段，但不能被解釋為促使女性離職的原因。因為並不是所有女性在婚育時都一定會退出勞動市場或轉換到非正式經濟領域的活動中，而是另有其它個人或家庭因素促使女性在這些階段離職。根據 2001 年「變遷調查」的調查結果（章英華、傅仰止 2002：229），在婚育階段

辭職的考慮因素中，最主要的項目是女性本身或先生希望太太親自照顧小孩，其次是因為無法同時應付就業和照顧工作。其它的原因依次為先生的要求（並非照顧小孩）、家中的經濟狀況允許女性不用出外工作、工作地點不適合（離家遠等）及需幫忙家庭事業。照顧嬰幼兒的負擔和家人的要求促使許多女性在結婚或生育階段被迫離開原來的工作。

2. 女性的再就業

　　勞動市場與家庭勞務及責任負擔之間難以兼顧的緊張狀態，使得已婚或為人母之女性被迫中斷就業歷程，但其中仍有高比例會在一段期間之後再度投入有酬勞動。至於在離職後回到勞動市場就業的比例，同樣根據上述主計總處 2016 年的調查，因為生育原因離職者中，有 56% 會再度回到職場，因為結婚離職後再復出的比例則為 51%。在結婚或生育時離職者，大約是在 5 至 6 年後，才會再度就業。

　　世代差異是社會學者在檢視社會變遷時一個重要的面向。年輕世代因成長時的總體環境較為開放、平均教育程度不斷提高、工作的機會結構多樣化，面對生命歷程重要階段時所做的選擇也相異於之前的世代。個人生命事件的延後發生即是一個明顯的例子。根據內政部的統計，以 2019 年為例，初婚男性的平均年齡是 32.6 歲，女性是 30.4 歲。當年女性的平均生育年齡為 31.0 歲。這些數據都比從前的紀錄高。結婚和生育年齡延後的結果之一即是生育子女數的減少。台灣的人口替換水準（replacement-level fertility；即人口長期不變所需的人口替代水準）在 1981 年時仍有 2.1 人，5 年後即開始低於 2.1 人；2006 年的人口替換水準是 1 人（黃旭明、王秀紅 2009：8-7）。結婚和生育時間的延後代表著即使有許多女性在生育階段時離開勞動市場，離開時的年齡也比過去延後。子女數減少也會提高女性持續就業的機率，或是縮短離職期間。從圖 9-1 可以看出，已婚有偶女性的勞動參與率持續成長中。

　　針對不同世代之間再就業模式的差異，簡文吟 (2004) 曾經利用 2000 年主計總處所做的「婦女婚育與就業調查」進行分析。她發現，年輕世代的勞動母親離職的時間點比之前的世代晚，離職期間也縮短。年輕世代（39 歲以下）回到勞動市場的時間間隔為 71 個月，中年世代（40 到 49 歲）為 97 個月，年長世

代（50 歲以上）的平均離職月數則為 117 個月。

文獻或官方有時使用「二度就業」統稱離職女性的再就業。許多女性進出就業市場頻繁，可能是三度或四度。除了回到職場的比例之外，女性再就業常被討論的另一個議題即是其回到職場的阻力和推力為何。理論上，如果原先離職的

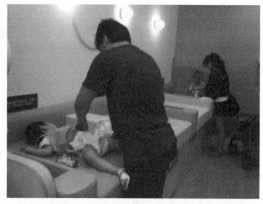

百貨公司的開放式育嬰室讓爸爸幫小孩換尿布也很方便
照片提供：張逸萍

原因消失，則再就業的機率自然較高。例如：小孩長大或是找到合適的托育所在、家中經濟狀況變差而需要增加收入來源，或是家庭事業不再需要幫手，也可再加上個人主觀意願和家人支持等，這些都是促使女性再度就業的正面因素。但是，有就業意願未必就能夠如願回到職場或是找到理想的工作。

教育既然影響女性婚育時離職的決定，也影響女性再復出的意願和機會。學術研究的結果顯示，教育對於女性能夠再度找到工作的機率有顯著的影響。薛承泰 (2000) 利用行政院主計總處在 1983 與 1993 年所做的「人力資源調查」和「婦女婚育與就業調查」資料，分析已婚且曾離職婦女的再就業時機。他所使用的統計方法是事件史分析 (event history analysis)。這個方法的特點在於不僅考慮事件的發生（重新就業），也將發生該事件所需的時間 (duration) 納入分析模型中，可以更精確地檢驗影響因素的效果。根據這項研究，教育程度愈高則再就業的機率也愈大。此外，年紀較輕的女性復職的機率也較高。這些也可能與她們在勞動市場較具優勢有關。

伊慶春及簡文吟 (2001) 利用自行調查的資料分析已婚、有小孩的職業婦女就業型態，發現雖然樣本中有近 44% 是持續就業，但其中一半的就業型態屬於兼職，或是任職於非正式部門。即使沒有正式離職或退出勞動市場的女性，也必須採取彈性方式以因應家庭照顧的需求。教育程度的提高使女性的就業條件改善，連帶提高其就業意願和所得到的報酬。教育程度的提高也會減輕傳統性別角色態度對於女性或男性的母職看法，突破小孩必須由母親親自照顧的觀念。

方塊 9-3　如果哈利波特的作者生在台灣

以下為本書作者曾經於報上發表的一篇短文。雖然文中的主角是單親女性，但其實也是要呈現已婚女性普遍的求職困境。

在英、美及歐洲國家引起一陣熱潮之後，英國作家羅琳所寫的「哈利·波特」系列童書也在台灣造成轟動。這個風潮創造了很多正面意義，包括證明童書仍有成為暢銷書的機會、使得兒童的靜態活動選擇不再只是盯著螢光幕和看漫畫書、同時也造成出版界的商機。然而令我們感興趣的卻是，是什麼樣的社會制度使得一個失業的單親媽媽還有可能靜心寫童書？而如果羅琳出身在台灣，她辦得到嗎？

根據英國衛報的一項報導，羅琳是一位單親的媽媽，由於找工作不順利，於是只好暫時接受英國政府的社會保險補助過日子。為了節省家中的暖氣開銷，她於是到咖啡館去寫作。結果她的小說先是在英語系國家大賣，然後被翻譯後又在歐陸形成熱賣。除了為她自己賺到數不完的鈔票之外，羅琳也為英國政府創造了許多的稅收和外匯。這是一個典型從接受社會救助轉變為回饋社會的例子。更有意義的是，羅琳不但使自己成了名人，也激發了全世界大人和小孩的想像力和閱讀樂趣。

我們看看如果羅琳是台灣人的話，會是一個怎樣的情況。首先，她做單親媽媽這件事就可能終其一生被人指指點點。她的小孩如果像其他人家的小孩一樣不小心做錯了事，馬上就會被解釋為是因為出自單身家庭的關係。台灣的羅琳甚至會有再嫁的壓力，因為親友會勸她要多為小孩著想。更可能的是，當初她在離婚時就已經有人警告她失去一張長期飯票的後果，要她要逆來順受，睜一隻眼、閉一隻眼。

同樣的，由於台灣的羅琳已近中年，性別和年齡的雙重不利使她幾乎找不到可以兼顧家庭與工作的差事。很有可能她是長期失業在家。她或許可以找些家庭代工來做。但由於這類的工作利潤很少，所以她大概得每天從早忙到深夜，才能賺到足以溫飽的錢，當然也就不可能有時間和精力寫小說了。她或許也可以選擇當保姆，幫人家帶小孩。不過，根據過去的實際經驗，台灣的家長通常都不喜歡將小孩托付給單親媽媽照顧或是放在她們那兒「安親」，

認為那是一個不健康的家庭。她在這個工作上也只好死了心。在急於找工作的現實環境下，她大概也沒有什麼心情寫小說了。

當然，台灣的羅琳雖然沒有社會保險可以依賴，但還可以向政府申請類似失業救濟金或低收入戶就業輔助金。不過，她最多只能拿到最低工資（約一萬五千元），另一方面她還得參加類似「以訓代賑」的課程。因為我們的政府怕人民將失業救濟金誤認為「社會保險」或「賑款」，而有損鼓勵人民就業的美意（或德政？），所以要求申請者白天都必須要去接受職業訓練。當然，經濟學家「天下沒有白吃的午餐」的銘言也會讓她不敢白拿錢，只好硬著頭皮去參加西點製作、電腦打字等的課程。雖然她明知道學了也是白學，因為老闆寧願雇用年輕人或是同年紀的男性。最後，她還是沒有時間寫小說。

於是，台灣的羅琳終於領悟，原來所謂「台灣人的悲哀」指的是她們這一群已婚婦女和單親媽媽。在執政者和部分學者仍然將社會福利視為一種恩惠，只考慮眼前經濟利益而忽視社會公平正義的思維下，英國羅琳的故事是不可能在台灣重現的。

——〈假如哈利波特的作者生在台灣〉（中國時報 2000 年 8 月 9 日）

五、結論

　　女性穩定地參與市場勞動是資本主義工業化、大量生產模式盛行之後才有的現象；而「男主外、女主內」的觀念卻存在已久。在如今男性仍多為全職工作者的勞動分工型態下，婚姻生活中經濟不平等的權力關係和經常性的互動也可能強化原本習得的分工模式。現有的研究顯示：女性參與勞動市場的比例持續增加、留在勞動市場的期間愈來愈長、離職後復職的比例增加、離職期間縮短。參與有酬勞動自然使女性做家事的時間減少，也強化了她們在婚姻關係中與另一半協商的權力。只是性別化的家務分工依然是常態，女性仍然是傳統「女人的家事」的主要承擔者，嬰幼兒及孩童的照顧責任依然成為女性就業的主要羈絆。

　　育嬰假或是領取育嬰留職停薪津貼是屬於權利還是福利，在實行上可能差

異不大。但背後的理論基礎卻相當迥異。從新自由主義主張減少國家干預的角度來看，家庭事務應該屬於個別家庭的責任，不應該由國家介入，遑論提供法律的特殊保護和金錢補助；用所有就業者的保險金負擔請育嬰假者的需求，可能被認為不符合公平原則。但如果將下一代視為公共財，將養育她／他們視為社會應共同承擔的責任，那麼請假還可以拿津貼即可看作是國家及社會應該負擔的責任，是勞動媽媽或勞動爸爸的權利。

女性主義社會學者 Barbara Bergmann (2008) 對於鼓勵父母請育嬰假一事就很保留。她認為多數請假者將是女性，因此仍是女性的事業生涯會受到影響，同時也會強化女性作為照顧工作主要承擔者的角色。根據她的論點，廣設公立托兒所或補助年幼子女進入托兒所或幼稚園就讀，更能符合職業婦女的需求。根據一項國際性經濟組織的調查，包括法國或北歐國家在內，多數國家同時實施育嬰假和廣設公立托育機構的制度；法國近三年（2017 到 2019 年）的女性勞動參與率都高於 67%，瑞典和挪威則均超過 75%，在經濟富裕國家中的排名都是名列前茅 (Organisation for Economic Co-operation and Development [OECD] 2020)。

女性的再生產勞動影響其個人參與市場勞動的機會。即使有許多女性願意選擇專職於家務，並沒有意願進入就業市場，但對於希望能夠兼顧事業與家庭的女性而言，除了「家累」之外，就業市場的不友善也經常成為持續就業的阻力。下一章將探討組織內因性別不同而產生的差異性對待是如何被操作的，及其所造成的影響。

思考與討論

1. 台灣有一些非營利組織，例如：「家庭照顧者協會」或「智障者家長總會」，其成立目的在於促成家庭內照護工作者間的連結。這些民間組織如果想要給立法院一個說帖，要求將照護者和被照護者的協助及福利制度化，妳／你會建議說帖中應該具備哪些論述，才能夠加強說服力？

2. 理論上，工資的增加會提高女性投入有酬勞動市場的意願。而根據 Michelle Budig 及 Paula England 的研究 (2001)，子女數對女性工資水準有負面影響（見圖）。那麼如果 Nancy Folbre（2001，許慧如譯 2002）所提的托育成本公共化政策被實行，女性的生育意願可能提高，子女數可能就會增加，但卻可能影響工資，進而降低勞動參與率。於是，托育公共化反而可能造成女性勞動供給的減少。請問這樣的推論有沒有問題？女性參與有酬勞動及承擔托育責任之間一定不能兼顧嗎？

      (1) 女性工資 ⟶ （＋）女性勞動供給

      (2) 子女數 ⟶ （－）女性工資

3. 本書曾在第四章「思考與討論」中，請讀者繪製不同年齡層的勞動參與率。請再加入性別面向，找出歷年女性和男性在不同年齡層的勞動參與率。接著利用最近期的數據，將兩性的年齡別勞動參與率繪製在同一張圖內，然後比較女性和男性在各齡層的勞動參與程度差異，並針對較大的差異提出一些解釋。同時再繪製另一張圖，表現納入時期變動後的效果。

延伸閱讀

1. **Folbre, Nancy (2001)** *The Invisible Heart: Economics and Family Values.* **New York: New Press. 中文版：Folbre, Nancy 著，許慧如譯（2002[2001]）《心經濟‧愛無價？》。台北：新新聞文化。**

   作者是知名的女性主義經濟學者。本書對於照顧工作如何成為女性身心的牢籠及懲罰有深刻的論述。並以法國為例，提出幼兒托育的公共化不但緩解女性的照顧負擔，同時也有效降低貧窮兒童的比例。

2. **Hochschild, Arlie Russell (2012)** *The Outsourced Self: What Happens When We Pay Others to Live Our Lives for Us.* **New York: Metropolitan Books. 中文版：Hochschild, Arlie Russell 著，歐宜欣譯（2016[2012]）《外包時代：當情感生活商品化，自我價值將何以寄託？》。台北：上奇時代。**
   現代社會許多家庭將家事、部分照顧工作外包，以減輕工作與家庭的衝突。物質主義及商業化的盛行，已使得情感、親密關係都可能花錢請人代勞。本書呈現的是美國社會現象，但台灣是不是也有類似趨勢呢？

3. **陳瑤華編（2014）《台灣婦女處境白皮書：2014 年》。台北：女書文化。**
   本書為多位台灣女性主義學者撰寫的論文合輯，探討在照顧體制、法律、勞動、教育、健康下台灣女性的處境，以及性傾向與種族間的差異。文章除了提出性別論述及歷史發展趨勢，也回顧國內學者的研究成果。

1987 年台灣婦女團體於國父紀念館廣場抗議單身條款對女性的就業歧視
照片提供：婦女新知基金會

第十章　組織內性別化操作與制度性矯正

重點提示

1. 有些社會直到現在仍公開地操作工作場所的性別歧視，刻意地將女性限制在邊緣性、工資微薄的工作。

2. 在組織中，雖然少數女性可能有機會進入高階主管之列，但由於人數不成比例而成為「樣板」。

3. 同性複製的操作是指組織內的決策者偏好聘僱或升遷與自己同性別者。

4. 女性成為樣板之後，可能順應刻板印象而不加反抗，造成樣板的角色被更加侷限與扭曲，陷入角色囊化的困境。

5. 過去由工會設計、雇主同意、男性勞工獨享的學徒制度，排除了女性接受特定職業訓練和成為技術工匠的可能性。

6. 造成組織內因性別而出現差異性對待的機制之一，是以男性身體作為勞動身體的標準，建立「身體化」和「去身體化」同時並存的勞動控制。

7. 即使女性實質上並沒有懷孕或生理狀況，仍會被想像具有這些身體特徵，用以合理化對於女性的差別待遇。

8. 性騷擾可以分成交換條件式性騷擾與敵意工作環境式性騷擾。

9. 性騷擾就是一種性別歧視。工作場所內的性騷擾即是對勞動者的性別歧視，最有可能發生在上司對下屬及男性對女性的態度或舉措上。

10. 同工同酬是指從事同樣的工作職務即應給予相同的報酬。同值同酬是指凡從事工作須具備的知識和技術等條件所代表的價值相同時，即應給予相同的報酬。

11. 幾乎所有的工作分析都顯示：具有女性標籤的工作其價值及薪資被低估。

12. 積極矯正行動首先在美國被提出，這項行動要求聯邦政府及與聯邦政府部門有生意往來的企業，必須增加少數族裔和女性的僱用及進入管理階層的機會，或是在升遷時予以優先考慮。

13. 〈性別工作平等法〉是台灣第一部完全由運動團體發起並推動完成的性別平權法律，主要內容包括禁止雇主在任何勞動階段對勞工行使性別歧視，並鼓勵企業和政府採取促進性別平等的措施，以及禁止工作場所內的性騷擾。

14. 為了平衡兼顧家庭與工作的兩難，〈性別工作平等法〉中訂有勞工可以申請育嬰假的條文。申請者還可從就業保險基金獲得金錢補助，以減輕育嬰假期間的收入損失。

在她退休前的 45 年期間，潔雅瑪每天都要到磚
廠工作，每天工作八小時，扛大約 500 到 700 塊
磚。……她首先在頭上放一塊厚木板，然後每次
疊上 20 塊磚，利用脖子的力量維持平衡，快速
走到磚窯。到了之後，她在不能轉動脖子的姿勢
下，慢慢地一次將兩塊磚頭遞給另一位男性工
人。在製磚業中，類似的工作男性在做過一段時
間之後，就會升級到較技術性（也較不累人）的
磚頭製作及剷送原料到磚窯的工作，而且可以做
到中年以後。雖然這些工作既不危險而且較輕
鬆，但薪水卻（與潔雅瑪的工作相比）多兩倍。
女性從來都不可能有類似的升級機會，也從來沒
有學習這些技術的機會。……

—— *Women and Human Development* (2000: 18)

一、序言

上面這段引文出自 Martha Nussbaum 的著作 (2000)，對於勞動市場的性別
歧視提供了非常寫實的證據。女性被隔離在較好的工作之外，不是因體力不行
或缺乏學習意願，也不是因為她們有能力或身體上的障礙。只因為生理上與男
性不同，許多印度女性就永遠只能在次級勞動市場中討生活。Nussbaum 是國
際知名的哲學家，寫過許多探討人類潛能發展 (human capability development) 的
著作。引文中所引述的內容來自她在印度做研究時所訪問的一位當地女性的遭
遇。她在書中提到：「……通常女性並不被視為具有為自己主張的權利，具有獲
得法律和制度認可的尊嚴。反而是，她們經常被視為達成別人主張的工具——
生育者、照顧者、性慾出口、家庭繁榮壯大的媒介」（同上引：2）。這一段話應
該可以反映出多數社會中的女性處境，只是在程度或比例上有所差異。

男人耕田、女人織布，幾乎是跨文化地對於農業時代的共同描述。實際
上，農業社會中經常是由夫妻及家人共同從事耕種、栽種或畜養的勞動，並沒
有一定的性別分工模式。有些農業社會甚至是由女性負責主要的生產性工作

(Böserup 1970)。進入資本主義生產模式後，女性已是工廠、辦公室、商店中不可或缺的勞動力，但在地位上仍被視為邊緣性、補充性人力。即使女性的平均教育程度已經達到或甚至超過男性的水準、工作資歷也相當，勞動待遇的性別差異依然顯著。

資本的大型化與集中化成為趨勢後，隨之而來的是就業結構的普羅化，多數勞動者的就業機會是受僱於企業或組織內，近代關於性別與勞動市場的議題於是大多聚焦在組織內的性別化操作。其中有許多操作是父權文化的展現。人為的性別化操作也可能被制度化，而呈現表面上客觀的假象。解釋這些操作的觀點則包括樣板主義、來自男性員工的排擠，以及身體化與去身體化的操作。本章第二節將介紹這些觀點，並提出實證研究的結果。

組織內另外一個與勞動條件沒有直接關係、但卻嚴重影響勞動者的工作意願、心理狀態及組織內工作氣氛的現象是性騷擾。這是指用具有性暗示的言語、舉動或文字等，讓對方有不舒服的感覺。性騷擾的發生反映權力關係的不平等，弱勢群體（如女性或同性戀者）較有可能成為受害者。本章第三節將說明工作場所內的性騷擾及為何性騷擾即是一種性別歧視。

這些基於刻板印象或歧視性的操作，對於女性或少數族群在組織及事業生涯內的發展都會造成差異或不平等。東西方過去都出現過婦女平權運動，一方面揭露性別不平等現象的普遍性和深化，另一方面也要求國家介入，以立法或行政命令等方式矯正企業或組織的歧視性操作，並禁止在僱用和其它勞動條件上的歧視。國外的例子主要介紹美國的同值同酬及積極矯正行動，台灣部分則有保障身心不便者及原住民族的立法，和〈性平法〉的推動與實踐成果。這些均將是第四節的主要內容。

方塊 10-1　資本主義進入之前女性的經濟地位

　　Ester Böserup 是一位丹麥籍經濟學家。她因 1970 年所發表的 *Women's Role in Economic Development* 而成名。該書用實際的例證說明資本主義和父權制度如何改變原先以女性為主要生產者的經濟制度。

農業耕種是非洲大陸主要的經濟活動，在許多地區，女性是主要的農耕勞動人力及家中食物的主要提供者；男性勞力的重要性相對較低。女性非常地忙碌，除了田地的工作之外，她們仍然要負擔育嬰及照護家人的工作。家中的經濟狀況穩定、生活自給自足。當歐洲白人侵略非洲大陸、將許多地區或部落納為殖民地之後，這種分工的情況開始出現重大改變。來自歐洲的殖民者根據他們本國社會的性別分工模式，認為：女性是家中主要經濟來源的經濟生產模式不是文明社會該有的現象；男人才應該是家中的主要勞動力，而且男性耕種的生產力必然優於女性。殖民者於是採取強迫的手段改變這種模式。首先，他們將農地的所有權移轉給男性，後者於是順理成章地具有耕種的資格。其次，在傳授農業耕種技術時，殖民者只傳授給男性，而不教授女性。最後，為了本身的經濟利益，殖民者將大片的農業用地轉為栽種經濟作物，嚴重影響家中的食物來源（Böserup 也在書中舉了一個台灣農耕隊的故事。在塞內加爾，耕作稻田是女性的工作。但是在1960 年代，台灣農耕隊憑著在台灣的經驗，不查當地民情，只教當地的男性如何使用新的技術。訓練結果對於改進當地農作和生產的成效有限）。

西方侵略者引進土地私有制的作法也對女性的經濟權造成重大影響。在過去，當土地不能買賣、只能傳承時，即使窮困的家庭也能保有一小片土地可以耕作，以滿足自給自足的生活所需；或者可以到親戚或鄰居家耕作，獲得實物報酬。私有制的建立及將土地所有權轉移給男性之後，男性可以憑藉耕種經濟作物賺取金錢報酬，或甚至出售土地。原來可以自給自足的女性變成幾乎無地可耕，反而要依賴丈夫的所得維持家計。女性的角色和重要性於是被嚴重地邊緣化。由於經濟作物的耕作地集中在某些地區，因此男性工人必須遷移到這些地區。殖民者為了管理上的方便，並不容許攜家帶眷。在沒有可耕地的情況下，女性和其他家人反而陷入貧窮狀態。因為工資低，男性工人也養不起家人。最糟糕的情況是，當有些地區開始出現城市型態的發展後，在以農業為生日趨困難的狀態下，男性工人必須長時間前往都市尋找可能的工作機會或定居。於是全家被迫移居到城市生活。但城市中的交易型態幾乎都是以貨幣為主，於是偏低的工資或失業經常造成家中經濟的困頓。

二、組織內的父權文化

　　不論是在資本主義或社會主義轉型國家中，能夠成為資本家或是小頭家的終究是少數，多數的勞動者都屬於受僱身分，個人事業生涯的發展與企業或組織（以下簡稱「組織」）內的運作息息相關。主張勞動市場區隔觀點的學者Baron 及 Bielby (1980) 提出「找回企業」(bring the firm back in) 的主張，即是因為發現企業組織之間的異質性大於產業間的差異；組織內部的人事安排及運作機制，並非全然服膺理性或以增加效率為主要的考慮原則。此種組織型態並非單指營利性的企業，還包括非營利組織、政府部門、學校、軍隊、醫院或教會。以下說明組織內性別化操作的狀況及實例。

1. 樣板主義及同性複製

　　從性別的角度來看，組織內有許多人力配置與獎賞都充滿父權意識型態操作的痕跡。在探討組織內父權文化運作的文獻中，Kanter 於 1977 年出版的 *Men and Women of the Corporation*（中譯本名為《公司男女》）無疑具有開創性，且影響深遠。

　　Kanter 是一位社會學家，但她大半生的學術生涯是在企業管理學系任教。《公司男女》是根據她對一家美國大型企業所做的非參與觀察分析和訪談撰寫而成，呈現出組織內的工作機會結構並不是平等地開放給男性及女性的事實。如果我們應用前面第六章所提到的區隔概念，女性在組織內最有可能集中於次級勞動市場。這類工作並沒有被賦予太大的責任，沒有太多發展機會，薪水也偏低。雖然有少數女性可能有機會進入主要勞動市場，但由於人數不成比例，Kanter 將這些女性稱為「樣板」(token)。這也是樣板主義 (tokenism) 一詞的由來。大公司拔擢女性或讓女性占據一些耀眼的位置，並不是真的出於性別平權的動機，只是要做做樣子，提升公司的形象。公司上層的男性主管對於組織內部的性別配置及升遷文化有最大的影響力。在一個強調男性特質的組織中，除非位居高層的男性願意改變內部的性別區隔，否則少數女性的出頭也無法改變職業和職務的性別隔離。如果這位被提拔的新任女性碰巧表現不佳，也會影響其他女性日後的升遷機會。

Kanter 認為，同性複製 (homosexual reproduction) 的操作，亦即組織內的決策者偏好聘僱或升遷與自己同性別者，造成只有少數女性有升遷的機會。當高階主管都青睞和自己同性別的同事時，就會不斷複製「被拔擢的主管都是男性」的結果。在重視成長背景、文化價值觀，甚至個人就讀學校相同、求職經歷相似的情況下，同性複製降低用人風險，容易建立彼此的信任感，且讓共事變得方便。James Elliott 及 Ryan Smith (2004) 分析一項針對美國幾個大城市所做的詳細工作史調查資料，發現在管理階層的晉升軌道上，非裔女性受到最直接的歧視，其次是白人女性和黑人男性。白人男性若與上司屬於同一性別與種族，晉升的機會就比其他性別與族群的組合增加兩倍。Smith (2002) 在其稍早對於既有研究的回顧，即說明：同質複製所造成的管理階層的種族和性別差異，幾乎是跨文化、跨經濟制度、跨時間的一致性現象。

女性成為樣板之後，在遭遇刻板印象的同化對待時，可能順應而不加反抗，導致管理階層更加肯定其對樣板的看法，造成樣板的角色被更加侷限與扭曲，陷入角色囊化 (role encapsulation) 的困境。Kanter 認為，解決這種困境的方式就是要求企業主管持續增加女性高階經理的人數，減輕「樣板」的壓力。

女性進入男性主導職業就很容易出現囊化的困境。例如：女警如果表現得很出色或具有陽剛特質，就會被認為不像個女人；但如果甘於順從的角色、表現出女性特質，則又會被看作缺乏成為好警察的能力 (Gregory and Lees 1999)。組織需要向外界證明拔擢女性的功績，但處於管理階層的女性，卻被期待要做出符合性別刻板印象的舉止和表現，如順服、不太積極。弔詭的是，角色囊化的結果卻又成為組織不願意多提拔女性的藉口，指責女性的特質和表現不適合擔任高階主管。此外，女性進入男性占多數的職業或工作場域後，也可能出現性別角色外溢效果 (sex-role spillover effects)，除了受到注目之外，也較少獲得幫助、被更嚴格地檢視，甚至被視為破壞組織或團隊和諧而受到敵視 (Bielby 2000)。少數族群也可能遭受類似待遇。而這些不利條件又會影響她／他們的表現。

由於大多數的組織並不願意開放內部讓學者做深度的訪談和觀察，Kanter 的研究算是相當難得。有學者延伸《公司男女》的討論，探究女性專業人員進入一個陽剛特質的工作環境後所面臨的處境，以及對於其事業發展所造成的後果。以台灣為例，根據徐宗國的研究 (1995)，即使是專業人員，不論上司或

方塊 10-2　性別平權水準的國際比較

　　包括招募、就業機會、升遷及工作收入等，都是衡量性別勞動參與和待遇平權的具體指標。〈性別工作平等法〉第 7 條規定，雇主對於受僱者之招募、分發、配置、或升遷等，不得因性別或性傾向而有差別待遇。根據此一法規，政府單位計算 2016 年受僱人員中，具有民意代表、主管及經理人員身分的女性為 10.2 萬人，占女性就業者的 2.0%，男性的相對比率為 4.5%（行政院主計總處 2018）。從跨期的數據來看，下表顯示，在職業結構中，各國女性受僱者具有高階白領身分的比率在 2006 到 2016 年之間均有增加，台灣與瑞典尤為突出。只是若比較跨國差異，台灣在 2016 年所達到的水準 (26.8%) 仍不如 2006 年的西方工業國家；但仍優於鄰近的本與韓國。

女性高階白領人員比率的跨期與國際比較

	民意代表、主管及經理人員女性比率 (%)							
	美國	瑞典	英國	新加坡	義大利	台灣	日本	韓國
2006	41.8	32.1	34.6	31.0	27.6	17.7	10.3	8.6
2016	43.8	39.2	36.0	35.2	33.0	26.8	12.9	9.7
2016 - 2006	2.0	7.1	1.4	4.2	5.4	9.1	2.6	1.1

資料來源：行政院主計總處 (2018)。

下屬，如果男性占大多數，都會對女性的職業選擇或事業發展造成一些困擾。例如：女性化學工程師或是建築師傾向於選擇教學或研究工作。如果到業界任職，就需要經常與現場男性工人互動。即使後者是處於下屬的位置，人單勢薄的女性仍會覺得不舒服或被威脅。如果上司是男性，則男性下屬可以自在地與上司交談、請教，女性下屬則會因為一些非專業的理由而被迫止步。她的一位受訪者即說到：「學界的重要人物……在國際界有名的都在 51、52 歲左右，我是女的與他們建立 connections……一定要與他太太打交道。……例如我們夫婦去拜訪另一位哲學先生，……我只得陪他太太聊天，他兩位談哲學，我與他太太只好談一斤豬肉多少……為什麼我要被編入豬肉組，不能到哲學組」（徐宗國 1995：49）。此外，男性同事或友人在一起時，如果有女性在場則只能談專業議題，但其實很想換話題，「……他們實在希望妳快快走開」（同上引）。

2. 人為的制度性障礙

　　在 Kanter 之後，另一位將勞動市場平權聚焦於工作場所性別歧視操作的學者為 Barbara Reskin。她從 1980 年代開始持續發表相關著作，曾經擔任過美國社會學會 (American Sociological Association) 的會長。Reskin 所編著的 *Sex Segregation in the Workplace* (1984) 收錄了多篇討論職業及工作場所內性別區隔形成的文章。她在書中的一篇合著論文 (Roos and Reskin 1984)，即是詳細陳述結構性歧視的出現和維持如何受到人為操作的影響。由工會設計、雇主同意、男性勞工獨享的學徒制度 (apprenticeship)，排除了女性接受特定職業訓練和進入特定藍領職業的可能性。男性工人網絡的排「她」性操作，使得女性勞工很難獲得新開放的工作或訓練機會的訊息。有些工會或男性主管甚至將職位空缺的訊息張貼在男廁所，而不是公共空間的公布欄。此外，機器和工作台的設計僅考慮到男性的體型，女性由於體型的關係無法使用這些機械或工作台時，即被解釋為不能夠勝任這些「男性的工作」。體型弱小的男性自然也被排除。她們所得到的結論是：「制度性障礙的隔離效果原本就存在的。這些因素能夠持續存在，是由於性別角色規範和文化信念深化的結果，而形成雇主、同事和顧客的偏好」（同上引：237）。根據 Reskin 的後續研究 (Reskin and McBrier 2000)，企業的新人招募愈公開、由人事部門主導或是以年資為升遷條件時，女性員工成為經理人員的機率就會愈高。經由非正式管道或是管理階層社會網絡聘用的管理人員，則較可能為男性。

　　在組織內的人事安排運作中，許多性別化的操作是附著於結構和制度上，使性別化的操作難以被覺察。制度是指已然存在的、正式化的規章和規範，包括人員晉用的途徑、人力安置和運用的既定作法和程序；結構則是指現有的模式 (patterns) 或是組成 (compositions)，包括受僱者的性別比例和職業或職務的安排模式。表面上中立的制度其實都可能對於女性不利。以作者曾經研究的一家前公營事業為例，雖然任用、支薪和福利都有明文規定的制度；但是，即使同樣的工作（打掃車站），都可以製造兩個不同的職稱，訂出不同的薪資水準：女性被分配到薪資較低的職稱（稱之為清潔工），男性則擁有另一個薪資較高的職稱（站工）（張晉芬 2002）。此外，在有些組織中，曾經擔任過某些職務，或是具有特殊的資歷（如有外派經驗），在表面上都會與後來的升遷機會有密切的關係。然而，由於主管從來不詢問女性下屬是否願意被外派，就先假設她們一定

會因為家庭因素而不願意接受，女性因而缺乏外派機會，在升遷方面也受到影響。但是男性同事中即使有些人並沒有經過外派等資歷，卻仍舊有機會升到管理決策的位置。沒有外派經驗是管理階層阻擋女性升遷的公式化說詞，用以合理化性別歧視的操作。但是這個條件是否要完全套用在男性的身上，主管的偏好扮演著關鍵性的角色。可見制度是否要遵守或變通，主要還是看在上位者如何操作和詮釋。

3. 身體化與去身體化

女性主義社會學家 Joan Acker 在 1970 年代初期就對傳統以男性經驗為中心的組織理論提出批判，之後逐步將其論述精緻化。有別於前述 Kanter 或 Reskin 的制度性觀點，Acker (1990) 認為，組織內的性別化操作是反映雇主對於身體勞動和女體的偏見。造成組織的運作、過程和勞動結果呈現性別差異的深層邏輯，就是社會持續使用家庭角色和再生產能力看待女性的勞動參與，而以男性身體、男性間的社會互動模式 (male sociability) 作為生產勞動的全部，據此建立了身體化 (embodied) 和去身體化 (disembodied) 同時並存的勞動現場與結構。

資本家在生產過程中透過機器和管理制度控制生產速度，迫使工人自動順服各種規範和紀律。在控制工人技藝、工作流程及作息的同時，也控制了工人的身體及對自己身體的自主性，這些安排隱涵了對於男性和女性身體的看待和控制存有明顯的差異。身體化是指以男性身體作為建立工作規範與區分工作類別的基礎。勞動者生理上的需求或變化被視為不利於生產或服務過程，應該盡可能加以排除，包括女性的生理期、母職與家務勞動。即使未必會影響到工作，具有這些特徵仍然被視為會造成生產效率下降。去身體化的概念是指將女性的身體視為不合格的勞動身體、「暫時性」的身體，據此合理化對於女性勞動價值和待遇的歧視。男性勞動者於是與工作責任、工作的複雜度和權力的優位關係劃上等號。即使未必所有的女性都會結婚或懷孕，但只要是女性就會被想像成會經過這些生命歷程，因而合理化對於女性的差別待遇。整體來看，女性在勞動參與的過程中所受到的排擠、隔離和低薪待遇並不是理性、中立的組織運作的產物，而是一種性別化的過程。身體化與去身體化的操作同時被牢牢地鑲嵌於組織內的次結構 (substructure) 中，而這個次結構才是組織內部人事制度實際運作的核心 (Acker 1992, 1998)。

周顏玲及熊瑞梅 (Chow and Hsung 2002) 採用 Acker (1990) 的觀點，用身體化和去身體化的概念分析台灣加工出口區內工廠在不同僱用階段中的性別化操作，包括招募、解僱和升遷等。根據她們的分析，勞動市場的整體性操作即是以男性「身體」作為建立工作規範和區分工作類別的基礎。女性的勞動參與被視為「暫時性的身體」，因此雇主對於女性勞動的待遇、持續參與的期待和投資就不如男性。女性既不可能獲得什麼好位置，所從事的工作也無助於未來的升遷。對女體的想像是維持組織內結構和制度性別化的基礎，結果則是反映在職業的隔離、敘薪和升遷機會的性別差異上。

綜合本節的說明，對於女性和女體的刻板印象、男性主管的偏好、過去的用人傳統及男人要養家的迷思或藉口，都是造成勞動待遇（收入、升遷、出任主管）存有性別不平等對待的文化及結構性因素。除了直接的勞動待遇之外，組織內或工作場所的性騷擾也是一種性別或性歧視的操作；同時影響被害者的工作表現和身體、心理或情緒上的困擾。

三、性騷擾與性別歧視

在勞動研究中，身體的議題較少被提出。直到性別研究和文化研究的著作陸續出現後，身體在勞動過程中的重要性才逐漸成為研究議題（請參考本書第五章）。前述 Acker 的論述試圖解釋在資本主義生產邏輯下，組織內身體化／去身體化的運作方式如何造成勞動待遇的性別化。然而，女性的身體不只是被邊緣化或貶抑，在工作場所中也經常可能被侵犯。雖然在好萊塢的電影中，男性及女性都可能是被異性主管或同事騷擾的對象（如「桃色機密」[Disclosure] 或「北國性騷擾」），但是基於性別權力關係的不平等及企業組織內男性主管的比例遠高於女性 (Reskin and McBrier 2000) 的緣故，多數工作場所性騷擾事件的受害人仍是女性。

1. 性騷擾的形式

工作場所中的言語性騷擾會讓女性心理上產生不舒服的感覺，行為上的騷擾更會影響女性的工作表現或甚至工作意願。根據女性主義法學家 MacKinnon 的主張（1979，賴慈芸等譯 1993），性騷擾就是一種性別歧視，工作場所內的性

彰化師範大學的停車位設計同時考慮到行動不便者及懷
孕婦女、勞動媽媽的特殊需求
照片提供：本書作者

騷擾即是勞動的性別歧視。性騷擾是基於身分差異而產生的不平等行為，這個
身分可以是權力關係，可以是性別，也可能是階級與性別或其它社會人口特徵
的交織 (intersection)。性騷擾最有可能發生在上司對於下屬的行為或言語等，而
男性成為管理者的機率遠大於女性。即使是同事之間，由於性別權力關係的不
平等，多數的同儕性騷擾還是發生在男性對女性的態度或行為。

　　MacKinnon（同上引：56）將性騷擾的型態分成兩種。一種稱為「交換條
件式」(quid-pro-quo) 性騷擾，指如果被騷擾的人屈從、願意以提供性服務作為
交換，可以在工作上獲得較好的待遇。另一種性騷擾是職場內長期存在的一種
工作狀況 (a condition of work)，或是說有敵意的工作環境 (hostile environment)。
這是指沒有特定的性要求，但所處的工作場所中經常出現言語或行為上的侵
犯，造成工作上的不愉快及對於被騷擾者不利的氣氛。構成敵意工作環境的情
形包括：張貼於公開場所的色情海報，無緣無故摸一下、捏一把，全身上下被
打量，無人時被偷偷親吻，被品頭論足，被設計成落單的情況，或在公事來往
上被占便宜等。這些行為或許有跨國的差異，被騷擾的也可能是男性或具有同
性戀傾向者，但女性是最常被性騷擾的群體（聯合報 2022 年 4 月 23 日）。後續
的處理大多是不了了之，或是以私下和解、受害者離職收場（張晉芬 2018）。
性騷擾的出現會影響到被騷擾者的工作情緒，經常是在忍受、反應、告發或是
離職間取捨；而基於息事寧人或是自掃門前雪的心態，被害人有時也得不到同

事的奧援，職場內甚至會出現責怪被害人的現象。MacKinnon 分析（同上引：268），如果選擇離開，即導致女性勞動者無法累積資歷，以及須放棄現有的福利。此外，也還需要重新適應新的工作環境或是退出勞動市場。所以說，性騷擾就是工作上的性別歧視。

在台灣，工作場所性騷擾也是重要的勞動議題。在權利意識不彰、法律制度不完備的清治和日治時代，女工被性騷擾時，往往被要求不要聲張，還會被提醒要小心自己的言行（陳惠雯 1999：71）。根據呂寶靜的調查研究 (1995)，在工作場所中較常出現的性騷擾言語或行為是「講黃色笑話」、「對（女性的）身材或性特徵發表評論」、「（發表）性別歧視的言論」。其餘的性騷擾行為還包括「色瞇瞇的盯視」、「言語的挑逗或引誘」及「屢次邀約」。這些都足以顯示工作環境對於女性勞動者不友善的程度。官方的調查也顯示，女性在職場被性騷擾的機率為男性的兩倍以上，而基於擔心受到二度傷害、被同事閒言閒語或工作不保，許多人未提出申訴（勞動部 2020a）。護理人員受到醫師和病患或其親友的性騷擾常見諸報導（聯合報 2016 年 6 月 26 日）。以下舉兩個真實的例子說明性騷擾發生的情況及處理經過。

2. 台灣的性騷擾案例及應酬文化

1998 年台灣出現第一件男性主管因為在工作中性騷擾女性下屬而被法院判處侵權的案例。一位在旅行社任職的女性職員屢次受到上司的性騷擾，在要求停止未果、甚至因而被無故解僱之後，受害人向法院提出告訴。這位女性的反應開啟台灣女權史上重要的一頁，也為其他女性立下「勇敢說出個人遭遇」的榜樣。法院判決性騷擾成立，男性主管侵害該女性職員的身體權，應賠償被害人 10 萬元。

同年另一位勇敢的女性——林口長庚醫院的「楊護士」——也因為多次在工作場所被該院某位醫生性騷擾，在婦女新知基金會的協助下，辛苦地開始透過行政和司法途徑討回公道。終於在四年後，該名醫生被法院二審判決侵權成立（婦女新知基金會 2001：8-11），加害的醫師被判賠 45 萬元。但在判決確定之前，「楊護士」早已離職。受害者的職業生涯與身心健康所受到的傷害難以用金錢彌補。連同這個案例，婦女新知基金會將另一起基層女工被男同事偷窺，

及一位女性老闆在出遊中被男性同業言詞性騷擾等三個事件，連同一件校園內性騷擾案，委由陳俊志導演拍攝成「玫瑰的戰爭」紀錄片。影片除了呈現女性勞動者在職場中所面臨的辛酸，也讓大眾認識到類似性別歧視性的操作，呼籲共同抵制這樣的行為（蕭昭君 2010：294）。

即使不牽涉到「性」的成分，性別之間的社會資源差異也足以對女性在公司內的升遷或事業發展產生不利的影響。個人所擁有的社會資源愈多，社會流動機會也愈高。社會網絡即是社會資源擁有的指標之一。由於多數雇主和高階經理人都是男性，社會網絡的建立常常也是以男性應酬文化為基礎，在言語交談、興趣和休閒等方面形塑出男性的特色。到酒店喝酒到深夜、與上司或屬下唱卡拉 OK、打高爾夫球等，都在彰顯男性氣概。這些活動可以增進彼此對於企業的認同、拉近同事間的情感、促進集體意識 (Hsung and Chow 2001)，但明顯地有讓女性止步的效果。如果企業或組織內所盛行的文化是如此，或男性主管的人數遠多於女性時，對女性經理人來說，此一文化操作方式即不利於她們形成自己的班底、蓄積影響力或讓公司高層採納意見等。

工作場所內的性騷擾涉及的是對同事或生意對象（多數是女性）的言語或行為侵犯，所反映的是在性或性關係 (sexuality) 中，對於女性和女體的貶抑。對於女體不尊重的言語或行為，並不限於固定的工作場所或正常的上班時間內。用喝花酒的方式談生意、促進男性之間的情誼是台灣見怪不怪的商場文化。根據黃淑玲的研究 (2003)，如果要做生意、接案子或是向政府機關承攬工程，請負責的生意對象到酒店喝花酒是高檔的禮物。由於花費較高，這種招待被認為請客者有誠意、被請者夠分量。喝花酒的文化「……剝奪了女性跟上司建立交情，和同事交換訊息的機會，無論是僱用、升遷、加薪都可能受到影響」（黃淑玲 2003：124）。不論身分屬於客戶或提出招待的一方，女性幾乎不會出現在這種洽談生意的場合中。但並非所有的交易都是在酒店進行，也不是非得在酒店內才能做成買賣或包到工程，很多男性也不會用這種方式做生意。由於喝花酒時被消費的幾乎都是女性與女體，也反映出勞動市場中對（女）性的歧視。

四、工作平權的概念與實踐

包括本章第二節所介紹的 Reskin (2005) 及其他學者 (Blau, Brinton and Grusky 2006) 的研究在內，都曾提到法律制度與行政介入對於改變組織內性別化操作的重要性。Reskin 將美國平權法律的通過及平等就業機會委員會（Equal Employment Opportunity Commission；聯邦政府的獨立部門，在地方設有不同等級的辦公室）的成立稱為社會性機制 (societal mechanisms)。這個機制主要是指透過民間的力量，由國會立法或行政部門提出政策，用制度性的合法方式維護及促進組織內弱勢群體的工作權益。

1. 同值同酬運動

英文中的 equality 及 equity 翻譯成中文都是「平等」。前者是一般所說的「平等」，指依據同等標準衡量，後者則代表公平性，所包括的意涵為共通 (common)、相同 (same) 及尊重差異 (different)（游美惠 2010：10）。例如：國民都有受教的權利，學校教育品質也應該一致，但仍須視學生狀況的差異而因材施教。這兩個名詞分別代表形式平等與實質平等的理念。形式平等是基於「等者等之」的精神，如同工同酬；實質平等則是注意到差異，而避免因差異而使一方處於不利狀態，例如：世界各國基於母性保護原則，都規定雇主必須給予女性員工產假，不能苛扣薪水或施以任何方式的處罰（陳昭如、張晉芬 2009）。

在探究形成性別薪資差異的因素時，早期的討論主要聚焦於同工不同酬的現象 (Treiman and Hartmann 1981)。同工同酬 (equal pay for equal work) 是指在同一個工作場所中，男性和女性勞工如果從事同樣的工作，則薪資必須相同。如果要更精確地定義，「同工」是指從事同一工作所需要的技術、生理和心理能力的付出、所需要負擔的責任及所處的工作環境都相同。在這個定義下，不論從事這項工作的是女性或男性，雇主必須支付同樣的薪水。例如：同樣都是生產線的操作員、執行同樣的動作，男女勞工的工資就應該相同。〈勞基法〉第 25 條規定，若工作相同、效率相同，即應給付相同工資，不能有性別差異。多數工業先進國家則是在更早即已禁止同工不同酬。以美國為例，在 1963 年時即已提出公平待遇法 (Equal Pay Act)，建立同工同酬的法律基礎。

同值同酬 (comparable worth) 是指同等價值的工作應該給予相同的報酬。所

謂「價值」並不是指勞動創造出來的價值，而是指為了從事該項工作所必須具有的知識和技術所代表的價值 (England 1992a: 190)。例如：護理師與卡車司機看起來是完全不同的職業，但是經過專家的分析，如果認為兩者所需具備的知識、技術、對於專注力的要求等條件都相當的話，就代表是具有同等價值的職業，應該獲得相同的薪資待遇。然而，在現實生活裡，護理師的平均薪資是低於卡車司機的（見下面的討論）。從整體勞動市場來看，以女性為主要勞動力的職業多數平均薪資偏低，這也是構成女性平均薪資低於男性的主要原因之一 (England 1992b)。1980 年代美國婦運人士和學者推行性別平權運動的目標之一即是推動同值同酬。

在工會及女性運動團體的要求下，美國部分州及地方政府曾委請民間研究單位分析女性標籤與男性標籤工作的價值是否相當。綜合分析結果，即使工作等值，以加州聖荷西市政府為例，祕書（女性工作）的薪資低於市府內負責清洗車輛的勞工及消防隊的技工（男性工作）；學校的圖書館員和助教（女性工作）的工作報酬低於安全執行人員（男性工作）(Blum 1991)。美國克羅拉多州的公部門內也有同值不同酬的現象：護理師的薪資低於修剪樹木的工人和標誌油漆工。同屬於賓州費城市政府的員工中，護理師的薪水不及園丁。在這些案例中，最常被提到的是護理師和卡車司機的比較。根據工作價值分析的結果，護理師所需要的技術訓練、體力要求、專注力、應變能力與卡車司機的條件相當，但後者的薪資報酬卻遠超過護理師；而護理師大部分是女性，卡車司機幾乎都是男性 (England 2006)。如果不是卡車司機這一職業的價值被高估，就是護理師的價值被低估。

事實上，幾乎所有的工作分析都顯示有女性標籤工作的價值被低估，但只有很少數男性標籤工作有此一狀況 (England 1992a: 223)。雖然證據如此明顯，但基於預算的考慮和顧及可能來自納稅人的抗議，這些工作分析的結果並未被受託的政府機構完全採納。全美只有少數幾州或城市，如華盛頓州及明尼蘇達州，對於工作價值被低估的女性提出部分薪酬賠償，並改善原來的薪資結構 (Blum 1991: 48)。

要求同值同酬，一方面符合工作性別平權的精神，另一方面也是拒絕以女性不用養家作為壓低女性工資的藉口。這項運動也獲得工會及男性工人的支

持 (Blum 1991)。尤其是由服務業勞工所組成的工會，對於提高女性薪資相當認同。因為，如果女性的低薪是一個集體性的現象，在男性工人的周圍，他們的母親、姊妹、配偶、女兒及其他女性親友等，也同樣是性別歧視的受害者。如果需要兩份薪水才能維持開銷，那麼當其中一位是女性，只能掙得男性薪水的一半時，家庭和男性同樣都受到不公平的待遇。於是在整個性別歧視的操作中獲利最鉅的是資本家。此外，工作分析的結果讓許多坐辦公桌的女性發現她們所從事的工作價值及重要性被嚴重低估，而開始覺醒並投入抗議行動。許多女性在討論或是參與行動之後，才發現辛苦獲得學位和累積資歷所得到的報酬竟然還不如一個人力資本條件（教育程度及工作經驗）較低的人，且只是因為後者是生理上的男性。

由於牽涉到法律和企業敘薪制度的大規模改革，同值同酬的實際執行成果不佳，但包括歐美、澳洲和東亞地區的國家都認可性別平等的理念而推動一些措施或法律修正 (Chang 2023)。同值同酬運動也遭致一些批評，包括干預勞動市場運作、評量結果充斥著價值判斷等（焦興鎧 2000：148-150）。此外，也有人擔心一旦實際實行，雇主可能基於成本考量而減少女性的僱用機會。推動同值同酬也可能使性別職業隔離難以改變，甚至更為僵固。由於薪資提高，女性仍可能集中於女性主導的職業，難以去除「女人的工作」的標籤。對於從事低技術或體力性工作的女性勞動者來說，她們的處境是所有勞工中被剝削地最嚴重的。但同值同酬分析的可能獲益者卻是中產階級白領工作者，如護理師或祕書。女性所集中的服務性工作幾乎沒有沾到光 (Malveaux 1992)。對於弱勢族群或女性來說，機會結構的改善比收入提高有更高的急迫性。

2. 積極矯正行動

根據 Reskin (1998) 所做的文獻回顧，直到 1990 年代，美國的護理師或是祕書工作大多仍由白人（或說皮膚較白皙 [light-skin color]）女性所主導；女性及黑人男性則很難進入傳統上白人男性所主導的職業。國家的介入成為改變機會結構及職業與職務隔離的重要機制。以下將介紹美國聯邦政府所推動的積極矯正行動 (Affirmative Action) 及公平僱用機會法 (Equal Employment Opportunity Act)。積極矯正行動或平權法律，均是以 1964 年所通過的民權法 (Civil Rights Act) 為法源基礎。美國的民權法規定僱用人數在 100 人以上的企業或組織，不得有種

族、膚色、宗教、性別及出生國籍的歧視。後來又加上不得有基於年齡（例如：限於 40 到 65 歲之間）或身體障礙的歧視 (Dobbin et al. 1993)。1965 年，當時的詹森總統 (Lyndon Johnson) 簽署了一項行政命令，要求聯邦政府及與聯邦政府或部門有生意往來的企業，必須擬出積極增加少數族裔和女性的僱用及升遷機會的計畫及實踐方案，目的是要增加受僱者的多元性及降低因為社會人口特徵所造成的工作歧視。此即是我們常聽到的「積極矯正行動」。許多雇主因為擔心被員工提起訴訟，而勉強遵守這項命令。實施的結果確實增加女性和弱勢族群進入中級管理階層的機會 (Harper and Reskin 2005)。此外，根據 Frank Dobbin 等人的研究 (1993)，這些促進平等的法律及行政命令促使許多私人企業主動建立內部勞動市場。雇主以具有明確的僱用與升遷制度作為企業致力於建立性別平權的證據之一，以避免觸法。於 1972 年通過的公平僱用機會法，則是賦予平等就業機會委員會提出告訴的權力。這個法律同時將適用平等僱用規定的企業擴大到僱用人數超過 15 人的私人企業，以及所有教育單位和地方政府。

　　與同值同酬運動相比，男性受僱者對於積極矯正行動有較深的反感。因為後者被認為會直接威脅到一些男性工作者的工作權或升遷機會。但關於優勢族群受到「反向歧視」(reverse discrimination) 的說法其實證據不多。對於女性或是少數族群勞動者的歧視仍然多於因為積極矯正行動所獲致的成果 (Reskin 1998: 72)。

3. 台灣的積極矯正及性別平權立法

　　台灣對於身心阻礙者及原住民族的僱用也有類似積極矯正行動的法律規範。以前者而言，根據〈身心障礙者權益保障法〉（於 1980 年通過，其後多次修正，最近一次修正是在 2021 年），公部門（政府機關、公立學校、公營事業）平均每百名員工中須進用至少三名身心阻礙者，適用的組織規模為 34 人以上；私部門的僱用比例則為百分之一，適用的僱用規模為 67 人以上（第 38 條）。然而，由於違反的罰則甚輕，矯正的成效如何令人質疑。根據該法第 43 條，如果僱用身心阻礙者的人數不足，則僅需繳納不足人數乘以基本工資的差額補助費。基本工資幾乎就是最低工資，多數企業付給勞工的工資都高於最低工資。因此，即使雇主違反法律，所要負擔的成本甚低，法律制裁效果有限。目前有些地方政府是採取公布違法名單的方式，試圖利用負面社會觀感勸導企業多僱用身心阻礙者（聯合報 2010 年 5 月 12 日）。有學者認為，台灣對於身心

阻礙者的就業協助並不積極，且流於資本主義的勞力競爭思維，制度和政策設計欠缺身心阻礙者的觀點（吳秀照、陳美智 2012）。

在對原住民族勞工的保障方面，根據〈原住民族工作權保障法〉（於 2001 年通過，最近一次修正是在 2015 年），是依職業種類與地區而有不同的規定。公部門僱用五種特定職業之員工合計滿 100 人時，須僱用一位原住民；如果是在核定的原住民地區，則標準提高為應有三分之一為原住民（第 4、5 條）。這五項職業類別分別為：約僱人員，駐衛警察，技工、駕駛、工友、清潔工，收費管理員，以及其他不具公務人員任用資格的非技術性勞工。對於不符合規定之機構的罰款與未足額僱用身心阻礙者相同（第 24 條）。

至於不同性別的權益保障並沒有採取類似積極矯正行動的作法，而是以立法方式，禁止性別歧視。在台灣，直到新世紀之前，並沒有一部專門的法律或行政命令禁止工作上的性別歧視或促進性別平權。如前所言，僅於〈工廠法〉及〈勞基法〉中，各有一條條文禁止男女同工不同酬。〈就業服務法〉是台灣第一部具體禁止就業歧視的法律。根據該法第 5 條，雇主對於求職者或現任員工，均不得因為其生理特性或與從事工作所需能力無關的原因「予以歧視」。生理特性包括種族、性別、年齡、性傾向或特殊障礙等；與能力無關的原因則包括思想、宗教信仰、黨派或婚姻狀態等。但對於歧視項目為何，並沒有具體的規定。

〈性平法〉是目前我國規範性別勞動平等最主要的法律（於 2001 年立法通過時稱為〈兩性工作平等法〉，2008 年開始採用目前的名稱）。該法的立法運動始於 1987 年國父紀念館及高雄市立文化中心所爆發的「單身條款」事件。以國父紀念館的事件而言，在當時，女性初進入該館工作時，即須與館方簽訂切結書，自願於年滿 30 歲或結婚、懷孕時自動離職。因類似這種「單身條款」或「禁孕條款」等不合理約定而被迫離職的事件在當年非常普遍，尤其是在銀行業；但是直到國父紀念館的 57 位女性員工及高雄市立文化中心的 44 位女性員工集體出面申訴後，才引起社會的反應及評論。針對這個事件，有六個婦女團體出面召開聯合記者會，聲援這些女性勞動者。主要的抗議對象是這兩個單位的主管機關——教育部。在奔走聲援的過程中，婦運團體發現除了當時〈憲法〉增修條文第 10 條第 6 項中提到「消除性別歧視」外，並沒有相關法律在招

募、應徵或待遇等面向保障性別平等。因此，婦運團體試圖經由法律制度改變企業和組織內的性別歧視。婦女新知基金會集結了律師、運動人士和學者，參照其它國家既有的法律，著手草擬本土的「男女工作平等法」，於 1989 年 3 月完成草案，並在次年正式送入立法院。但是在資本家強烈反對及動員之下，行政及立法部門始終不願意碰觸這個議案。直到 1993 年，在推動男女勞動平權的國際趨勢下，勞動部最終以民間版本為藍圖，開始擬定官方版的〈性平法〉。經過十多年的爭取，〈性平法〉終於在 2001 年獲得立法院通過，並從次年 3 月 8 日開始實施。這是台灣第一部完全由運動團體發起並促成其通過的法律。

〈性平法〉的立法主旨是：「為保障性別工作權之平等，貫徹憲法消除性別歧視、促進性別地位實質平等之精神，爰制訂本法」（第 1 條）。除總則、救濟措施、罰則及附則之外，其餘 3 章分別是禁止性別歧視、性騷擾的防治與矯正及促進就業平等的措施。防治性別歧視的部分，包括禁止對於受僱者的招募、僱用、升遷等性別歧視。例如：除非能證明該職業必須是特定性別者才能勝任，否則禁止徵才啟事存有限男性或限女性的規定。如果受僱者（不論男性或女性）受到就業或待遇上的歧視，均可向各縣市的「性別工作平等會」或「就業歧視評議委員會」提出申訴。在促進就業平等方面，產假、產檢假、流產假、育嬰假及家庭照顧假是法定的例外事假，受僱者有申請的權利。為了照顧未滿三歲的子女，也可要求彈性工時。此外也可要求中央和地方的勞動專責單位，加強對女性提供職業訓練機會，並鼓勵大型公私立企業設立托兒所等。雇主一旦違反這些給假規定或是勞動條件有性別歧視時，勞工均可提出申訴；如果申訴成立，雇主會被處以罰鍰或課以刑責。

此外，〈性平法〉中也出現要求同值同酬及禁止以性傾向為理由的工作待遇歧視。該法第 10 條明確規範：「雇主對受僱者薪資之給付，不得因性別或性傾向而有差別待遇；其工作或價值相同者，應給付同等薪資」。但就同值同酬的實踐而言，此法的宣示性意義大於實質效果。張晉芬 (2022) 分析三間台灣中大型醫院的問卷調查資料，由醫護人員對自我工作內涵的評估，發現護理人員認為執行工作時需要手部靈活、需具備與幼小或年老病患溝通技巧、要展現「照顧及安撫」能力的比例高於醫師，工作中有被感染的風險，以及因為來自各方、非預期要求而感受到工作壓力的比例，也都高於醫師。作者用技術及能力、協

調與規劃、照顧及安撫、及工作環境危險性代表醫護工作中具有女性特徵的概念（同上引：99-100）。迴歸分析的結果顯示，同值同酬指標對於護理人員的收入僅具有些微好處，還不如醫師。而照顧及安撫特徵對女醫師的收入反而有負面影響。被視為反映女性特質的工作特徵，對護理師與女醫師反而有薪資懲罰效果。換句話說，目前的敘薪制度應該考慮將這些工作特徵納入給分項目，以公平反映醫護人員的能力及貢獻。

　　該法的另一特色是以專章列出對於工作場所性騷擾的禁止條文，也反映出性騷擾對女性或其他受僱者之就業安全性和穩定性的威脅與歧視。該法主要採納 MacKinnon（1979，賴慈芸等譯 1993：56）的論述，除了禁止交換條件式性騷擾，同時要求雇主盡到維持一個友善工作場所的責任。前一項的主要立法精神即是認可職場中的性騷擾是反映權力關係。固然事件的發生情況多半是男上司對於女下屬的性騷擾，但也不排除女上司對於男下屬有類似行為。至於建立友善工作場所的規定則是將防治性騷擾的概念制度化，讓雇主承擔更多維護員工權益的責任。實際作法包括公開揭示工作場所禁止性騷擾及訂定申訴辦法。

方塊 10-3　友善工作場所的自我檢視

　　在工作場所中，勞工可能因為不同的身分或特徵而受到歧視，包括族群、國籍、性別、年齡、外貌或是體重等。向性別平等會或就業歧視評議委員會申訴的案件中，以性別身分的歧視（或是疑似歧視）件數最多，其中幾乎一半以上是懷孕歧視的案件。勞動部於是請學者專家，根據〈性別工作平等法〉的規定，擬定了禁止懷孕歧視檢視表，分別有雇主版和勞工版，提醒雙方注意各自的義務和權利。所列出的檢視項目主要關乎人力投資和勞動待遇。下面列出的是勞工版的檢視表（下載自勞動部網站，網址：https://www.mol.gov.tw/1607/1632/1640/16010/）：

職場禁止懷孕歧視檢視表【勞工版】

親愛的朋友您好：

恭喜您懷孕了！您是否擔心因為懷孕，在職場上受到老闆或主管不公平的對待？或有此方面的困擾，卻不知該向誰詢問？本部為協助懷孕的求職者與受僱者，特訂定本檢視表，協助您檢視職場上是否有懷孕歧視的情形，並提供諮詢及申訴管道。

勞動部 敬上

項次	項　目	是	否
1	面試時，老闆或主管曾特別詢問我是否懷孕或有無懷孕打算？ （性別工作平等法第7條）		
2	曾聽說同事因懷孕而遭老闆或主管不利對待（例如：請假產檢困難、申請調動較輕易的工作遭拒絕……等）？ （性別工作平等法第7條、勞動基準法第51條）		
3	曾聽說同事因懷孕而未調薪或升遷，但年資相同或工作表現相當的其他同事已調薪或升遷？ （性別工作平等法第7條）		
4	老闆或主管在得知同事懷孕後，曾在言語或行為上表現出擔憂工作無法完成或將來請產假無法配合工作進度？ （性別工作平等法第7條）		
5	懷孕期間，發現自己經常被老闆或主管指正錯誤或是要求改善工作效能或考績受影響，但是我認為我的工作表現並未有過錯？ （性別工作平等法第7條）		
6	懷孕期間，被要求經常加班的情形增加，但是其他同事未被要求加班或業務並無明顯增加之情形？ （性別工作平等法第7條）		
7	懷孕期間，公司有教育、訓練或其他類似活動的機會，老闆或主管未徵詢我的意願，就因我懷孕而指派或不指派我去？ （性別工作平等法第8條）		
8	懷孕期間，公司為員工舉辦或提供各項福利措施，老闆或主管未徵詢我的意願，就因我懷孕而不讓我參加？ （性別工作平等法第9條）		
9	老闆或主管要求我簽署如果懷孕就必須離職或留職停薪的約定？ （性別工作平等法第11條）		
10	老闆或主管未依規定給予產假？ （性別工作平等法第15條）		
11	老闆或主管將產假視為缺勤而影響我的全勤獎金、考績或做其他不利處分？ （性別工作平等法第21條）		

項次	項　　目	是	否
12	懷孕期間，老闆或主管安排我在晚上10時至凌晨6時之時間內工作？ （勞動基準法第49條）		
13	老闆或主管以各種理由不給產假期間工資或藉故扣一部分？ （勞動基準法第50條）		
14	懷孕期間，公司有較輕易的工作，我申請改調，但遭老闆或主管拒絕？ （勞動基準法第51條）		
15	懷孕期間，老闆或主管讓我改調較輕易的工作，但卻要求我必須依據新的工作內容重新核定較低的工資？ （勞動基準法第51條）		

　　幾乎任何法律的制訂都會經歷一段政治過程，期間不同利益團體或代理人之間不斷地磋商、爭執、妥協。由於〈性平法〉被視為影響資本家的利益，在婦女團體推動的過程中，持續有來自資本家、工商團體、政治人物及行政官僚的反對聲浪和動作。到了推動的後期，為了讓該法不再被擱置，女性團體及支持該法的立法委員對部分條文做了一些妥協。在顧及女性生理特殊性方面，目前法律條文已修改為：「女性受僱者因生理日致工作有困難者，每月得請生理假一日，全年請假日數未逾三日，不併入病假計算，其餘日數併入病假計算。」生理假薪資則為減半發給（第14條）。性別身體差異固然沒有被重視，將生理假與病假相提並論，似乎有弱化女性勞動者的意涵；但生理假被納入法律中，也等於讓男女性的身體差異性被看見。

五、結論

　　本章對於Kanter、Reskin及Acker等人的論述介紹，主要著重於父權文化在組織內部的人事與酬賞制度中的運作及定型。不論是同工不同酬、職業隔離或性騷擾，都可透過組織的脈絡去理解這種不平等的操作如何發生及被鞏固。在資本朝向壟斷發展趨勢之下，現代社會中多數勞動者都成為受僱者，在私人

或政府部門內討生活、尋求個人工作生涯發展。以組織為分析單位的研究成為探討性別或其他群體間工作差異與不平等的重要取向。但台灣在這方面的實證研究仍十分缺乏。

綜合本章的說明，企業或組織對於女性來說有時確實是一個不友善的工作場所。年輕、尚未婚育的身分被視為不穩定的就業狀態、隨時會在結婚或生育後離職，雇主或管理階層也不會積極地將女性視為培植或訓練的對象。但即使女性並未在結婚或生育後離職，妻子和母親的身分又會被人懷疑工作投入不力、容易被家務事分心，因而被偏執地認定其生產力必然不如未婚者或男性。即便是表現優異的職業婦女，也未必有與其他男同事平等競爭職位的機會。有升遷機會的女性，則又會處於是否要故意表現出女性特質或自我本質的困境，與主管或下屬在相處上出現摩擦；或礙於家庭責任而選擇放棄晉升或外派機會。不論是已婚或未婚女性，在工作場所、與顧客接洽或出差時，都可能遭遇被性騷擾的事件。這些性別化的操作或對待幾乎都是針對女性或非異性戀者，多數男性或異性戀者並不會經歷這些遭遇。社會性機制的出現及實踐部分緩和了性別歧視的程度，讓組織內的工作環境變得更友善。

早期的性別工作平等思維主要以禁止就業歧視為主，雖然仍不時有案例出現，但「單身條款」、「禁孕條款」、限男性或限女性的招募歧視，至少已不見公開性的操作。不論是美國婦運和工會團體推動的同值同酬，或是以行政命令方式執行的積極矯正行動，抑或是台灣的〈性平法〉，都是規範或鼓勵組織內的性別勞動平權。以造成男性和女性平均工作收入差距的原因來說，解決的方式之一是開放男性主導的職業或職務，讓更多女性可以進入，從而改善女性的平均待遇。但是，如果被標籤為「女人的工作」確實造成勞動待遇被低估，更符合性別正義的作法應該是提高這些職業的平均待遇。如果女性所主導的職業薪資被正確地評估，男性或許也會希望進入這些職業，性別職業隔離的去除也才有可能達成。不同面向的性別工作平等的議題彼此間其實是相互關連的。

本書第四到第十章的內容被歸類為「勞動條件與勞動者的處境」議題，分別介紹勞動過程、市場區隔、職業分類與隔離、職業災害、母職的意義和家務勞動者的處境，以及組織內性別操作的形成與制度性的矯正措施等。在瞭解相關論點、實證研究發現及法律制度後，下一個部分將著重於實質勞動成果及

勞工如何凝聚集體力量以捍衛自身的權益。本書第三部分將討論的議題包括收入、就業穩定性、勞工組織及勞工運動。這些都是過去勞動社會學教科書中的經典議題。但是，在經濟波動劇烈的現代資本主義社會中，勞動權益幾乎總是景氣衰退的犧牲品，失業、所得及工會的議題仍然是勞動社會學裡嚴肅且核心的課題。

思考與討論

1. 本章介紹 Rosabeth Kanter、Barbara Reskin 及 Joan Acker 對於組織內性別化操作的觀點。請嘗試用 Acker 提出的有關身體化及去身體化的說法，解釋 Kanter 及 Reskin 所提及的組織內對不同性別在工作安排及升遷上的差異性對待。

2. 關於女性運動的結果只是對中產階級女性有利的說法，台灣也經常出現類似的聲音。例如：〈性別工作平等法〉的實施就被認為可能只是對於中產階級女性有利。一方面是因為這項法律的適用範圍排除了小雇主、無酬家屬工作者及家庭幫傭。另一方面，中產階級女性也比較懂得如何利用法律發聲或爭取權益。基層的女性勞動者為生活打拼都已經喘不過氣來，既缺乏資源、也沒有時間和心力去思考或是利用這些法律。請試著對於這些批評提出一些看法，包括這項法律是否真的無法幫助底層的女性勞動者或是效果有限；是否有其它方法可以改善基層勞動女性在勞動市場上的困境。

3. 如果僅從性或性別關係來看，工作場所性騷擾發生的對偶關係有四種可能性：

	男	女
男	I	II
女	III	IV

圖一

如果從權力關係的角度來看，也會有四種工作場所性騷擾的可能性：

	上司	下屬
上司	A	B
下屬	C	D

圖二

(1) 請分別根據圖一和圖二，說明性騷擾最有可能出現在哪一種狀況？為什麼？

(2) 如果將圖一與圖二合併，則最可能出現的性別及權力關係組合是哪一種？為什麼？

延伸閱讀

1. **Kanter, Rosabeth Moss (1977)** *Men and Women of the Corporation.* **New York: Basic Books. 中文版：Kanter, Rosabeth Moss 著，國立編譯館、Nakao Eki 譯（2008[1977]）《公司男女》。新北市：群學。**

   在這本已經成為經典的著作中，作者從組織內不同角色出發，剖析女性的弱勢處境及與性別刻板印象、男性網絡、上層權力結構的關係。社會學研究中使用的概念，包括樣板女性、角色囊化、同性繁殖、性別偏好，在本書中都有詳細的論述。

2. **MacKinnon, Catharine A. (1979)** *Sexual Harassment of Working Women: A Case of Sex Discrimination.* **New Haven: Yale University Press. 中文版：MacKinnon, Catharine A. 著，賴慈芸、雷文玫、李金梅譯（1993[1979]）《性騷擾與性別歧視：職業女性困境剖析》。台北：時報文化。**

   在關於為何職場性騷擾就是性別歧視的論述中，本書的邏輯推導與用詞的犀利、精準，即使到現在都很少有著作能夠超越。作者提出的交換式性騷擾與敵意工作環境也是許多國家，包括台灣在內，相關立法的重要依據。

3. **Chicha, Marie-Thérèse (2008)** *Promoting Equity: Gender-neutral Job Evaluation for Equal Pay: A Step-by-step Guide.* **Geneva: International Labour Office.**

   這份由國際勞工組織出版的實作報告，闡述企業推動薪資平等在人力資源管理實務上的意義。報告具體說明如何在企業內部推動同值同酬的概念及操作化方式。這份報告可在國際勞工組織的網站上免費下載。

第三部

勞動權益的捍衛
與對剝削的抵抗

圖為 2022 年 10 月時某家連鎖速食店的徵人啟事。從 2023 年開始，每月基本工資為 26,400 元

照片提供：本書作者

第十一章　工作收入與性別差異

重點提示

1. 在台灣出口工業發展初期，外包是重要的生產方式，計件則是此類工作最常採用的報酬計算方式。由於每件單價不固定，即使努力增加件數，外包工能賺取的利潤仍然有限。

2. 物價波動會影響勞動者的實質收入，同樣金額的薪水在物價高漲時的購買力就會降低。

3. 近十年來，台灣受僱者的名目薪資雖然上升，但物價上漲的幅度更高，實質薪資呈現上下波動但緩慢成長的趨勢。

4. 年齡、教育、工作經歷及訓練機會，都與收入直接相關。

5. 人力資本理論將教育當作一項投資，願意投資在教育的人犧牲提早賺錢及享受成果的機會，以換取未來較高的薪資報酬。

6. 信號觀點主張教育是代表個人潛在能力的信號；雇主藉此判斷勞工可被重用的可能性和生產力。

7. Randall Collins 認為：現代社會是一個文憑社會；雇主未必相信擁有大學或高中文憑的人能力一定比國中畢業者強；對於文憑的要求只是順應社會的期待。

8. 如果以工作收入作為衡量個人貧富差距的指標，台灣不同職業階層間的貧富差距，確實在逐年擴大中。

9. 女性的工作報酬明顯低於男性，但差距有逐年縮小的趨勢。在 2019 年時，男性的經常性薪資約 4 萬 5 千元，女性則約 3 萬 9 千元，是男性的 87%。

10. 從文化貶值論來看，女性所從事的工作常被認為不需要特殊的技巧或訓練就能夠勝任，所創造的附加價值較低，造成女性主導的職業平均收入偏低。

11. 互動式服務工作是指特別要求勞動者外表及態度等個人特徵的工作，其工作價值卻未必會反映在實質報酬上。

12. 現有研究對於性別薪資差距的解釋包括：同工不同酬、年資、職業的性別隔離及從事工作的「價值」差異。

……3.薪水袋

初一

十五

月亮你有上弦

我們的發餉日也分上下半月

月亮你初一消瘦十五圓

我們的薪水袋

初一消瘦

十五也癟

──《紅得發紫》(2000: 259)

一、序言

每個人投入工作的目的是多樣的，可能是為了圓夢、滿足個人的成就慾望、對人類社會有所貢獻或是豐富生活內涵等。這些目的會因人或因生命階段而異，但獲取金錢報酬以養活自己或家人仍是多數人參與勞動市場最重要的動機。在資本主義經濟體制下，有穩定的工作機會或收入更是生存的必要條件。本章的引言出自詩人葉香的作品，詩名是〈女工之詩〉，寫成於 1981 年。原詩共分成三段：工作、夜班及薪水袋。薪水袋很薄的當然不只限於工廠內的女工。現在大多雇主是將薪水匯入郵局或銀行帳戶；存摺上所顯示的數字多半也會讓藍／白領的勞工大眾笑不出來。

當代資本主義社會中，已經非常少見自給自足、以物易物的交易模式。幾乎所有的物品或服務都可以在市場上購得，也都需要在市場上透過貨幣（包括現金、禮券或塑膠貨幣）交易才能換取。2004 年台灣上映了一部在當時頗為轟動的紀錄片「生命」。該片主要呈現 1999 年九二一大地震之後，受到災情影響的個人與家庭的處境。在影片中，一位受災戶的少女無意中提到她們家以前是種香蕉的；但地震發生後，家園和蕉園都被毀了，現在吃香蕉都要用買的。這對她來說是一個新奇的經驗；覺得價錢「很貴」則是她在掏錢購買香蕉之後最大的感想（顯示農產品的產地價格，與菜市場或超級市場的銷售價格之間，確實有很大的落差）。多年前台灣媒體曾經播放一則日本電視台的新聞報導，大意

是：在過節時，有些寂寞的老人願意花錢租「家人」，以營造歡樂、溫馨的氣氛。可見錢似乎還可以購買「親情」。

隨著資本主義的發展，階級結構普羅化的現象日趨明顯，這個發展符合馬克思的預期，但馬克思沒有預料到的是工人接受了資本主義的生產方式（即使不是完全心甘情願的〔請參考本書第五章〕）。雖然階級鬥爭的戲碼不時上演，勞資間的衝突也從未間斷，但多數爭議並不是反對資本主義的經濟體制，而是關乎勞動條件及待遇，尤其是工作收入。

工作收入或薪資是指受僱於人所換得的報酬。支付方式依據工作性質而有所區分。在台灣出口工業發展初期，論件計酬是工作報酬的主要計算方式。廠內的操作員或家庭代工者從事簡單的加工，生產量要夠多才能有勉強像樣的收入。而這就得依靠長時間的投入、俐落熟練的動作和對於單調工作的忍受。在連鎖速食店、咖啡店或是賣場打工或兼差的人，收入則通常是按小時計算。現在一般所稱的上班族，包括白領階級及在公部門（包括政府機構和公營事業）或非營利事業部門工作的人，大都是按月領薪。多數受僱的藍領階級也是支領月薪。除了本薪之外，對許多受僱於企業或組織的勞動者而言，加班費、年終獎金及津貼也是工作收入的一部分。在所有個人因素中，教育對於收入的影響一直是相當重要的。但學者對於教育的影響機制有不同的解釋。本章第二節將說明工作收入的計算及對於影響因素的解釋。

隨著經濟的發展，以及教育與就業機會的逐漸開放，愈來愈多女性參與勞動市場內的有酬工作，持續就業的情形也愈來愈普遍。女性已成為資本主義生產體制下，勞動大軍的穩定供給來源。然而，就業機會的擴大、穩定的就業率及擁有與男性相當的人力資本，卻未必能帶給女性較優厚的薪資。本章第三節將說明工作收入的性別差距及統計分析結果。

對於在人力資本因素相當的情況下，女性薪資卻持續偏低的現象，學者們有不同的見解，包括女性缺乏職業訓練機會、職業隔離不利於女性或女性聚集的工作價值被貶抑等。在解決策略上，學者大都主張由制度面改善女性的工作配置及報酬。這些均是本章第四節將要介紹的內容。

二、工作收入的衡量及影響因素

在英文用詞上，工作收入是用 earnings 一詞表示。如果再加上所有其它來源的報酬，如房租或買賣股票的淨收益等，所用的名詞是 income，中文為所得。但在台灣，關於收入或所得的用法有些混雜。例如：稅務單位所說的薪資所得指的就是工作收入。本書是討論勞動的議題，在說明收入的差異或變化時，主要是指工作收入。但行文時，收入、薪資、薪水等名詞將交互使用。

1. 工作收入的衡量

台灣的經濟發展靠勞力密集產品的出口，出口工業的繁榮則是靠家庭代工的普及才得以展開。論件計酬是這些家庭代工的主要計酬方式。理論上做得愈多、所領的錢愈多。然而，即使做得又快又好、準時交件，每件成品的單價卻未必會相應增加。根據謝國雄的研究 (1997: 116-118)，外包工有時甚至不知道每件的底價是多少，等到交貨時包工頭才會說；只有在超量時，偶爾會得到一些獎金。有些受訪的外包工很認分，並不願意跟雇主或包工頭計較。由於生產的垂直整合及大量生產技術的引進，以家庭代工為主的生產模式現在已逐漸式微。不過，仍存在一些衛星工廠或商家將簡單、可分割工作外包的情況。此外，有一些白領工作者，如從事建築繪圖或網頁設計者，也是按件計酬；只是收入金額已不再是以數量取勝。

不同國家對於工作收入的結算有不同的習慣或定義。在美國，白領階級的薪水是按月給付，但勞資雙方在議價時，是以年薪為談判基準。藍領階級與資方談判薪水時是以每小時工資為基準，但薪資仍是按月給付。在談判或協商時，無論是醫療保險或是其它福利性支出等，都是在同一個「包裹」內。在台灣，除了底薪，薪水還包括交通津貼、住宅津貼、結婚補助，且多數到年底時還有年終獎金。這是公私部門皆採取的付薪方式。對多數勞動者來說，如果不包括這些津貼或加班費，那麼每個月的實領薪資就可能「差很大」。在各項「額外」收入中，尤其以年終獎金最為重要。政府單位每年所發給的年終獎金幾乎是固定為一個月或一個半月的薪資。私部門則視雇主的意願和當年的獲利狀況而定。於是每年將屆年底時，科技大廠或是公、私營大企業將會加發幾個月的年終獎金，經常是新聞媒體關切的焦點。

　　以年薪計算或是統一薪俸或許未必一定對勞工有利，但是壓低底薪、另創津貼等名目確實有利於雇主彈性調整人事成本，維持一定的利潤。首先，並非每個人都需要或有條件領到不同名目的津貼。例如：受僱者的居住地如果與公司在同一個城市，企業就不發給交通費，搭車、騎車或開車去工作地點的支出須由自己負擔。其次，由於理論上這些津貼不屬於薪資，當公司的營業利潤不如預期時，還可以彈性調整，將津貼取消或縮水；員工的反彈聲浪也較調整固定薪資來得小。例如：將原來的伙食津貼改為用成本較低的工廠自助餐代替等。此外，將薪資與福利切割還可以降低雇主的法定支出。採取社會工資的概念，除了給付工作收入之外，雇主也被要求負擔勞工的部分勞保、健保及退休金提撥費用。根據〈勞工保險條例〉，雇主需要負擔七成的勞工保險費用。雇主所提報的薪資數額愈少，所要負擔的保險支出也愈低。因此，少報薪資是相當有利於雇主的作法。最後，在遇到一些特殊狀況時，以底薪為計算基礎的方式更方便資本家隨時調整人事成本，維持一定的利潤。年終獎金即是一個很好的例子。當獲利狀況不佳時，許多企業會自動降低年終獎金的發放成數，或甚至停發。但行之有年的年終獎金已被視作收入的一部分，並不是額外的獎賞，當縮水或是完全落空時，即等於勞工全年工作收入縮水。收入的計算確實有很多玄機，底薪與其它福利項目分開的給薪制度給予資本家壓縮勞動成本的空間。

　　即使是公部門，也會利用底薪與其它非薪資給付的名目，保留彈性調整人事費用的空間，因而犧牲勞工的權益。曾有受僱於台北市政府、台灣電力公司的員工，在退休時發現長期值夜班所獲得的夜點費未被認列為工資，因而影響可領到的退休金。資方均認為夜點費屬於恩惠性給予或餐費，不承認是正常的加班費。但法院均以勞工的夜點費具有勞務對價與經常性給付意義為由，最後判決提告的員工勝訴（聯合報 2019 年 4 月 14 日；聯合報 2022 年 1 月 21 日）。

　　不論收入或所得，都是個人或家庭的隱私，多數人不願意對外人說出實際數據。有些人擔心被認為富有而惹來麻煩，有些人則可能覺得自己賺得太少，怕說出來會被別人看輕。許多受僱者進入企業單位或組織後，也會被告知不要與其他同仁討論薪資。這可能形成一個意外的效果，即讓勞工覺得自己的薪水可能比同梯、相同條件的人高，而自願保密，因此同工不同酬或主管循私都不容易被揭發。在官方或是學術界的問卷調查中，收入幾乎都是必問的項目

方塊 11-1　薪水袋

　　台灣第一座勞工博物館於 2010 年 5 月 1 日勞動節當天，在高雄市駁二特區正式開幕。在當時展示的諸多物件中，有一項展品是仿製早期工人的薪水袋。黃色牛皮紙袋上所列示的薪津項目，除了薪水之外，還有加班費、晚上加班時所給的誤餐費及不同名目的獎金等。右半部的扣款項目也有好幾類。勞工最後得到的實際金額難以單從「薪金」一項判斷。該館網址：https://kml.kcg.gov.tw/。

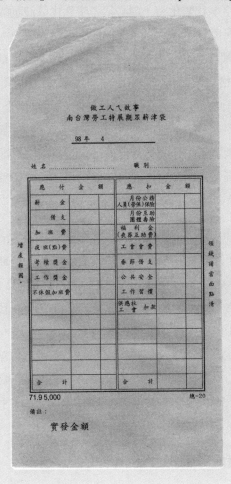

　　之一。學術單位在實際執行訪問時，調查員都需要向受訪者說明所得到的結果不會提供給稅捐或任何政府機構使用，資料也絕對會保密，以獲得受訪者的合

作。但即使如此，仍經常遭到拒訪或是得到不盡正確的答案。有些調查為了避免尷尬及增加受訪者回答的意願，就不採用開放式的問法，而是列出收入的範圍，再由受訪者選擇其中一項。例如：沒有收入、1 萬元以下、1 萬元到 2 萬元之間，或是 2 萬元到 3 萬元之間等。相對於詢問工作收入，多數受訪者回答個人或家庭所得的意願更低。由於多數人傾向於低報自己的收入，調查中整體的平均收入就可能有被系統性低估的現象。

在討論收入的水準和變化時，還必須考慮到物價波動的影響，才能正確計算勞工的實質收入。同樣金額的薪水在物價高漲時的購買力就會不如以往。從2006 年開始，由於國際原油價格上漲，以及部分農產品短缺，造成價格上揚，許多國內產品的價格也跟著上升；和過去相比，這段期間的物價波動算是相當嚴重的。根據主計總處的統計，2006 年的物價年增率是 0.6%，2007 年增至1.8%，2008 年更達到 3.5%。業者出售貨品或服務時，是忠實還是過度反映上游價格上漲的程度，消費者很難判斷。但通常在調整價格、維持利潤水準時，雇主卻未必會相應提高工人的薪資待遇。於是在服務及物品價格上漲但工資不變時，工人的實質購買力即會下降。

圖 11-1 呈現從 1980 到 2019 年間，台灣受僱者的名目薪資 (nominal earnings)（以當年幣值計算）及經過物價指數調整後之實質薪資 (real earnings) 的變化趨勢。很明顯的，由於實質薪資顯著高於名目薪資，1980 及 1990 年代是台灣勞工經濟生活得以改善且開始有餘裕可以儲蓄的關鍵時期。但從本世紀開始，實質和名目薪資的差距就逐漸縮小。但由於物價上漲的結果，近幾年出現名目薪資高於實質薪資的狀況。2019 年以後，由於 COVID-19 疫情對於就業和薪資的負面衝擊，及俄羅斯侵略烏克蘭引起多國抵制、並造成全球能源和穀物短缺，台灣也出現物價高漲的狀況。需要多期的資料以檢視 2020 年代的勞工就業和待遇的變動情形。

2. 教育及工作經歷的影響

綜合學者們已有的研究，年齡、教育、工作經歷及年資（在同一組織內累積的工作年數）都與收入直接相關。年齡、性別和族群被歸類為個人的天生特徵 (ascribed characteristics)，教育、工作經歷及年資是個人後天取得的成果

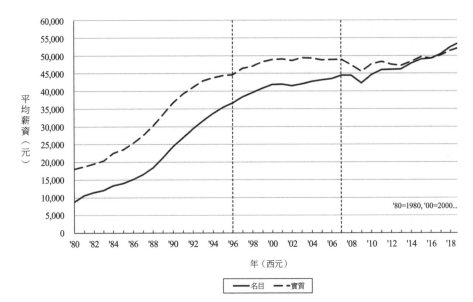

資料來源：行政院主計總處「消費者物價指數銜接表」、「薪情平臺」查詢系統（https://earnings. dgbas.gov.tw/query_payroll.aspx，取用日期：2022年6月1日）。

註：1. 總薪資（或稱平均薪資）包括經常性薪資（本薪與按月給付的固定津貼及獎金）、加班費及其它非經常性薪資（非按月發放的工作獎金、年節或年終獎金、員工紅利、不休假獎金及補發調薪差額等）。

2. 實質薪資的計算以2016年為基期，即該年消費者物價指數為100。

圖11-1　台灣受僱者名目和實質薪資的變化：1980-2019年

(achieved status)。以下簡要討論這些因素的影響機制。

在影響收入的各種因素中，教育是最重要的一項。根據 Jeng Liu（劉正）和 Arthur Sakamoto (2002) 的整理，至少有三種觀點可解釋高教育導致高收入的機制。第一種即是人力資本理論。提出相關見解的代表人物之一是得到 1992 年諾貝爾經濟學獎的美國經濟學者 Gary Becker（如 Becker 1975）。人力資本理論主張教育是一項投資，願意投資在教育的人犧牲提早賺錢及享受成果的機會、增加個人學習時間。此外，教育程度愈高，愈具有較佳的認知與學習能力，能夠擔任較複雜、較困難的工作，獲得較高薪資也是合理的。

第二類說法則是信號觀點，提出這個觀點的是另一位經濟學家 Lester Thurow (1975)。對雇主來說，教育是一種信號，代表一個人的潛在能力；雇主藉此判斷是否可以給予較高的報酬。雖然可能會有風險，例如：找到不適合的

人選，或是排除了有潛力的低學歷求職者，但以教育程度為信號確實可以節省篩選成本。

　　第三類觀點則是文憑論，提出者是社會學家 Randall Collins。他認為：現代社會其實就是一個文憑社會 (credential society) (1979，劉慧珍等譯 1998)；雇主未必相信擁有大學或高中文憑的人能力一定比國中畢業的人強；這些文憑所代表的訓練也未必是組織最需要的（例如：非相關科系畢業的大學生去參加金融業務人員考試）。然而，用文憑作為篩選的資格不僅可行且容易判斷（另一個附帶效果則是減少報考或應徵人數，降低處理成本）。文憑尤其是某些特定職業選才時最主要的標準，如醫師、律師等。台灣有些企業在徵才時偏向選用國立大學的畢業生，似乎也是基於學校聲望或過去經驗而非申請者的個人才智。根據劉正等人針對台灣製造業勞動者所做的分析 (Liu and Sakamoto 2002)，教育作為一種人力資本因素（以教育年數衡量）之論點得到較有利的支持。

　　工作經歷是指從事市場性勞動的期間；年資則為在同一個組織內所累積的工作經歷，包括不同的部門或是廠區在內。經驗代表著勝任工作的能力和熟悉度，雇主於是願意提供工作經驗較長的勞動者較高的薪資，以善用其長才。即使不在同一個組織內任職，多數人的薪資也會隨著工作經歷的累積而逐年上升。不過，工作經驗與薪資之間並不會始終維持著等比關係。當經驗或年資到達某一個程度之後，對雇主來說，資深工人的「生產力」就不會再繼續增加，雇主獎勵工作經驗的動機大為下降，薪資較可能維持在原來的水準或僅微幅調整。然而，因為年資長、經驗豐富，也可避免許多風險，讓生產或服務維持一定的品質。但雇主未必會考慮這些因素，有些雇主甚至會藉故解僱年資長的工人，以減少未來可能發生的大筆人事支出，如退休金提撥或資遣費。平面媒體也常報導一些實際的案例。例如：有一家知名的電腦公司以業務緊縮為藉口，資遣一位在該公司年資超過 18 年的副理，但在同時又對外招募新人；該名副理於是向法院提出告訴。高等法院認為公司的說法不符合解僱要件，而判決公司敗訴（聯合報 2010 年 10 月 8 日）。

　　蔡瑞明及林大森 (2002) 曾利用「變遷調查」的資料分析工作經驗對於個人收入的可能影響。這項研究的特點在於將工作經歷做了詳細的區分。文章中同時檢測工作經驗（從擁有第一份工作到受訪當時為止）、職業經驗（從事現有職

業的年數）、公司年資（在目前任職單位的工作年數）及現職年資（在目前任職單位內所任職務的年數）的個別影響力。他們發現：就業年數及從事現有職業的時間長短，對於薪資有顯著的正面影響。即使控制教育程度及父母親社經地位的差異，這些影響仍然存在；在就業市場中所累積的資歷比在組織內的年資更為重要。

教育或工作經歷雖然對提升薪資有正面效果，但對於女性或男性的作用並不相同。根據 Chang（張晉芬）(1995) 利用 1991 年「人力運用調查」資料分析的結果，年齡對於男性薪資有正面的效果，而年資、婚姻狀態（單身）及教育，對於女性薪資的提升作用則不及男性。女性要獲得較高的薪資，需要比男性藉助更多的人力資本。利用 2002 及 2007 年「變遷調查」的資料，張晉芬及杜素豪 (2012) 亦發現：教育背景對女性和男性薪資的提升仍然扮演著重要的角色。只是對女性來說，至少要高中以上的程度，與最低教育程度者之間的薪資差異才會出現。但就男性而言，具有國中畢業背景者的工作收入，就已經顯著高於較低學歷者。除了要依靠較高學歷之外，工作職務與組織特性對於提高女性的收入也有顯著的影響，但對於男性的影響則較小。這些結果顯示：在過去 20 年間，決定不同性別勞動者收入的因素和解釋變化不大。

人力資本中另一個重要因素是職業訓練 (occupation-specific training)。職業訓練可以增進個人的能力和技術，進而提高受訓練者的薪資報酬率。此外，有接受訓練的機會也象徵著受到管理階層的器重，日後也有向上發展的可能性。譚康榮 (Tam 1997) 分析 1988 年美國的社會調查資料 (General Social Survey) 發現，職業訓練（獲得足夠訓練以勝任目前工作的年數）是影響收入的重要因素；女性薪資偏低主要與所從事職務缺乏職訓機會有關。在控制職業訓練變項後，個別職業從業人員的性別比例對於薪資的影響即變得不顯著。顯示人力資本因素仍然可以有效解釋薪資，並非是女性集中的職業價值被貶抑的結果。不過，其他學者使用同一項資料重新分析之後則發現：將一般教育程度放入分析模型後，職業訓練的影響即變得不顯著，而各職業內的性別比例則仍有顯著效果 (England, Hermsen and Cotter 2000)。根據譚康榮的回應 (Tam 2000)，如果考慮到測量誤差 (measurement error) 的問題，加入教育程度會造成係數的偏誤。Barnett 等人 (2000) 利用公務體系內的人事資料分析性別差異，結果是支持職業價值被

方塊 11-2　收入的省籍差異

　　吳濁流 (1900-1976) 是一位文學家，寫過小說，也編輯過文學雜誌。常被提及的著作之一《無花果》(1988) 是他的自傳。書中提到了二次世界大戰之後國民政府統治台灣初期，省籍間的勞動待遇差異。以下摘錄《無花果》一書中對於當時省籍間薪資差異現象的描述和勞工的心情反應：

　　……台灣新報也被接收而改為台灣新生報了。我仍然被留用在編輯部，但這一回卻相反地負責把中文譯成日文的工作。當時的新生報，仍舊還是出刊中日兩種文字。

　　本省籍的日文記者仍然留用，但中文的編輯則交給外省人。至於社長的席位，羅社長已辭職而讓給一位從重慶回來的姓李的本省人。雖然是同一個報社，但不知不覺之中自然分成兩派了。日文的編輯和中文的編輯，各自分開。不過新進的中文記者的薪水，幾乎比日文記者多一倍。可是只有日文編輯部主任是例外，和外省人的待遇一樣。這麼一來，日文記者也就不能緘默了。至於這種新的奉給制度的差別，不僅是新生報，就是其他政府各機關也有相同的情形。

　　在日據時代，嚐過那種比日本人要低六成的可憐的差別待遇的記者，光復後又同樣要接受這種命運，那當然要比日據時代感到更痛苦了。

　　（頁 177-178）

貶抑的說法：在女性主導的職業內，其生涯流動的薪資效果不如男性主導的職業。另有其它研究發現特殊訓練對於薪資的影響，但認為：女性所從事之職務具有訓練機會的機率低於男性，是造成女性平均薪資偏低的主因 (Thomaskovic-Devey and Skaggs 2002)。此一發現也與 England 等人 (2000) 所做的結論類似：女性主導的職業所需要的教育程度或許很高，但職業本身很少被認為需要給予額外的在職訓練。

三、工作收入的性別差距及解釋

　　針對工作收入差距的研究，學者們經常採用的分析策略有兩種。一種是分

析影響男性和女性勞動者收入的因素（不論是男女個別分析，或放在同一模型中、將性別以虛擬變項代表），然後比較迴歸係數值的差異。另一種是將性別間的收入差距（wage gap 或 earnings gap）當作依變項，然後分析造成差距的因素。即使所使用的預測變項都完全一樣，這兩種途徑乍看起來類似，其實分析的議題並不相同。以教育為例，第一種是分析教育對於收入的影響，比較男性與女性係數值的差異，將可使我們瞭解哪一個性別的教育投資率較高或較低。至於教育在第二種分析策略的作用，則是探討教育的差異是否能夠解釋薪資的差距。多數研究證實，教育程度對於男性或女性的薪資都有正面影響，對女性的影響甚至大於男性。但是，在男女教育程度相當的國家，教育即無法有效解釋性別間的薪資差距。本章前一節即是呈現使用第一種分析策略的結果。這一節則說明性別間薪資差距的程度及解釋因素。

1. 工作收入的性別差距

男性和女性在許多勞動待遇項目上都有重大差異，包括薪資、升遷機會、出差及資遣等。這些差異固然可以利用客觀的數據檢驗是否真實存在及顯著的程度，但有時差異並不容易客觀判斷，或者有差異也未必代表不公平。以升遷為例，可能需要較長期的人事資料才較容易看出性別差異；即使女性或男性員工都受到拔擢，但部門或位置不一樣，同樣的升遷所代表的實質效果可能截然不同。主觀認知的調查或許可以較有效地提供有關收入的性別差異及公平與否的訊息。

陳昭如及張晉芬 (2009) 曾經利用 2005 年「變遷調查」的結果，分析有過工作經驗的受訪者對於不同勞動待遇差異與公平性的看法。根據分析結果，有將近一半的受訪者認為：在相同條件下，男性的起薪比女性高。有差異當然並不代表不公平；在這些認為有差異的受訪者中，有超過四分之一表示起薪的性別差異不公平。此外，有 27% 的受訪者認為組織內男性的調薪幅度比女性高；在這些認為有差異的人中，有超過三分之一認為這種差異並不公平。台灣企業界普遍存在的非經常性薪資中，最主要的項目即是年終獎金。這項研究也分析了受訪者是否認知到年終獎金的性別差異。結果顯示，認為年終獎金「男女大不同」的比例為 18%。這個比例或許不是很高，但在這些受訪者中，有約三成表示此一差異並不公平。

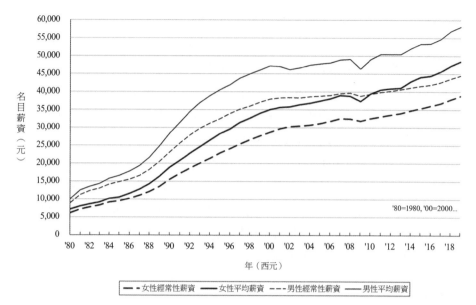

資料來源：行政院主計總處「薪情平臺」查詢系統（https://earnings.dgbas.gov.tw/query_payroll.aspx，
　　　　　取用日期：2022年6月1日）。

註：見圖11-1。

圖11-2　台灣男性及女性受僱者薪資變化趨勢：經常性薪資與總薪資對照

　　以下透過客觀的數據，讓讀者瞭解勞動者工作收入變動的趨勢及性別差距。根據主計總處「薪資及生產力統計」資料，圖11-2列出1980到2019年間男性和女性勞動者的平均每月薪資變動曲線。本章第二節曾說明，「經常性薪資」是指每個月的固定收入；「總薪資」的計算項目則除了經常性收入與加班費之外，還包括各種非經常性收入在內，如津貼及年終獎金等。與其它時期相較，整個1990年代的薪資調升速度大致與台灣的經濟發展同步。但如果比較圖中女性與男性的薪資曲線，女性的經常性薪資明顯低於男性。以2019年為例，男性經常性薪資約4萬5千元，女性則約3萬9千元。加入加班費及年終獎金等其它收入後，性別間總薪資的差距更大。因此，不論是主觀認知或客觀資料分析，都顯示出待遇的性別差異與不平等。

2. 性別差距的解釋

　　我們在表11-1列出女性經常性薪資相對於男性的比例。全體受僱者的經常性薪資在1997年達到3萬元。在1995年之前，女性的經常性薪資尚不及男性

表11-1 歷年性別薪資比

年	經常性薪資（當年幣值；元）			性別薪資比（女÷男；%）
	全體	女性	男性	
1995	28,376	22,829	32,485	70
1996	29,722	24,100	33,919	71
1997	30,930	25,337	35,125	72
1998	31,928	26,591	35,999	74
1999	33,019	27,742	37,103	75
2000	33,926	28,761	37,989	76
2001	34,480	29,653	38,326	77
2002	34,746	30,267	38,364	79
2003	34,804	30,475	38,321	80
2004	35,096	30,756	38,654	80
2005	35,382	31,192	38,827	80
2006	35,725	31,745	39,026	81
2007	36,318	32,516	39,489	82
2008	36,383	32,436	39,683	82
2009	35,623	31,810	38,807	82
2010	36,233	32,526	39,330	83
2011	36,735	33,036	39,843	83
2012	37,193	33,597	40,228	84
2013	37,552	33,958	40,601	84
2014	38,218	34,799	41,153	85
2015	38,712	35,390	41,589	85
2016	39,213	36,050	41,962	86
2017	39,928	36,801	42,654	86
2018	40,959	37,849	43,673	87
2019	41,776	38,630	44,586	87

資料來源：行政院主計總處「薪情平臺」查詢系統（https://earnings.dgbas.gov.tw/query_payroll.aspx，取用日期：2022年6月1日）。

註：1.本表統計對象為工業與服務業受僱員工，不含農林漁牧業受僱者。

2.經常性薪資指本薪與按月給付的固定津貼及獎金，不含加班費或非經常性收入。詳見圖11-1的說明。

的70%（資料未呈現）；但2003年時，已提高為男性的80%。2019年時，女性薪資相對於男性薪資的比例約為87%。

針對性別間的薪資差距，目前學界大多使用分解分析 (decomposition analysis) 的方式處理。研究者採用 Ronald Oaxaca (1973) 的公式，或以其為基

礎但提出其它延伸模型，如 Ronald Oaxaca 與 Michael Ransom (1994)，或 Frank Jones 與 Jonathan Kelley (1984)。簡單來說，分解分析即是將收入的性別差距分成可解釋的部分及不可解釋的部分。可解釋的部分主要是指可由人力資本、工作特徵或模型中其它因素加以解釋的比例，其餘不可解釋的部分則歸諸於其它未控制因素或歧視的結果。以下介紹主要針對利用台灣資料所得到的分析結果，說明造成性別間薪資差距的可能原因，再與國外研究做比較。

最早針對台灣社會所做的分解研究似可追溯到 Kenneth Gannicott (1986)。他分析 1982 年主計總處所發布的「勞動力調查」資料，發現即使工作性質及生產力相當，女性的薪資仍低於男性；性別間的薪資差距有 60% 無法被模型解釋。黃台心及熊一鳴的研究 (1992) 則是採用 James Heckman (1979) 的觀點，在分析中校正女性就業選擇可能造成的偏誤；結果發現有全職工作的男性及女性的薪資差距有 38% 可歸咎於歧視或其它因素，小於過往研究所得到的結果。張晉芬及杜素豪 (2012) 使用相對較完整的模型進行偏誤校正及分解分析後，發現考慮到人力資本因素和詳細的工作與組織特性後，在 2002 年時，性別薪資差距中不可解釋的部分約為 56%，但到了 2007 年時，則擴大為 61%。組織特性及工作經驗對於女性薪資的正面效果大於男性，因此也有助於縮短性別間的薪資差距。但是如同教育影響力的變化方向，在 5 年間工作結構因素的影響似乎也在下降中。因此，一個有趣的問題即浮現：為何當人力資本條件、勞動市場參與經歷和職務都相當時，女性的薪資仍然不如男性？

不只是台灣，從跨國比較的觀點來看，性別薪資差距也始終存在，但逐漸縮小似乎也是全球趨勢。根據一項利用後設分析 (meta-analysis) 處理跨國研究發現的著作 (Weichselbaumer and Winter-Ebmer 2005)，在 1960 到 1990 年代之間，多數國家的性別薪資差距都在下降中，下降幅度大約介於 30% 與 65% 之間。在工業發達國家之中，歐盟國家的平均下降幅度最為突出。根據歐盟資料庫——EuroStat——的資料，2006 年時歐盟國家的性別薪資差距約為 18%，2010 年時降低至 16%。表面上看起來，似乎降低的幅度有限，不過女性薪資相對於男性薪資的比例達到 84%，已是目前為止經濟先進國家中的典範。

至於東亞國家的性別薪資差距，在 1995 年時，台灣女性就業者的薪資相對於男性的比例約為 70%，日本為 60%，韓國則為 55% (Brinton 2001: 17)。不過，

根據 Chang 及 England 的研究 (2011)，2005 年時，台灣及韓國女性的工資占男性之比例均有改善的趨勢，分別為 79% 及 63%。但以所得（包括工作與其它形式的收入在內）差距而言，日本的女性則僅有男性平均值的 49%。

男女性勞動者之間收入差距逐漸縮小，固然是值得欣喜的發展，但要如何解釋仍然存在的差距呢？本章第二節已說明收入的變動趨勢與影響因素；第三節說明性別間的收入差距和可能的解釋；下一節將從宏觀的角度分析形成收入之性別歧視的結構面因素。

四、薪資的性別不平等與改善機制

性別歧視的存在主要來自勞動市場中人為操作的可能性。這些人為操作有些直接表現在雇主或管理階層個人的行為上，有些則是在制度化之後，藉由組織內的規則或習慣運作，製造出不公平的對待。

1. 工作的分配與評價機制

綜合現有的研究，造成性別間薪資差距的人為因素主要反映在分配及評價機制。分配機制 (allocative mechanism) 指職業或職務的性別隔離造成女性能夠選擇的工作類別有限，大多數只能持續集中在符合女性特徵的工作 (England 1989, 1992b)。組織內升遷機會或工作調動的性別化操作，也是工作配置機制的一環。女性較可能被分配到發展機會較差的職務，收入成長的空間有限。這與女性被預期會中途離職有關；但即使沒有因婚育而離職，單身女性的待遇仍不及男性。基於工作資歷難以累積、復出後也難以找到理想的工作，根據 Hartmann 等人的分析 (2006)，從長期或終身的角度來看，女性平均報酬更為偏低。

另一個機制是女性聚集職業的價值評量 (evaluation) 較差，造成報酬偏低。在多數社會中，醫生、律師、工程師、高階經理或高階政府官員等職業或職位，被認為需要較高的知識或專業技術，平均薪資也都高於多數其它工作；從事這些職業的則以男性為多數。相對的，以女性為主的護理師，或是律師或會計事務所的助理及文書人員，或是祕書等，則被認為不需要太多技能或學習即可勝任，工作收入也都不太吸引人。由於女性大多從事評價（或說市場價值）

較低的工作，整體的平均薪資自然難以與男性相比。這個現象也反映本書第十章所提到的同值不同酬的議題。男性進入女性主導的職業也沒有性別優勢，平均收入與女同事相當。職業的薪資差異已被制度化。

Petersen 及 Morgan (1995)　就上述的分配與評價機制，再加入 Donald Treiman 及 Heidi Hartmann (1981) 關於同工不同酬的論點，針對造成性別間收入差異的因素進行實證分析。他們假設：除了配置及勞動價值貶抑之外，另一個機制是同工不同酬。亦即，在個人條件相當的情況下，雇主仍刻意壓低女性

1. 培訓飛機維修工程人員
- 大學(含)以上航太、機械、電機等理工相關科系畢
- 精英語，檢附TOEIC成績者尤佳
- 公司提供訓練，須簽約至少三年。
- 工作待遇：正式任用 NT$40,000
　　結訓分發 NT$42,000~44,000(含輪班津貼NT$2,000~4,000)。

2. 儀錶技術員
- 大專(含)以上畢，不限科系
- 英文可
- 工作內容：協助現場維修業務。
- 工作待遇：正式任用 NT$35,000
　　結訓分發 NT$37,000~39,000(含輪班津貼NT$2,000~4,000)。

3. 技術員
- 大專(含)以上理工相關科系畢
- 英文可
- 工作內容：協助現場維修業務。
- 工作待遇：正式任用 NT$36,000~40,000
　　結訓分發 NT$38,000~44,000(含輪班津貼NT$2,000~4,000)。

4. 設施維修人員
- 大專(含)以上理工相關科系畢
- 員工室以上電、氣、空調、消防、牙水或自動控制相關職務經驗或證照
- 工作內容：設備維修保養、故障排除、設施系統評估管理。
- 工作待遇：正式任用 NT$38,000~47,000(含輪班津貼NT$2,000)。

5. 料管員
- 大專(含)以上畢，不限科系
- 英文佳，檢附TOEIC成績者尤佳
- 工作內容：協助庫房物料管理業務。
- 工作待遇：正式任用 NT$38,000(含輪班津貼NT$2,000)。

6. 電腦人員
- 大專(含)以上，資訊相關科系畢業受過資訊技術相關訓練者
- 精英語、無經驗可，具兩下列任何經驗者尤佳：
- Oracle/SAP ERP建置 JAVA程式設計 iOS/Android APP設計
- Domino Workflow設計 Oracle資料庫管理 Windows AD/Linux/VMware管理
- 公司提供訓練，須簽約至少三年
- 工作待遇：程式設計例兵納平行管理。
- 工作待遇：無經驗人員：正式任用 NT$39,000
　　有經驗人員：依據歷經個別議定。

7. 內勤職員
- 大專(含)以上畢，不限科系
- 英文佳，檢對TOEIC成績者尤佳
- 熟悉電腦文書系統軟體者尤佳
- 工作內容：協助辦接安排，工廠/工時等系統電腦或保調、內勤行政工作
- 工作待遇：正式任用 NT$38,000

【參考上述類別1~5應徵者，需配企業務需要輪訓班】

台灣報紙上某集團企業的徵人啟事和相關職類的薪資範圍
照片提供：本書作者

的貢獻，提供較高的報酬給從事同樣職務的男性。這兩位作者獲得一筆難得的人事資料，可分析美國從 1970 年代中期到 1980 年代初期，16 個產業中共 87 萬名受僱者的收入。這項資料的特點是職業類別（藍領及低階白領工作者）的劃分非常細緻，可以細分到七級（台灣的職業分類最細只到三級）。他們發現，在控制人力資本因素、工作場所特徵及細項職業類別後，性別間幾乎沒有收入差距。導致女性勞動報酬低於男性的原因並非同工不同酬，而是職業或職務配置與評價有男女差異。即使利用另外一筆資料進行分析，在同一篇文章中，Petersen 等人仍得到同樣的發現，證實女性不能進入有發展性的工作（多半為男性主導的產／職業）及女性主導職業的勞動價值被貶抑，較能有效解釋性別間薪資差距。由於資料難得，實證結果又具有相當程度的說服力，該文已成為論證性別薪資差距來源的重要文獻。

台灣的職業別薪資差異又是如何呢？根據主計總處的統計，在 2019 年時，女性服務及銷售工作人員的平均每月薪資為 2 萬 8 千多元。此一職業類別勞動者的收入僅高於操作員／體力工及農林漁牧業的勞動者。依工時而定（從 7 小

時到 12 小時），台北市的褓姆每月收入約在 1 萬 7 千元到 2 萬 2 千元之間，這還是指領有執照的褓姆。而褓姆也是一個以女性為多數的職業。England、Budig 及 Folbre (2002) 利用美國全國性資料，分析照顧工作者的相對收入水準。她們發現：即使控制人力資本因素，褓姆或是中小學老師的薪資仍有顯著的貶抑結果。也就是說，在個人條件、工作和組織特性及就業經歷相同的情況下，這兩個職業的平均收入顯著低於任職條件相當的其它職業。這是對於照顧性職業本身的貶抑效果，與性別無關，因為從事這項工作的男性和女性都受到薪資上的「懲罰」，只是女性被懲罰的程度又高於男性。唯一的反例是社工人員。男性如果從事社會工作，則顯著地對薪資不利，女性社工人員則無此現象。該文發現作為醫生（另一項具有照顧性質的職業）也具有收入貶抑的效果，這顯然與一般的認知不同。作者的解釋為：這主要是因為分析樣本為年輕世代的緣故，一旦脫離實習醫生階段後，醫生的平均薪資將會快速上升。但其它照顧工作的薪資大幅攀升的機率較低。

上述的研究證實了照顧工作的市場價值被貶抑。那麼要如何解釋勞動市場中照顧工作價值被低估的事實呢？根據文化貶值論 (England and Folbre 1999: 43-46)，女性所從事的工作常被認為不需要特殊的技巧或訓練就能夠勝任，所創造的附加價值較低，因而造成女性職業平均收入偏低。以照顧工作為例，即被認為女性不需要學習，只要發揮天生特質就會照顧老人或小孩；這些工作也被認為不需要特別的技巧，只要有愛心就可以。不論是男性或女性，只要從事照顧性質的工作，薪資待遇都會低於性質相同但是較不牽涉到照顧的其它工作 (England 1992a)。

不限於照顧工作，凡是工作特徵主要是需要面對面的情緒或身體接觸的「互動式服務工作」(interactive service work) (Leidner 1993)，不論女性或男性從業者，工作價值和實質報酬都可能被貶抑。既然照顧工作的薪資偏低，那麼如果女性本身具備足夠的條件與能力，為何不跳槽、另外尋找更好的工作機會呢？這一方面牽涉到機會結構的問題（請參考本書第十章）。另一方面，當一個照顧工作者開始一份工作後，會逐漸產生感情，即使當她們意識到薪資偏低、連抽象的回報也不足以彌補時，基於情感和道義，也不會立即離開，因而成為「情緒上的人質」(the hostage of emotion) (England 2005)。

　　職業隔離固然造成薪資的性別差異，但即使從事類似的工作，透過組織的制度性設計，也可以製造出不同的職務名稱 (job titles)，將待遇的性別歧視合理

方塊 11-3　制度化的性別歧視

　　本書作者曾經針對一群女性勞動者進行訪談，分析企業組織中敘薪及升遷性別歧視的制度化及對於收入的影響。以下摘錄論文中部分內容（張晉芬 2002：97-125）：

> ……在台汽的人事制度中，職等最低的是差工，然後是士級，再往上就是佐級、員級、和高員級。駕駛員幾乎都是在士級，只有部分服務員被允許參加晉升士級的考試。……在台汽，從高階主管到各個車站的站長和副站長幾乎全都是男性。介於司機和副站長之間還有調度員和站務員兩層職務，但也向來都由男性擔任。

> 在台汽非主管級的職工中，平均薪資最高的就是駕駛員，其次是技工。駕駛員的起薪為八級，女性則都是從一級開始。由於駕駛員一職只僱用男性，再加上跳級、工作獎金、和加班費等等，男女勞工平均薪資的差距隨著年資愈來愈擴大。一位由隨車售票員轉任駐站服務員的女性受訪者，在 1996 年底被資遣之前，平均月薪是兩萬八千元。

> ……

> ……在公家機構和公營事業內部的升等或是升級考試也常出現明顯的性別歧視。在 1984 年台汽曾為清潔工和其他約聘工人辦了一項升等考試，所有的男性都可以去參加考試，但只有部分的女性被允許去參加。舉辦這項考試的主要目的是「扶正」臨時約聘的男性工人。當時即使男性清潔人員都因為「通過」考試而升等為差工級；雖仍是最底層的勞工，但資格上已不再是約聘僱人員，而被納入正式編制中。但包括隨車售票員在內的許多女性員工要到 1991 年才有機會透過換敘的手續，升等為正式人員。曾有女性員工向公司主管抗議為何換敘有性別歧視，結果被後者以「男生要養家」的理由擋了回去……。

化，造成實質上的同工不同酬。採用不同的職務名稱就是組織變相提高男性薪資（或說壓低女性薪資）的方式 (Bielby and Baron 1986)。同樣的情形也出現在

台灣。前一章已提及，根據張晉芬對某家前公營事業的研究 (2002)，該事業的
管理階層將清潔工作的職稱分成兩種——「站工」和「清潔工」。所有的站工
都是男性，女性只能做「清潔工」。兩者的工作性質非常類似，站工只是偶而
需要執行一些較費體力的工作。但是，女性也並非不能夠勝任這些耗費體力的
工作。然而在站工的職稱只保留給男性的人為操作下，女性的收入註定低於男
性。可見即使是純體力性質的工作，組織都可以製造出性別階層關係。

　　理論上，如果研究對象是一群職場新鮮人，應該可以更精確地檢驗造成
性別間薪資差異的結構性因素。就業市場的新鮮人沒有任何工作經驗，且在學
歷、年紀、職業上的背景都相同時，若性別間依然呈現顯著的薪資差距，那麼
就非常可能是因為歧視。林忠正 (1988) 從「勞動力運用調查」（現已改稱為「人
力運用調查」）的資料中選取剛進入勞動市場且是第一次就業的勞動者為樣本進
行分析，發現即使學歷、工作經驗及年紀等都相當，女性的薪資仍低於男性。
他進一步將差距分成可解釋部分（可歸咎於人力資本的差異）、職業區隔效果及
同工不同酬三個部分，然後檢驗這三項因素的個別解釋力。結果顯示：同樣是
職場新鮮人，女性和男性同工不同酬的情況嚴重，明顯存有性別歧視。此外，
女性進入專門性工作的機率只有男性的一半，職業配置的性別差異也對女性不
利。根據他所做的統計分析結果，如果排除同工不同酬和職業隔離的效果，女
性的薪資還可能略高於男性。女性的人力資本條件即使比男性佳或至少相當，
但性別間的職業隔離和同工不同酬仍導致女性薪資水準不如男性。

2. 改變性別間薪資差異的機制

　　對於如何有效縮小性別間的勞動待遇，尤其是薪資的差距，Francine Blau、
Mary Brinton 及 David Grusky (2006) 綜合過去的研究，提出四個鉅觀層次的力量
(macro-level forces)：經濟、組織、政治及文化。每個力量都需要相對應機制的
配合，才可能改變結構性的性別歧視。這些機制包括歧視態度的改變（品味、
統計性歧視、制度性歧視）、內化態度的改變（偏好、自我評價）、勞動者投入
的鼓勵（家務分工趨於性別平等、組織採取平等措施及鼓勵家庭與工作兼顧的
政策）、文化性貶抑的去除（女性不被視為拉低收入標準的群體、文化價值貶抑
受到矯正）及回饋效果（對於歧視和懲罰的預期）。以文化力量為例，這些學者
認為，所有的機制都與文化有關或相互連結，而形塑成對於性別的價值觀。性

別意識型態依附在個人與制度中，而歧視者與被歧視者都可能執行性別化的操作或規則。這與本書第十章所提之人為的制度化操作意義一致。至於其它機制與力量的對應，則是有選擇性的。原文附有一張對照表，有興趣的讀者可自行參考（同上引：8）。以下簡單說明這四個力量的作用及相應機制。

經濟力量強調的是勞力供給面因素的改進，生產力是雇主決定付出多少工資時最主要的考慮，教育程度和工作經驗則是決定個人生產力的重要條件。工作經驗指進入有酬勞動市場的年數及在現職單位的年資。如果女性的人力資本與男性相當，則如同 Jacob Mincer 及 Solomon Polachek (1974) 所發現的，性別間的薪資差距即會縮小。家務分擔的平等化，以及組織（不論是自願或被法律所迫）採取對於女性員工友善的政策（如有薪的產假或是無薪的親職假和育嬰假等），也都可以協助女性累積工作資歷、減少薪資報酬率的折損。此外，歧視性的人事聘用或配置，並不符合組織追求最大生產力的原則。市場競爭的力量或許可以促成組織拋棄以性別為考量的用人政策。

組織力量則是指組織內部機會結構之性別差異的改善 (Blau, Brinton and Grusky 2006: 13-16)。機會結構的要素包括聘用、升遷、企業內的職業訓練及敘薪。在一個理性的組織中，機會結構應該是對所有的個人開放，端視能力或資歷而決定如何選才。男性主管基於社會同質性 (homosocial) 的偏好（Kanter 著，國立編譯館、Eki 譯 2008[1977]），而傾向拔擢同一性別的下屬，或是接受「汙染」理論 (pollution theory) 的說法，認為女性能力不足、進入管理圈之後會拖垮群體表現等因素，均使得女性較難有機會進入內部勞動市場，在工作生涯中缺乏被栽培和發展的機會（張晉芬 2002；Reid and Rubin 2003）。實證研究 (Petersen and Saporta 2004) 顯示，由於大型組織較可能採取階層式的管理原則、著重規則與既定程序，也較注重形象，因此敘薪的過程比規模較小的企業更為平等。雖然並非一定如此，但組織規模愈大，愈可能受到外部和內部的監督，勞動報酬的人為操作空間即愈小。

政治介入主要是指透過立法或是行政的手段促進性別間的勞動平權 (Blau, Brinton and Grusky 2006: 18-21)。這些影響力通常都不是來自國家主動的關懷，而是透過運動團體或是國會議員的動員和遊說才出現的。但無論如何，平權法案的出現、同工不同酬的禁止，都對於縮小性別間的薪資差距產生作用。在台

灣的脈絡下,〈性平法〉的實施即代表用政治(法律)的力量改變歧視的操作、促進友善政策的提出及去除女性工作價值的被貶抑等(請參考本書第十章)。主要的內容包括禁止招募及敘薪等歧視,並提倡企業和政府部門積極促進女性就業。理論上,平權法律的執行應該會普遍降低職場中的性別歧視。法律實施後,女性的升遷機會和收入等勞動結果將逐漸與男性相當。

至於文化力量的改變,根據 Blau 等人 (2006) 的看法,所有機制的改變都牽涉到文化意識型態和價值觀的改變。簡單綜合這些改變,她們列出四個促進工作場所平等主義的態度:決策或執行者逐漸發展出對於平等概念的品味、去除女性參與將會拉低勞動待遇的偏見、不再支持「男主外、女主內」的傳統性別角色分工、去除對於女性勝任男性工作能力的質疑。這些是屬於需求面的因素,亦即要求和期待雇主及管理階層的改變。此外,勞力供給的一方——女性勞動者——本身態度的改變,也可以讓文化力量發揮作用。例如:女性願意參與市場勞動,而不再囿於母職或操持家務的單一角色;也願意學習以男性為主導之職業的訓練或接受大多由男性擔任的位置,如主管等。

五、結論

收入是重要的勞動成果,許多學術研究及保護性立法均與收入的決定過程、性別差異或減少歧視密切相關。台灣近年來經常被討論的社會議題之一即是所得和財富分配不均程度的惡化。本章提及,所得的計算項目包括工作收入及其它非工作性收入在內。房地產價格大幅度攀升及富人因投資理財而賺得高額利潤,確實會拉大貧富之間的財力差距,但是輿論對於一般勞動者工作收入偏低的現象卻明顯忽視。根據本章的說明,勞工近十年來的實質工資不但沒有增加,近幾年甚至還低於名目薪資。或許依靠過去的儲蓄,有些個人或家庭可以短暫應付物價上漲但工資持平的窘境,但可能有更多家庭或個人甚至連「寅吃卯糧」的能力都沒有,而需要社會福利的支持。一旦不幸失業(本書下一章的主題),生活情況將更為窘迫。若勞工有工作但卻只是窮忙,結果仍不能維持合理的生活水準,就更需要從制度和結構面尋找答案了。

在貧窮研究中,貧窮的女性化是一個重要的議題。由於女性的經濟能力相

對薄弱，一旦遭遇配偶發生事故或婚變時，即容易陷入困境或甚至絕境。女性為戶長的單親家庭陷入貧窮的機率遠高於男性為戶長的單親家庭（王德睦、何華欽 2006）。雖然個人的所得來源未必全然依靠工作收入；但對於多數無恆產、只能以受僱身分謀生的現代人而言，工作收入確實是主要的經濟來源。女性收入偏低的現象尤其需要更多的研究。

從女性參與勞動市場的軌跡來看，最先遭遇的困境是勞動市場參與的障礙和機會不平等。女性經常是最後被僱用、最先被解聘 (last hire, first fire) 的群體。彼時，學術研究與女性平權運動的重心在於保障工作權和消除僱用歧視。隨著女性勞動參與率的提升，近期的研究多轉移到升遷、收入及其它勞動待遇的差異與不平等的呈現與改革。穩定的經濟來源除了對維持正常生活及生活品質具有關鍵性影響之外，也有助於個人在家庭及社會上的地位、增強女性於婚姻中的協商權力，以及累積個人財富和社會資本。

本章藉由國內外的研究發現呈現性別間的收入差距及可能的解釋因素；同時也陳述利用認知及客觀資料分析所得到的結果，進而說明差距中不平等的成分及形塑結構與人為操作的機制或原因。整體內容均是質疑一個難解的謎題：如果教育程度相當、勞動市場經歷相同，同時也願意盡心盡力投入工作，為什麼不同性別勞動者的薪資仍有明顯的差距？由於原因複雜，預期這些議題未來仍將是勞動社會學研究的熱門議題。

工作穩定性是勞動者得以發揮所長及累積經濟資源的前提；失業所造成的後果即是喪失穩定的收入來源、未來事業生涯不確定及心理和精神上的負擔。影響的不只是個人，還包括家庭成員的福祉和家庭運作的穩定性。大規模解僱或大量失業更是統治者的夢魘及不敢不嚴肅面對的「政治」問題。下一章即將說明失業的狀況、形成的原因及國家如何介入以改善失業現象。

思考與討論

1. 雖然多數受僱者的薪水是直接存入銀行或郵局帳戶（如電子業），但仍可透過不同方式提供明細表給員工。請看一下家人或親戚的薪資袋或明細，其中包括哪些項目？順便算一下他／她們的底薪占稅前或實領薪資總額的比例是多少。此外，以最近幾年為例，公司或單位所給的年終獎金占月薪的比例（或倍數）是多少。端午節或中秋節有加發獎金或提供實物嗎？與家人或親戚聊一下，他／她們比較喜歡單一薪俸的給付（給一年固定的薪資，不再有其它加發項目，也沒有年終獎金），還是像現在這樣底薪加津貼的方式？其中的利弊得失考量為何？親戚或家人所任職的公司或工作場所是否還提供其它的福利呢？

2. 工作收入的性別差距可能出現在不同的教育程度、職業和產業之間，是一種交叉的關係（例如：性別與教育程度、性別與職業類別、性別與產業類別）。請利用一個長期性的資料（大約 20 年左右），將這些不同組合的交叉關係繪製成趨勢圖，並說明其變化及所代表的意義。

3. 本書第七章的表 7-1 呈現男性和女性在不同職業的薪資。請利用該表計算：(1) 1995 到 2019 年間各項職業內男、女性受僱者個別的薪資成長率，及 (2) 女性薪資相對於男性薪資的比例。最後再試著將 (1) 及 (2) 的計算結果用曲線方式呈現（X 軸為年代）。

延伸閱讀

1. **Ehrenreich, Barbara (2001) *Nickel and Dimed: On (Not) Getting By in America*. New York: Metropolitan Books. 中文版：Ehrenreich, Barbara 著，林家瑄譯（2010[2001]）《我在底層的生活：當專欄作家化身為女服務生》。新北市：左岸文化。**

本書作者為了瞭解美國底層工人的勞動條件與待遇，而匿名加入她／他們的行列，實際當過餐廳侍女、旅館女僕、居家清潔工、療養院看護工和 Walmart 百貨的售貨員。她發現底層勞工的工作時間很長且十分耗費體力，但工資微薄，必須兼兩份工作才足以溫飽。呈現出美國作為一個富裕社會卻有極大貧富差距的真象。

2. **Piketty, Thomas 著，詹文碩、陳以禮譯（2014[2013]）《二十一世紀資本論》。新北市：衛城。（原文為法文）**

本書作者用了 20 多年的時間，分析 18 世紀以來，富裕國家內部財富分配的變化。書中提出多項數據，顯示在新自由主義經濟導向之下，企業高階主管各項收入增加的幅度遠超過他的生產力。作者主張對超級富豪徵收全球稅，以因應他們在低稅負國家設立總部和置產、逃避稅負的手法。

3. **飯島裕子著，洪于琇譯（2020[2016]）《瀕窮女子：正在家庭、職場、社會窮忙的女性》。台北：大塊文化。**

本書作者經由訪談和個人經驗，呈現當代日本女性的就業困境。有些困境來自舊有制度的性別歧視，例如：女性相對而言較不易獲得正職工作，較可能受到雇主的不友善對待、及職場對於女性結婚、生育、承擔家庭責任的「身體化」負面想像等性別化操作依然存在。新困境源自國內外經濟體制的變化，在績效主義及全球競爭下，愈來愈多職缺屬於非典型工作型態，低薪且未提供醫療保險。家庭與工作的衝突往往惡化女性的收入和經濟自主能力。

丹麥哥本哈根勞工博物館一隅，牆上繪製著 1929 年經濟大恐慌時期屢創新高的失業率
照片提供：本書作者

第十二章　失業與大量解僱

重點提示

1. 失業的官方定義是指在調查當時（通常是指一週內）受訪者沒有工作，但有工作意願，且正在尋找工作或已找工作在等待結果。

2. 失業對個人心理、生活品質和家庭的正常運作都會產生負面影響，包括經濟陷入困境、子女求學中斷或是出現健康問題等。

3. 從長期趨勢來看，台灣的失業率呈現廣淺底的倒 U 字型。在 1990 年代中期之前，失業率大都維持在 2% 以下。1980 年代曾短暫高於 2%，自 1996 年開始明顯攀升，到 2000 年代初期首度超過 5%。

4. 結構性失業是指因經濟結構變化而非個人能力或意願因素所造成的失業，原因包括企業外移或生產技術快速升級。

5. 除了失業之外，低度利用勞動力還包括三種狀況：工作時數不足、所得偏低及教育與職業不相稱。整體而言，台灣勞力低度利用人數的比例已相當接近就業人口中的五分之一。

6. 社會排除是指個人的經濟權、社會權或政治權因為某些因素而受到損傷，甚至完全喪失；好似被整個社會排除在外，成為邊緣人民。造成社會排除的主要原因之一即是失業。

7. 不論女性或男性，原住民的失業率都高於全國的數據；但近年來差距逐漸縮小。

8. 即使在組織內已累積了相當長的工作年資，甚至放棄休假、賣命工作，企業裁員時，處於中高層位置的勞動者都可能因為薪資或退休金較高，而成為被優先解僱的對象。

9. 中高齡者的失業率上升反映出主要勞動市場工作——收入佳且有僱用保障——的大量消失。

10. 關廠或歇業除了造成勞工工作權突然喪失；有些雇主甚至規避退休金提撥、將資遣費縮水，或拖欠加班費及工資，罔顧勞工的經濟權益。

11.〈就業保險法〉的功能之一是用立法方式，透過保險制度的運作，讓失業者可以在失業期間獲得經濟上的支援。

12. 立法院於 2003 年通過〈大量解僱勞工保護法〉，立法目的是要避免因為事業單位大量解僱勞工，致使勞工權益受到損害或有受損害之虞，並維護社會安定。

　　……如同我和其他在找工作的這些中產階級美國人，從小受到傳統清教徒的薰陶，認為如果努力就會得到應有的報酬和穩定的工作。對於工人階級來說，則連這些都是不可能的。他們所得到的與所付出的汗水總是不成比例。現在，社會學家們都同意，連公司組織裡各階層的中產階級都已不會有如此奢望了。……在我尋找工作過程中所遇見的失業者，有些是被大量資遣的一員；有些是事業正在蒸蒸日上的人。……當有技術或是有經驗的人持續發現他們的技術和他們的經驗不值錢時，那表示有什麼東西正在切割凝聚社會的力量。

——*Bait and Switch* (2005: 216-127)

一、序言

　　引言作者 Barbara Ehrenreich 是美國的社會評論家及暢銷作家。她在 2001 年出版了 *Nickel and Dimed*（中譯本名為《我在底層的生活》，2010 年出版），甫出版即成為暢銷書，同時也是美國許多社會學系教導大學生認識底層工作者之勞動與求職辛酸的教材之一（見第十一章延伸閱讀）。由於該書的發行相當成功，作者趁勝追擊，再度著手撰寫下一本書籍，以呈現當時美國白領階級應付失業潮的經驗。為了取得該書所需的資料，Ehrenreich 先改回婚前的姓氏（依照美國的法律傳統，女性結婚後原則上是採用丈夫的姓氏），喬裝為失業的白領中產階級，然後開始她的尋職探險。但這段求職經驗並非如她原先對白領階級的想像——有趣且愉快的經驗，反而使她強烈感受到失業後幾乎很難再找到理想工作的窘迫。她在這個富裕國家中觀察到的實況是：不論白領或藍領工人，都可能在被雇主利用殆盡後就被隨意拋棄。即使經常超時工作，甚至放棄休假、賣命工作，企業裁員時，白領階層的專業或技術還是可能被雇主認為過時或者「大材小用」(over-qualified)，而成為被優先解僱的對象；但實際上，所謂的「不適任」只是因為薪水太高，雇主想以兼職、工資低的人力替代他們，以降低人

事成本。現今的雇主在僱人之前,都會先設想這些員工是可以隨時被解僱的 (Ehrenreich 2005: 244)。現代資本家的用人觀念已打破認真努力、表現優異就會出頭的箴言。而針對非自願性失業的發生,管理學者或官方給勞動者的建議都是千篇一律的「再學習第二或甚至第三項專長」,等同將問題丟回個人身上,而較少檢討經濟和就業制度的問題。

　　失業代表工作生涯的中斷。社會學者對於失業議題的討論,是建立在一個集體性的概念之上。分析的意義不是著眼於個人的自願性離職,也不是將失業視作景氣循環的結果、一時的市場失調或總體經濟指標,而是關注所反映的社會實況及群體間的差異。Phineas Baxandall (2004: 206) 認為失業是一個社會發明,是隨著工業發展、資本主義生產成為主要模式後而出現的詞彙。失業所隱涵的意思是:原來處於就業狀態,但現在狀態改變了。在資本主義社會中,多數勞動者屬於受僱者;社會生產關係是建立在僱用與被僱之間;勞工不論是自動或被迫離職,所對應的都是另一群具有資本家或小雇主身分者。「找無頭路」的還包括經商失敗者,或家庭(族)事業破產的小頭家或家屬工作者(無論有無酬勞),但其人數所占之比例較小。官方對於失業的定義是指在調查當時(通常是指一週內)受訪者沒有工作,但有工作意願,且正在尋找工作或已找工作在等待結果。但這樣的界定低估了實質的失業水準。有些失業者在長期找不到工作之後即退出勞動市場,或退而從事臨時性工作以暫時餬口。但這些人口都不在失業率的計算範圍內。2008 年因美國金融危機所引發的全球經濟衰退,也波及台灣的代工廠。許多工程師、白領工作者被迫休無薪假;有些勞工的假期甚至超過半年,幾乎形同解僱,但企業卻不用發給資遣費。由於並沒有經過正式的資遣程序,這些人雖然實質上失業,卻不會被列為失業人口。可見官方所公布的失業統計數字嚴重低估了民眾實際上「無頭路」的現象及其嚴重性。

　　除了完全沒有工作機會之外,有些勞動者即使有能力及強烈的工作意願,實際上也有工作,但就業品質卻不理想。例如:想找全職工作卻遍尋無果,只能兼差或打工,成為窮忙族;工作時數雖然很長,但由於工資偏低,掙得的收入有限;或是個人的學歷或能力遠高於所從事的職務所需,形成所學與工作所需不相稱的情況。如同失業,這些就業狀態被統稱為勞動力低度就業 (under-employment) 或低度利用 (under-utilization)。

如同本書第四章對於就業型態分布的敘述，失業之所以發生不是一個隨機現象，而是有群體的差異。構成群體差異的面向包括年齡、性別、族群、教育程度、部門、居住地區等。例如：勞動市場的新鮮人因畢業時間相近，造成勞動供給短期內遽增，成為年輕族群失業率相對較高的原因之一；少數族群、低技術或低教育程度者則因勞力替代性較高，容易受到景氣衰退的衝擊而失業；與受僱於私部門相較，公部門的勞動者在公務人員制度或契約的保障下，較不容易被大量解僱。但由於政治或經濟環境的變化，有些原先優勢的群體也可能出現短暫的高失業率，包括本章引言中所述的白領中產階級，或因事業單位被私有化而遭大量資遣的原公營事業勞工。

除了失業水準之外，失業期間的長短也是重要的社會學議題。短期或自願性失業所造成的問題較小。相較之下，非自願性離職或長期性失業除了造成個人的工作權和經濟權受損，對個人心理、生活品質和家庭的正常運作也可能造成傷害，包括生活陷入困境、婚姻危機、子女求學中斷或健康惡化等問題。勞工因長期找不到工作而罹患憂鬱症、個人或全家燒炭自殺的案例也不時出現在新聞報導中，更是個人和社會的不幸。長期性或大量失業不只是個人或家庭的問題，更反映出就業結構的不良。失業者在經濟、心理和健康上出現困境或問題，也代表社會與國家對這個社會議題的忽視與援助制度的不足。許多經濟發展先進國家鑑於高失業率所帶來的社會衝擊，將協助失業者重回勞動市場、避免被社會邊緣化列為重要的勞工政策。

失業者經常被想像為社會問題的製造者，被迫承擔許多汙名。但根據學者的分析（林明仁、劉仲偉 2006），失業率升高時，僅與財產犯罪有顯著的正相關，與暴力犯罪、強盜搶奪或妨礙風化的增減無關。傳統的社會學定義將失業視為「社會問題」(social problems)。實際上，失業的後果大多由個人及家庭自行承擔，失業者很少向社會求助。他／她們是受害者，而非麻煩製造者。

資本家支付勞動者工資以換取勞力的使用，並不代表勞動力如同其它生產要素一樣，可以任意使用或拋棄。為了防止雇主任意解僱勞工，多數國家都會立法禁止不當解僱或提供勞工申訴的管道。這是平衡勞方與資方實力不對等、避免勞力被過度商品化的重要機制。政府對失業者提供救濟和援助的動機，未必全然出自主動的人道關懷。但基於政權穩定性及合法性的考量，執政者對於

高失業率或長期失業現象都會提出一些臨時性的解決策略。大量解僱不僅影響
眾多勞工的個人和家庭生計，也會因為這些消費者喪失工作收入而對整體經濟
造成衝擊。因此，許多國家對於資本家大規模解僱勞工的行為有嚴格的限制和
規範。

本章第二節將說明失業與勞動力低度利用的發生與後果；第三節的焦點是
台灣失業現象的長期趨勢及群體間差異；第四節則將說明大量解僱的現象、其
成因及社會面的影響，以及國家的失業救濟政策、禁止惡意資遣的法律及實施
成效。

二、失業與勞動力低度利用

1. 失業與產業後備軍

在社會主義國家中，幾乎所有勞動人口都要從事生產性勞動，似乎也都有
工可做，工作位置的分配由國家主導。勞動者或許可以申請轉換工作，但也必
須經過國家或相關單位的批准，並沒有自由選擇工作的權利 (Walder 1986)。社
會主義國家因此宣稱沒有人失業，用以對比資本主義市場經濟中長期存在的失
業問題。這樣的充分就業 (full employment) 其實是虛假的，失業並非不存在，而
是一項不能說的祕密 (Baxandall 2004)。包括前蘇聯、波蘭、匈牙利，以及現在
的捷克與斯洛伐克等國家在內，從 1950 到 1980 年代，有長達 40 年時間處於社
會主義時期。在這些國家，表面上勞動者都處於就業狀態，但由於缺乏足夠的
工作機會，政府於是將勞動過程零細化，以創造出更多就業機會。例如：即使
是一項簡單的貨品買賣，取貨、開收據及收付價款等連貫的作業，卻分別由不
同的服務人員負責。1989 年冷戰結束後，前蘇聯及東歐聯盟解體，部分社會主
義國家放棄原來的政治意識型態，多數公有事業私有化，政府也不再為人民安
排工作，因而在短期內造成大量失業。以德國來說，當時就有大批前東德民眾
在兩德合併後到前西德地區尋找工作。

前一段文字的用意並非要對比出資本主義制度是理想的經濟型態，而是
要顯示失業數據的高或低未必代表絕對的好或壞。本書第四章提到，受僱於人
已是台灣（及所有資本主義社會）大多數勞動者的就業身分。多數勞工的事業

生涯受制於企業與組織發展的成敗；雇主或管理階層的偏好也會影響勞工的就業前途。在馬克思的論述中，失業及未充分就業人口是資本家的產業後備軍 (reserve army)。失業人口愈多，資本家可選擇的勞力愈多，也愈可能壓低工資、影響勞工抗爭的能量（劉梅君 1997b）。改進技術或生產流程的目的往往是為了更精簡人力需求；因此，資本主義生產模式發展愈成功，失業數字就愈高。但是資本家卻不需要為失業所造成的個人、家庭經濟及社會困境負責。不過，馬克思或許也沒有料到，資本家也可能為了節省成本，而僱用兼職人力取代全職工作者。如此一來，聘用人數增加、失業率降低，但工資成本卻反而減少。資本家更可利用資本外移的方式，將生產或服務轉移到工資低廉、設廠條件寬鬆的地區，以節省成本，創造更多盈餘。顯見勞動大軍的來源已遍及全球各地，而非侷限於國境之內。

　　但是在現代社會，沒有任何一個政權可以承受高失業率長期存在而不擔心社會不安或政治壓力。由於各國經濟發展狀態和福利政策不同，對於何謂高失業率也沒有一致的定義。有些西歐國家的失業率長期維持在 6% 左右或更高的水準。但對於台灣或其它工業國家來說，這就算是嚴重的失業狀態了。所以，對於數字的解讀，不能只計較絕對數值的大小，還需留意造成失業的原因和國際差異的背景。由於婦女就業可以有效增加服務業的工作機會（家內生產及服務改由市場購買），有些西歐國家即以此作為降低總體失業率的手段 (Esping-Andersen 2000)。只是所創造出來的就業機會中，有許多仍屬於兼職性或彈性契約工作 (Gorter 2000)。

2. 失業與社會排除

　　經濟學將失業分成幾種類型，包括摩擦性、季節性和結構性等。摩擦性失業 (frictional unemployment) 是指勞動者離開現有的工作，但並未退出勞動市場，隨時會找到新的工作；在初次尋找工作或新舊工作交替期間較可能發生。季節性失業 (seasonal unemployment) 則是指在不同的季節或時期，工作機會有顯著的差異。例如：雨季時營造工人的工作量大幅縮水，必須用兼差的方式增加收入或另找其它工作；農業和旅遊業勞動者也較可能出現類似的失業狀態。摩擦和季節性失業都屬於暫時性的失業現象。結構性失業 (structural unemployment) 的發生則是基於總體性或歷史性的因素，也較有可能演變為長期性失業。例如：

方塊 12-1　生產體制、工作保障與失業的關係

　　英國社會學家 Duncan Gallie 的研究興趣之一是歐洲國家的就業品質。這個概念攸關工作場所與就業的條件，包括工作中的自主性、鼓勵工作團隊的形成、決策參與及就業穩定性等。他在 2007 年的一篇文獻評述中，用生產體制的差異區分歐洲國家的勞工就業品質。以對工作保障程度的主觀評量來說，理論上這應該與失業率有關。經濟體如果長期出現高失業率，則工人對於工作的穩定性應該愈悲觀。對於德國的工人來說的確如此：高失業率使得勞工工作穩定指標偏低。但是，丹麥和芬蘭的失業率也很高，工作穩定性的評量分數卻較高。主要原因是這兩個國家的福利措施較佳，勞工即使面對不景氣，也不會太悲觀。英國的經濟較強調自由競爭，福利措施不如德國，但工作穩定性的主觀評量分數還高於德國的勞工。他的解釋是：失業率高低是否成為值得勞工憂慮的現象或是否應被看作是一個「社會問題」，與失業率的長期發展及國家的福利制度保護程度相關。以下是根據該篇文章中表 4 所繪成的簡圖 (Gallie 2007: 98)。德國的情況最具一致性：失業率高，民眾對於就業品質的評分也最低。英國則有較高的不一致性，失業率雖低，但民眾對於就業品質的評價仍然很低。北歐國家之間也出現不一致的現象。

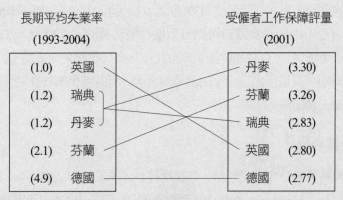

長期平均失業率 (1993-2004)	受僱者工作保障評量 (2001)
(1.0)　英國	丹麥　(3.30)
(1.2)　瑞典	芬蘭　(3.26)
(1.2)　丹麥	瑞典　(2.83)
(2.1)　芬蘭	英國　(2.80)
(4.9)　德國	德國　(2.77)

註：工作保障評量分數愈高代表愈樂觀。

　　經濟景氣衰退會造成大量失業；戰爭結束後，男性解甲回到原來的職場，造成大量女性勞動者非自願地失業或退出勞動市場。台灣從 1980 年代開始，傳統製造業大量遷移到中國生產，在大幅縮減人力或甚至關廠後，許多原廠工人被資遣，不得不另找頭路。上述這些分類可以幫助我們初步釐清失業的類別，找出

因應的對策，但並不能解釋造成失業的原因。此外，有些失業的發生可能同時橫跨兩、三種類別。例如：在經濟衰退時期，工作性質屬於季節性的勞工（如營造業工人）所受的影響可能更大。

　　社會排除 (social exclusion) 是源自歐洲社會福利界的概念，指個人的經濟權、社會權或政治權因某些因素受到損傷，甚至完全喪失。例如：失業即可能造成向下的社會流動，家庭或個人都好似被整個社會排除在外、被邊緣化 (Byrne 2008)。失業不是造成社會排除的唯一原因，但可能使特定群體的社會排除情況更嚴重。長期或中高齡失業者在缺乏固定收入、失去生活重心之後，容易因心理和經濟因素而減少與親友和同事網絡間的互動。且由於失業者散布在不同的地區、企業或組織，要求政府回應的集體行動不易形成，也較容易成為政治上的弱勢。根據朱柔若及童小珠 (2006) 的訪談，當失業對家庭經濟的衝擊不大時，失業者或其家庭遭遇到社會排除的程度較低。但是如果原先的薪資就偏低，自然也難以有足夠的儲蓄因應不時之需。當社會網絡的支持不足或失業期間拉長時，社會排除狀況就更嚴重。顯見失業所造成的後果絕非僅限於經濟面。為避免社會排除，失業者也可能因為積極而找到理想工作。

3. 勞動力低度利用

　　如果將全職工作和失業視為就業狀態的兩個極端，還有一些勞動狀態是處於這兩個極端之間。因為無法找到理想工作而屈就低薪或從事非個人所長的工作，甚至本身的教育程度高於其職務所需的教育水準，都屬於勞動力低度利用，雖然不符合官方統計所定義的失業，但仍是一種不完整的就業狀態。如果是純粹出於個人的選擇，或許還不構成問題。但如果是非自願性選擇、想要改善卻無法如願時，這些人口即屬於低度利用的勞動力。當低度利用勞動力的人數占就業者的比例持續上升時，即如同高失業率一般，成為值得關切的現象。

　　主計總處將失業者與低度利用勞動力（underutilization of labor 或 precarious labor）合稱為「未適當運用人力」。低度利用勞動力的認定包括三種狀況：工作時數不足（每週工作時數未滿 40 或 35 小時，但希望增加）、工資偏低（指與同類職業或同等教育程度的就業者相比）或教育與職業不相稱（具有較高的技術或教育水準，但從事較低職位的工作）。這些也是國際勞工組織 (International

Labour Organization, ILO) 對於低度利用勞動力所採取的定義。自 2004 年起，低度就業的定義改為以工時或收入相關的標準認定。以 2015 年為例，在 1 千 1 百萬的就業者中，有超過 21 萬 (1.89%) 工作時數不到 35 小時的勞動者希望增加工時，另有 60 萬名 (5.4%) 全職或部分工時勞動者的收入低於基本工資；合計約有 81 萬人屬於低度就業狀況（主計總處 2016b）。

　　工時不足或工資偏低均會造成收入不足。教育程度和所從事的職業或職務不相稱，除了有大材小用之憾及缺乏成就感外，也可能造成收入偏低。對個人而言，勞動力的低度利用同時反映了工作及經濟來源的不穩定性。執政者之所以關切勞動力未被充分利用，多半出於工具性的考量，包括國家生產力的折損或低度利用很可能進一步淪為失業等。低度利用勞動力或失業者都可能因為難以突破結構性的困境，而成為怯志工作者 (discouraged workers)，對於尋找穩定的工作愈來愈不抱希望，而逐漸失去認真尋找工作的意願，以致即使想要工作也沒有積極尋職，甚至最終退出勞動市場。

　　從社會學的角度來看，勞動力低度利用是一個集體性的現象，反映教育、產業和就業結構的連結出現鬆動。如果高等教育或職業教育擴張太快，但是產業結構仍處於附加價值較低的加工層次或低價的服務，所提供的職務不需要太多技術或知識即可勝任，即可能造成勞力的低度利用。服務業的興起雖然創造了許多工作機會，但這些屬於次級勞動市場的工作，大多工資低、勞動現場的條件惡劣、工作不穩定（請參考本書第六章）。如果重新檢視 Collins（1979，劉慧珍等譯 1998）所說的文憑主義及高才低就的狀況，即顯示：當教育擴張後，文憑仍是獲得工作的重要條件，但實務上這些工作卻不需要高學歷即可勝任。雖然官方統計顯示：具有大專學歷的勞動者有較高機率成為高薪者，但是高學歷者成為低工作收入者的比例也正逐年增加（行政院主計總處 2004）。

　　根據主計總處每年執行並公布的「人力運用調查」結果，在 2004 年的就業人口中，工作時數不足的比例大致維持在 4% 左右，工作收入偏低的比例則約為 7%。如果再加上「教育與職業不相稱」的比例，則合計低度利用勞動力的人數比例約為就業人口的五分之一。台灣自 2001 年起，已經將全職工作時數的標準降低為每週 35 小時，工作時數不足的勞動人口占就業人口的比例因而減少（這個例子也說明：看待任何數據時，都必須先瞭解定義和樣本來源）。僅就工

作時數來看，確實難以判斷勞動者是否有勞力低度利用的情形，還需要參考工作收入的評量指標（見前述關於低度就業定義變動的說明）。包括官方的調查項目在內，近幾年關於勞動力運用的焦點已轉為部分工時、臨時工及派遣人力的勞動狀況。

三、失業的長期趨勢和群體差異

衡量社會整體失業程度的通用指標是失業率。根據 Guy Standing (2009: 40-41) 的追溯，早期美國統計單位在做失業的判定時，只有回答「真的很想要工作」(really wanted employment) 的受訪者才會被列為失業人口。很多女性因此被視為怯志工作者，而不是失業。基於個人意識型態或政治上的原因，失業率的定義是可以被人為操弄的。我們在看數據的變化和進行跨國比較時，需要留意失業的定義和計算方式。

目前國際上通用的失業率計算方式是以勞動人口中沒有工作、但有意願且正在尋找工作的人數作為分子，除以總勞動人口數。已經退出勞動市場或想要工作但並未尋找工作的人，都未被納入。簡單來說，勞動人口就是就業與失業者的合計。此一國際通用的定義較為嚴格，有可能低估真實的失業率。例如：因找不到工作而退出勞動市場的人就不屬於勞動人口而未被採計。因此，如果要瞭解一國勞動人口參與市場經濟的程度，應同時參考勞動參與率和失業率。此外，失業率的高低固然是判斷就業市場運作的重要指標，失業率和失業期間的變化也是評估失業嚴重性的依據。

1.台灣失業情況的長期趨勢

從長期趨勢來看，台灣的失業率大致呈現淺底的倒 U 字型。根據圖 12-1，台灣在 1950 及 1960 年代，失業率都維持在 4% 以上。當時台灣的經濟結構所創造的工作機會不多，民間從事小商品生產的資本也不足，難以吸收初級產業釋出的勞動力。自 1970 年代開始，經濟發展和就業機會的快速增加有效降低了失業率；直到 1990 年代中期，失業率幾乎都維持在 2% 以下。只有在 1980 年代初期，由於第二次石油危機（1979 年）發生，包括台灣在內的全球經濟體都面臨衰退，因而在接續幾年間出現較高的失業率，但也未超過 3%。然而，台

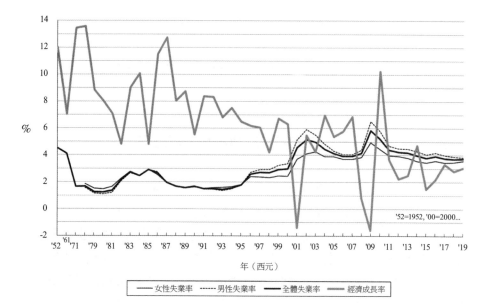

資料來源：1. 行政院主計總處《人力資源調查統計年報》，2019年。

2. 行政院主計總處「國民所得及經濟成長」統計資料庫（http://statdb.dgbas.gov.tw/pxweb/
Dialog/NI.asp，取用日期：2020年11月16日）。

圖12-1　台灣歷年失業率：全體、以性別區分

灣令人稱羨的低失業率狀態從 1990 年代中期以後出現重大變化。由於全球經濟
蕭條衝擊台灣的出口工業，再加上傳統產業外移（主要移至中國），失業率自
1996 年開始持續攀升，隨後經歷 1997 年亞洲金融危機、2000 年網路泡沫化、
2001 年美國九一一事件、2003 年 SARS 衝擊，2000 年代初期時已超過 5%；
之後雖有下降趨勢，但 2008 年美國金融風暴造成全球經濟再度衰退，與全球
金融、貿易、生產網絡密切連結的台灣，直到 2010 年失業率已連續兩年超過
5%，2009 年失業人數接近 64 萬人的高峰，之後則逐漸下降。COVID-19 疫情爆
發後，全球生產與消費量從 2020 年起開始下降，台灣的內需也受到影響，產業
活動萎縮，無薪假及失業狀況嚴重。與其它數據一樣，失業率在 2020 年代勢必
會出現明顯的波動趨勢。

　　如同其它的勞動後果，失業率也有性別差異，但似乎是對男性較為「不
利」。圖 12-1 顯示：在 1995 年之前，台灣男性和女性勞動者的失業率幾乎沒有
太大差別。僅 1970 年代時，女性的失業率略高於男性。但是從 1996 年之後，

領取以工代賑津貼、從事
公益服務的遊民或特殊狀
況弱勢人士
照片提供：張曜薇

這種平衡狀態出現變化。兩者差距最大的時期出現在 2000 年代初期。2001 年時，男性的失業率比女性高出 1.45%，次年的差距升高至 1.81%，顯示當時的經濟衰退對於男性勞動者在就業上的影響高於女性。這與男性集中的傳統產業工作機會萎縮、女性集中的服務業人力需求擴張有關。但近年性別間的失業率差距已逐漸縮小。

在台灣的經濟發展過程中，高經濟成長和低失業率並存是一個令人稱道的成就。主要也歸因於：除了正式部門內的工作機會增加之外，非正式經濟部門也吸收了許多失業後再就業的勞工。有些失業者以退出勞動市場作為度過失業期的方式，例如：成為無照攤販、開設小本經營的商店，或是無酬地為家庭或家族事業工作等，造成整體失業率被低估（黃仁德 1994）。

根據李易駿的研究 (2007)，台灣勞動市場的風險不斷升高，除了失業率持續上升之外，長期及因結構性因素失業的比例也在上升中。在有關失業議題的研究中，除了失業率之外，還有一項衡量失業嚴重性的指標是失業期間的長短。短期性失業較可能是勞動者處於新舊工作轉換期間，屬於摩擦性失業，並不嚴重。中長期失業則較可能出於結構性因素，而非個人所能解決。在 1980年時，勞動者的平均失業週數為 14.8 週。之後 10 年間雖有波動，但變化不大。2000 年期間，失業期攀升至 23.7 週，2003 年時平均失業週數更高達 30.5

週，是歷年來最高；同年男性的平均失業週數約比女性多出 6 週左右（蔡明璋2006）。後續幾年，失業期間雖逐漸縮短，但 2008 年金融海嘯發生後又再度惡化；2019 年平均失業期間為 22.9 週（行政院主計總處 2020a）。失業期間愈長，對於個人的心理負擔、家庭和諧及家中經濟狀況的影響也愈大；有些人很可能自此即退出勞動市場，或是在非正式經濟場域中找尋工作機會。

2. 失業的群體差異

勞動者失業後，首先要面對的問題是固定收入來源的斷絕和心理上的調適，個人和家庭都要面對這些衝擊。對某些群體來說，失業所造成的實質傷害更大，如中高齡、弱勢族群或低教育程度者。以下分別說明這些勞動市場弱勢者的失業狀況。

15 到 19 歲及 20 到 24 歲的勞動者是初入勞動市場的新鮮人，未必一畢業就能很快找到理想的工作或甚至找到任何有收入的工作，因此失業率是各年齡層中最高的。以 2019 年為例，全體勞動者的平均失業率為 4%；15 到 19 歲及20 到 24 歲的失業率則分別為 9% 及 12%。在 2009 年執政黨降低失業率的政策中，有一項是為大專畢業生提供全額薪資補助，即是著眼於這個年齡層的高失業率（請參考本章第四節說明）。此外，25 到 29 歲的勞動者也有相對較高的失業率，這與青壯年勞動者仍在建立事業方向、更換工作的機率較大有關。雖然多數年輕世代最後還是可以找到工作，但有些可能在剛開始時並不順利，後來始終也未能找到理想的工作。這些狀況會導致往後職業生涯中過高的流動率，並且不易成為企業或組織培養的對象（鄭凱方、吳惠林 2003）。

居於 50 到 60 歲之間的勞動者雖然失業率未必是最高的，但一旦失業後，雖未達退休年齡，卻最難再度就業；因此所遭受的經濟和心理層面衝擊也最大。這些人中，有許多是因企業逃避退休金給付或較高工資而被惡意解僱或成為關廠後的犧牲品。中高齡者大量失業所反映的是主要勞動市場工作（收入佳且有僱用保障）的消失。而由於中高齡勞動者的家庭中可能還有未成年子女，養育和教育費用負擔甚為沉重，一旦失業通常會立即造成家庭經濟條件的惡化，甚至成為新貧家庭。

教育程度也與成為失業者的機率相關。在圖 12-2 中，勞動者的整體失業率

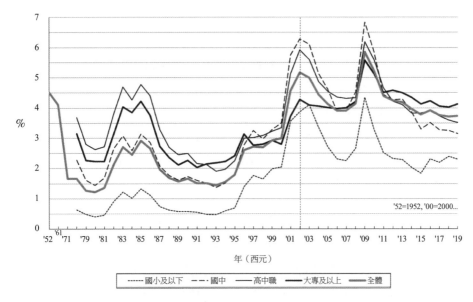

資料來源：行政院主計總處《人力資源調查統計年報》，2019年。

圖12-2　台灣歷年失業率：以教育程度區分

是以灰色的曲線表示。以 1998 年之後到近幾年的趨勢來看，失業率高於整體數據的依序是具有國中及高中職學歷的勞動人口，位於教育階層兩端的失業率則相對較低。如果再回顧更早期的分布狀態，低學歷勞動者的失業率始終低於整體失業率。直到 2000 年開始，大專以上學歷者的失業率才開始逐步降低，這與服務業快速發展後的高度人力需求有關。圖 12-2 顯示教育程度與失業率之間並沒有直線關係。具有專科或更高學歷者，雖然平均失業期間較長，但幾乎都可找到工作（林祖嘉 1991；張清溪、駱明慶 1992）。近十年的趨勢則呈現相反的變化：國中及高中職學歷的失業率都逐漸低於全體平均，大專及以上程度者則成為失業率最高的群體且高於全體平均。這或許也與高教擴張後，學歷門檻提高，教育和職業不相稱的機率也增加。

　　產業結構的變遷對於勞工就業機會的影響也有明顯的族群差異。以東南亞移工的引進來說，即排擠了原先受僱於營造業和製造業之原住民的工作機會（林季平 2003）。藍領移工及泰國籍的任何職業移工薪資是以基本工資計算，2023 年每月為 26,400 元，其他東南亞國籍的家庭看護及幫傭移工的基本工資為20,000 元。此一工資水準對於來自東南亞國家的勞工而言或許還可接受，但是

對於台灣本地民眾而言，此一薪資水準卻難以養活家人或甚至個人。企業為了維持自身的獲利率，自國外引進低廉勞力以降低人事成本，導致原住民和其他族群的基層體力工作者失業。在李淑容 (2007) 所描述的台灣新貧人口中，原住民即是其中的一群。根據內政部 2021 年的統計，原住民總人數約為 58 萬人，以台灣人口總數 2,337 萬為分母，原住民所占比例僅約 2%。表 12-1 列出最近幾年原住民男性與女性的失業率及與全國性數據的差異。很明顯的，不論女性或男性，原住民的失業率都比全國的失業率高出許多。例如：在 1999 年時原住民女性的失業率高於全國水平約 5%，之後有略為改善的現象。原住民男性的失業

表12-1　原住民族失業率：以性別區分

單位：%

年/月	女性			男性		
	原住民(A)	全國(B)	原住民與全國的差距(A)－(B)	原住民(A)	全國(B)	原住民與全國的差距(A)－(B)
1999/03	7.24	2.03	5.21	7.73	3.38	4.35
2001/03	10.18	3.04	7.14	8.64	4.46	4.18
2002/05	9.33	3.78	5.55	7.74	5.87	1.87
2003/05	12.03	4.08	7.95	8.10	5.62	2.48
2004/05	6.71	3.81	2.90	5.10	4.84	0.26
2005/12	4.80	3.49	1.31	3.86	4.13	-0.27
2006/12	4.64	3.65	0.99	4.13	3.94	0.19
2007/12	5.10	3.53	1.57	4.25	4.07	0.18
2008/12	6.63	4.41	2.22	9.00	5.51	3.49
2009/12	6.89	4.76	2.13	7.69	6.49	1.20
2010/12	5.23	4.08	1.15	4.93	5.13	-0.20
2011/12	5.53	3.81	1.72	5.03	4.47	0.56
2012/12	4.52	3.88	0.64	4.72	4.41	0.31
2013/12	4.69	3.63	1.06	4.54	4.43	0.11
2014/12	3.74	3.52	0.22	4.29	4.00	0.29
2015/12	3.89	3.56	0.33	4.45	4.12	0.33
2016/12	4.00	3.43	0.57	3.89	4.08	-0.19
2017/12	3.60	3.39	0.21	4.12	3.87	0.25
2018/12	3.74	3.47	0.27	4.07	3.81	0.26
2019/12	3.84	3.60	0.24	3.95	3.72	0.23

資料來源：1. 行政院主計總處《人力資源調查統計月報》，各期。

　　　　　2. 行政院原住民族委員會《原住民族就業狀況調查報告》，各期。

方塊 12-2　中國的下崗工人

　　台灣自 1989 年開始推動公營事業私有化以來，已有數萬名公營事業勞工被資遣或強迫提前退休（張晉芬 2001）。在中國，由於國營企業（類似於台灣慣稱的「公營事業」）的人事開支龐大，中國政府也自 1990 年代開始大量裁員。但由於人數龐大，為避免因解僱而造成立即性的社會不安，這些被資遣（中國稱為「下崗」）的工人並沒有完全斷絕與原企業之間的主雇關係，還是享有若干福利。以下所摘錄的文字片段即是對這項制度的描述：

　　由於國企職工人數龐大，加上許多配套因素尚未建立，特別是中共在1990 年代國企改革前，城鎮工人的各項社會保障，如退休養老、醫療、調動、住房等，都是由單位來提供，而不是採取社會保險式的保障，因此如果立即對國企職工進行大規模裁員資遣，勢將引起嚴重的社會問題，因此中共在處理國企改革與解僱職工時，就必須有很多的考量因素，避免對社會造成嚴重的衝擊，下崗制度就是在這樣的考量下所設計出來的制度。

　　……下崗是一套非常奇特的制度，不論是在資本主義發達國家或其他社會主義轉型國家都不存在類似的制度……「下崗是中國經濟轉軌中的一個特殊現象，是政府繼續為那些被『解僱』的人員提供一定程度的生活費保障，並保留某些福利待遇，如養老金和醫療保險，它實際上是給失業人員的一種『身分』和福利待遇」。

　　……「對於個人和企業來說，失業和下崗具有不同的涵義。……個人在下崗狀態下可以依靠企業、政府和社會而度過轉業難關。雖然失業和下崗對企業來說，都意味著精簡了多餘的人員，但使職工失業意味著把職工推向社會，而在下崗的情形下，企業仍然要負擔下崗職工的部分補貼」。

　　下崗是基於社會穩定的考量所做的過渡性安排，使國企改革所造成的影響能夠減少其對社會的衝擊程度。

——黃德北 (2006: 12, 21)

率在 1999 年時高出全國數據約 4%，之後幾年似逐漸拉平，但 2008 年金融海嘯發生後，差距又再擴大。2001 到 2003 年是台灣失業率快速攀升的時期；在這 3 年間，原住民的失業率與全國水平的差距也較大。根據過去一項研究，原住民由於親友網絡的侷限及人力資本的弱勢，在經濟景氣衰退時，尤其容易失業且不易再就業（傅仰止 1987）。近幾年，原住民族的失業率仍高於全國的數據，但差距已縮小。

失業率也有部門和職業別的差異。根據曾敏傑及徐毅君的研究 (2005)，若任職於公部門或受僱於員工人數規模較大的企業，勞動者的失業機率較低。不過，國家政策的改變也可能讓「勞工貴族」一夕之間變成失業人口。公營事業民營化之後，所釋放出來的人力幾乎都是具有一定年資、收入在中等程度以上且生活型態已經穩固的中壯、老年藍領勞工或白領主管階級（張晉芬 1999）。本書作者曾利用一項自行調查的資料，分析公營事業勞工離職後再就業的機率（張晉芬、李奕慧 2001）。根據統計分析的結果，中國石油化學公司（以下簡稱中石化）的離職者大多是工程師、具有大專以上的教育程度，雖然失業期間較長，但是樣本整體的再就業率仍高於台汽的藍領勞工。

高教育程度或高技術是否有助於再就業，也會受到其它結構因素的影響。以上述本書作者的研究為例，中石化的離職者中，居住於北部和中部地區者再就業的機率高於居住於其它地區者。但是對於技能較具一般性（開車或修車）的台汽駕駛或技工來說，就業機會的結構較少受到地區差異的影響。

四、大量解僱與國家介入

在現代資本主義生產模式下，解僱不僅是資本家縮減人事成本的工具，也是調整人力需求的手段之一。景氣波動時所造成的大量解僱甚至已在許多國家成為常態。這些被資遣的勞工中，有些已屆中高齡，且在企業或組織中累積了相當長的年資。資遣對於這些勞工的傷害更大，影響包括年資中斷、年齡較大再就業不易，或家中仍有未成年子女需要扶養等。此外，集體性失業也會造成社區經濟的蕭條。即使生意滑落可能是短暫的現象，但是住民遷徙或購買力降低，都會對社區和地方經濟產生負面影響。

1. 大量解僱

我們可以從官方的統計數據看出因大量解僱所造成的失業程度。根據主計總處的統計 (2020b)，1981 年之前，因為歇業或關廠而導致失業的人數，還不及總失業人口的 10%。但從 1982 年開始，這項比例即不斷增加，已接近 20%。1996 年是一個重要的轉捩點，當年的非自願性失業高達 28%。此後直到 2008 年為止，除了其中兩年之外，其餘各年因關廠或歇業而造成失業的比例均高於1996 年的紀錄。最嚴重的狀況出現在 2001 到 2003 年間，比例均超過 45%。2002 年被解僱的比例幾乎接近全體失業人數的一半 (48%)。雖然這個情況自2004 年開始逐漸改善，但比例仍維持在 30% 以上。受到 2008 年金融海嘯的影響，產業的勞力需求萎縮，2009 及 2010 年的解僱狀況再度惡化，分別達到53% 及 42%。

台灣從 1990 年代初期開始，勞力密集的製造業陸續出現大規模關廠或歇業的現象，新聞報導所列舉的原因包括經營不善、廠商外移等（中國時報 1994 年1 月 3 日至 6 日）。在關廠新聞中經常可看到資方的諸多違法作為，包括規避退休金給付、將資遣費縮水，乃至於關廠時仍拖欠加班費及工資。1990 年代的重大關廠爭議多數發生在傳統產業，包括紡織、成衣、電子、製鞋和石化。而這些只是被公開報導的事件而已，不能代表該期間所發生的所有抗爭及受影響勞工的遭遇。台灣在新舊世紀交接之時，經歷了美國網路公司 (dot.com) 的倒閉風潮 (2000) 及美國九一一事件 (2001)；2008 年開始，更因為美國金融危機所引發的全球經濟衰退，而發生許多被迫休無薪假或資遣的事件。

美國左派經濟學家 Barry Bluestone 及 Bennett Harrison (1982) 曾提出去工業化或產業空洞化 (deindustrialization) 一詞，主要是指美國企業從 1970 年代開始所進行的廣泛、有系統地停止對於生產性工業的投資，例如：鋼鐵業、機械業、汽車零件業及汽車製造業等。去工業化的結果造成美國製造業基礎瓦解，引發經濟上的災難。此一因利潤或政治考量而導致其國內資本外流的資本逃亡 (capital flight) 現象，造成美國許多工作機會流失到海外工資低廉的國家。之後同樣的去工業化現象也被台灣的資本家複製。

許多台灣廠商從 1980 年代開始前往工資低廉的中國設廠，造成傳統製造業

萎縮。在外移關廠的過程中，被解僱的勞工透過抗爭而使雇主惡意拖欠工資或資遣費的違法行為被揭露。如 1992 年嘉隆成衣女工的抗爭行動、1995 年福昌紡織勞工的臥軌事件等，都是媒體持續報導的例子。但如果不是因為在媒體上曝光、透過輿論壓力，這些事件也不會受到政府關切（張晉芬、蔡瑞明 2006：117-123）。

除了製造業，服務業也存在規避人事成本而大量解僱中高齡白領階級的現象。台中商業銀行於 2008 及 2009 年年初，即陸續以不適任為理由，解僱將近 120 位在該行服務超過 15 年的行員。其中兩名行員因不甘被任意解僱，而向法院提告，要求確認與該行的僱用關係（聯合報 2009 年 9 月 11 日）。由於該行在解聘老員工之後，仍繼續進用新人，且提告的兩名員工過往的考績良好，之所以被解僱，只是因為銀行希望節省人事開支和未來必須支付的資遣費，法院最後判決原告勝訴。

2.〈就業保險法〉與〈大量解僱勞工保護法〉的制訂與實行

直到 1996 年之前，台灣的失業問題相對不甚嚴重（請參考圖 12-1），也甚少聽聞大量解僱的事件。失業被認為是個人或家庭的事務，應該自行解決，國家並沒有單純針對失業者提供救助的政策或法律。只有在〈勞工保險條例〉中規定：在符合一些條件下，如果繼續繳交勞保費用，失業期間的勞保可以不中斷。1989 年勞動部也曾經提出「促進就業安定方案」，用以工代賑的方式，提供津貼給失業者。以工代賑是指從事政府部門或非營利組織安排之工作以換取津貼。內容包括打掃街道、疏通溝渠或在機構內打雜等，通常工作分量並不重(Chang 2011)。但由於條件過於嚴苛，即使後來做了一些修正，獲得補助者仍僅有個位數。當時的勞工行政官員是將失業補助視為臨時性的措施，認為要盡量避免這項補助被當作免費的午餐，而不是以失業所造成的經濟困境作為主要的設計考量，因而合理化其申請條件嚴苛的事實（聯合報 1993 年 9 月 10 日）。

1990 年代中期製造業出現關廠風潮，再加上 1996 年失業率開始攀升後，國家被迫正視結構性失業的出現與持續發展。在工運團體的遊說和立法委員的壓力下，勞動部被動地研擬提供失業勞工津貼的辦法。根據 1999 年實施的〈勞工保險失業給付實施辦法〉，勞工可領取的失業津貼是每月投保薪資的 60%，接

方塊 12-3　大量資遣的實證研究

除了經濟景氣衰退所導致的失業現象之外，因為大企業關廠或瘦身措施而造成的大量資遣，對於社會的衝擊更甚於零星的資遣案件。從研究的可行性來說，由於受訪者集中、均受僱於同一雇主，大量資遣案件比零星的失業事件更容易進行田野研究及追蹤。以下簡單介紹一位美國學者的研究，以說明大量資遣的過程和對於工作權的影響。

汽車工業是美國人引以為傲的工業，對於經濟和就業都有重要的影響。在全盛時期，美國汽車業所僱用的勞工達百萬人。來自國外車廠的競爭雖然造成其銷售量不斷下滑，導致各車廠紛紛縮減人力，但是美國汽車業所僱用的勞工人數仍高達幾十萬人。汽車工廠散布在美國許多州。由於汽車工廠都具有一定的規模，任何集體性的資遣都牽涉到上千名或甚至上萬名勞工。社會學家 Ruth Milkman (1997) 對於被大量資遣者的後續就業狀況曾做過系統性的追蹤。研究對象是 1980 年代中期通用汽車公司在新澤西州一家工廠的離職人員。公司的關廠決定影響了 1,200 名勞工的工作權。

Milkman 所研究的這群車廠工人是美國工人中的勞工貴族，也是 Richard Edwards (1979) 所說的處於主要勞動市場中非獨立部門的工人（參考本書第六章）。在工會與資方的協議下，這些勞工的工作權受到保障，年資受到尊重，平均工資也都高於一般的藍領工人。然而，美國汽車工業的衰退促使企業和工會自毀原來的承諾，在無法保障持續就業機會的前提下，只好轉而尋求較佳的資遣條件。鐵飯碗在一夕之間生鏽、腐蝕。

當時資方的立場是希望勞工能夠接受離職方案，最後在汽車工會的同意下，由通用公司提供約一年薪資報酬當作資遣費，形同買斷 (buyout) 工作權。多數的工人選擇了這個方案；其餘約三分之一的工人中，有些已達退休年齡，於是選擇退休，有些則是接受轉到其它廠繼續工作。根據作者的訪談，多數的離職員工確實是因為這筆資遣費及擔心未來在通用公司的工作前景不佳，而選擇自動離開。整體來說，在她所追蹤訪問的 76 位離職者中，只有極少數人是非自願性離職。而再度就業成功的人當中，有三分之一成為自營作業者。顯示中高齡者重回受僱身分相當困難。

受者必須同意以工代賑或參加職業訓練。2002 年 5 月，立法院通過〈就業保險法〉（取代前述的失業給付辦法），雖然名稱有「就業」字眼，主要意涵是將失業補助制度化。此項也被稱為「失業救濟金請領辦法」的法律，規定失業勞工

第一次申請時，最多可領取 6 個月的津貼。兩年內如果再提出申請，則只能拿到 3 個月的津貼。45 歲（含）以上或身心阻礙者可領到 9 個月。由於申請者必須曾經參加過勞工保險，且津貼的主要來源是從勞工保險基金提撥的專款，等同是以勞工之間互助、共同承擔風險的精神，提供失業者補助。台灣的就業保險制度排除受僱於不固定雇主或微型雇主的勞工，給付的金額和期間也比一些歐洲國家短，因此有學者認為此一制度過於「嚴厲」，且仍反映著「自助、自行負責」的意識型態（李易駿 2007）。在企業勞力需求趨於彈性化、外包導向後，勞工必須承擔更多的僱用和薪資風險，似亦可考慮擴充基本勞動法律的適用條件（張晉芬 2016）。

至於領取失業給付後，是否會使得失業者變得懶惰，影響其尋找工作的意願？有學者研究〈勞工保險失業給付實施辦法〉施行之後曾經領取失業給付的個案（約 1 萬 2 千個樣本），發現失業者的求職意願並沒有降低；失業保險所提供的經濟支援讓失業者可以安心地找工作，提高再就業率（洪嘉瑜、羅德芬 2008）。失業保險的實施可抒解將勞動力商品化的作用，減少僱用關係及市場變化對於勞工的衝擊。

2008 年底，在美國發生的金融風暴不只造成全球（包括台灣在內）無數小市民的資產損失，也衝擊台灣的出口產業及整體經濟。執政的國民黨政府為了應付政治及社會壓力，採取多項措施以降低失業率，包括鼓勵私人企業晉用大專畢業生，且每月給予 2 萬 2 千元薪資（俗稱領 22K），以及訂定一項新的〈就業保險延長失業給付實施辦法〉，以總體失業的嚴重程度，而非個別失業者的需求，作為延長補助的標準，例如：如果失業率連續 4 個月上升及領取失業給付的人數連續 4 個月達一定比例時，可延長給付至 9 個月；若此種失業情況持續達 8 個月以上，則可延長給付至 12 個月。

在 1990 年代的關廠風潮中，有些雇主在大量資遣勞工之前，即以歇業或脫產為手段，不肯償付積欠的工資及資遣費。針對此一惡意行為，工運團體於是研擬類似美國關廠法 (Worker Adjustment and Retraining Notification Act) 的法律，以維護被迫去職的勞工權益。立法院於 2003 年通過〈大量解僱勞工保護法〉（以下簡稱〈大量解僱法〉）。法案的第 1 條寫到：「為保障勞工工作權及調和雇主經營權，避免因事業單位大量解僱勞工，致勞工權益受損害或有受損害之

虞，並維護社會安定，特制訂本法……」。〈大量解僱法〉的主要規定是，依據事業單位僱用人數，遭到大量解僱的人數達一定比例或人數時，資方必須在 60 天前告知主管單位及進行公告，讓即將被解僱的勞工知道這項訊息。之後在 10 日內勞資雙方即應開始進行協商，協商期間不得解僱員工。就保護勞工的實質權益而言，這個法案可以避免雇主惡性關廠、避不見面，勞工也不會面臨突然失業及工資和老闆欠款無法追討的困境。不過，這項法律的落實令人質疑。

根據勞動部的統計，在 2004 至 2007 年間約 3 年半期間，申請大量解僱的案件共有 715 件，其中合乎法律規定而申請的有 670 件，但有 45 件沒有事先申報，屬於非法解僱（工商時報 2007 年 8 月 25 日）。由於法律中並沒有要求地方政府必須向勞動部提報行政區內的大量解僱案件，勞動部對於實際上有多少勞工被非法大量解僱並不清楚，也就難以評估本法的執行成效，自然也鮮少能夠即時協助勞工、處理非法的解僱事件。

〈大量解僱法〉對於大量解僱案的申請有具體的規定，但對於如何處理未事先申報的解僱或脫產行為，並沒有法條可循，因此工會或勞方代表僅能要求資方出面解決問題，或由地方政府介入協調，但結果常常是疲於奔命而不得其解。以下利用一項案例說明此一困境。位於桃園市（當時為桃園縣）的進輪汽車公司於 2003 年 6 月 30 日解僱 105 名勞工，但是並未依照〈大量解僱法〉的規定事先公告。針對此一非法關廠事件，地方勞工事務的主管機關並未主動處理。經過工人舉發和冗長的行政作業之後，直到同年 11 月 21 日，勞動部才開會決議，依法禁止董事長出國（根據該法第 12 條）。但在勞動部做出這項決議前的 4 個半月中，勞工曾向勞動部和桃園市勞動局（當時為桃園縣勞工局）提出調解，卻都沒有結果；雇主積欠 6 千多萬元資遣費，勞工自救會卻無力阻止公司進行脫產（ETtoday 2003 年 12 月 10 日）。這些被資遣的勞工和家屬在沒有得到任何實質結果後，於該年年底前往桃園市政府抗議。直到 2006 年 5 月，勞工才拿回部分資遣費。顯見法律雖通過，卻「無法」及時保障被資遣勞工的權益。

〈大量解僱法〉立法的主要用意是規範雇主須於大量解僱前事先通知勞工，避免突然大規模解僱造成短期內眾多勞工同時失業和權益受損。但是由於有適用範圍的限制，廠商如果蓄意規避法規，勞工也毫無辦法，勞工單位也只

能進行道德譴責。例如：過去曾經發生雇主蓄意以分批解僱為手段、在 3 日內解僱了近 60 名勞工的案例，由於分次進行，以致於解僱行為不符合本法的適用範圍，因此不需要事先通報（蘋果日報 2009 年 2 月 10 日）。法律的執行必須更具彈性，以遏止雇主的取巧及違法。

此外，〈勞基法〉中雖然明訂：除非有特殊原因（如業務緊縮等），否則雇主不能任意解聘勞工（第 11 條）。但對於雇主違反該條的規定，該法並沒有罰則。勞工行政單位將解聘行為視同私權，而委由法院認定。2010 年曾發生日本航空公司台灣分公司解聘 18 位空服員（另有 52 位被迫提早退休）的事件。員工依法向台北市政府勞動局（當時為勞工局）申訴，但後者僅能召開和解會議及提供法律訴訟補助金等，並不能要求這家航空公司收回解僱命令（自由時報2010 年 10 月 23 日）。僱用關係的確立仍然要由法院裁定。對這些中高齡、甚至已屆退休年齡的勞工來說，解僱幾乎形同失業，同時還得經歷漫長的訴訟程序。此外，這些看似個別解僱的事件雖未達大量解僱的人數標準，但也可能是用控制人數的方式規避法律，是否也應被視作大量解僱，值得研究。

五、結論

根據國際勞工組織的分析 (International Labour Office [ILO] 2009)，2008 年美國金融危機發生後，全球許多國家的經濟成長都受到影響；但對經濟發展後進國家來說，由於生產和貿易高度依賴北美與歐盟國家，因此當出口市場萎縮後，所受到的傷害更大，失業率甚至高於歐美地區。不僅窮人的生活更為艱苦，眾多中產階級也陷入困頓。根據該組織的估計，當年全球的平均失業率約高達 7%，有接近 5 千萬的人口失業。該組織所提出的解決方法包括：增加生產性事業投資、提供合理工作、協助建立小本經營企業及社會保護措施。這些方法顯然建議進行結構性的改變，建立穩固的就業體系，而非自限於短期性地壓低失業率。全球化加遽了資本主義的不穩定性、散播速度加快、突發的失業潮也難以在短期內回復。暫時性的失業救濟政策確實無法抒解長期性或經常性的失業現象。

本章討論了失業者群體間的差異，主要說明這些差異並不能完全歸咎於

個人能力不足。針對年輕人的失業，常聽到的勸勉之詞是不要好高騖遠、要讓自己的專長配合市場需求等。對於中高齡或女性失業者，則「鼓勵」學習第二專長，或勸誡要能夠放下身段接受挑戰等。這些說法都忽略了：許多失業之所以發生或長期找不到工作，並非是個人態度或能力有問題，而是出於結構性因素或雇主的成本考量。這已非勞動者個人工作權的保衛戰，而是資本家將生產和利潤風險轉嫁給勞工及社會的結果。非自願性失業包括因關廠或關店造成的突發性解僱、惡意資遣年資較長或薪資較高的員工或長期放無薪假等，都非勞工可以事先防範或先做好自我訓練即可避免的。由於再就業的門檻較高，中高齡、低教育程度或居住地區之產業發展較邊陲的勞工所受到的影響更大。失業率居高不下、長期失業人數增加、初次尋職者的失業率超過平均值的兩倍等，都非個人改善人力資本或積極上進即可改善困境。

當產業發展對國外貿易依存度過高、生產技術又偏向勞力密集時，市場需求下降或薄利競爭的結果必然是大量失業或只剩下薪資偏低的工作。此外，國家不只需要嚴格檢視大量解僱事件，對於雇主因本身經營問題或決策而解僱任何工人，都應該課以更多的責任。有些歐洲國家極為重視工作權，甚至對於任何一名工人的解聘都要求必須先取得政府的許可 (Kuhn 2002: 4)。台灣現行法律和政府的執行措施都對雇主惡意解僱的行為缺乏有效的禁止或處罰策略。

穩定的收入與工作權是勞工的基本權益。當雇主違反契約或協定時，勞工一方面可能尋求國家法律介入，另一方面也會用自己的集體力量捍衛勞動權益。工會組織的發展與勞工運動的出現，即是勞工階級抗拒剝削與不合理待遇的手段之一。這些將是下一章的主要內容。

思考與討論

1. 本書第十一章圖 11-1 列出了 1980 至 2019 年間各年的名目與實質薪資。請將該圖與本章圖 12-1 對照，比較並分析失業率與薪資變動間的關係。失業率的上升（下降）會降低（提高）薪資水準嗎？如果會的話，是立即發生還是有時間延遲 (time-lag)？如何解釋兩者間的相關性（或不相關）？

2. 請利用主計總處的資料，畫出過去 20 年間不同年齡層的失業率，並說明年齡層之間的差異。然後，再以性別做區分，比較同一年齡層之女性與男性失業率的差異，並提出可能的解釋。

3. 不論是就業或再就業，多數人可能都需要透過報紙的徵人啟事、親友網絡或網際網路找工作。當然也有可能自行創業或在家中的事業幫忙。請就身邊認識的、有工作的親友，詢問他／她們在工作生涯中是否有失業的經驗，以及後來是用哪些方式找到現在的工作。並試著分析找到工作的方式與個人條件及與所從事的工作之間有何關連性。

延伸閱讀

1. **Karabell, Zachary (2014)** *The Leading Indicators: A Short History of the Numbers That Rule Our World.* **New York: Simon & Schuster.** 中文版：**Karabell, Zachary 著，葉家興、葉嘉譯（2015[2014]）《當經濟指標統治我們：從 GDP、失業率、通貨膨脹、貿易差額……反思我們的經濟生活》。新北市：左岸文化。**
本書以歷史敘述的方式說明一些重要經濟指標（如失業率及國民生產毛額等）在美國的發展歷程。讀者或許很難想像，美國政府是在 1950 年代才開始正式統計失業率。究其個中原因，一方面固然是失業的定義未臻精確，另一方面則是政治考慮。

2. **Standing, Guy (2016)** *The Precariat: The New Dangerous Class.* **New York: Bloomsbury Academic.** 中文版：**Standing, Guy 著，劉維人譯（2019[2016]）《不穩定無產階級》。台北：臉譜。**
作者為全球知名的勞動研究學者，且具有豐富的實務與政策規劃經驗。他也是首先提出不穩定無產階級 (the precariat) 概念的學者，以含括現代勞工就業不穩定、生活不安定、前景不確定的處境。並提出基本收入、資源重分配的

主張。

3. **Batra, Ravi (2015)** *End Unemployment Now: How to Eliminate Joblessness, Debt, and Poverty Despite Congress.* **New York: Macmillan.** 中文版：**Batra, Ravi 著，葉咨佑譯（2015[2015]）《搶救失業大作戰：我們如何擺脫失業、負債與貧窮》。台北：商周。**

本書作者用清楚易懂的經濟學理論解釋在西方工業國家，尤其是美國，為何中產階級面臨失業，提出的解釋包括國家容許甚至促成的資本壟斷、外包模式及全球化的貿易（追逐最低成本）。作者並用工資缺口的概念說明為何勞工生產力提升卻得不到加薪，反而被剝奪工作機會。

中華電信工會於 2007 年五一勞動節當日發起捍衛工作權大遊行，約有五千名會員參與
照片提供：中華電信工會

第十三章　要發聲、也要行動：
工會與勞工運動

重點提示

1. 勞動三權包括團結權、協商權及爭議權。團結權是指勞工有集結成團體的自由和權利；協商權指勞工具有與雇主商議、決定或改變勞動待遇的權利；爭議權則是指勞工以發起公開、集體行動的方式，向雇主表達抗議的權利。

2. 經濟主義或物質主義指工會在與資方談判或抗爭時，是以改善會員的經濟性待遇為主要訴求，而非提升勞動過程的自主性或工作的尊嚴。

3. 集體性意識和階級認同的塑造主要來自於工人藉由共同的生產社會經驗和多次行動所凝聚的團結及反抗性文化。

4. 工會組織率的高低受到經濟結構轉變、政治機會結構、統治者意識型態及國家機關操作的影響。

5. 在戒嚴時期（約 1949 至 1987 年），政府壓制工人的團結與爭議權，同時採取國家統合主義的意識型態及策略管控民間社會，將工會收編為統治者政治勢力的延伸，造成工會喪失自主性。

6. 罷工是指較具規模的反資方或反官方的工人集體行動。怠工、靜坐、破壞生產流程或機器也是常被採用的勞工抗議形式。

7. 在〈戒嚴法〉解除之前，台灣是處於沒有勞工運動的時期；直到 1980 年代才開始出現重大轉變。在解嚴前的 1983 至 1987 年間，共發生了 240 起勞資衝突事件。

8. 從資源動員論來看，政治機會結構的開放、政治資源的出現及遭逢社會運動的風潮等，均可解釋 1980 年代後期台灣勞工運動的出現。

9. 台灣多數的勞資衝突肇因於資方的違法作為，包括解僱工會幹部、解散工會、拖欠保費及加班費等。

10. 規範台灣勞工團結權的法律是〈工會法〉。工會組織的成立採取核可制，必須由勞工行政單位給予證書之後才可成立。

11. 〈團體協約法〉於 1930 年訂定，但針對雇主是否應回應勞工簽訂團體協約的要求，並沒有強制性。該法直到 2008 年才進行第一次修正，具體規定資方必須回應這項要求。

12. 根據〈勞資爭議處理法〉，在調解、仲裁或裁決期間，勞工不能罷工，雇主也不能藉故解僱勞工。

……我們十名代表懷著滿腔悲憤的心情回到了會場，其他代表迫不及待地問我們：「怎麼樣？」這時候，我按奈不住地哭了出來，說「我們被騙了！」……同事……的哥哥……也抱著我哭；這樣，整個會場的情緒立刻激動起來。當時，大家心裡都有一種同樣的委屈：覺得為什麼台灣光復了，台灣已經回到祖國懷抱了，他們卻還這樣對待我們？就在這個時候，突然有一個人大聲喊說：「遊行」。這一下，這股力量真是排山倒海，大家都衝出會場，準備遊行到省政府，向當時的省主席陳誠提出我們「歸班」的要求。……那天，實際開會的人數只有四百多人，可隊伍出發時卻有一千多人，沿途又不斷有支持者加入……。這是台灣光復後第一次大規模的工人請願遊行。

——《台灣好女人》(2001: 233-234)

一、序言

引言中的「我」是許金玉女士。二次世界大戰（抗日戰爭）結束後不久，許金玉進入郵局工作。在當時的郵局，外省籍員工的薪水比本省籍多，主管也多是外省人。省籍間同工不同酬、連派用也存有省籍歧視的制度，引起本省籍員工的不滿。工人開始醞釀組成工會、發動請願及上街頭遊行，目的是要求「歸班」，讓不同省籍的職員享有同等的勞動待遇。在發動遊行請願之後，工人代表得與陳誠見面，達成歸班的訴求。同工不同酬的問題雖獲得解決，但許金玉和另外兩名請願代表卻遭到「秋後算帳」。上述引言出自藍博洲的著作 (2001: 237)。根據他的敘述，雖然郵局員工的遊行溫和，但因為是台灣光復後的第一次工人請願遊行，因而引起當局注意，警備總司令部（現已不存在）於是下令整肅。不過，雖然被判刑，許金玉仍覺得自己很幸運，因為當時還有勞工因為參與勞工運動而被槍決的案例（陳柏謙 2022）。身處 21 世紀的我們，現在回頭

去看 70 多年前的這段歷史，應該會覺得不可思議：為什麼發起或參與一個平和的請願行動，竟然會被判重刑，甚至失去性命？而 70 多年後的台灣，若勞工要組成工會或採取行動，是否變得比較容易了呢？

由於〈動員戡亂時期臨時條款〉的施行，台灣在 1987 年解嚴之前，工會的存在有名無實，幾乎毫無作用；勞工運動也是寂靜無聲，不敢有動作。解嚴前後出現一波又一波的抗議行動，雖然並沒有造成嚴重的血腥衝突，但警察的現身、保全的圍堵，仍然讓罷工參與者感到肅殺及恐懼。此後，勞工運動雖然時盛時衰，社會大眾對於工人抗議或是上街頭抗爭、請願等行動，都已逐漸習以為常，也不再認為這些是大逆不道、危害國家安全的舉動。

討論工會與工運的文獻都會提到勞動三權：團結權、協商權及爭議權。團結權 (right to unionize) 是指勞工有集結成團體的自由和權利；協商權 (right to bargain collectively) 代表勞工與雇主或雇主的代表商議、決定或改變勞動待遇的權利；爭議權 (right to dispute) 則是指勞工以公開、集體行動的方式向雇主表達抗議的權利；不論是勞工運動或一般常說的自力救濟，都是在行使這項權利。對於台灣的社會大眾和勞工而言，工會是一個外來詞彙。組成工會對於勞工有何利與弊、如何讓工會發揮作用，以及如何讓資方願意與工會幹部面對面談判等，都是學習過程的一部分。成立工會或要求協商權利雖然是勞工的基本權利，但國家或資方並不會主動保障或尊重這些權利。

勞工運動的抗爭對象可能是國家、特定勞工行政機構，也可能是雇主或管理階層。訴求則包括制訂或修正國家法律或政策以保障勞工權益、成立自主性工會或改善勞動條件等。參與者可能是跨組織或跨團體的勞工，也可能是單一工作場所內的受僱者。運動的型態則包括遊行、請願、國會遊說、罷工、怠工、靜坐或搗毀機器等。勞工運動既是經濟的鬥爭，也是政治的鬥爭。勞工抗爭的歷程和所有參與行動者的角色是鑲嵌在社會整體發展的脈絡中 (Streeck 2005)。工業發展的歷史、勞工與政黨的關係、工會的組成形式及社會意識型態等，都會塑造出不同的工會運作與勞工運動模式。

在台灣，與勞動三權相對應的法律分別是：〈工會法〉、〈團體協約法〉及〈勞資爭議處理法〉。工會必須獲得國家的允許才能成立。國家一方面用法律制

度規範工會的成立要件，另一方面又將詮釋法律的權利緊握在行政官僚機構手中。〈工會法〉的正面作用是雇主不得拒絕勞工成立工會。但其中有許多法條卻是限制工會的組織範圍和權利行使空間。至於〈團體協約法〉的制訂，是希望藉由法律的效力保障勞工集體權益；但實務上，雇主簽訂的意願甚低，在台灣數十萬家企業中，勞雇間訂有團體協約者不及百家。此外，基於勞工集體行動（尤其是大規模罷工）對於經濟和社會層面可能產生的影響，多數國家都會制訂法律或規範，限制抗爭行動的範圍或規模。法律所規範的內容和程度，與各國對於勞資衝突的認定和罷工權的尊重息息相關。〈勞資爭議處理法〉即是規範勞工與雇主一旦發生衝突後的處理程序，以及對雙方在爭議期間的行為限制。

　　本章第二節將介紹工會的起源、台灣的工會組織及工會與階級認同的關係。第三節將解釋勞工運動如何興起及台灣勞工運動的發展。第四節則說明勞動三法對於保障勞工組織和行動的侷限性，以及最近的修正重點。

二、工會的出現與意義

1. 工會組織的形式

　　在英文文獻中，除了使用 labor union 之外，有時也出現 trade union 或 industrial union 的字眼，中文翻譯似乎都是「工會」。現實上，這並非個別作者使用上的偏好，也不是行文中的普通形容詞，而是代表不同的工會組織形式。所有由工人組成的團體都可泛稱為 labor union。Trade union 則與西方早期的工匠制度有關，而工匠制度又源自更早時期歐洲的基爾特 (craft guild)。韋伯是如此描寫基爾特：「……為手工業者按照職業之種類而專門化的一種組織，它的職務有兩方面：即對內要求勞動之規制 (internal regulation of work)，對外要求獨占 (monopolization against outsiders)。基爾特為達此目的，對於在該地從事於手工業者，必須要求其參加，俾全體協力一致」（1923，鄭太朴譯 1991：161-162）。此一以城市為組織範圍的行會制度，為了維持會員一定的生意量，限制從業者的人數；此外，為了讓手工業者之間公平競爭，同時也為了保護本業的生產方式，基爾特還「……統制勞動過程。任何業主不許用傳統方式以外的工作方式」（同上引：165）。當純手工業的生產無法與使用機器輔助的工匠生產方式競

爭，且後者的人數也大量增加後，具有現代意義的工會組織開始出現。這些工匠也並非僅關心本身行業的發展和利基的維持；以英國為例，他們也是 19 世紀前半葉勞工運動的領航員：「……在許多市鎮中，勞工運動的真正核心，亦即其理念、組織和領導的實際源頭，是由鞋匠、織工、馬鞍匠和馬具工、書商、印刷工、營建工和手藝人所構成」（Thompson 著，賈士蘅譯 2001[1964]：261）。

歐洲工匠的歷史和行會的概念也傳到美國。美國大型工會的興起及與大資本之間的集體協商，創造了工會史的先例，同時對於其它國家的工會組成也有極大影響。隨著機器和動力的發明，美國工匠業的手工性質降低、技術性也減弱，但人數更多，聲勢也更龐大。其與歐洲工匠間更大的差異是勞動者的身分。歐洲工匠幾乎都是自僱者，雖然僱有學徒或少數工人，但本身仍握有生產工具和管理權。但是，在美國每一類工匠代表一種「行業」(trade)，自組成一個工會，稱為行業工會 (trade union)。這些工匠中有許多都是受僱身分，生產工具和設備的擁有者是資本家。美國第一個工匠工會是由印刷業工人所組織的排字工人工會 (National Typographical Union)，後來陸續成立的工會還包括機械師、鑄模工人和火車工程師。由這些工匠工會所共同組成的聯合會即是美國勞工聯盟 (American Federation of Labor, AFL)。

這些行會或工匠工會認真地建立內部學徒制、競爭規則及產品數量等與勞力來源和生產有關的事項，目的是保障會員的生計和勞動條件。例如：火車司機的工作守則中，明訂每天的標準工作時數或里程數、加班費的計算方式及司機在列車行進中的責任與義務 (Brody 1980: 22)。行會也試圖建立會員對本業的認同，要求會員本身愛惜名譽、隨時自我學習更新的技術。行會甚至介入會員的私領域，舉辦各種休閒活動或運動比賽。在有些地方，行會的活動即是社區的活動。也有人稱此時期的行會會員為「勞工貴族」(aristocracy of labor) (Streeck 2005)。此時的行會仍然能夠維持勞心與勞力的結合，與雇主的交涉項目是關於工作的性質。產業工會 (industrial union) 的出現則代表著勞力與勞心工作分離的結果，與雇主的交涉重點也改為工作權和實質待遇。用另一個說法來描述產業工會的行動取向即是重視物質利益的分配甚於勞動過程中的自主性。

產業工會是在汽車製造業、大量生產模式普遍被採納之後，由非技術及半技術工人所組成、以產業為組織單位的工會，例如：煤礦工人工會、汽車工人

聯合會等。這些以產業為組織單位的工會隨後成立自己的聯合會，名稱為產業組織聯合會 (Congress of Industrial Organizations, CIO)。但前述這兩個聯合會目前已合併成為美國全國總工會（或稱全美總工會）(AFL-CIO)。

　　那麼台灣工會組織的形式又是如何呢？直到 2010 年 6 月〈工會法〉修正案通過前，台灣的基層勞工組織只有職業工會與產業工會兩類。職業工會與西方行業工會的組成性質不同，主要功能是為無固定雇主的勞工辦理勞工和健康保險。許多職業工會的會員是自營作業者，甚至擔任理事或理事長的職務。受僱於企業或公部門的勞動者，則即使與其屬於同一職業，也不能加入職業工會。產業工會則是指有固定雇主的企業或組織內的勞工組織，實質上比較像是企業工會。至於類似國外在單一產業（如鋼鐵業或電子業）內成立單一工會的例子，則是近十年前才通過法律修正，從 2011 年 5 月開始實施（詳見本章第四節）。目前工會組織類型有三種，分別為企業工會（即上述的產業工會）、產業工會（同一產業內跨事業單位）及職業工會。

　　在一些歐洲社會民主國家，如德國、奧地利、挪威及瑞典等國，對於勞資關係的制度化作法是採取社會或新統合主義 (social- or neo-corporatism) 的概念；工會與資方具有對等的談判地位，國家的角色是維繫這種勞資雙方互為社會伙伴的制度，並非將工會或團體統合在政黨的勢力之下 (Moschonas 2002[1994])。台灣在國民黨主政時期，國家對待民間社會的方式則是採取一種國家統合主義的意識型態（王振寰 1993）。國家統合主義 (state corporatism) 是指一種控制系統，對於民間團體的組成方式、運作及與國家的關係都有嚴格的規定，目的是讓統治者能夠有效地控制民間團體 (Schimitter 1979)。表面上，社會存在著多樣的民間團體，但實際上這些團體都受制於國家機器或政黨機器的掌控，既不能、也不敢批評統治者的作為，平時還負有監視成員言論和行為的任務。在特殊情況下，如選舉或需要鞏固領導中心時，還會被動員或被迫表態。本章以下所說的統合主義均是指國家統合主義。

　　將工會視為統治者政治勢力延伸的統合手段是源自共產主義的倡導者暨蘇俄的革命家——列寧 (Vladimir Lenin, 1870-1924) ——的論述。根據列寧 (Lenin 1987[1902]) 的觀點，工人階級不應只專注於經濟方面的鬥爭，還必須參與政治教育以促成工人在政治上的覺醒。工會必須對資本主義體制下所有形式的壓迫

和人民的痛苦產生覺悟及關懷，因此應該與進步的政黨結合，共同推動社會的革命。列寧主張在每個工會中都成立一個政黨小組，黨的幹部應該進入工會，並在工會中取得重要的位置，同時監督工會，讓政黨可以有效掌握工會的動向(Hammond 1987[1957])。列寧認為政治鬥爭的優位性應遠高於經濟鬥爭，如果沒有政黨的介入，工會將只看到經濟上的利益，而影響革命大業。在前社會主義國家（如蘇聯、東歐及南歐）及中國，都可看見統合主義運作的影子。而至少在解嚴（1987年）之前，台灣的統治政權對待工會的態度及作法也是採取統合主義。

關於工會統合主義在台灣的實踐，王振寰及方孝鼎 (1992) 分析了國家干預的面向。其中一種是外部干預 (external state intervention)，指國家直接透過法律或行政手段介入勞動三權。例如：用法律嚴格限制工會的成立條件（本章第四節將有詳細討論）。另一個手段是內部干預 (internal state intervention)，大約有三種方式。其中一種是在公營事業內，由行政機構直接任命可信賴的管理階層人選，不只可控制經營權，同時也可名正言順地介入勞資關係事務。另一種手段是在公營事業中設立政治性的監控單位，如政風室，以監控反對者和操控工會選舉。第三種則是在總工會或產業工會進行選舉時，扶持己方的人選（如黨員），並用各種方式操縱選舉，使其當選，因而使工會成為政黨的附庸。這三種方式並非全然獨立行使，而是相互結合，以確保結果符合國家與執政黨的規劃。

於是，在戒嚴時期，工會不但缺乏自主性，反而成為監控工人行動的工具之一。工廠內的工會會議也經常流於形式，甚至曾出現請資方前來致詞、指導的場面（張國興 1991）。有學者以沒有作用的男性生殖器比喻此時期的工會：「……這些工會像閹雞一樣的『中看不中用』；閹雞雖然『不中用』，卻是啼得滿嘹亮，而這些猶如閹雞的工會，面臨有關勞工權益重大事故時，則連啼一聲也不啼……」（張曉春 1987：68-69）。例如：當時立法院正在審議〈勞基法〉，全國總工會雖被邀請，卻拒絕參與討論；當資本家要求限縮〈勞基法〉的規範範圍時，總工會也悶不吭聲。根據 Frederic Deyo (1989) 的觀察，在爭相吸引外資設廠的 1970 和 1980 年代，包括新加坡、韓國、香港和台灣在內的東亞新興國家，工會及工人運動都受到政治性的打壓和資方的控制。直到接近解嚴前，台灣才開始出現一些敢於發聲、具有自主性的工會。

　　若要衡量工會的力量或影響力，有好幾項指標可運用，例如：工會的數目、工會的會員人數、組織或會員數目的消長、與資方協商成功的比例或會員實質福利的改善程度。工會組織率（或覆蓋率），是指符合條件的受僱勞工成為工會會員的比例，這是多數文獻使用的指標。從 1970 年代開始，各國的工會組織率都在下降中。其中一個原因是製造業就業人數的大幅下滑（不論是絕對數字或占就業人口的比例），另一個原因則是政府部門的萎縮，尤其是公營事業 (Streeck 2005)。為了解決財政赤字和應付來自民間資本家的壓力，公營事業紛紛私有化或被完全售出，造成大量勞工失業。而製造業和公營事業都是多數國家工會會員的主要來源。

　　2019 年時，台灣的職業工會有將近 4 千 2 百家，企業工會有 909 家；前者的會員人數為 268 萬人，後者不及 59 萬人（勞動部 2020b）。從時間趨勢來看，職業工會和產業工會的家數都在成長中，企業工會家數則出現上下波動，維持在 9 百多家左右。在全盛時期（1980 年代末期），企業工會的組織率（企業工會人數占受僱人數的百分比）曾高達 30%；此後一路下滑，2019 年的組織率只有 15%。造成組織率下降的原因很多，包括公營事業因民營化而大量裁員後，許多事業流失大批會員或將工作外包。此外，私人部門中仍有很多企業或工廠並沒有工會組織。相對而言，無固定雇主的勞工及自營作業者需要職業工會代為投保勞健保，組織率高達 41%。

　　有些自主企業工會除了爭取會員權益之外，也尋求參與資方董事會決策的機會，讓不利於勞工的決策公開化或得以改正。這項訴求主要基於產業民主的概念。產業民主 (industrial democracy) 是指企業或組織讓勞工代表參與董事會，一方面發揮勞資雙方共同治理的精神，另一方面也可適時在董事會中傳達勞工的聲音。這個源自歐洲社會民主政黨國家的制度，在解嚴之前即由運動團體——台灣勞工陣線——引進工運圈內討論，並於 1986 年列入民進黨的黨綱。對照當時勞工的團結和爭議權都仍受到許多限制的情況，這個概念算是相當先進。之後愈來愈多學者和工會團體參與推動產業民主概念的落實。2000 年立法院通過〈國營事業管理法〉第 35 條的修正案，規定在政府擁有股份的公有事業中，必須至少有五分之一的官派董監事席次由工會推派代表產生。在政府持股 20% 以上的民營化事業中，則須至少有一席董事保留給工會的代表。在企業工會較為自主、開放的事業中，勞工董事幾乎都可以順利產生。

2. 工會在做些什麼？

美國研究勞動經濟與勞資關係的學者 Richard Freeman 及 James Medoff 曾經寫過一本書──*What Do Unions Do?* (1984)，中文可譯為「工會在做些什麼？」他們從兩個面向分析工會的作用。其中一個面向為壟斷，指工會藉由壟斷會員的勞力供給，與資方談判，要求優於市場價格的工作報酬。這也是新古典經濟學家對於工會的批評，認為工會的存在破壞了由勞力供需決定工資的市場機制。最後不但削弱企業的經營效率，甚至傷害整體經濟的發展。工會作用的另一個面向則是為會員發聲，將勞工的不滿和意見傳達給資方，代表勞工與資方談判，為前者爭取工作權和其它物質利益。工會代表勞工發聲之後，減少了工會會員用腳（出走）表達不滿的機率。這些立論的根據是 Albert Hirschman (1970) 所提出的出走、發聲及效忠的論述。匯集多種調查資料，Freeman 及 Medoff 發現，工會確實能夠有效提高工會會員的工資和福利（退休金、意外及醫療保險、休假補助等），讓資深的工人免除中年失業的危機，同時發揮溢出效果 (spillover effects)，讓產業內非會員者也享受到工會集體協商的好處，使非會員的工資與會員相差不遠。雖然工會的存在有損於企業的獲利率，但由於生產力提高，對整體經濟而言是好的現象。他們對於工會的存在給予正面的評價，因而主張管理階層不應該阻擋工會的成立。

經濟主義 (economism) 或說物質主義 (materialism) 是指工會與資方談判、為會員爭取權益時，重點放在改善會員的經濟待遇，主要指工資的爭取和調升，但也包括其它的福利措施，如優惠貸款和退休金的提撥。如果資方同意協商結果，工會相對地將約束工會會員的抗爭行動。實現經濟主義最明顯的時期和案例即是二次世界大戰之後美國製造業的產業工會。

二次世界大戰之後，美國重工業極為興盛，不論是汽車、鋼鐵或是機械生產，生產技術和規模都是其它工業強國亟欲追趕的目標。此時已經是大量生產模式被普遍接受的時期，這些汽車廠、鋼鐵廠或機械廠僱用了大批半技術與非技術性工人。在流水線生產模式被採用的初期，美國的藍領工人極度反彈，對於這種單調的生產過程極為反對，同時也擔心去技術化之後工作權不保。因此，工人的反彈、工廠內的怠工和零星的抗爭層出不窮。以 Burawoy (1979) 在芝加哥進行參與觀察研究的工廠而言，30 年前廠內即是騷亂不斷，工頭斥罵

工人，後者不服，再用言語或行動回應，如此循環必然影響生產進度。面對工人的抗爭，資本家的反制措施則是持續投入研發、引進新的控制技術和管理策略；有些則仍願意積極與工會談判，希冀生產能夠順利進行。當時美國的資本家從未預料大量生產、大量銷售的榮景會有所改變，僅是美國國內市場就已經供不應求，海外市場的訂單只是錦上添花。資方除了有強烈動機希望與工會達成協議、讓工廠保持平靜之外，也有資源可以順應工會的要求。工會除了為會員爭取到相對較高的工資之外，還獲得資方的同意，讓工資自動隨物價的變動調升。此外，工人還有退休金和醫療保險等福利。工會也為會員爭取到工作權的保障：資方要解僱會員需獲得工會的同意，廠內的升遷及福利的設計是以年資為標準。即使美國汽車業和鋼鐵業後來衰退，除非是完全關廠或倒閉，否則資方進行部分裁員時，資深勞工仍有工作權的保障（Milkman 1997；請參考本書第十二章方塊 12-3）。這些特徵都符合本書在第六章對於內部勞動市場的描述；工會對於建構美國藍領勞工的待遇和就業安全網有極大貢獻。

有學者將上述資方和勞方的協議稱為勞資和議 (capital-labor accord) (Aronowitz 1973; Bluestone and Harrison 1982)。以汽車業為例，勞資和議的主角是美國製造業大資本家和聯合汽車工會（United Auto Workers；會員人數曾經達到 40 萬人以上）。工會用談判代替對抗、用物質條件交換工人的順服；在協議執行期間，除非雇主違約，工會將不會發起抗議式的行動，對於工人自發性的靜坐、怠工或罷工都不會認可。集體協商和談判成為工會最主要的工作，制度化之後的工會也愈來愈像官僚組織。工會的戰場是在有冷氣的會議室內，而不再是工作現場或街頭。有歷史學者認為勞資協議等同是為了物質利益而放棄工人意識型態的堅持 (Brody 1980)。這種質疑其實也不限於美國的工會。1960 年代法國出現大規模的學生和工人運動，對於工會就出現只會爭取麵包和奶油的嘲諷（Quattrocchi and Nairn 著，趙剛譯 1998[1968]）。

美國社會學者或工運人士對於以追求經濟利益為主要目標的工會主義有很多的批評，也呈現年輕世代工人的不滿。在 Rick Fantasia (1988) 所觀察的工廠中，勞工可能會突然採取靜坐的方式，讓生產線停頓，以抗議工廠內管理階層的霸權統治。他認為，藉由這種共同的生產社會經驗和多次突發但一致的行動所凝聚的團結，工人之間於是形成了反抗性的凝聚文化 (culture of solidarity)。

這與依靠組織運作和協議與資本家妥協的主流工會文化是截然不同的取向。Stanley Aronowitz (1973) 認為，挑戰階級關係和壓迫的行動才是真正的工人運動，也是維繫工運香火的主力。認為和議式的勞資協定所帶來的只是「虛假的承諾」(false promise)。

前面提到，戒嚴時期台灣的工會幾乎一無作用。解嚴後，台灣的自主性工會又做了些什麼呢？根據何明修的研究 (2008a)，台灣工會的經濟主義訴求也十分明顯，為工人爭取具體福利是獲得會員認同的主要手段。以擁有大型工會的公營事業來說，不論是工會本身的訴求，或上街頭抗議、到立法院陳情的目的，大都與獎金的發放和計算（如績效獎金、年終獎金、不休假獎金等）或資遣及退休金基數的計算有關。總會代表到分會演講時，內容也是與勞工的權益有關。即使如此，工會所能爭取的項目其實有限。因為，根據〈工會法〉的規定（第 26 條），工會不可以為了要求「超過標準工資」的待遇而罷工（詳見本章第四節）。不過，勞工行政單位於 1994 年做出函釋，指出由於政府並沒有訂定標準工資的金額，該項規定不合時宜。2010 年〈工會法〉已刪除該項限制。由於基層勞工薪資僅達基本工資水準且多年未調薪，中華郵政公司轉投資的中華快遞公司勞工及台灣鐵路工會於 2022 年以罷工行動要求資方提高月薪。

在台灣，也並非所有的工會會員都贊同工會運作的取向和結果。如同美國的情況 (Gordon, Edwards and Reich 1982)，年資差異是造成內部衝突的原因之一。不同世代的工會幹部和會員之間，會因不同的利益而產生程度不一的內部分裂。例如：較接近退休年齡的勞工希望公司減少投資，以免影響他們的退休金，但年輕的勞工則希望公司能夠增加投資、長期經營（何明修 2008a）。

3. 工會認同與階級認同

《英國工人階級的形成》（Thompson 著，賈士蘅譯 2001[1964]）是研究工人意識覺醒和工人團結形成集體力量的重要著作。在該書的「序言」中，作者有句名言：「……工人階級和太陽不一樣，它不會因為時間到了就自動升起。它的出現是靠它自己創造出來的……」（頁 xxiii）。這本書仔細地描述英國工人如何透過自我學習、宗教信仰與民主精神的結合、集體討論和閱讀，以及一再地衝撞和反抗，促成了工人階級意識在英國城市和鄉村的萌芽。Edward Thompson 的

結論是：工人意識的覺醒是歷史過程的產物，沒有任何國家或社會所形成的工人階級具有一模一樣的形貌。也不會因為客觀條件都具備，例如：勞工人數大幅增加、貧富差距日益擴大、勞工被剝削的情況愈趨嚴重等，工人的階級意識和認同就會自動凝聚、成形。

在馬克思的原始理論中，在覺醒到被壓迫的事實之前，勞工並沒有工人意識。勞工所具有的是資產階級灌輸給他／她們的、屬於資產階級的意識型態；工人所具有的是一種虛假意識。因此，在屬於工人本身的意識尚未形成之前，工人是屬於自在階級：工人意識雖客觀存在，但未被工人認識到。覺醒之後才成為自為階級：覺悟到工人命運的相同性、工人的階級利益不同於資本家的利益，認知到勞工階級的存在。

如前所述，在解嚴之前，公營事業的工會被國民黨的各事業黨部把持，鮮少有自主性。此外，相對於私人企業受僱者，公營事業勞工享有相對較優厚的勞動條件，尤其是工作的穩定性及較低的工作壓力，也削弱了公營事業勞工的階級認同感，勞工階級的集體意識在公營事業工會中幾乎不存在（中國論壇1987：14-24；何明修 2016）。在反民營化風潮興起之前，公營事業工會並非完全沒有反抗資方的聲音或行動，只是多數抗爭都以爭取實質利益的事項為主，諸如休假安排和年終獎金的計算等。例如：1988 年台灣鐵路局工人以「集體休假」的方式進行大罷工；次年中油高雄煉油廠勞工北上遊行，要求加發年終獎金等。1989 年底，國民黨政府開始執行私有化政策，當年 11 月，部分公營事業工會發動「把民生主義找回來」的「反私營化」遊行；1993 年 5 月舉行「營救國營事業、拯救國人共有資源行動方案」的媒體造勢活動及街頭遊行；1996年舉行「五一顧飯碗大遊行」。私有化政策提供了公營事業工人團結的機會，同時也在失業勞工的集體抗爭之外，創造了台灣另一波勞工運動的高潮（張晉芬2001）。但是，體認到團結的重要性未必等同於階級認同或階級意識的覺醒。

台灣的資本家也會用懷柔的手段，讓員工的集體意識難以凝聚。在高科技工廠林立的新竹科學園區，雇主使用細緻的人事管理策略，試圖壓制員工的工會意識和行動 (Cheng 1998)。Wei-yuan Cheng（鄭為元）根據他於 1991 年所做的田野調查，說明園區內資方抗拒工會組織的手段，包括制訂員工升遷架構、強調人性化管理、成立員工福利會、建立申訴管道、提供休假及男性陪產假。其

中，陪產假的出現比 2002 年公布施行的〈性平法〉還早 10 年。這些作為的目的就是希望打消員工成立工會的念頭。在當時整個園區中有 130 家公司，但只有一個公司有工會。

　　台灣從 1980 年代起陸續出現勞工抗爭或集體行動，這些是否能夠代表工人階級認同或階級意識的興起呢？根據謝國雄的研究 (1989)，從黑手出身的小頭家或自營作業者，如同黑手身分者，對於工人階級有高度的認同。黃毅志 (1999a) 的量化分析結果顯示，勞工階級的認同並沒有轉化成對於勞資抗爭意識的支持。在何明修 (2008a) 所研究的自主工會裡，會員間的結盟仍以兄弟義氣為主要連帶，對於非屬同一企業或同一廠場的工人，甚至是不同工作單位的白領勞工，都可能加以排斥，將認同及利益限縮到極窄的範圍。這種形塑團結意識的方式也並非僅出現在台灣。不論是台灣或韓國的工運人士，都發現「……要協調工人階級內部的多重利益是艱鉅的工程，但建立工運與公共領域有意義的連結似乎是更困難的工作」(劉華真 2008：21)。早期在工會受到國家及雇主

的打壓之下，勞動現場工人之間所形成的社會網絡提供了重要的信任基礎，是工會運作和後續行動的重要支柱（趙剛 1996）。劉華真 (2008) 以「運動實力」為核心概念，分析台灣工運發展的軌跡，認為基於長期戒嚴、工運被打壓的情況，台灣的勞工運動是從追求基本的經濟正義開始，然後再逐漸發展論述、學習如何回應外界的批評和國家的控制，建立起工人對於工運的理念。

　　性別間的權力不平等關係與工會內部的陽剛氣質互為因果，則共同造就了「女性止步」的氛圍及對於工會男性文化的認同。

台鐵工會反對公司化與民營化的文宣
照片提供：本書作者

許多工會以男性氣概（喝酒或抽煙文化、三字經、用性器官比喻非自主性工會等）作為團結廠內男性勞工的操作手段（或不自覺的行為），造成許多女性對於會務的迴避態度（何明修 2006）。工會幹部在公開場合中不經意地使用性別化語言，也可能會讓在場的女性覺得不舒服（張晉芬 2002：116）。

　　在台灣，也有一些量化分析的結果，可幫助我們瞭解勞工的主觀認同及大眾對於工會勢力的態度。根據關秉寅利用 1997 年「變遷調查」資料所做的分析 (Kuan 2006)，如果將階級分成六個類別（上層、中上層、中層、中下層、勞工及下層），約有 31% 的受訪者認為自己屬於勞工階級。這個結果與早先黃毅志 (1999b) 利用 1990 年「變遷調查」資料所得到的結果類似。後者發現，如果將階層分成五類（沒有中下層），自認為屬於勞工階級的比例約為 28%。顯示大約固定有三分之一的勞動者認同勞工身分。

　　至於社會大眾如何看待工會的發展呢？「變遷調查」在 1990、1995、2000 及 2005 年時，均問到同一題目：「在我們的社會裡，工會的影響力應該大一些還是小一些？」張晉芬與張恆豪分析這四個時間點的資料 (Chang and Chang 2010)，發現在這 15 年間，多數受訪者支持工會的力量應該「大一些」，其比例明顯超過回答「應該小一些」或「應該和現在一樣」（請參考圖 13-1）。對於工

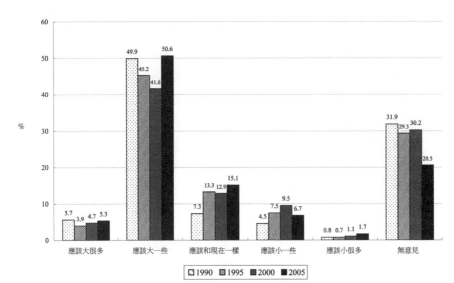

資料來源：1990、2000、2005 年「台灣社會變遷基本調查」。

圖13-1　四個時期大眾對於工會態度的分布

方塊 13-1　工匠工會與性別隔離

　　Eric Hobsbawm (1917-2012) 是歐洲著名的政治、經濟與社會史學家。他的著作甚多，被譯為中文在台灣出版的有《革命的年代》、《資本的年代》及《民族與民族主義》等。《非凡小人物》（1998，蔡宜剛譯 2002）是大眾版的西方經濟和社會史。他在這本書中對於西方工匠工會的興起歷史提出詳盡且發人深省的論點。以下引用該書中有關工人運動如何鞏固「男主外、女主內」的性別分工及工會如何排除女性工人加入的片段：

　　……十九世紀工業化的矛盾是，藉由剝奪生產者對生產工具的控制，它傾向於拉大（無償的）家戶勞動與（有報酬的）家戶外工作之間的性別勞動分工，同時使其更形劇烈。在前工業的或原型－工業的經濟結構（小農制農業，工匠式的生產，小店主，家庭工業，外包制等等），家庭與生產一般來說是一個單一的或是合而為一的單位。雖然這通常意味著婦女的極度勞累……。（頁 229）

　　……讓一個成年男性無法賺取維持一個家庭開銷的職業，會被認為是雇主付給不足的工資。因此，勞工運動相當合乎邏輯的發展出一種趨勢，以單一的負擔家計者（即，實際上為男性）的收入來估算可欲的最低薪資，而將為薪資勞動的妻子視為困窘的經濟處境之徵兆。事實上，工人的處境通常是艱辛的，因此有大量的已婚婦女為了工資而被迫工作，雖然這其中有相當高的比例是在家中工作，即在勞工運動有效的範圍之外……。（頁 230）

　　……除了少數幾種婦女在其中高度集中的產業外，無產階級鬥爭的特定形式，即工會與罷工，多半將婦女排除在外，或是大大地減低她們作為積極參與者之角色的能見度……。（頁 233）

　　……因而，既是出於畏懼女性工人的經濟競爭，也是出自「道德」的維繫，兩者結合起來將婦女排除在勞工運動之外，或是將婦女擠壓到運動的邊緣──除了家庭成員的傳統角色以外。（頁 234-235）

會幹部、工運人士或支持勞工聲音的人來說，這應該是一個令人振奮的結果。多變項邏輯迴歸分析的結果則顯示，藍領和低階白領勞動者、勞工階級及民進黨支持者較傾向於認同工會力量應該更強大。不過，要將態度轉化為行動仍需經歷一段過程。在台灣，服務業所僱用的勞工已占勞動人口的 60%；必須有更

多以白領勞動者為主的企業或組織成立工會，組織率及整體工會力量才可能提升。

三、勞工運動與工人抗爭

勞工不滿意薪資過低、不高興工頭大聲罵人，於是抱怨或是嗆聲，都不是稀奇的事；零星的勞資衝突恐怕也是許多工作現場的常態。但這些不滿或衝突未必都會演變成勞工集體對抗雇主的行動，須有客觀條件配合，才會促成罷工或其它抗議行動的出現。有些罷工行為可能是因為資訊不完全，以致於勞方誤判資方的決心、後者低估工會動員的能力。此外，景氣較差或失業率較高時，罷工的可能性也會增加 (Franzosi 1989)。但在景氣高峰時期，工會也可能利用資本家希望維持高獲益率的心理，而更願意發起罷工行動。採取資源動員理論的學者傾向於認為是資源可得性和組織力量影響罷工的出現 (Shorter and Tilly 1974)。例如：國家缺乏壓制的正當性、外界聲援或是集結的人數夠多等。此外，工會的出現使得勞工罷工的次數和持久性都增加。工會除了可動員會員投入罷工之外，也可利用組織力量蒐羅資源以支持罷工行動。會員人數愈多，動員能力也愈佳。但是，如果政治情勢有利於工會與資方談判時，則會降低罷工的機率 (Korpi and Shalev 1980)。

Simeon Larson 及 Bruce Nissen 所編輯的 *Theories of the Labor Movement* (1987) 一書，雖然書名為「勞工運動的理論」，但書中多數文章都是實證研究的結果（使用的方法包括歷史敘述、政治經濟分析、個案介紹或量化分析等）。根據這兩位作者的說法，並沒有任何一項理論可以圓滿地解釋所有（美國）勞工運動的起源。他們依據所扮演之社會角色的差異，將勞工運動的出現分成許多類別，包括作為革命的前兆、發展產業民主、滿足勞工的主觀期待或成為破壞現狀的壟斷組織等。從這些分類來看，勞工運動與工會的關係並不容易區分。以壟斷角色來說，工會如果可以威脅資方，所憑藉的即是發揮集體力量，如罷工。但是，基於和資方的妥協，工會有時還成為阻撓工人抗爭或行動的幫手。也有許多抗爭或運動的發生並非由工會主導。此外，成功的勞工運動還可以幫忙工會順利地吸收新會員，促成組織的發展 (Dixon and Martin 2007)。工會與工運或自力救濟之間的關係因此很微妙：有密切的關係，卻又未必相輔相成。

　　本節主要藉由台灣勞工運動或工人抗爭的事件及經過呈現台灣勞資衝突的樣貌及對勞工、資方及政黨／政府三方或四方關係的影響。整體而言，台灣勞工運動的歷史短，多數行動屬於個別、零星、短期的抗爭；行動的主因是以抗拒權益受損為出發點，包括索討資方積欠的工資或其它應得的報酬及工作權等。

1. 台灣工運的興起與關廠後抗爭

　　徐正光 (1989: 113) 曾提到：「台灣工業化的前二十五年是一個沒有勞工運動的時期」。他形容那個時期的工會屬於「異化」狀態，無力反抗政治性的操控和資方的剝削。高壓統治下的台灣到了 1980 年代開始出現重大轉變。根據學者的統計，在解嚴前的 1983 至 1987 年間，共發生了 240 起勞資衝突事件。這些事件主要發生在製造業，起因幾乎都是雇主違反勞工法令。具體的抗爭事項包括雇主未提撥退休金或拖欠資遣費，其次為工資計算與給付不符合約定，以及不滿意加薪幅度或年終獎金（林忠正 1991：253-255）。較著名的例子，包括苗栗客運勞工為了要求資方歸還積欠的加班費，而在 1988 年發起罷駛。之後陸續發生遠東化學纖維公司新竹總廠工會（遠化工會）、桃園客運及台灣鐵路公司員工的罷工或罷駛行動。其中，起因於對資方發給的年終獎金不滿的遠化工會即成為「台灣在解嚴後第一個進行（在廠區）罷工的工會」（趙剛 1996：5）。1990 年代初期，台灣從南到北的客運業也發生過多起罷駛事件（基隆客運產業工會、全國自主勞工聯盟 1996：76-77）。這些抗爭幾乎都是肇因於資本家違反〈勞基法〉在先，而勞工口頭爭取未果之後，遂以行動作為救濟手段；即是所謂的「順法抗爭」（何明修 2008b）。

　　有學者運用資源動員論的觀點，解釋解嚴初期台灣勞工運動的興起。張茂桂 (1989) 用政治機會結構的開放、政治資源的出現及遭逢社會運動的風潮等因素，來解釋勞工運動、不同訴求之社會運動等行動的出現。根據他的說法，「……從資源動員的觀點來看，1980 年代台灣的社會運動風潮，主要是因為國民黨的政權先已發生統治的危機，失去完全鎮壓政治反對力量的能力，被迫進行政治自由化與民主化的改造工作，也無力阻止既有資源投入受排斥民眾部門的社會抗議提升抗議層次、形成民眾部門的社會運動資源得以串聯擴大，蔚成風潮」（同上引：42）。他所說的民眾部門 (popular sectors) 包括不同階級和組織中對於國家統治提出異議的群體或個人（同上引：27）。根據他的分析，在勞工意

識尚未明顯抬頭之際，藉由政治民主化的壓力，以勞工利益為訴求的政黨和團體的出現，以及工人之間的相互聲援，促成了 1980 年代末期勞工運動的興起。

這些抗爭的出現與勞動條件惡化有直接的關係，從 1980 年代末期開始直到 1990 年代中期，陸續出現多起惡意關廠的例子。有些是因為資方將生產線轉移到工資更低廉的中國，有些則是為了獲得土地開發利益。這些關廠舉動促成了勞工集體抗爭運動的興起。1988 年所爆發的新光紡織士林廠關廠案，一方面揭開了 1990 年代台灣傳統產業關廠風潮的序幕；另一方面，在士林廠勞工為期 76 天的抗爭行動中，也展現了勞工意識的覺醒與行動。這起勞資衝突發生的主因，是新光紡織公司於 1988 年 10 月下旬，突然宣布工廠將於一週後關閉。新光集團在給工會的正式公文中，僅提供該廠員工兩項選擇：符合退休條件的工人可依〈勞基法〉規定退休；其餘勞工（包括建教合作的學生）如欲繼續留在公司工作，則必須轉到桃園廠工作，而且必須同意接受職務調整（包括改調到現場工作）（新光關廠抗爭戰友團、勞工教育資訊發展協會 2003：338-339）。

可想而知，士林廠的勞工對於這項突來的關廠決定相當錯愕。眼看著就要喪失工作權，而唯一的選擇卻是在短短的 7 天內離職或到外縣市工作。尤其當勞工發現關廠的原因是出於賺錢的考量而要在原廠址興建私立大型醫院之後，更是憤怒。在多次抗議卻未獲回應的情況下，勞工於 12 月中旬開始移師至新光總公司門口「埋鍋造飯」。整起抗議行動直到 1989 年 1 月初才結束。參與抗爭的勞工最後集體創作出版了《那年冬天，我們埋鍋造飯》一書，使得後人可以對整起抗爭經過有充分的瞭解。

1992 年爆發的嘉隆女工抗爭事件，則起因於雇主決定去中國設廠而關閉在台灣的工廠，但對於積欠的加班費及資遣費則故意拖延給付。由於也是無預警關廠，紡織廠的 130 名女工突然遭到解僱。紡織廠的老闆朱英龍（當時還是大學裡的兼任教授）並未依照〈勞基法〉發給資遣費，卻要立即關廠。女工們於是推派代表前往新北市（當時為台北縣）勞工局，得到的答覆卻是：勞工局只能依法對資方處罰，但不能代為爭取積欠的資遣費和加班費（簡錫堦 2002：194-195）。經由這些女工長期、多方的抗爭，資方最後被迫出面解決積欠勞動報酬的問題。針對這起事件，羅興階和李孟哲兩位導演與台灣勞工陣線製作了一部影片，標題為「朱老闆教授的暑假作業──板橋嘉隆成衣廠女工抗爭記

實」(1992)，這部影片成為勞工教育或大學相關課程中放映頻率頗高的紀錄片之
一。

　　1996 年底發生的聯福及福昌紡織廠女性員工抗爭事件，同樣也是肇因於雇
主關廠、卻惡意拖欠退休金和積欠工資。由於勞工始終得不到資方的回應，也
沒有官方出面協助，聯福紡織廠的工人與勞工運動人士曾茂興等人於是以臥倒
在縱貫鐵路上的激烈方式進行抗議。這起事件確實吸引了媒體的注意，雖然一
開始報導的焦點是放在臥軌行動者的觸法行為上，但隨著抗爭內容逐漸清晰，
透過媒體，社會大眾看到了資本家如何鑽法律漏洞及國家執法不公的具體事證
（中國時報 1996 年 12 月 22 日）。然而，200 多名聯福紡織的工人還是得歷經
三個月的抗爭和協調後，才拿到應得的遣散費。福昌紡織廠的勞工則是直到
1997 年才取得部分被積欠的工資、資遣費及退休金（經濟日報 1997 年 3 月 12
日）。多起關廠事件和運動團體及失業勞工的持續抗爭終於促使行政院舉行跨部
會的會議，決議調查資方是否有經濟犯罪行為、對雇主限制出境、從嚴審核現
金增資案，及要求資方出面解決資遣費積欠等問題（中國時報 1996 年 12 月 31
日）。這些決議也是後來〈大量解僱法〉的基礎（請參考本書第十二章）。

2. 工運的形式與跨界行動

　　關於衡量勞工集體行動的強度或頻率，以罷工事件而言，強度的操作化
定義包括：(1) 頻率：即罷工的發生次數；(2) 規模：指參與特定運動的人數；
(3) 持久率：指運動持續的天數 (Hibbs 1978)。如果是分析某一段時期內的罷工
強度，則通常是用平均數代表。一般所說的罷工通常是指較具規模的反資方或
反官方的工人集體行動。但廣義來說，怠工、靜坐、破壞生產流程或機器等也
都是罷工。怠工是指暫時停止手邊的工作，或放慢工作速度，以打亂原來的生
產節奏。1994 年時，工運團體曾籌劃、發動勞工在某一天上班時間內自動休
息一小時，以抗議勞工將要負擔的健保費比例太高。靜坐 (sit-downs) 是指在工
作現場席地而坐，以示對雇主或管理階層的抗議。破壞生產流程或機器則是指
一群人有意識地用破壞或搗毀的方式，讓生產線停止運作，以達到抗議目的。
搗毀機器 (Luddism) 起源於 18 世紀的英國。當時由於機器的引進造成許多紡織
工人失業、工匠被去技術化和平均薪酬降低；因此，即使明知會受到懲罰或被
要求賠償，一些紡織工人仍蓄意破壞機器到幾乎不能使用的程度，以宣洩不滿

（Thompson 著，賈士衡譯 2001[1964]）。這個現象代表著反對資本主義式生產的直接行動。

　　除了勞工本身及工會之外，如同多數國家的情況，台灣的勞工運動團體或學生也在整體工運推動中扮演相當重要的角色。在戒嚴時期，就可見民間運動團體或個人在勞工抗爭中幫忙進行勞工教育、宣傳工人意識、協助策略規劃，或是提供法律知識。這些協助使得 1980 年代末期及 1990 年代缺乏與資方和國家抗爭經驗的勞工得以很快地成立臨時性的自救團體，以進行有效的抗爭。過去每當爆發勞工抗爭事件時，國民黨或資方對於工運人士或團體的參與都稱為「有外力介入」，用以削弱勞工抗爭的正當性。這些所謂的「外力」即包括台灣勞工運動支援會（現已改名為台灣勞工陣線）和工人立法行動委員會、女工團結生產線及台北市上班族協會等團體。除了聲援個別抗爭事件（包括本節所敘述的幾個例子）之外，工運團體、工運人士及勞工曾經聯合進行多次大規模抗爭。例如：由於眾多勞工因為關廠而被大量解僱，1996 年工運團體與失業勞工集結抗爭，共同露宿於勞動部所在大樓（當時位於台北市民生東路三段）門前，進行「南北串聯絕地大反攻」的集體抗爭，所喊出的口號是「頭家人肉鹹鹹、工人血債血還」（中國時報 1996 年 12 月 28 日）。體制外的工運組織曾經多年固定於 5 月 1 日和 11 月 12 日舉行勞工春鬥和秋鬥行動，一方面強化勞工彼此間的團結與階級意識，另一方面也適時就一些相關法案提出訴求。

　　台灣的工運團體也曾跨海參與其它國家的勞工抗爭行動。2000 年，尼加拉瓜一家由台灣企業（年興紡織公司）投資的紡織工廠解僱了廠內 11 名工會幹部，此舉形同瓦解工會；工人遂於當年陳水扁總統訪問尼國時，發動抗爭，因而引起媒體報導。台灣幾個社運團體也發起一連串聲援行動，支持尼國工人的抗爭（陳信行 2005）。次年，透過法院裁決及與資方多次談判，有些工會幹部得以復職，有些離職幹部則獲得雙倍資遣費及積欠工資賠償。此外，台灣的工運團體及工會也曾與美國及薩爾瓦多工會並肩抗議另一家台資企業（台南企業）於薩國解僱工會幹部的舉動。2005 年底，台灣工運人士前往 WTO（World Trade Organization，世界貿易組織）部長級會議所在地——香港——參與對 WTO 造成勞動條件惡化的抗議行動，這又是另一則工運跨國合作的例子。

方塊 13-2　學生為勞工階級發聲

2001 年 4 月，美國哈佛大學的一群學生在校長辦公室靜坐示威長達三週 (Fantasia and Voss 2004: 172-173)。這是該校有史以來最長的一次靜坐行動。他們靜坐的訴求是要求學校給付校內工友、餐廳服務生和警衛最低工資。由於原先的工資太低，這些校內的服務人員需要從事二至三份工作才足以餬口。當時有 20 多位學生占據了校長辦公室，門外則有數以百計的學生到場聲援。到了晚上，這些校內的藍領和白領基層工作者開始在校園內遊行。近 400 位哈佛教授都連署支持學生靜坐和給付工人最低工資的訴求。起初校方表示，除非學生離開所占據的辦公室和該棟建築物，否則不願意談判。但由於波士頓地區（哈佛大學所在城市）的工會和美國全國總工會也進入校園、聲援靜坐的學生和其訴求，校方的態度開始有些鬆動。美國全國旅館及飯店工人工會也允許會內工人為聲援該項行動而罷工。社會上一連串的支持聲浪終於迫使哈佛大學校方同意提高校內基層工人的工資和保障勞工權益。哈佛學生的行動也在日後被多所大學的學生仿效，為校園內的底層勞工爭取最低工資。

此次靜坐示威完全是學生自發性的行動。起因於他們在日常接觸中，發現這些工人的工資還不及最低工資的標準，於是在討論之後擬出行動策略。此外，這起事件意外揭露：長春藤盟校中歷史最悠久、最負盛名、也是捐贈 (endowment) 資金非常豐厚的哈佛大學，卻對校內的勞工階級如此苛刻。這項行動代表著社會藩籬的去除（來自中產階級或上層階級家庭的學生聲援勞工階級）。在日後波士頓的一場大規模工友罷工行動中，也不只有工人參與，學生、畢業校友、教會和社區領導人都挺身參與遊行，直到罷工結束才返回各自的工作崗位，是一項跨越身分、階級及產業的行動。

2008 年 1 月，台灣的政治大學學生社團「青年勞動九五聯盟」及「政大清潔工關懷小組」發起連署及抗爭，要求學校針對校內清潔工的勞動權益被剝奪一事，提出解決辦法。學生清楚地呈現清潔工被剝削的事項，包括：派遣公司為減少成本而僱用不足人數，卻為因應人力不足而提高每人工作量，平均每月超時工作近 25 個小時卻領不到任何加班費，用解僱方式處理清潔工的職業傷害，合約中漏載退休金的提撥事宜（聯合報 2008 年 1 月 10 日；苦勞網 2008 年 1 月 24 日）。此事件後來獲得 1,500 名政大師生的連署，並且引起媒體注意。政大校長最後出面，允諾將要求外包公司遵守〈勞動基準法〉，保障清潔工的權益。這項允諾並被錄影存證，放在網路上供瀏覽。

四、勞動三權的法律與爭議

有學者認為，工會、勞動市場和勞資關係制度是構成資本主義生產模式的要件 (Streeck 2005)。勞工的集結是為了反抗勞動市場內的壓迫和惡劣的勞動條件，迫使資本家改善。但雇主也會因應勞工的行動而重新定位、改變生產及管理策略；有時國家也會與資方聯手，直接介入勞動市場和勞資關係的建構；新的生產模式和生產的社會關係又會再引起新一波的勞工反彈。正因為這些元素的型態和相互間的作用複雜，沒有任何兩個國家的資本主義生產及勞資關係／衝突模式完全相同。台灣的狀況則是國家對於工會及勞工運動的約束及管制超過對勞動三權的尊重及對資方的規訓。

台灣的勞動三法在 2008 至 2010 年間經歷重大修正。主要變化包括減少對工會組織及行動的管制、增加工會組織的類別、保障企業內工會幹部行使職權的權利，以及資方必須善意回應勞方簽訂團體協約的要求。本節首先概述過去勞動三法的內容及為何沒有發揮保障勞工團結、協商及爭議權的功能，接著介紹最近修正的重點及意義。

1.〈工會法〉的修正與爭議

在國家統合主義的意識型態下，有效掌握工人結社和行動的方式之一是透過法律加以限制。〈工會法〉的立法目的是要「促進勞工團結，提升勞工地位及改善勞工生活」（第 1 條），實質內容卻包括規定和規範勞工結社及罷工行動。

工會作為一個由工人自由組成的團體，有些國家（如美國或多數歐洲國家）尊重工人自主，將工會組成與否交由組織或工廠內的工人自行決定；國家僅對罷工或其它行動作一些規範 (Rees 1989[1962])。但在台灣，政府對於工會的組成採取核可制，必須由勞工行政單位給予核可證書之後才可成立。如果工人組織或個別工人出現破壞財物、妨害人身自由或影響生產秩序的行為，雇主或管理階層還可使用現行的〈民法〉或〈刑法〉求償或告發。這些規定都讓勞工或工會在採取行動時有所顧慮，所幸新版〈工會法〉已無這些規定。

〈工會法〉是 1929 年由當時尚有效統治中國大陸領土的國民政府所制訂。之後歷經多次修訂，最近一次修訂是在 2022 年 11 月，但近次最大幅度的修訂

則是在 2010 年 6 月。該次修訂後的版本將〈工會法〉分成 11 章。從設立條件的限制、競爭排除及行動內容的改變來看，在 2010 年修正前的〈工會法〉（以下稱之為舊版〈工會法〉，其條號之前加上「原」）對於勞工團結權是予以限縮與管制，而不是保護或鼓勵。

首先從設立條件來看。根據舊版〈工會法〉，不論工會類型，所屬工作單位的人數至少應有 30 人（原第 6 條）。然而，以主計總處所發布的各業受僱人數計算，台灣中小企業所僱用的就業人數約占全體就業人數的 40% 以上。此一組成單位人數的規定已經排除了全國五分之二勞工的團結權。在新版〈工會法〉中，由於仍然規定任何類型的工會都必須有 30 人以上連署才能夠開始籌組工會（第 11 條），實質上仍等於排除了眾多中小企業勞工在企業內成立工會的可能性。

舊版〈工會法〉中規定「凡在工會組織區域內，年滿十六歲之男女工人，均有加入其所從事產業或職業工會為會員之權利與義務」（原第 12 條）。此一屬於強制入會的規定違反了工人自由參與的意願（原第 6 條），但也避免了搭便車的效果。當工會幹部與雇主進行協商或是帶領抗爭、獲致任何成果時，受益的通常不只是這些幹部或少數人而已，而是適用於企業內的所有工人。根據 Mancur Olson 的理論（1971，董安琪譯 1989：92-94），如同其它自願性團體的情況，工會會員也可能存有「搭便車」(free rider) 的心理。大約有百分之九十的工人會按月支付會費，但不參加工會會議或相關事務。會員或支持者認為別人可能會去參加，在理性考量下，自己可以不用去參加。但假如行動的結果有任何好處，卻還是可以分享。因此如果不強制入會、自動扣繳會費，可能連願意繳交會費的工人都很少。根據張晉芬 (1992) 對一家食品工廠所做的問卷調查（490 位勞工），有接近一半的工人表示，如果可以自由選擇，並不想加入工會，主要的原因是嫌工會功能不大、不喜歡現在的工會等。

強制入會對工會有利的另一個原因是免除勞工對於加入工會的憂慮。憂慮的主要來源是可能來自雇主或管理階層的騷擾或懲罰。站在資方的立場，當然最好不要有工會，即便有，也希望人數愈少愈好。因此即便資方沒有公開反對或阻擋勞工參加工會，勞工仍可能擔心以後在工作現場的待遇或甚至工作權受到影響，而降低參加工會的意願。而對於就業條件較佳的勞工來說，如果對資

方或勞動待遇不滿，出走可能比發聲更有效。因此，強制入會的規定使願意加入工會的勞工去除了擔心得罪資方的顧忌。修正後的〈工會法〉將入會規定改為「勞工均有組織及加入工會之權利」（第 4 條）。看似趨向於自由入會。但該法復於第 7 條中明訂，勞工「應」加入所屬企業內成立的工會。整體而言，雖然不再宣稱是一種義務，但仍具有強制入會的性質。

舊版〈工會法〉限定工會間的全國性聯合組織之會員只有直轄市總工會及各產業工會的全國聯合會，且只能有一個。然而，居於全國工會之首的全國總工會，長期以來受到國民黨政府行政部門和黨部的控制，對於國家政策幾乎照單全收。在 1990 年代公營事業勞工反私有化的抗爭中，總工會也處於旁觀者的位置，並未給予太多支援。於是，部分公營事業工會先後聯合組成「公營事業產業工會聯合會」及「公營事業產業工會聯誼會」，試圖突破〈工會法〉的限制。1998 年以中華電信工會、台灣石油工會、台灣電力工會及一些地方產業工會為主力的「全國產業總工會」（以下簡稱全產總）成立。這個新工會組織的重要性在於同時結盟縣市級和企業產業工會，集結更大的工會運動聲勢和能量。相對於當時的「總工會」，全產總對於國家勞工政策的關懷及批判，明顯較為積極，在反民營化政策上也不斷有所行動。在民進黨政府執政後，全產總於 2000 年 5 月 1 日正式成為一個合法的產業工會聯合會組織。新版〈工會法〉已准許工會可自由成立跨區域、跨組織或跨屬性的工會聯合組織。

勞動三法在新世紀的修正案中，最大的內容變動是將〈工會法〉中有關罷工程序及限制的條文移至〈勞資爭議處理法〉。舊版〈工會法〉雖明訂工會有罷工的權利，但對於工會採取罷工行動卻有嚴格的規定。例如：工會如果要宣告罷工，必須符合兩項條件。首先，必須經過調解程序且調解無效，然後再經過全體過半數的會員同意（以無記名方式投票）（原第 26 條）。由於勞雇雙方進行調解時，勞工不得罷工，因此，資方通常都會主動提出調解，作為緩兵之計。相對的，勞工卻必須苦等調解不成後，才能有所行動；相較之下，調解的規定對於勞方相當不利。另外，在會員眾多且分布較廣的企業組織中，要動員過半數的勞工投票，而且贊成者必須過半，在技術上相當困難。對私人企業的受僱者而言，要在主管和同仁眾目睽睽之下投票贊成罷工，當然也會倍感壓力、需要具備相當的勇氣。不過，仍有工會在強力動員下，完成法律所規定的罷工投

票程序，並取得罷工權。中華電信工會於 2004 年號召會員進行罷工同意投票，並且獲得半數會員同意，是台灣工運史上的首例（張緒中 2003）。之後，經過會員罷工投票而成功取得罷工權的例子還有台灣中小企業銀行工會（2005 年 9 月）及第一銀行和中國國際商業銀行工會（2005 年 11 月）。2009 年修正通過的〈勞資爭議處理法〉則將相關規定置於「爭議行為」之下。罷工雖然無須經由會員大會決定，但仍須由會員以直接、無記名方式投票，且經全體過半數會員同意才算合法（第 54 條），困難度仍相當高。

整體來說，新版〈工會法〉雖然放寬了工會組織的類型，宣示勞工均有組織和加入工會的權利，但政府機關及公立學校的公務人員仍不能成立工會；教師雖可組織及加入工會，但僅限組成產業或職業工會，學校內仍不得成立工會（第 6 條），而且根據〈勞資爭議處理法〉，也不能罷工（教）（第 54 條）。身為民間團體的全國教師會即認為，如此一來，就算成立了教師工會，作用也有限（聯合報 2010 年 6 月 2 日）。

舊版〈工會法〉第 29 條明確列出工會被禁止的行為。其中一項是「命令會員怠工之行為」。本章第三節提到，怠工是勞工抗爭行動的一種方式。立法明文禁止就等於迫使工會必須採取罷工的手段。但根據前面的討論可知，要行使罷工權必須符合一些條件，並不容易。勞工若想利用勞動三權中的爭議權，不僅合法化的過程複雜，還不一定會通過。因此，雖然從統計上來看，每年勞資爭議的件數都有好幾千件，但實際上可以用勞工集體力量發揮效果的次數很少。在統合主義的政治和法律管束下，勞資和諧、幾乎沒有罷工，成為以出口導向帶動經濟發展的台灣吸引外資的重要籌碼之一 (Deyo 1989)。從 1960 年代開始直到 1990 年代，不論是外資或本土企業的設廠或經營幾乎都很少受到勞工運動的影響。所幸，新版〈工會法〉已取消不可怠工的規定。

勞工爭取權益的行動雖然在 1980 年代末期風起雲湧，但也受到國家機構的嚴格壓制。1990 年郝柏村出任行政院長後，許多人擔心被羅織為「工運流氓」、遭到起訴而噤聲，在這樣的政治氛圍下，工運明顯受到擠壓（王振寰、方孝鼎 1992）。直到現在，工會幹部被打壓的事件仍時有所聞。2009 年台灣的職業棒球再度出現打假球事件。與此同時另外一個引起社會注意的新聞則是有球員因為參與職棒球員工會而被原屬球隊釋出（解僱）；該球隊甚至威脅其它球隊

不能接受這位球員，否則將退出聯盟（勞動者雜誌編輯室 2010）。雖然這位球員後來仍得以轉隊，並擔任球員工會的理事長，但這個案例顯示：雇主要用工作不力為理由解僱工會幹部時，法律對於勞工的保障仍相當有限。

2. 缺乏實質效力的〈團體協約法〉

我們或許很難想像，在一個截然不同的政治與社會環境和時間脈絡下被制訂的法律，會歷經 70 多年之後才做第一次修正。這項法律就是〈團體協約法〉。有些法律即使亙古不變，或許確實還可以發揮原先的立法精神；但是在台灣經歷了重大的政治、產業和勞動結構轉變後，生活水準及權利意識大幅提升，一部在工業化初期所制訂的勞動權益法案，必然很難反映數十年之後社會變遷的需求。〈團體協約法〉是在 1930 年國民政府尚統治中國大陸時期所訂定，直到 2008 年才做了第一次修正。由於〈工會法〉和〈勞資爭議處理法〉在戒嚴時期幾乎被束之高閣，要求雇主簽訂團體協約的成功率微乎其微。

〈團體協約法〉的立法精神是保障勞動三權中的協商權，用法制化的方式確定勞動契約。這與美國是由工會與雇主談判之後即確定契約的模式不同。根據〈團體協約法〉，勞資雙方可以協商的項目廣泛，包括各種形式的勞動待遇、工會的組織和運作、勞方參與企業經營等（第 12 條）。對於受僱者來說，團體協約的正面效益在於其有效性超越一般的勞動契約，可以保護勞動待遇不被雇主片面更改。但是根據這項法律的規定，雇主如果有正當理由是可以不同意與工會協商的（第 13 條）。所謂「正當理由」是一個模糊的概念，解釋的空間很大。此外，若要進行團體協約，勞方代表必須是合法成立的工會；因此，協商的前提還是得先成立工會。前文提到，台灣的工會組織率相當低，因此能夠順利說服雇主簽訂團體協約的當然更少。以 2006 年底為例，台灣的事業單位

世新大學社會發展研究所與苦勞網勞工運動大事紀
照片來源：陳政亮、孫窮理、李育真、歐陽萱編（2006）《工運年鑑：2003.06-2004.05》封面。台北：世新大學社會發展研究所、苦勞網・台灣勞工資訊教育協會。

接近 56 萬家，企業及產業工會的數目合計不到 1 千家 (995)，而其中簽訂團體協約者只有 75 家，占所有工會家數的比例為 8%。即使根據官方宣傳單位的文宣，至 2019 年，有效簽訂團體協約的企業也只有 216 家（勞動部 2020b）。不論是團結權或協商權，在台灣的實現狀況都很有限。2008 年修正後的〈團體協約法〉則要求：勞資雙方在另一方提出協商團體協約的要求時，應於期限內提出對應方案，進行協商（第 6 條），這已算是較之前的法案向前邁進了一步。

3.〈勞資爭議處理法〉及其對勞工行動的限制

〈勞資爭議處理法〉是 1928 年國民政府尚統治中國大陸時期所頒布。但在該法中並沒有說明此法何時開始實施。直到 60 年之後（1988 年）才增訂了讓這項法律得以施行的說明。這也是台灣勞工法律制度的另一個怪現象。最近一次的修正是在 2009 年。舊版〈勞資爭議處理法〉中最重要的條文是第 8 條，規定勞工在勞資爭議調解或仲裁期間不可以罷工，也不得「因該勞資爭議事件而罷工、怠工或為其他影響工作秩序之行為」。然而，調解過程可以持續一個月至一個半月之久。雖然同一條文規定在調解期間不能終止勞動契約或做出其它不利於勞工的行為，但是，條文是指不能用勞資爭議事件為理由做出這些行為，若雇主用其它名義解僱勞工卻不構成違法。最後，即使有調解結果，資方可以不簽字，即視為調解不成立。由於勞資中的任何一方均可申請調解，因此，資方可以利用這項法律作為緩兵之計，以限制工人的罷工行動，最後又可以不接受調解結果，繼續規避勞工的抗議，卻不會受到任何處罰。在前一節所陳述的福昌或是嘉隆紡織的勞工抗爭事件中，資方即是利用這項法律，惡意拖欠加班費和資遣費，卻未受到制裁。在整起事件中，除了形象之外，資方幾乎毫無損失。依據新修正的〈勞資爭議處理法〉，勞資爭議在調解、仲裁或裁決期間，勞工仍然不能罷工或採取其它行動（第 8 條）。勞工用行動作為抗爭手段的權利被限制，但資方卻可用其它理由解僱或處罰工會會員或勞工。

方塊 13-3　台灣銀行業第一個工會的誕生

本章曾提到：不論在戒嚴時期或解嚴之後，勞工要成立工會都像作戰一樣艱辛，且步步為營。雖然未必會流血或犧牲生命，但勞工在籌組工會的過程中總是會擔心個人受到騷擾，工作也可能因此不保。雖然傳統上多數工會存在於製造

業，但除了工作性質不同之外，人數日漸龐大的服務業白領勞工也同樣面臨爭取勞動尊嚴及較佳勞動條件的抗爭。「台北國際商業銀行產業工會」（現為永豐商業銀行企業工會）是台灣金融服務業中第一個「合法成立」的工會。《銀行員的異想世界》（夏傳位 2003）即記錄了這家銀行的一些行員爭取產業工會成立的過程。以下引用書中的部分內容，呈現銀行面對行員籌組工會時的態度及行動：

……在面對官方時，勞方連連受挫，苦惱萬分。但是……依然展開各分行跑透透的行程，不斷舉辦說明會，宣揚理念；漸漸銀行內部控制出現鬆動，風潮捲起，人心思變。資方發現苗頭有些不對勁，於是，由總經理領軍，兩位副總、兩位協理分頭至各分行開座談會滅火……。「各位對公司有什麼不滿都可以當著我的面講出來，我回去馬上改進！」一向高不可攀的協理以罕見溫柔、客氣的語調說，「不需要組什麼工會，這樣對公司形象很不好，讓外人以為我們出了什麼內亂，在搞勞資對抗……〔原文〕。」……協理要大家舉手發問，盡量把問題說出來。一位女行員怯生生地問：「為什麼女生結婚就必須辭職？為什麼女生待遇就比較差？」這位協理竟然回答：「妳下輩子出生不要當女生就好了嘛！」這句話一出口，會場一片鴉雀無聲；直到會議結束，都不再有任何行員發言。（頁 49）

當官方的壓制終於也失敗之後，李榮堂等人即刻著手準備於一九八九年三月十二日召開成立大會，在大會中審查章程、預算，並選舉第一屆理、監事。……人事處處長、副處長以調查各分行目前工作配置情況為藉口，視察每一家分行，實則私下要求行員於成立大會當日投票給資方推薦的工會理、監事候選人。資方也安排好開會時發言主導議題的打手，甚至不惜以程序發言干擾議事，企圖全盤營造有利於資方的氣氛。為了壓低大會當日的出席率，人事處更想出粗暴兼沒水準的一招——派人在總行樓下守著，拿出行員名冊一個一個點名做記號，藉此產生嚇阻效應。……開會當天一大早即盛況空前，八百多名行員出席……會議結束，勞方提名候選人全數當選，勞方大勝。……北企銀產業工會成立，創下了台灣戰後歷史上的多項紀錄。（頁 53-54）

它是台灣金融史上的第一家工會……促使……華南銀行、第一銀行、彰化銀行、台北銀行……〔原文〕等都紛紛成立工會。……這也是台灣白領階級最早發起的勞動意識覺醒運動之一，其根源與金融業危機密切相關，其意義也絕不止於爭取一己福利而已。（頁 55）

五、結論

2001 年時，南非當地的工會組織與美國工會代表舉行了一項聯誼會議。在會議進行中，一位美國代表無意間提到：工會的角色就是代表工會會員的利益。南非代表立即提出不同的意見：「同志們，工會的角色是代表勞工階級的利益。有時候個別工會的利益是與工人階級的利益相衝突的」(Fletcher and Gapasin 2008: ix)。這位美國工會代表的說法反映了本章所介紹的該國勞資和議的傳統，及工會的經濟主義。台灣的自主工會興起後，與工運團體合力推動或修正了許多保障勞工權益和勞動三權的法案；雖然在論述和行動上，似乎沒有出現代表階級利益的說法，但所達成的實質效果基本上可普及所有勞動者。不過，經濟主義仍然是包括台灣在內多數國家的工會行動產生的首要動機。

台灣工會發展的歷史較短，實力也遠不如美國的工會。在美國的勞資和議實行期間，如果集體協商失敗，工會還是可能罷工，但多數的情況都是在協商中各讓一步後達成協議。整體而言，此一協議讓眾多藍領工人賺得家庭薪資，成為相對富裕的勞工階級。企業所獲得的讓步則是去除影響生產的不確定因素，包括怠工、破壞機器或是極高的流動率等。如此一來，雖然人事成本較高，但若勞工願意配合生產和管理要求、讓工廠的出貨可以順應市場需求，資本家的利潤累積反而更快。但是，當外在經濟環境改變、資本家利潤下降時，這項勞資和議開始逐漸崩解；資本家拒絕遵守原先的協議，要求縮減福利，甚至進行大量解僱 (Clawson and Clawson 1999)。台灣的科技產業在 2008 年金融海嘯後，也發生大量裁員或強迫休無薪假的事件，顯示看似高薪的產業和職業，也沒有長期或穩定僱用的保障。經由對於基層白領工會的組成和抗爭的研究，Kim Voss 及 Rick Fantasia (2004) 認為，將經濟性工會主義的理念轉為社會運動的工會主義 (social movement unionism)，與社區、學生和其它社會團體結盟，將是未來工會發展的契機。本章所提及的部分公營事業工會在 1990 年代的抗爭，似乎也有此趨勢。但後續的聯合行動似乎有些停滯。

如同任何一個社會運動，每一起工人抗爭事件或集體行動都有特殊的意義，也都應考量事件或行動發生當時所處的脈絡。工人的行動經常被形容為使用暴力手段或被批評為「貪得無厭」，但是資方的隱形暴力（拖欠工資、拒發資

遣費）和公開暴力（惡意關廠、找保全圍堵工人），以及執政黨用可能觸法為說詞威脅工會 (Chang and Chang 2010) 的舉動，往往發生在先，卻較少被輿論提及或受到譴責。本章試圖藉由一些勞工運動事件讓讀者看到勞工力量集結的不易與抗爭的困難。對於勞工來說，除了團結及參與、形成集體力量，恐怕也沒有其它更有效的手段可以與資方或國家抗衡。可喜的是：近年來的修法逐漸放鬆對工會組織及行動的限制，落實勞動三權的立法意義。

　　本書最後一個部分將介紹在新時代——也就是一般所說的全球化時代——下的勞動型態。工作型態和勞動條件的彈性化及跨國移工的出現，雖然不能代表全球化的全貌，卻是其中最重要的現象。

思考與討論

1. 機車是台灣很普遍的交通工具，從老人到青少年，不論在大城市或鄉下，都相當依賴機車代步。到機車行修車、買車也是許多人共同的生活經驗。雖然不如便利商店密集、招牌醒目，但要在大街小巷中找到機車行似乎也不是很困難的事。小型的機車行通常都只能聘請一位學徒，大型的機車行就需要較多人手。由於不希望機車行因競爭的關係而一直壓低工資，同時也希望能夠正常休假，假設有學徒或勞工想要組成一個工會，為自己爭取福利，但不知道要成立單一縣市的工會或跨區域的工會較有利，此外也想知道以產業或職業為組成範圍的利弊得失，請問你／妳會給他們什麼樣的建議呢？

2. 除了限制組成工會的條件之外，有些職業的勞動者之罷工權也受到法律的約束。例如：本章提到教師或公用事業（如電信、自來水及電力等產業）的罷工權即被限制。台灣有部分醫師曾經上街頭抗議全民健康保險政策，當時有媒體認為這樣的行為會影響病人的權利。實際上，不論是教師或公用事業的受僱者，並非 24 小時都需要待在工作崗位上；這些工作者也有請假的權利。而且很多醫院或診所也都會在週末休診，春節時更有多天只提供急診服務或完全休診，但似乎並沒有因此而被質疑影響到病人的權利。公用事業的員工、醫院的護理師和醫師，是否應該如同其它產業的工人一樣，擁有罷工的權利呢？

3. 請利用勞動部發布的統計資料，列出自有紀錄以來，台灣勞資爭議的件數和發生爭議的主要原因，以及歷年的變化。試著將結果繪製成曲線圖，然後詮釋這些圖形與變化，並解釋為何在某些時期爭議件數較多。

延伸閱讀

1. **Thompson, Edward Palmer (1964)** *The Making of the English Working Class.* **New York: Pantheon Books. 中文版：Thompson, Edward Palmer 著，賈士蘅譯（2001[1964]）《英國工人階級的形成》。台北：麥田。**
本書已是勞工階級與勞工運動教學與研究的經典著作。雖然歷史背景是英國的資本主義興起與工匠、工人的覺醒，但是所展現的學習熱情與抗爭意志值

得所有技術與非技術藍領與白領勞工效法。如同作者在書中所述，勞工「對抗的不是機器，而是工業資本主義內在的剝削和壓迫關係」（頁 1168）。

2. **Yates, Michael D. (1998)** *Why Unions Matter. New York: Monthly Review Press.* **中文版：Yates, Michael D. 著，區龍宇、陳慧敏譯（2015[1998]）《為何我們需要工會？美國工會運動簡介》。台北：唐山。**

本書從勞工的勞動與生存權益觀點出發，闡述用集體力量對抗資本家與保守政黨的必要性。作者用實例指出工會的成立仰賴不同職業及產業（如護理人員、製造業工人等）的團結，同時也為不同種族（族群）、性別、性傾向與國籍的勞工發聲。

3. **何明修（2016）《支離破碎的團結：戰後台灣煉油廠與糖廠的勞工》。新北市：左岸文化。**

本書的實證分析主軸是兩家公營事業——中國石油與台灣糖業公司——的勞工團結及運動史，但作者也運用豐富的史料與文獻，呈現台灣自 1940 年代即開始的勞工反抗行動，並書寫至首次政黨輪替後的勞工運動。

4. **陳政亮、孫窮理、李育真、歐陽萱編（2006）《工運年鑑：2003.06–2004.05》。台北：世新大學社會發展研究所、苦勞網・台灣勞工資訊教育協會。**

陳政亮、孫窮理、李育真、陳秀蓮、楊宗興、楊億薇編（2007）《工運年鑑：2004.06–2005.05》。台北：世新大學社會發展研究所、苦勞網・台灣勞工資訊教育協會。

陳政亮、孫窮理、陳寧、楊億薇、柳琬玲編（2011）《工運年鑑：2005.06–2006.05》。台北：世新大學社會發展研究所、苦勞網・台灣勞工資訊教育協會。

這三本書都是依據時間順序，呈現各年度內台灣重要的工運、勞資爭議事件；並針對一些案例提出深度的分析及批評。算是近年來台灣少數沒有政黨色彩、同時系統性批判國家、資方及工運團體的著作。

第四部

全球化之下的彈性勞動
與跨國移工

台北街頭標舉房屋銷售看板的臨時工
照片提供：本書作者

第十四章　非典型受僱型態、 工時與休閒

重點提示

1. 經濟的發展和創新促成了新產業的興起，同時也造就了更多白領性質的工作機會。但這些工作並非都屬於高科技或高知識領域，很多是在低技術、低薪層次。

2. 有學者認為，新的資本主義文化具有三個面向：工作類型的隨意化、去層級化及非線性的安排。

3. 現在的企業已經不願意花時間訓練自己的員工，或不願意提供開發新構想、新技術的時間。在新的資本主義文化之下，受僱者的工作穩定性低、缺乏對於公司和工作的忠誠度、也不太容易規劃自己的事業生涯。

4. 當工作型態變成隨意化、去層級化和非線性時，受僱者與同僚之間也難以建立情感和工作支援網絡。

5. 資訊科技的進步讓雇主透過電腦安排即可僱用及監控實體以外的勞工與勞動成果，又可降低僱用成本。

6. 由於工作本質難以捉摸和對個人前途感到焦慮，在服務業中勞動階級所感受到的異化，甚至可能比大量生產模式盛行時期更為嚴重。

7. 除了薪資，工時的爭議也經常是勞資衝突的焦點。

8. 台灣目前的正常工時為每週 40 小時，但雇主可視需要，在這範圍內採取變形工時。

9. 彈性僱用是指將僱用人力分成三類：核心、邊陲及外部。勞力多重結構的特色是不同勞動契約的運用和工作時間的安排。

10. 非典型受僱型態是指非全職、非長期性或非單一雇主的僱用型態。

11. 體力性工作原本就是低薪、長工時、耗費體力的工作；當這些工作都改由派遣人力擔任後，勞工的收入和其它勞動條件即進一步惡化。

12. 從歐美國家的歷史來看，週休一日、休哪一天或是週休二日，都是不同勢力相互角力的結果，包括對於宗教教義的解釋、工會的爭取或是延續經濟蕭條時期的安排等。

13. 休閒概念普及一般勞工大眾的現象，反映所得已達到一定的水準；到現在休閒甚至成為一項義務，也代表某種程度的現代化。

14. 在現代意義的休閒觀念中，休閒的去處和類型不只是反映收入和財富，也是文化資本的象徵。休閒已從單純的休息轉變為從事被期待的娛樂或觀光。

15. 休閒與工作無法分割不只是因為有時間上競合的關係，同時也是因為必須有其中一項存在，另一項才有正當性。

……

我的父親是火車司機

這是他最初與最後的職業

三十八年來

他開車

載給我們菲薄的歡悅

他開車

看遍了生命的繁花落葉

我們卑微的家譜

彷彿簡陋的月台

早已堆滿旅人的腳步

……

——《我的父親是火車司機》(2005)

一、序言

　　詩人路寒袖藉由對父親工作生涯的描述與想像，呈現出對父親的思念。讀者在優美的文字中，或許也可以感受到火車司機這項工作的辛勞與犧牲。對於正準備踏入就業市場的年輕人來說，一個人奉獻了 38 年的時間在同一工作職務上，從未更換工作，恐怕是一件很難想像、很難做到，甚至也不想效法的事。再從勞力需求的角度來看，這種長期僱用的機會恐怕也只會出現在公部門或少數的私人大企業中。在生產及勞力使用不斷追求彈性化的資本主義生產模式下，勞動者即使有主觀意願，也很難在同一個企業從一而終；終身從事同一個職務當然更是困難。隨著新自由主義（保守經濟主義）的興起及東歐共產主義政權的解體，解除管制及將公營事業私有化成為 1980 年以來英國、東歐及台灣政府積極採取的經濟政策。以詩人父親任職的單位——台灣鐵路管理局——而言，該機構雖仍屬於公營（有）事業，但是在可能被公司化及私有化的壓力下，受僱人數的減縮及鼓勵提早退休已然發生。而薪資水準的停滯或甚至降低，也使得勞工更期待藉由轉換工作尋求更佳的機會，結果不僅對於組織缺乏忠誠度，也增加了個人失業的風險。將優美的文學作品用如此剛硬的社會學觀

點解析，似乎損及了作品原先的意境；但或許經由這一解析，讀者對於前輩勞動者在工作崗位上的執著精神和付出會更為欽佩。

多數的勞動者確實很難擁有在同一個組織連續工作 38 年的經歷。以女性勞動者而言，因為生育及家庭照顧因素而退出勞動市場的機率遠比男性高（請參考本書第九章）。相對的，男性因跳槽或想要自行創業而離開現職的機率也高於女性。經濟的發展和創新促成了新產業的興起，同時也造就了更多白領性質的工作機會。然而，白領工作未必都屬於高科技或高知識領域，很多仍處於低技術、低薪層次。在經濟和社會快速變化的時空下，唯一不變的是資本家尋求最大利潤及不斷增加市場占有率的原始動機。由於市場競爭日益激烈，為了降低勞動成本，在新型科技和資訊的助力下，資本家將組織內的部門或工作項目不斷細分，或將原來直接聘僱的全職人力改為派遣或兼職人力，以降低勞動成本。不論是稱之為非典型就業、非典型工作型態或非典型勞動型態，都具有僱用期間不連續、工時不確定或非單一雇主的特徵。

從百年前勞工爭取每日工作 8 小時直到現在，工時始終是薪資以外勞資衝突的另一個焦點。現代人實際的平均工作時間似乎有愈來愈長的趨勢。台灣有多次勞工運動都是為了爭取縮短工時、減少整體工作時數。但是，雖然〈勞基法〉對於正常工作時數、加班時數和加班費的計算都有具體規定，有些雇主或管理階層仍然利用變形工時的方便之門或甚至用違法手段，讓勞工超時工作、卻又無法獲得加班費或補休。

迴異於先前幾個世代所處的勞動環境，新世代的勞動者要尋找一個長久僱用的機會愈來愈困難，甚至在私有化政策下，連公部門的工作都未必是鐵飯碗。當忠誠度不再重要，新世代對於工作的意義顯然有了不同的看法，工作的目的也被賦予新的意義。在經濟富裕的社會條件下所成長的新世代，對於工作性質和休閒的重視，以及所擁有的機會，也迴異於上一個世代。在富裕國家，多數勞動者的休閒（睡眠除外）時間已超過工作時間。許多人甚至於一生中有三分之一的時間可以不用勞動而享受退休生活 (Haworth and Veal 2004)。勞動社會學果然不斷有新議題產生，但是既有的理論仍可幫助我們解讀這些轉變。

本章第二節將介紹在新資本主義型態下，工作意義及勞雇關係的改變；第

三節將說明工時的法律規定、勞資爭議，並比較不同國家的工作時間。另外，也將介紹新興或非典型受僱型態及相應的勞動條件；第四節則是說明休閒的意義及與工作的連結。

二、新資本主義文化與勞雇關係的改變

1. 新資本主義文化的特徵

美國社會學者 Richard Sennett 是研究當代社會資本主義和工作型態轉型的重要學者之一。根據他個人對不同企業、產業及階層工作者的訪談，Sennett 認為現今社會正出現一種新的資本主義文化 (Sennett 2006)。新資本主義文化有三個主要特徵。第一個特徵是工作類型的隨意化 (casualization)。隨意化指企業或組織增加臨時性工作人員的僱用比例或將部分工作外包，反映出組織內部僱用方式及人力結構的轉變。許多勞工只能獲得簽訂短期合約的機會，期間約三個月到半年不等。如此安排的結果既可節省人事成本，雇主也可在某些專案計畫結束後，靈活地調度人員支援其它計畫或乾脆予以解僱。受僱者不知道自己下一個工作團隊是誰，也不清楚未來工作的性質。組織對於人力的運用原則並非適才適所，而是根據生產或業務需要而任意調配。

新資本主義文化的第二個特徵是去層級化 (delayering)。過去我們所熟知的大型企業或組織的型態是：內部有一個類似金字塔型的人事架構，不同職務間的層級關係、升遷途徑、資深人員的優勢等，都被制度化。但在新資本主義文化下，這種類似內部勞動市場的結構大多已不復存在。除了上層的幾項職務外，其餘層級隨時可能被打散、職務也會被取消，科層制度的設計形同部分瓦解。

由於每個人所擁有的工作位置不固定，承屬關係已被打破，甚至工作內容都會隨時被調整。形成新資本主義文化的第三個特徵即是非線性的安排 (nonlinear sequencing)。組織內部的工作架構安排、工作職稱和內容，以及個人的歸屬，都無法事先預測；現有的工作位置和內容與前一個專案或後一個專案之間，沒有必然的關係。

　　這種新的工作型態乍看之下似乎相當有趣，好像還充滿挑戰性，理論上應該比之前單調的生產線工作或長期堅守著同一個位置或勞動項目更能達到去異化的效果。然而，工作型態或人事安排的主動性是操控在雇主手中。工作職務和人力運用彈性化的目的是要降低人事支出和生產或服務成本。為了迎合或創造更多消費者的需求，產品或服務的推出週期不斷加快：即使沒有辦法創新，模仿的速度也不能落後太多。許多企業已經不願意花時間訓練自己的員工，也不願意提供開發新構想、新技術的時間。技術如果可以購買得到，對於員工人力資本的需求就愈低。因此，經驗或純熟的技術已不再是獲得工作或高薪的秘訣。在新聞報導中，經常有個人或小型電腦軟體公司將自己開發出來的成果賣給其它科技公司的消息。當然，也只有大資本家才可能買得起這些價格動輒數百萬或數千萬美元的產品。

2. 喪失忠誠度的勞雇關係

　　當工作型態變得隨意化、去層級化和難以從過去的經驗推斷時，由於工作缺乏穩定性，勞動者與同僚之間無法建立情感和支援網絡，對工作和組織也難以建立忠誠度。在主觀態度上，則可能引發員工對個人的自我貶抑，產生無用感 (uselessness)。於是，這種新資本主義文化即是：受僱者的工作穩定性低、缺乏對組織和工作的忠誠度、對於事業生涯也無從規劃。這種短期聘僱、彈性變換的用人原則「……侵蝕了信賴感、忠誠度，以及互相託付的精神」（Sennett著，黃維玲譯 1999[1998]：26）。新世代的勞工不再對於單一的組織或工作忠誠，同事之間的凝聚也變得淡薄，但並不表示就此失去了認真工作的意願或追求事業的熱忱。然而，僱用型態的改變及就業機會的不定性，確實造成許多求職者無法累積工作經驗和年資，對未來缺乏確定感。

　　不論是企業內的白領員工、西點麵包店的師傅或是開小酒吧的自營業者，都可能覺得死守著一項工作、一個事業或甚至一份理想已經落伍了（Sennett著，黃維玲譯 1999[1998]）。在新資本主義文化下，由於工作本質難以捉摸和對個人前途感到焦慮，勞動階級所感受到的異化還遠甚於大量生產模式盛行的時期。這並非美化福特主義時期單調的工廠生活，而是要說明：以白領工作為主的現代就業型態未必代表勞動者自主性的開展，也反而是受到更深層的控制；個人對於未來的事業生涯更為徬徨。

　　此一趨勢看起來有些悲觀，且似乎難以用個人力量挽回。然而，這也未必是一場「工人全輸、資本全贏」的零和遊戲。當景氣較差、顧客或訂單減少時，有些企業未必採取裁員或彈性化的手段，而是以減薪或削減福利津貼等方式因應，保障勞工的工作機會。不過，Sennett 沒有預見的是，在 2008 年全球金融海嘯發生後，台灣或美國的資本家會採取放無薪假的手段以減少人事成本。雇主既不用負擔薪水，也不用支付資遣費，更不會提高失業率；勞工既要「吃自己的」，還要隨時待命、準備回廠工作。

　　那麼，這種新資本主義文化又是如何產生的呢？就如同所有制度或文化的發展歷程，這並非突然發生的。生產技術的改變、電腦科技的突破性發展、工作彈性化的採納及延伸、勞動力供給的全球化、企業間的薄利競爭、服務業的快速發展、於經濟繁榮時代成長的新世代勞動者等，都促成了個人與組織間連帶和事業生涯定義的改變。例如：服務業的擴充創造了許多新式的工作機會和型態，也鼓勵創新，吸引了眾多年輕勞動者投入；但由於產品或服務的生產或銷售週期更短，供給更講求彈性、及時，即使工時及休假等勞動條件項目未遵守法律規範，也被視為是暫時性的狀況。只是所謂暫時性的措施常常在不知不覺中成為常態；賣命工作並不保證工作的穩定性或是可獲得雇主的器重。工作型態的持續變化及不確定性自然會影響個人對於結構改變的順應與無力感。Sennett (2006: 84) 認為，資本家喜新（年輕勞工）厭舊（資深勞工）的態度使得經驗累積與組織效忠都不再被視為重要的資產，勞工也無從建立對組織的忠誠和信任。下一節將要介紹的受僱型態的變化及缺乏穩定僱用的承諾，即是造成忠誠度喪失的主要原因之一。

方塊 14-1　日本年輕世代的工作傾向

　　山田昌弘是一位日本社會學家，曾經以大眾化的筆調寫過多本著作，探討日本的社會趨勢。其中一本書曾被翻譯成中文，且成為媒體報導的焦點。書名是《單身寄生時代》（1999，李尚霖譯 2001）。該書探討日本在經濟達到空前繁榮之際，許多未婚青年及青壯年仍與父母同住，或是依賴父母過活，而成為單身寄生世代。和她／他們的父母相較，兩個世代的工作觀竟有天壤之別。書中文字融合家庭社會學與人口學的概念，並使用眾多統計數據，藉由輕鬆的筆調，呈現出日

本當代的社會現象。以下摘錄書中的部分內容（頁84-86）：

> 現代日本青年的失業問題，之所以未成為引人注目的社會問題，是因
> 為青年多留在父母身邊過著寄生生活之故。日本青年的失業，應該可
> 以說是一種奢侈的失業。日本青年不會因為「切實」、「為了生活」而
> 尋找工作，而是堅持尋找「適合自己的工作」或「可保有自尊的工
> 作」。因此，不是總是找不到工作，便是在覺得工作不適合自己時便
> 輕易辭掉。此外，最近，正職的工作機會減少，以外部派遣、臨時僱
> 用、或是打工形式出現的僱用型態倒是增加了不少。這現象的產生與
> 現代青年不想長時間受到工作的拘束，無法忍受屬於自己的時間受剝
> 奪，及對職場的人際關係覺得棘手等意識都脫不了關係。

> ……而所謂找自己喜歡的工作，便意味著不做自己討厭的工作，或是
> 不喜歡的工作隨時都可以辭掉；總之，就單身寄生貴族而言，「勞動」
> 確實已被趣味化了。

> 另一方面，高齡者的就業率卻增加了……

> ……在日本，儘管年金制度十分發達，有許多高齡者仍不願退休，並
> 且，希望再就職的人也很多……

> 我認為，日本高齡者就職率之所以如此高，與單身寄生貴族現象是脫
> 不了關係的。日本與歐美諸國不同，小孩即使長大成人，父母在經濟
> 上扮演的角色可說仍未就此大功告成。舉例來說，根據東京都的結婚
> 費用調查，平均高達近五百萬日圓的結婚費用（場地再加上婚宴）中
> 有將近一半是由新郎新娘的父母所負擔……

> 即使不看小孩的結婚費用，大學升學率的上昇，導致近年來研究所的
> 升學率也隨之上昇。為人父母者不單只是學費，也必須負擔兒女的生
> 活費。再加上，兒女就業狀況如果不安定的話也無法結婚，在這種情
> 況下並非老夫婦倆過得去就好了。……在日本，擁有二十歲世代兒女
> 的父母親，可以說仍處於養兒育女的時期。一言以蔽之，單身寄生貴
> 族的存在，乃是父母，特別是父親不敢輕言退休的主因。

三、工作時間與非典型受僱型態

工作型態趨向彈性化或非典型工作的增加，並非是新世紀才有的現象。根據 Kalleberg (2000: 342)，在一個工作場所待上若干年、從事朝九晚五或類似工時的全職工作，雖然是許多受僱者的經驗，但家庭代工、兼差或打工等工作型態始終存在。甚至內部勞動市場的出現都只是一種偶然。從 1970 年代開始，經濟不景氣促使雇主設法降低勞動成本、減少全職工人的僱用比例，以維持利潤；彈性的僱用方式可以方便在激烈的商業競爭下，快速應付市場需求，降低人力儲備的成本；科技的發展和運輸的便利讓人力運用更加彈性化，不只是超越國境，甚至可以在網路的虛擬世界 (virtual world) 中進行。Chris Tilly (1996) 分析美國的部分工時發展，認為服務業的興起與制度性的工作結構彈性化有關。以銷售及保險業為例，業績大幅成長的結果創造了許多就業機會，但大多屬於次級勞動市場的工作。生產及管理技術的改進使得部分工時的工作安排變得可行。工作型態的多樣化是一個全球性、集體性、結構性的現象。不過，也會因為年齡、身分、族群或性別而有所差異，不同的工作型態也造就不同的社會效果。

1. 正常工時與變形工時

呂紹理 (1998) 研究日治時期台灣民間社會的生活作息，深刻地提到農民對於工廠生活的諸多不適應之處，其中之一是固定的上下班時間。他寫到：「……農民去田場工作，不再是依照生理時鐘，也不再是自己能夠決定，而必須依照製糖公司所發出的『水螺』來決定……」（同上引：122）。「水螺」是當時對於糖廠汽笛聲響的稱呼。現在的工廠工人當然不再需要汽笛提醒上班時間，因為打卡鐘就已經具備提醒勞工準時上工、上班的作用。擔心上班遲到要被扣錢或拿不到年終全勤獎金的心理，就足以讓員工自動接受時間的規訓。在勞工和工運發展史中，工時始終是勞資衝突的議題之一。

但在工業化初期，多數台灣勞工在意的是工作機會和工資收入，對於長時間工作或任意加班並不以為意，甚至還希望加班機會愈多愈好，才能多賺一點錢。直到 1984 年〈勞基法〉通過後，工時才開始受到法律規範。根據當時這項法律的規定，勞工每日正常工作時間為 8 小時，每週總工作時數不能超過 48

小時（第30條）。立法當時還處於一週工作6天的時代。到了週休二日實施之後，許多勞工的每週工作時間也跟著縮短。

　　法律上工時規定的變化也反映了政治權力、資本家及工會之間的衝突。1998年起，國民黨政府用行政命令方式，實施隔週休二日制度。受惠者主要是公部門內的員工，包括行政部門、公營事業及公立學校。私人企業並沒有必須實施的壓力。但這項制度實施並開始有私人企業跟進之後，一份立論較偏向企業立場的財經報紙，卻登出台灣塑膠集團（簡稱台塑）即將削減基層工人的薪資以作為因應策略的消息（經濟日報1998年5月19日）。該集團的說法是，過去每年所加發的一個月出勤獎金是獎勵，現在既然實施隔週休兩日，就不必再支付這筆獎金。但出勤獎金制度的設計是為了獎勵勞工平日上班的規律性，與官方規定每月多出的8小時休假並沒有關連性。然而在資方眼中，不同科目的支出只是會計用語，意義不同的科目之間是可以相互流通的。本書在第十一章曾提到台灣公、私立部門中，多數單位或企業的給薪制度是由底薪加上各項名目的津貼和獎金，提供了業者彈性調整薪給的空間。台塑的作法即是一個例證。

　　由於週休二日實施之初，適用對象大多是公部門的員工，於是形成一個國家、兩種工時制度的狀況。如果依照每日8小時的正常工時計算，公立機構、公立學校及公營事業的受僱人員每週工時約為40小時，相對的，多數私人企業員工的每週平均正常工時就會多出4到8小時。因此，縮短私人企業勞工的工時隨即成為當時工會及工運團體的重要訴求。2000年工運團體——工人立法行動委員會——趁新的政黨上台執政之際，號召其它多個工運團體成立「八四工時大聯盟」，訴求勞工也應該享有週休二日的福利，要求工時由每週48小時改為兩週84小時，等於平均每週工作時數減少6小時。此時正值過去與工運團體關係密切的民進黨第一次執政，在野的國民黨在掌握國會議員多數席次的情況下，極力支持這項訴求，讓民進黨政府承受來自企業主的壓力。這項〈勞基法〉修正案於2000年6月經立法院通過（中國時報2000年6月17日）；並於2001年1月1日開始實施。當時修正後的條文規定，在經過工會或勞工半數以上同意後，雇主可以將兩週的正常工作時數（即80小時）集中在其中某幾天，增加的時數以每日不超過2小時為限，每週總時數不得超過44小時。而2002年12月的修法賦予雇主更大的彈性，在經過工會或勞資會議同意後，允許雇主

將兩週內兩日份的正常工作時間（16 小時）分配到其它工作日，每日以 2 小時為限，每週總時數不得超過 48 小時（第 30 條第 2 項）。假如需要趕工出貨或在百貨公司週年慶期間，雇主可以要求工人連續數天每日工作達 10 個小時，只要不違反每週總量 48 小時規定即可。突然延長工作時間必然會影響工人的健康，也可能因過度疲勞或壓力太大而大幅增加發生意外的機率。而且因為屬於正常工時，雇主也不用付加班費。此外，該次修法也放寬了女性夜間工作時間的禁止條件；但女性如果有健康或正當理由，雇主即不能強制女性在該段時間內工作。工時的變形運用策略成為資方因應生產量或銷售量變化時，彈性利用勞動力的另一種合法手段。

與其它國家相比，台灣勞工的平均工作時間是偏高還是偏低呢？這需要分別從正常工時和加班時數來看。勞動部公布的一項報告 (2020c) 提供了比較結果。以正常工時來說（2019 年資料），台灣勞工平均每個月的正常工作時間為 169 小時，如以每個月有四週計算，每週實際工作時間約 42.3 小時，高於日本、韓國、美國及德國，略低於新加坡。自 2016 年起，法定正常工時為每週 40 小時，每週工作 35 小時或以上即視為全職。台灣勞工的平均正常工時較高，固然與法定工時有關，長工時的現象仍相當特殊。日本及美國的法定正常工時都為每週 40 小時，德國為每天 8 小時，但實際結果還低於這個數據。韓國的每週法定工時為 40 小時，新加坡則為 44 小時，但前述勞動部的資料顯示，這兩國勞工的實際工時都超過法律規定。台灣、韓國及新加坡就業者之實際工時超過法律規定的現象似值得研究。

方塊 14-2　生產過程的彈性分工

雇主用彈性分工的方式降低勞動成本，並不是大企業才用的手段，也不是 21 世紀才發生的現象。台灣的中小企業素以能夠彈性配合雇主的要求、更改流程、配合趕工生產著名。由於這些簡單加工產品的利潤是在於盡量降低單價、迅速出貨以衝高數量，因此除了減少人工成本之外，能夠靈活使用不同比例的外包工和技術工，也是重要的成本控制策略。柯志明 (1993) 藉由對台北市松山區五分埔成衣製造商的深入訪問和觀察，細緻地呈現 1980 年代的小頭家如何「精打細算」：

五分埔成衣製造業者若在技術上屬於精細工，為兼顧品質控制有必要使用廠內雇工。業者若雇入技術工來生產粗製貨，在成本上不合算，不如交技術層次較低的代工生產。「樣式較簡單的才交給代工」……。批發價位在 500 元以下的業者，沒有保留廠內生產部門只外發代工的，占一半以上：生產 200 元以下產品的業者有 57.7% 純使用代工，生產 200 元至 500 元間產品的業者亦有 53% 純使用代工。生產 500 元至 700 元間產品的業者已進入另一技術層級（僅占五分埔業者數的 6.6%），純代工的比率僅有 28.6%。七百元以上產品為特例，只有九家，五分埔業者本身技術上可能無法處理，故外包的比率占一半以上，55.6%……。

控制市場銷售量穩定程度的因素下，看產品精細程度對生產組織選擇的影響如下：在市場銷售量穩定的情形下，生產精細品（價位高）的業者使用廠內雇工以方便控制品質的傾向明顯……。市場銷售量不穩定的業者則一般傾向使用外包，產品精細的程度對生產組織的形式並無系統性的影響，只有在 500 元以上價位的產品才有明顯廠內雇工的現象……。

——《台灣都市小型製造業的創業、經營與生產組織》(1993: 150-152)

2. 非典型受僱型態

柯志哲、張榮利 (2006) 引述 John Atkinson 的概念，將「彈性企業」內的僱用人力分成三類：核心、邊陲及外部。核心人力是指位於高層的專業或管理人員，工作具有高度穩定性、高薪等內部勞動市場特性。邊陲人員則僅具輔助性質，工作技能屬於半專業或非專業性，替代性高，但仍是組織直接僱用的勞動力。外部人力則不屬於公司直接聘用的人員，而是派遣公司的人員或委外單位的勞工。這種勞力多重結構的特色是「……不同勞動契約的運用和工作時間的安排……」（同上引：44）。彈性僱用賦予管理階層在職務調動、勞工數量和薪資等方面極大的調整空間，使得企業可以針對經營和利潤需求，對勞動團隊任意分割，讓勞力的商品化更為徹底。他們所研究的一家前公營事業即是採取勞力多重僱用模式。所謂企業彈性管理模式其實就是給雇主更多去正式化僱用的權力。

　　全職、長期性僱用代表典型的僱用模式，彈性化的人力僱用模式則被稱為非典型僱用 (nonstandard employment) 模式。Kalleberg (2000) 將非典型僱用分成以下幾類：派遣、委外、部分工時、短期暫聘及自由包工。後面三項的勞動型態其實早已存在，前面兩項則是在經濟全球化時代、企業開始追求人力運用彈性後，才逐漸被採用。本章標題使用非典型受僱型態一詞，主要即是因為派遣和委外確實是非典型的勞動型態，反映出勞工受僱型態的彈性化。

　　部分工時類似一般所說的兼差；每週平均工作時數低於 35 小時。從比例上來看，台灣部分工時工作者（官方定義為每週工作 35 小時以下；但是為了進行跨國比較，在圖 14-1 中則是採用 30 小時的標準）約占就業人數的 3%，低於鄰近的日本 (24%) 及韓國 (12%)（請參考圖 14-1）。如果從性別差異來看，各國的情況都是女性成為部分工時工作者的比例稍高於男性。例如：荷蘭女性從事部分工時的比例更高達 58%。

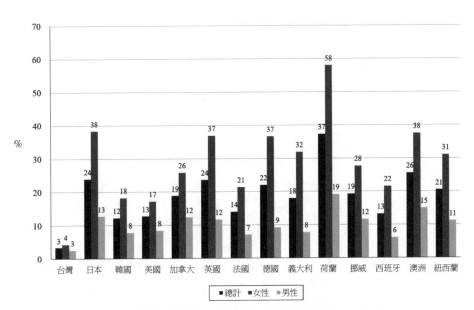

資料來源：勞動部《部分工時勞工就業實況調查報告》，2019 年。

註：1. 報告中各國資料來自 *OECD.Stat* (database) (https://stats.oecd.org/)，台灣則採用行政院主計總處「人力運用調查」資料。

　　2. 圖中部分工時勞工為主要工作的經常性週工時未滿 30 小時者（採用 OECD 的時數標準），但日本及韓國採計所有工作的實際週工時，美國、澳洲及紐西蘭採計所有工作的經常性週工時。

圖14-1　主要國家部分工時勞工占就業者的比率：2018年

　　以台灣的情況而言，部分工時勞動者的年齡及教育程度差異也相當明顯。以 2020 年的數據為例，估計從事部分工時工作的勞工人數約為 42 萬 1 千人，其中 15 到 24 歲者有 13 萬 7 千人，占總數的 33% 左右（行政院主計總處 2020c）。

　　如果依據教育程度區分，具有國中或以下教育程度的部分工時工作者約占 20%（約 8 萬 5 千人），低於高中職程度者的 31%，也低於擁有大專或以上教育程度者的 49%（同上引）。如果有追蹤性資料，應可看出同一世代中不同年齡或教育程度者是否長期或只是暫時從事部分工時的工作。根據本書第十二章的說明，勞工希望找到全時工作卻只能夠獲得部分工時工作的情形，即應被視為一種勞動力的低度利用。

　　短期暫聘是為了配合雇主的臨時需求才出現的工作機會，例如：百貨公司週年慶或建築工程。台灣有些雇主為了規避勞健保提撥，而以承攬工的名義聘用短期勞工，工程或活動結束後即自動解約。自由包工則指沒有固定雇主或期限的工作，國外文獻中所說的一日勞工 (day labor) 即屬於此類 (Valenzuela 2003)。例如：台北大橋是連接台北市與新北市三重區的重要橋樑之一。在台北市這一端的橋下，長期來每天都聚集約 20 幾位尋求一日或短期工作機會的中年男性。

　　派遣是指勞工的直接雇主為仲介公司，實際任職的機構或企業只負責使用勞力；後者的交涉及簽約對象是組織而非個人，對於個別勞動者有管理權，

台北橋下等待臨時性工缺的勞工，身旁機車上裝載著自備的工作用具
照片提供：本書作者

但不負責其勞動薪資或其它福利。台灣派遣業的興起主要肇因於公部門及學校等機構將底層工作釋出、大量減少正式及長期勞動契約的職務（柯志哲、葉穎蓉、蔡博全 2004）。相對於人力仲介公司作為外籍勞工及台灣雇主的中間人，以台灣本地勞工為主要仲介對象的人力派遣是一種由派遣公司、被派遣員工與要派企業（使用勞動力）三方，依據勞雇關係、工作關係及合約關係互動的連結模式。執行的結果是：派遣勞工的待遇較組織內的正式員工差，且因經常轉換要派企業，難以藉由集體行動爭取自身福利。常見的派遣職務有總機、客服、電話行銷、助理、清潔人員等。勞工的實際雇主為人力派遣公司，後者則依其它企業或組織的需求，將旗下員工派任至各企業或組織工作。當工作結束後，如果要派企業或組織不再續約，勞工就得回到人力派遣公司待命；但即使要派單位續約，派遣公司仍有可能更換要派單位，而將員工轉到別家企業或組織服務。

不論是要派或派遣企業，都不在乎勞工的忠誠度，而通常只關心是否能簡省人事管理成本或直接支出。根據勞動部所做的一項抽查，八成以上承包政府委外業務的派遣公司都有違反〈勞基法〉或〈性平法〉的事項（工商時報 2010 年 4 月 16 日）。在人力派遣公司任職者大都屬於底層勞工階級，所從事的原本就是低薪、長時間、耗費體力、沒有福利或適當醫療保險的工作 (Kalleberg, Reskin and Hudson 2000)。當企業或組織不願意自行聘用工人、而將清潔或收發等工作委交給派遣公司時，藍領或白領底層工作者被迫要先成為派遣公司的受僱者才可能有工作機會。而為了提升競爭力，派遣公司用更低的價格承攬這些工作，再將低價競爭的後果轉移給派遣勞工承擔（請參考本書第十三章方塊 13-2）。日劇「派遣女王」在台灣播出時，曾引起一陣轟動。劇中女主角擁有許多證照，十八般武藝樣樣精通，令人印象深刻。但劇中主角能夠獲取高時薪的待遇與現實上多數派遣人員的遭遇相去甚遠。

主計總處的《人力運用調查報告》(2020c) 提供了臨時工及受派遣勞工的數據。2020 年屬於這兩種性質的勞工人數合計約為 63 萬 4 千人。若以年齡層區分，是以 45 到 64 歲勞動者所占比例最高，為 40%，其次是 25 到 44 歲的 33%。前面提到，部分工時的勞動者是以 15 到 24 歲者居多，顯示非典型的受僱型態有顯著的年齡差異。部分工時的工作或許是年輕人進入勞動市場之時的

過渡性工作，因此有高度集中的狀況。但在派遣或臨時性工作部分，主要受僱者為中壯年勞工，顯示就業結構的轉變對需要穩定就業機會的勞動者而言更為不利。

若單獨檢視派遣勞工的教育程度差異，根據上述的官方調查，依低（國中或以下程度）、中（高中職畢業）、高（大專或以上）區分，在 2020 年時，人數比例分別為 31%、36% 及 33%。這些數據之間雖然有些差異，但不同教育程度者都超過三成。而派遣勞工中有三分之一屬於較高教育程度者，反映出台灣勞動市場非典型工作的勞力供給來源並不限於基層或學歷較低的求職者。

台北市的騎樓或菜市場仍常見無固定攤位或店面的補鞋匠
照片提供：本書作者

除了派遣之外，將部分工作項目委由外部單位承包，同樣是組織切割人力、減少正式僱用員工的手段。委外 (outsourcing) 是指以契約方式，將原本由組織內員工承擔的工作和責任轉由承包商提供。這些單位可能是毫無關連的承包商或個人，也可能是組織的關係企業或子公司。委外與外包 (subcontracting) 最大的不同在於：委外的業務是組織原來就可以生產或處理的，只是為了降低勞動成本而被分割出去；外包的工作則大多是母工廠不能製造或處理的部分 (Davis-Blake and Broschak 2009)。由於都具有業務分割的性質，委外或外包這兩個名詞也經常互用。被委外的業務包括核發薪資或作帳、清潔、電話總機服務或文字編輯和校對。美國的航空公司將龐大的訂位及客服業務交由會說英語、居住在印度的接線生處理，早已行之有年。對於印度或中國來說，從歐美國家移來的業務或生產，不僅增加當地的工作機會，也促進了經濟發展，但大部分的利潤仍是由歐美資本家攫取。組織內的工作委外造成了跨國界的工作階層的兩極化：好工作留在跨國企業本國，待遇較差、工作穩定性低、替代性高的工作則

流向經濟開發中國家（同上引）。

柯志哲及張榮利 (2006) 分析中國鋼鐵公司的非典型工作型態，發現在約 1 萬 3 千名員工中，有 36% 為外包人員；其中某一家協力廠所僱用的臨時或外包人員比例更高達 62%。另有一項政府的數據顯示，在 2005 年時，公營事業的外包工人數已占員工總人數的 41%（藍科正、張簡坤國 2008）。這麼高的非正職比例可能會讓很多讀者都嚇一跳。也可見公營事業提供的並非都是正職或穩定的工作機會。

當企業的競爭對象來自全球、跨國流動的移工大量出現後，不論是西方工業大國或是像台灣或中國的工廠，雇主切割及重整勞力運用型態的意願更高、速度更快，勞動成本也不斷被壓縮。當雇主需要人力時，會僱用一批臨時工人，不需提供長期契約保障；業務結束或經濟不景氣時，即可在不違約、不需要協商的情況下解僱工人；所著眼的不僅是短期利益，還可以弱化工會的勢力。Kalleberg (2009) 認為，形容當代就業結構的關鍵字就是不確定性 (precarious) 和缺乏安全感 (insecure)。不確定指的是工作機會隨時可能消失，沒有安全感則是指勞動者的工作權和待遇缺乏保障，不被視為組織的核心成員。在過去，大量解僱只出現於經濟蕭條時期，現在即使景氣沒有變化，也可以成為雇主重整人力的策略。景氣回升後，雇主也不會大量召回原來的員工，或寧可聘僱新人。人力彈性運用的真義就是將經營風險由雇主轉嫁給受僱者。平台經濟的興起，包括線上技術或專業服務、送餐或叫車等，增加了工作機會，但也讓勞動條件更難以規範，收入不穩定、職災風險高於許多典型受僱勞工，且不易形成集體聲音以對抗平台資本 (Vallas and Schor 2020)。COVID-19 疫情盛行期間的防控和社會距離措施讓平台經濟快速擴張，網路公司獲利豐碩，但對勞工權益的影響，需要更多的研究。

非典型工作種類的多樣性和外包的盛行，也讓要派單位或間接雇主名正言順地將不良紀錄轉嫁給仲介或派遣公司。例如：將派遣工人勞動待遇偏低的現象歸咎於人力仲介公司，而隱瞞簽約時要求後者壓低勞動成本的事實。即使發生了重大職業災害，管理不良的工作場所仍可保有良好的安全紀錄 (Quinlan 1999)。例如：礦場主將工作外包給不同承包商之後，即使礦區災變頻仍，礦工受傷歸屬於承包商的責任，不會反映在礦場本身的職業災害紀錄上，後者仍可

繼續從事開採。甚至可能因為行業分類的關係（例如：承包商登記的營業項目屬於土木、營造、石綿或電子業，而非礦業），整個礦業的職業災害紀錄都難以反映實際的狀況。即便勞工向外包商求償，能夠獲得的賠償仍遠低於向礦場主或礦業公司求償的結果。

四、休閒的意義

在以農業為主要經濟活動的社會中，不論是自僱或身為佃農，清醒時大部分時間都貢獻給生產性勞動，其餘時間則從事再生產性勞動，包括家務勞動、休息、睡眠等。生存和平安是生活中的主要期望，休閒則是地主、富人或貴族才能享有的權利。有閒階級 (the leisure class) 是指 19 世紀後半葉在美國上層階級中的一個特殊階層，其成員脫離生產性工作，同時也輕視一切形式的手工與生產勞動，並以炫耀性消費及脫離勞動行列來保持其身分（Veblen 著，李華夏譯 2007[1899]）。休閒概念普及一般勞工大眾是直到前一世紀初期才有的現象，這也是勞工階級的所得達到一定水平之後才可能出現。到後來休閒甚至成為一項義務，懂得休閒也代表某種程度的現代化。在日治時期，有台灣仕紳感嘆多數台灣人不懂得悠閒自得，只關心追逐蠅頭小利；並且引用外國人士的說法，認為從不知如何打發勞動以外的時間來看，台灣缺乏文化（呂紹理 1998：155-156）。

1. 休閒的階級差異

Witold Rybczynski（1991，梁永安譯 2004）從週休二日的概念延伸，探討休閒在現代社會的意義。根據他的分析，工人享有的假期長短不對等於經濟發展的程度。以日本為例，即使在其它工業國家都已經採取週休二日後，仍然維持每週上班 6 天的制度。直到 1990 年與美國簽訂貿易協定後，日本政府才承諾公部門的工作人員可週休二日，並鼓勵民間單位效法。從西方國家的歷史來看，要週休一日、休哪一天或週休二日，是權力關係變動下的產物，包括對於宗教教義的解釋、工會的爭取或是延續經濟蕭條時期的安排等。休閒是一種制度性的建構 (Biggart 1994)。首先，在工人和工會的抗爭下，雇主退讓而允許勞工定期休假。國家透過立法方式介入，讓休假成為勞工的權利，而雇主仍須負擔工

資。到了 1955 年時，將近 90% 的美國藍領工人已經可享有有薪假（同上引：681）。

　　法國社會學者 Pierre Bourdieu 所提出的文化資本 (cultural capital) 概念，是指用知識或思想形式作為一種資本，建立身分與權力的合法性。文化資本可以幫助優勢階級獲得所希望的職業地位。Bourdieu 並不是要對照好的品味與壞的品味，也不只是創造一個新的名詞，而是要說明：現代的階級結構已難僅使用生產工具或其它物質性的基礎作為判準，階級內凝聚和區隔他者的還包括品味和文化資產。文化資本的展演有三種形式：個人的舉止、品味的展現及學歷（Bonnewitz 著，孫智綺譯 2002[1997]）。在具體操作上，有多項指標可以呈現文化資本在階級之間的差異，包括以家具擺飾的選取、喜好的音樂和樂手及喜歡的休閒活動作為區分的判準 (Bourdieu 1984)。藍領階層的休閒興趣包括拉手風琴、玩紙牌、釣魚，白領階級的興趣則是彈鋼琴、打橋牌及登山；前者喝啤酒，後者喝威士忌或礦泉水；前者踢足球、釣魚，後者打高爾夫球或網球（Bonnewitz 著，孫智綺譯 2002[1997]）。此一分類方式或許不能準確地區分中產階級和勞工階級，各階級內部的文化資本也可能有更大的差異。但 Bourdieu 利用對應分析 (correspondence analysis) 所提出的結果，顯示出階級之間在休閒、飲食愛好及經常從事的運動項目之間確實存在極大的差異。

　　Rybczynski 原書 (1991) 的封面，是畫家 Georges Seurat 於 1884 到 1886 年期間所繪的「大碗島的星期日下午」(Sunday Afternoon on the Island of la Grande Jatte)。圖中顯示不同階級、年齡及性別的人士在島上悠然休息的景象。但是在現代意義的休閒觀念中，休閒的去處和類型不只是反映收入和財富，也是文化資本的象徵。休閒已從單純的休息轉變成從事娛樂或健身等活動。Recreation 這個字具有重新創造的意思，是指為了更有效率地生產或從事再生產活動；也類似我們經常聽到的：休息是為了走更長遠的路。不過，當消費文化興起之後，觀念似乎已轉變為：工作是為了有更多經濟資源可以消費、娛樂或旅遊。

2. 休閒作為一種再生產勞動

　　包括台灣在內，每年的 5 月 1 日是許多國家的國定節日，也就是勞動節。美國工會在南北戰爭結束（1865 年）後，開始積極推動縮短每日工作時間，希

望讓勞工在法律保障下享有每日正常工時為 8 小時的待遇，並決定於 1886 年 5 月 1 日舉行全美勞工大罷工。但罷工數日後，芝加哥市的乾草市場 (Haymarket) 地區卻發生意外傷亡事件，警方於是以有人鬧事為名，趁機逮捕工會領導人，有些領導者隨後還被判處死刑。法院及警察的處理方式隨即引起美國國內及國際間極大的反彈聲浪。1889 年，「國際勞工會議」(International Labour Conference) 訂定 5 月 1 日為「國際勞動節」(May Day)。雖然勞動節的由來主要是為了紀念在美國以抗爭行動爭取縮短工時而犧牲的工人；但由於「國際勞工會議」是由共產黨人士召開，美國政府不願意與之掛勾，也不願意讓後人將勞動節與國家血腥鎮壓勞工的乾草市場事件加以聯想，於是將美國本身的勞動節訂於每年 9 月的第一個星期一。美國工會發起降低工時運動時，所喊出的口號即是「八小時工作，八小時休息（包括睡眠），八小時隨心所欲」(Rybczynski 著，梁永安譯 2004[1991]：134)。此處的隨心所欲當然主要是指休閒娛樂。

在休假概念甫出現時，假日是否應該或容許從事與工作日不同的勞動，也受到宗教教義的影響。例如：尤（猶）太教禁止星期日工作，有些宗教則是星期一休假。但隨著商人逐漸發現休閒的商機後，休閒從田園式變成商業式，甚至開始成為對勞動者的行為規約，而不能只是純休息。度週末或度假逐漸成為風潮或甚至是勞工階級家庭都可以享受的事物之一。這似乎也代表著一個國家的國民所得已達到一定的水準。在商業宣傳的誘導下，休閒也不能只是待在家中看書或從事與工作無關的活動，甚或不能只是睡覺、休息。「正確的」休閒活動包括全家大小到住家以外的場所消費、到公園或郊外散步、參加音樂會、出外度假數天或甚至出國旅遊等。

休閒與工作無法分割，不只是因為有時間上競合的關係，同時也是因為必須有其中一項存在，另一項才有正當性。沒有工作，相對而言似乎就不能奢談休閒；沒有物質基礎的支持，許多勞動者也無法享受休閒。只工作而不去度假或度週末，也會被認為不符合現代人的生活態度。休閒於是正式成為「再生產」的一環，度假之後才能再精神奕奕地回到工廠上工或辦公室上班，繼續打拼、等待下次週末或假期的來臨。

休閒的安排再也不只是隨心所欲的選擇，還可以透過專業服務做有計畫的安排，在最短的時間內進行最有效率的休閒活動。休閒和觀光讓服務業的整體

產值和勞力僱用規模持續擴張。我們可以用一個數字呈現此一產業在台灣的成長狀況。從 1999 到 2006 年之間，台灣在服務業的整體就業人數增加了 16%，文化、運動和休閒業的就業者則成長了 18%（行政院主計總處 2010b）。不過，由於行業標準分類續有修訂，後期的統計報告已無這項產業單獨的分類資料。

至少在上一個世紀，除了農曆新年期間，台灣多數小型商店都是全年無休。每天幾乎都是工作天：一大早開店或上工，晚上九、十點關店或下工。但是，隨著經濟狀況的改善、財富的累積，許多店家開始在大門上標示出營業時間，星期日不開店似乎也成為慣例。週休二日的實施，讓許多上班族集中在週末出遊，市區內的消費客群少了許多，似乎也沒有再天天拉開鐵門營業的必要。工時的縮短讓休閒這個外來的觀念也逐漸在台灣這樣的後起工業國家蔚為流行。

日治時代的台灣仕紳感嘆當時的本國人不懂得品味生活、只想賺錢。那麼現代的台灣人又如何看待休閒呢？根據 2007 年「變遷調查」所做的一項訪問，在有工作的受訪者中，有 45% 表示調查的前一年之內，從來沒有休過假；有 18% 只休過 1 到 5 天。這些數據宜被解讀為，在法定假日之外、因為工作年資所獲得的休假權利。有些受僱者可能確實沒有這項權利，回答「沒有」的原因是沒有假可休，而非沒有意願休假。然而，在公部門及一些大型私人機構或組織中，均有休假制度。前述沒有休過假的比例似乎仍有些偏高。同一調查也顯示：有三分之二的受訪者願意為了多賺一點錢而增加工時，願意少賺一點、工時減少的人只有 2%（另外三分之一則希望工時少、錢又賺得多）。對於多數的台灣勞動者來說，現實生活的需求似乎比品味更重要。

除了財力之外，休閒是需要有時間才能做的。根據 Jerry Jacobs 及 Kathleen Gerson (2004: 73-75) 的分析，即使有法定的工作時數，美國工人的工時也愈來愈長，除了同儕間的競爭壓力大之外，為了賺取足夠的收入以維持生活所需也是重要的原因。那麼當工作時間拉長時，還要兼顧休閒，所減少的即是從事家務、休息和睡眠的時間。商品化的發展使得現在許多家務工作幾乎都可以在市場上取得。嬰幼兒的照顧工作可以委託給褓姆、托兒所或幼稚園；老人可以送進安養中心或請看護到家中照顧；三餐可以外食或叫外賣。即使需要在家烹調，也可買到許多已經處理過的半熟食物，只要在家中用現代化的電器稍微加

熱就可以上桌。以台北市為例，居家附近隨處可見的便利商店、超級市場、大賣場，也讓購買物品所需的通勤時間大為減少。如果還想更省時間，則可上網購物，再用宅配方式送到家門口，這麼一來更是連通勤時間都可省下來。由於通常都是女性承擔多數的家務，商品化的結果確實讓她們省下了一些家事勞動的時間。

主計總處將時間運用分成三個部分：必要時間、約束時間及自由時間。必要時間是指用於餐飲、睡眠、沐浴等幾乎每日都需要進行的事情，以及從事生產性勞動的時間。約束時間則是指用於上班、上學、從事家務勞動等事情的時間。自由時間則包括娛樂和休息的時間；如果是學生，做功課及補習等所花費的時間都需算在內。根據主計總處的一項調查 (2005)，如果合計工作及做家事的時間，2004 年時女性每天比男性的約束時間多出 31 分鐘，但用於休閒的時間則比男性少 47 分鐘。這項調查還存在一些性別盲點，不論是否有全職工作，家庭中承擔子女或家人照顧勞動的通常是女性，這項照顧負擔即顯著地拉大女性與男性在休閒時間上的差距 (Mattingly and Bianchi 2003)。照護負擔限制了許多母親自由利用時間或外出的機會。此外，還有經濟和交通的考慮，以及公共空間對於女人和小孩不友善的設計等。女性的休閒娛樂大都是與家人一起，這與男性有較多機會與家庭以外的人同遊意義不同。這些都沒有反映在官方的時間利用調查中。

方塊 14-3　代位休閒的概念與實踐

　　Thorstein Veblen 是美國經濟學家，他在 1899 年所發表的《有閒階級論》(The Theory of the Leisure Class) 直到 21 世紀的今天，仍然具有啟發性及真實性。他在書中提到的炫耀性消費、「上流」社會女性的穿著或打扮其實是在炫耀背後的男性金主（先生、情人或老闆），這在東西方社會中的例證俯拾皆是。以下引述書中一段關於代位或越位休閒 (vicarious leisure) 的論述（1899，李華夏譯 2007：58-59）。這個名詞是指，除了主人本身可以從事休閒活動之外，為了展示其地位和財富，也可以僱請一批待命的奴僕；將後者也能夠從事休閒活動的景象視為一種擺飾，用以驕其同輩：

　　　但在現代日常生活中被列為家居管理的大部分勞務，及文明人過得舒

適所必需的許多「效用」，實際上都具儀式性質。於是，將這些勞務歸入本文在此所意謂的休閒表現，這個詞是恰當的。縱然這些服務主要或完全都屬儀式性質，但從活得恰如其份的觀點來看是絕對必要的；這些服務甚至是私人舒適的要件。

……少了這些服務我們就覺得不舒服，並不是因為少了這些服務會直接帶來身體上的不舒適；在尚未養成一種區別習俗的好與壞之品味時，沒有這些服務也不會心生怨懟。既然如此，花在這些服務上的勞動就可被歸類為休閒，並且要是這些服務是由別人來執行，而非該家庭中經濟方面寬裕自如又能自行定奪的戶長親自操作的話，就可歸類為越位休閒 (vicarious leisure)。

……越位休閒這個詞的好處，在於指出此類家事職務何所出，並形簡意賅的展現此類效用的實質經濟基礎，因為這些職稱的主要作用，是藉此將財力名聲歸諸於主人或其家庭，那可是要有相當數量的時間與精力、炫耀性的虛擲在這個名目上才能如此。

……主人階級的休閒至少在表面上屬於一種耽於好逸惡勞的癖好，且認為如此才能增進主人自身福祉及生活的美滿；而奴僕階級免於生產性勞動的休閒類似一種強加於他們的舉止，且一般來說主要並不是為了其自身的享樂。奴僕的休閒不是其自己的休閒。

五、結論

本章提到企業彈性或用人彈性，指的都是資方在勞力使用上具有主動優勢。非典型工作型態的使用也有結構性差異。在服務業中，人力彈性運用的可能性高於其它產業；基層勞力用派遣或承攬方式聘用的情形又比多數職業普遍；在經濟不景氣時，彈性運用的程度也比景氣繁榮時更為嚴重。彈性化的勞動運用並非全球化時代才有的現象，但全球化的趨勢確實讓勞動力和勞動來源更趨於隨意化。科技發展使得勞力彈性運用在整體就業結構中愈來愈普遍；法令只能提出有限度的保障，企業仍可發展出「因應」措施。

為了防止雇主用部分工時方式壓縮勞動條件，勞動部於 2014 年更新之前

的《僱用部分時間工作勞工參考手冊》為《僱用部分時間工作勞工應行注意事項》，要求工資、休假、勞工保險、及職災保險等事項須符合〈勞基法〉的規定。此外，也於 2010 年提出一項「勞基法派遣專章」的初稿（工商時報 2010年 7 月 13 日）。這份初稿限定醫療、保全、航空、航海、大眾運輸的行車與駕駛及採礦勞動者不能僱用派遣人力，也明訂派遣公司必須常態性僱用派遣人力。針對初稿，工運團體與政府的經濟單位已表示反對。例如：工運團體希望將製造業列入限制使用的行業中，經濟部則希望鬆綁醫事人員的派遣人力使用限制。整體而言，派遣專章的出現顯示政府接受派遣的事實，只是消極地希望縮小適用範圍及基本勞工權益。國際勞工組織主張保障非典型就業者的社會安全，讓包括自僱、為家庭事業工作、部分工時、臨時聘僱或派遣公司的勞動者在內，都可以擁有基本的經濟權、醫療保險及退休保障。這即是一種擺脫以全職、長期僱用模式為制訂勞動基準和相關法規的取徑。2019 年經立法院三讀後，用修正〈勞基法〉部分條文的方式取代專章，將派遣勞動納入適用範圍，派遣公司不能要求派遣人員簽訂定期契約，要派企業對於勞工職災賠償負有連帶責任。

與其它國家相比，台灣勞動人口中從事部分工時、臨時性或派遣工作的比例並不高（合計約為 7%）（行政院主計總處 2020c）。此外，國際勞工組織雖然將自僱及為家庭事業工作也列為非典型就業型態，但根據本書第四章所示，這群勞動者過去曾經是台灣重要的就業類別，只是比例逐年下降中。由於抵抗勞動風險的能力最低，非典型受僱型態應該才是台灣新就業結構的特色，其中尤以派遣人力的使用及增加趨勢最為顯著（張晉芬 2016）。人數及比例偏低並不代表派遣的議題不重要。派遣人力及派遣業的盛行應是台灣非典型工作中最值得討論的類型。用人與僱人單位分離對於勞工的工作權、勞動條件及工作尊嚴都有負面影響。本書下一章將介紹移工的引進。在與移工議題相關的新聞或論述中，我們經常聽到的仲介公司其實就是人力派遣業者，只是所派遣的對象是外國籍勞工。

休閒確實是現代社會才出現的議題，而且愈來愈被視為一種必要的活動。台灣每年都會舉辦好幾次不同規模或訴求的旅遊展；展覽期間，民眾搶購國內外套裝旅遊行程優惠、飯店住宿券、泡湯券的畫面，幾乎是各家電視台必播的

新聞焦點之一。大老闆要出國度假、勞工偶爾也需要到公園或海邊散心；全職的家庭主婦或主夫表面上隨時可以休假，實際上卻要等到其他家人放假時，才一同休假。可見休閒時間的正當性似乎還是建立在先有市場性勞動付出的前提之下。

　　本章也提到階級間休閒品味的差異。對於許多跨國移工來說，正常的週休一日都還是遙不可及的奢想。本書最後一章即將說明跨國移工的出現及處境。

思考與討論

1. 激烈的市場競爭造成有長期保障的工作愈來愈少。不過,也並非所有求職者都希望能夠在公部門任職,或找到一份穩定的工作,做到退休為止。這是因為個人缺乏上進心和忠誠度嗎?還是新世代及新時代價值觀的改變使然?為何會有這些改變呢?這些改變是值得鼓勵還是不能被鼓勵呢?此外,有哪些結構因素造成長期性、穩定工作機會愈來愈少呢?請就這些問題提出妳/你的看法及理由。

2. 從 2008 年下半年開始,直到 2009 年,國內外的電子或平面媒體幾乎每天都會報導全球金融危機、經濟不景氣、大量失業的新聞。在國內的報導中,經常出現關於台灣電子科技產業要求員工請無薪假的案例。請搜尋討論金融海嘯與工作機會之間關係的文章或報導,並試著說明全球信貸危機為何對於勞工的工作權和勞動待遇發生影響。無薪假真的如政治人物所說的是一項可喜的台灣發明嗎?

3. 關於法律限制女性夜間(午後十點至第二天上午六點之間)工作的規定,大法官於 2021 年 8 月 20 日宣告違憲(釋字 807 號),因為此規定具有性別差別待遇。工會團體因而要求勞動部未來修正相關條文時,也應該保留工會同意權。此外,懷孕女性是否應該受到保護、企業是否會因此強迫勞工接受不合理的夜間輪班、女性的工作機會和待遇是否會因此增加,均是釋憲後出現的正反意見。請蒐集相關報導、文獻、國外作法,論述限制或開放女性夜間工作在工作權、性別平等、勞工團結權等面向的影響。

延伸閱讀

1. **黃克先(2021)《危殆生活:無家者的社會世界與幫助網絡》。台北:春山。**
作者用參與觀察的方式,親身進入田野,研究遊民生活。本書由國家社會福利制度的介入和所引起的衝突,反思物質條件與生存、生命間的關係及資本主義社會下正當工作的意義。

2. **門倉貴史著,龔婉如譯(2008[2006])《窮忙族:新貧階級時代的來臨》。台北:聯經。**
根據本書作者的觀察與分析,日本社會在進入 21 世紀後,出現了大批就業

但仍貧困的族群，他稱之為「窮忙族」。這些人的主要特徵之一就是收入極低。在日本，年收入必須低於 200 萬日圓，才能夠獲得政府的救助金；但許多人的年收入卻遠低於這個數字，僅達 100 萬日圓，可見其生活之困窘。作者藉由對從事不同工作者的訪談，呈現新貧階級的經濟和生活狀況。

3. **Rybczynski, Witold (1991) *Waiting for the Weekend*. New York: Viking. 中文版：Rybczynski, Witold 著，梁永安譯（2004[1991]）《等待周末：周休二日的起源與意義》。台北：貓頭鷹。**

   作者在書中指出休閒概念與工作時間的關係。同時也論證，週末出遊和享有長達數週渡假生活，在西方社會屬於各階級共有的生活方式。對習於在週末加班、寒暑假也只有一星期或十天假期的台灣上班族而言，閱讀本書可能會帶來一些衝擊與反思。

台灣運動團體於 2004 年的「移民/移駐人權修法聯盟」記者會上誦讀聯盟宣言
照片提供：婦女新知基金會

第十五章　勞動力的全球流動與移工處境

重點提示

1. 全球化之下，國際移工的出現與國境開放、資本流動、科技發展、服務業興起和女性勞動參與率提高都有直接的關係。

2. 移工寄回給家人的海外工作收入，是母國重要的外匯來源。全球移工匯回母國的收入每年合計約在 3 千到 4 千億美元之間。

3. 經濟富裕國家人民的消費水準和生活品質的提升，往往是建築在剝削「第三世界」國家的勞力之上。這些勞動者可能出現在跨國公司的海外工廠中，或是成為富裕國家的移工。

4. 基層外籍勞工在產業或職業的分布上有明顯的性別差異：女性多數從事家庭幫傭及看護的白領工作，男性則集中在營造業和製造業內的藍領工作。

5. 各國的移工政策因為本國的意識型態和歷史淵源而有所不同，大致上可分成兩類：種族同質／異質，血統／出生地。

6. 移民階級主義的操作方式之一是允許高社經地位的移工成為移民，但排斥低社經地位移工成為移民的可能性。

7. 「階層化他者」是指將來自東南亞的移工視為低階的另一群人，但對於白皮膚、來自西方國家的移工卻帶著崇敬的眼光看待。

8. 研究移民或移工問題的學者及團體主張以未持有居留文件或法外勞工稱呼行政機關所說的「非法移工」或「逃跑外勞」。

9. 由於工作地點在家戶內且通常語言不通，家庭幫傭或家庭看護的勞動條件和待遇缺乏保障，甚至連基本人權也可能受到侵害。

10. 女性外籍家務勞動者被引進台灣後，讓處於「蠟燭兩頭燒」的職業婦女，終能卸下部分家務勞動、托育、看護等工作。這種女人幫助女人的策略，卻也產生女性之間的階級問題。

11. 外籍女性幫傭會因語言資本、人力資本、是否乖順等，或甚至是膚色的差異，而被仲介公司或雇主刻意建構為代表優劣之分，並給予差別性待遇。

航站裡還有其他比較長久的友誼。我最常接觸的
對象是安娜瑪麗，她負責清掃我的桌子所在處的
報到區。她說她很樂於讓我寫進書裡，也不只一
次到我桌邊和我談及我將她寫入書中的可能性。
不過，我後來向她保證我一定會把她寫進書中，
她卻反倒露出了煩惱的神情，並且堅持我一定
不能寫出她的真名和外貌特徵。她說，她在家鄉
……的親友如果知道她在英國從事這樣的工作，
一定會深感失望，因為她當初在音樂學校的表現
非常傑出，大家都以為她早已在國外成了知名的
聲樂家。

──《機場裡的小旅行》(2010[2009]: 72)

一、序言

上述引文出自 Alain de Botton 的著作（2009，陳信宏譯 2010）。引言中的女
性清潔工來自羅馬尼亞。類似她這種到移入國之後學非所用、只能找到底層工
作的例子，似乎並不稀奇。在台灣的菲律賓籍看護或家庭幫傭中，即有些具有
大學學歷，也有些曾經當過老師。引言的同一本書也提到：供應飛機餐點的餐
飲公司所僱用的備餐工人，是來自孟加拉及波羅的海的婦女。不論原來的身分
或是教育程度如何，經濟後進或是前東歐社會主義國家的人民跨國尋找較佳的
工作機會，並非是在全球化時代才出現的狀況。其中，歐洲各國移民到美國開
疆闢土的歷史，是較為熟知的例子。在清朝時期，有許多中國沿海省分的居民
到台灣討生活，也大都是出於經濟性動機。近年來流行撰寫地方誌，有些出版
物即呈現出移民在大都市內聚集、發展出產業特色的經過和成果。以高雄市為
例，在鹽埕區「……溫州人在五福四路串連出南台灣最高品質的皮鞋街，台南
人進入大溝頂成為布商或是小吃業者，北門人在本區南側臨港區處拉著牛車，
盤據著貨運業，來自不同港灣的澎湖人群居成為一圈圈的澎湖社……」（魏聰
洲、陳奕齊、廖沛怡 2005：22、24）。但移工或是移民的區分在這些人身上似乎
並不是那麼明顯；移動的範圍主要在島內，最遠也只是越過一個台灣海峽。

　　當代台灣內部的經濟性移民雖仍然存在（林季平 2005），但更為常見的移工已是我們在捷運工地、興建中的大樓或工廠內看到的東南亞籍男性勞工，公園、醫院裡推著輪椅的東南亞籍女性看護，或是在美語補習班教授英文、以白皮膚居多的西方國家人士。發展社會學者曾經描述 20 世紀中期經濟先進國家的跨國公司到貧窮國家投資設廠的情形：雖然創造了一些工作機會，但這些工作多具有低技能、高度重複性和低薪的特性，對於生產的生根及永續，沒有多大幫助 (Cheng 1999)。資本家賺得愈多，貧窮國家的經濟結構反而愈加邊陲化。全球化時代，跨國投資設廠的策略依然盛行，但隨著國境管理放寬、資本流動、科技發展、服務業興起和女性勞動參與率的提高，人民也有愈來愈多的機會可以選擇飄洋過海、到鄰近較富裕的國家尋找養家活口的機會。跨國移工因而成為近幾十年來全球最重要的新興社會現象。

　　從移民／工的立場來看，當母國無法提供適當的工作機會時，離鄉背井即成為維持生活、改善家庭經濟的選項之一。另一方面，當雇主或資本家不能夠在本國國境內找到低廉的勞工時，也會嘗試要求政府開放國境以引進願意接受較差勞動條件的外籍勞工。但是，國際移工牽涉到國境管制與開放的問題，並非只是勞雇雙方合意之後即可成立的經濟性議題。同時，這也是蘊含國族主義想像的政治性議題（曾嬿芬 2004）。台灣早在 1980 年代就有移工（即俗稱的外勞）的出現，但是直到 1989 年，大量引進低階移工才被合法化。不過，我們的移工政策屬於管制程度較高的案例。修正後的〈就業服務法〉已放寬工作期間的限制，外籍移工可申請展延、續聘及轉換雇主。產業移工在台最長年限為 12 年，社福移工為 14 年（第 52 條）。與對於族群異質性接受度較高的美國相比，後者移工成為移民的標準較為寬鬆，工作期限也沒有硬性的法律規定。台灣則有工作期限與薪資的規定。移工的跨國境流動並非真正的完全自由，而是會受到各國的發展歷史、意識型態和其國內政治的影響。

　　除了移工現象與其所具有的政治經濟學之外，研究移工的社會學者當然也關心移工的勞動條件和在異國的人權保障。全球移工的流動並非只是單向地由貧窮國家流向工業發達國家。後者也會有移工流出，只是大多為白領階層的管理人員、專家或工程師。例如：基於中國的工資便宜、勞動人口眾多，台灣許多製造業者自 1980 年代開始陸續前往設廠；資本外移的結果也造成本地的工廠

關閉和工人被大量解僱（請參考本書第十二章）。讀者的家人或親戚朋友中，或許就有前往或曾經在中國經商或工作的例子。其中有些人被迫隨著企業到中國大陸工作，成為所謂的「台幹」。但從人數來看，全球各國多數的移工是從事底層勞動的白領或藍領工人。移工之間會因為職業類別和引進方式的差異，而在工作權與居留權上受到移入國的差別待遇。多數的社會對於專業人士、高階白領工作者或來自西方國家的白皮膚勞動者，都較為尊敬和具有好感。低階的藍領或白領工作者，則會因為國籍、種族或膚色，而受到社會性的歧視，不僅勞動條件差，人權也缺乏保障。

　　美國境內有大量的移工，媒體上也常常出現大規模逮捕及立即遣送所謂「非法」(illegal) 移工的新聞 (Bacon 2008)。告發「非法」勞工也成為一些雇主或仲介公司規訓和剝削移工的手段。台灣也有所謂的「逃逸外勞」一詞（官方統計偶而稱為「行蹤不明」）。官方甚至還在移工的通訊上刊登「逃逸外勞」的姓名和照片，密報者還有獎金可拿。但是，純粹想多賺點錢的勞工之所以要逃跑其實與移工政策相關。由於法律規定移工不能自由更換雇主，一旦遇到雇主剝削或管理方式嚴苛時，許多移工只能用出走的方式自力救濟，透過其它管道獲得工作機會。

　　台灣將移工分成產業外勞（製造業、營造業、海洋漁撈）和社（會）福（利）外勞兩類。後者主要是指從事看護或家庭幫傭的勞動者，2019 年時占移工人數的 36% 以上。這些人幾乎都是女性；從她們的勞動處境和待遇，尤其可以看出底層移工被剝削的問題。西歐和北歐工業國家在一個世紀前，即已引進來自歐洲其它地區的外籍女性從事看護或褓姆工作 (Wolkowitz 2001)。而在香港、新加坡及台灣等亞洲工業國家，由於產業結構的改變和女性勞動參與率的提高，也從 1980 年代開始，陸續引進東南亞籍女性擔任家庭幫傭或看護。這些需要貼身甚至親密接觸的工作，竟然容許與個人親屬關係及文化較為疏離的人擔任，顯示出社會觀點的轉變和照顧工作的不易。作為一種商品，「心的經濟」、「無價的愛」在不同的國境之內有不同的定價（Folbre 著，許慧如譯 2002[2001]）。對這些離鄉背井的女性幫傭及看護來說，照護勞動在母國並無市場價值可言，但是在國外卻可成為她們謀生及改善家庭經濟的技能。由於移工的女性化趨勢，女性移工的勞動處境和人權已成為新興的勞動社會學議題（藍

佩嘉 2008；Ehrenreich and Hochschild 2003）。

本章第二節將說明移工的政治經濟學，議題包括跨國界移工流動、移入國移工政策的政治經濟意義及台灣的移工政策。第三節的內容是關於移工議題的社會面向，包括移工間的階層差異、勞動條件和人權問題。第四節的重點則是外籍女性移工勞動條件的特殊性及所產生的性別與階級衝突。

二、移工的政治經濟學

勞工由鄉村地區到城市打工或定居，是許多國家在工業化和都市化早期共有的發展歷程。在漢人遷移台灣之前，原住民族是居住於台灣的主要族群。在台灣的非原住民族原本也是來自多個世代及中國的移民。以數量來說，來自福建的河洛人（也稱閩南人，英文稱呼包括 Fukiens、Hokiens、Holos、Minnanese）最多，也是最早集體來到台灣居住的族群。之後，主要出生於中國廣東省的客家人 (Hakkas) 相繼來到島內謀生。台灣近代規模最大的一次來自台灣海峽對岸的移民行動，則發生於 1949 年國民黨政府於中國大陸戰敗後，當時有大批外省人（或稱大陸人 [Mainlanders]）跟隨政府或軍隊遷移或自行遷居來台。根據學者估計，當時大約有 90 多萬人在幾乎同一時間點來到台灣（張晉芬、蔡瑞明 2006：174）。當代最大的國境內部移工潮主要發生在中國。許多北方或西南各省農村的居民前往南方或沿海城市工作；許多人在工作數年之後即回鄉，也有不少人持續留在當地或轉至其它地區尋找工作和定居的機會。每年農曆春節時期，大批來自其它各省的農民工擠在中國廣東火車站或客運站購買車票的盛況，總是媒體報導的頭條新聞之一。整體而言，各國人民至本國其它地區謀職或遷居的現象，雖然也存在區域性差異（如大多數是由鄉村地區流向城市），但由於不涉及國籍、種族及出入國境的問題，運作模式相對單純。在全球化的時代，緣起和影響層面更為廣泛、也更為複雜的跨國移工已是經濟性遷移的重要現象。本章以下的內容主要都是介紹與跨國移工相關的議題。

1. 全球化下的移工現象

根據國際勞工組織的估計，在 2010 年時，全球的經濟性遷移人數，不論是採取移民或短期居留方式，大約有 1 億零 3 百萬人次 (International Labour Office

[ILO] 2010)。移工的來源幾乎遍布全世界，但她／他們集中的地區主要是歐盟國家、北美、中東及東亞國家。雖然移工占全球人口的比例還不到 1.5%，但是對於移入國的經濟發展和社會福利的貢獻卻遠非這個數據所能反映。因應消費需求的增加、女性勞動參與率的提高、生育率降低及人口老化等現象，不論是餐飲、旅館、看護或托育等面向，經濟先進國家的服務業都需要大量的勞力。勞動成本低廉的移工於是成為基層白領勞動力的主要來源。而勞力密集的製造業，如食品加工、電子或是成衣等，也需要移工填補本國勞力流向服務業後的空缺。東亞及中東新興工業國家的公共建設或是私人企業擴張，都極度仰賴來自鄰近東南亞及南亞國家的藍領勞工協助道路、捷運或大樓的興建工程。

　　全球跨國移工所參與的產業和工作現場確實相當廣泛，在農田、果園、工廠、賣場、小吃店或是家庭中，都可看到她／他們賣力工作的身影。整體而言，不論職業分類是藍領或白領，大量移工最常從事的是體力性工作，營造業、製造業和家庭是主要的工作場域。但其產業分布仍因各國的產業和人力結構的不同而有跨國性差異。在台灣，產業移工集中在製造業與營造業，社福移工則以家庭看護最多。其它國家如西班牙，境內的移工主要分布在農業、營造業和餐飲旅遊業；美國的狀況與西班牙類似，但輕工業和家庭內也僱用眾多移工或幫傭 (Martin 2009)。移工的進入未必反映移入國一定有勞力短缺的問題。在競爭激烈的產業中，有些雇主並不願意增加投資以提高生產技術，而選擇用壓低薪資的方式降低成本、提高競爭力，僱用廉價、幾乎無協商能力的外籍勞工就是減少生產成本的手段之一。

　　除了貢獻勞力給移入國、成就當地的經濟和民生需求之外，移工也為自己的母國創造大量的外匯，可以說是全球經濟得以發展的功臣。多數移民母國不反對或甚至鼓勵其本國勞力輸出的原因之一，是國內經濟發展不足以吸收這些勞動力，開放甚至鼓勵人力輸出還可以抒解國內因貧窮及失業而引起的不滿和動亂。除了政治因素外，移工寄回給母國家人的海外工作收入，也成為國庫重要的外匯來源。根據一項估計，全球移工匯回母國的收入合計在 3 千到 4 千億美元之間 (Levitt and Jaworsky 2007)。移工的匯款甚至是某些東歐、加勒比海區域和東南亞區域國家的經濟命脈。早期的移民主要是經濟較落後國家中的菁英遷移到先進國家，其移出現象被稱為人才外流 (brain drain)；全球化之下的大量

移民則是勞力外流，其中包括許多從事幫傭或照顧工作的女性。她們沒有留在母國照顧自己的子女或家人，而去照顧不相識的外國人以取得經濟性報酬，也可稱之為關愛外流 (care drain)。女性移工只能以寄回外匯、改善物質條件的方式照顧家人。

除了國境管制之外，全球經濟景氣的變化是影響移工流向和數量的關鍵因素。1970 年代初期和晚期的兩次石油危機，吸引了眾多移工前往荷包滿滿的中東石油輸出國家淘金。二次世界大戰之後，北美和歐洲國家的經濟繁榮更吸引了全球不同專業和技術層級的高級勞工前往，尋找賺取美元、馬克、法郎或英鎊的機會（歐洲國家於 1993 年成立歐洲聯盟〔European Union，簡稱歐盟〕。隨後在 2002 年開始改用歐元，作為共同貨幣。只有少數國家持續使用原來的本國貨幣，如英國〔脫歐前後均使用英鎊〕及瑞典）。東亞國家或地區自 1980 年代以來的快速發展，也吸引了許多東南亞勞工前往香港、新加坡和台灣謀生。但從 2008 年開始，因為美國金融機構危機所引發的全球經濟蕭條（又稱金融海嘯），則引發了數十年來少見的移工潮的逆向發展 (Martin 2009)。

2. 移工進入與國族主義

沒有一個國家可以完全沒有國境管制，而讓它國人士完全自由進出打工。但除了北韓等少數國家之外，也沒有國家幾乎完全封鎖邊境，本國人民固然不能隨意出國找頭路，外國勞工要進入也是困難重重。多數國家的移工政策是處於這兩個極端之間，但因為政治情勢、意識型態或是歷史淵源而有所差異。綜合主要移民國家的政策及學者的論述，曾嬿芬 (2004) 將各國移民／工政策分成兩個面向：種族同質／異質，血統／出生地。這兩個面向的作用是共生的。主張構成一個國家的人民應該是單一種族者，對於其他族群的移入就傾向採用血統為認定依據；移工是客工，不能成為移民。即使其後代出生在移入國，也不能自動取得公民權。德國就是一個典型的例子。不堅持種族同質性的國家，則對於移工申請成為移民採取寬鬆的處理原則，移工或移民的小孩若出生於移入國即自動成為該國公民。這是美國及加拿大等國家所採取的政策。前者可稱之為族群／文化國族主義，後者為公民國族主義（曾嬿芬 2004：33）。其中最主要的差異是：在採行公民國族主義的國家，移工在工作一段時間後，有機會獲得正式的居留權，並以公民身分獲得工作權、社會權及政治權的保護。但是在族

群國族主義的國家，移工不論工作多久都無法獲得公民權。在我國，移工被認同的僅有其經濟價值，而沒有成為中華民國公民的權利，顯然是屬於族群國族主義一類。

國族及文化意識型態的差異當然也會影響對於移工的管理政策。族群國族主義從國境管理、保障本國人就業及種族分離的角度出發，較可能主張限制移工的工作期限及公民權。公民國族主義則是從人權和族群融合的角度出發，主張給予移工較大的工作空間及允許移民。前者傾向於契約工的概念，契約一滿，雇主或國家即可不再續約，移工必須回國。後者傾向於自由工的概念，認為與單一雇主的契約到期後，移工仍可繼續在該國尋找其它工作機會。移工不能變成移民的操作及對於工作期限的控制，都反映著國家施政理念與國族形成的看法。因此，有學者以日本及韓國為例，認為這兩個國家的移工政策所反映的，即是將經濟成長和社會秩序的優位性排在人權之上 (Seol and Skrentny 2009)。台灣的政策也屬於這個立場。

除了前述國族主義的區分之外，配合雇主經濟利益的程度是另一個影響移工政策走向的因素。從執政者的立場而言，用國家的力量讓本地的資本家或家庭雇主有廉價的勞力可以使用，雖然會影響本國勞工的工作機會，但或許可以避免資本出走，同時也回應了中產階級家庭對於照護人力的需求，於是便屈從於資本家的要求。有些資本家甚至會故意引進不同國籍或種族的移工，以制衡本國工人及抵銷工會抗爭的力量。美國有一些肉品工廠即是採用這樣的分化策略，用以壓低工資，阻撓工人間的團結 (Bacon 2008)。仲介移工的業者會為了爭取更多的佣金，而同時引進來自不同地區或國家的移工，透過談判和比價，既獲得較高的利潤，也提高了買方（包括仲介和雇主）的籌碼。

除了前述的集體性歷史、文化或政治因素之外，工作機會受到威脅的工人或工會對於國家的移工政策也會有一定的影響力。並非所有產業的雇主都可以全然只考慮成本而要求開放國境，用聘僱移工的方式降低成本。工會勢力較強大的產業，如美國汽車業，即不接受資方聘用外國勞工，以保障工會會員的工作權。但是，在動員能力較弱或工作地點非集中式的產業或企業中，就很難影響移工進入的決定。台灣的社運團體雖然提出雇主聘用移工的條件，如聘用外籍看護前需先確定無適合之本國看護可以僱用，但實施的結果對於外籍看護和

外籍勞工假日於台北車站
外圍廣場聚會剪影
照片提供：張逸萍

家庭幫傭政策的影響有限。

3. 台灣的移工政策

　　多數移入國的政府或民眾之所以會對鄰近國家人民因工作而移入或甚至移民採取寬容的態度，除了經濟因素的作用外，也是出於外交上敦親睦鄰的考量。台灣的移工政策即有這項傾向，主要與台灣的國族認同興起和國際地位被邊緣化有關。但由於和中國之間持續存在的緊張關係，台灣內部對於是否開放中國大陸移工進入有強烈的反對聲浪。從資本家的角度來看，中國移工在語言溝通上幾乎沒有問題，雇主可以直接指揮及管理，有助於降低人事成本。部分民意代表及政府官員則不同意開放，認為會影響到台灣的經濟和政治發展（曾嬿芬 2004：30）。

　　至於東南亞國家移工的引進與否及數量，則與該國外交上對台灣的友善程度而定。在民進黨政府執政時期，均曾因某些國家在外交上不尊重我們的名稱或拒絕副元首入境等情事，而暫停核發該國勞工來台工作的許可。移工的引進當然也不完全是因為本地缺乏相關勞動力。資本家遊說國家開放大量移工進入的實情並非工人難覓，主要是希望有更廉價的工人可用。台灣官方對於移工合法化的政策是由禁止到開放、先擴大後緊縮，但對於移工引進的利弊及為何改變政策卻始終說不清楚（劉梅君 2000）。不同黨派的執政黨也都有一套外籍勞工

引進與管理的政治經濟學，政治或經濟何者為重，並沒有一致的結論。

本國及外國勞工都是台灣移工政策下的受害者，獲益的則是仲介業者和大量僱用移工的資本家。在 1991 年製造業也將開放引進移工時，在有影響力的產業公會與企業的參與規劃下，這項開放措施並非全體製造業都一體適用，僅有紡織、基本金屬及製品、機械設備及電子修配等行業取得僱用移工的特許資格（蔡明璋、陳嘉慧 1997）。由於移工的工作期間有限制，即使為同一雇主工作，每滿三年必須出境一次，然後再申請來台。讓依聘僱次數收費的仲介業者有源源不絕的收入。而仲介業之間的激烈競爭則讓僱用大批移工的企業有回扣可拿。國家的移工政策形塑了階級間的利益不平等及扭曲的移工制度。

台灣規範移工仲介及僱用的法律是〈就業服務法〉。這項法律是於 1992 年通過實施，最近一次修正是在 2018 年。該法的立法要旨十分抽象，目的是要促進人民就業。因此，其中訂有「政府就業服務」、「促進就業」的專章。主要宣示勞工主管機構應提出促進就業的措施，鼓勵民間提供就業服務。由於這些要求或鼓勵不具有強制性，也不能因未執行而加以處罰，因此較具有宣示性意義。但如果僅是要鼓勵，也並不需要用立法的方式要求行政單位如何行事。事實上，訂定這項法律的目的是讓移工的大量聘僱合法化。

政府於 1989 年用行政命令的方式開放公共工程引進外國籍的體力性勞工，1992 年進一步允許製造業及個別家庭內的看護或家務管理聘用移工。無論是規範底層移工的工作期間和勞動條件或是私人仲介業者的作業，都需要有法律基礎。此外，引進移工勢必影響本國勞工的就業機會，在政治壓力下，〈就業服務法〉方才納入了促進本國人民就業的條文，及需繳交就業安定費（由雇主繳交一定比例的費用，累積構成就業安定基金）的規定。

為了回應輿論對於移工會取代本國勞工工作且造成治安問題的批評，〈就業服務法〉對於在台移工的行動規範遠多於勞動人權的保護。〈勞基法〉中關於工時、休假、不得任意解僱勞工的規定，適用於受僱於工廠或捷運工地的移工，但並不適用於居家看護或幫傭；而且小型工廠也很難成為勞動檢查的場所或對象。和鄰近地區相比，台灣對於移工工作權的保護似為不足。例如：香港對於外籍女性家內勞動者雖也缺乏工時的規範，但是會要求雇主接受標準僱用契

約，對於她們的勞動條件也提供較多的保護。此外，女性幫傭或監護工還可以組織工會以維護和爭取她們的權益 (Cheng 1996)。台灣的移工沒有參與工會的權利，遑論成立自己的工會。

由於在新聞報導中經常出現外籍家庭幫傭或看護工被虐待，或是因長期欠缺休息而引發精神不適的情事，揭露了家庭幫傭或家庭照顧者（包括移工及本國人）勞動條件缺乏保障的事實。由於這些勞動場域是在家庭內，受僱者如果被剝削或虐待，不易被發現或受到監督保護。移工因為語言限制和社會網絡薄弱，尤其可能發生哭訴無門的困境。從勞動控制的觀點來看，家庭幫傭的情況即是一種直接式、人盯人控制的極端代表。有勞工和社會運動團體（如台灣國際勞工協會）即提出自擬的「家事服務法」草案，要求勞工行政單位用立法手段維護外籍家庭看護或幫傭的權益，包括可以更換雇主、每 7 日可休假 1 日等。勞動部也於 2010 年提出「家事勞工保障法」草案，但迄今尚未完成立法。

方塊 15-1　台灣社會對於底層移工的歧視

顧玉玲所著的《我們：移動與勞動的生命記事》(2008) 是一本關於女性移工勞動困境的著作。除了回顧家族的生命史之外，書中主要的內容是敘述她所認識或所協助的在台女性移工的處境與政策的影響。雖然來台灣工作時所允諾的是看護工作，但多數女性移工被迫從事許多額外工作，包括為雇主家庭煮飯、洗衣或看顧小孩。有些甚至還要替雇主家人或親戚從事無償的家事勞動。尤有甚者，有些移工只要睜開眼睛就被要求不停地勞動，直到夜晚上床休息為止。書中用作者的親身經驗呈現台灣官方和民間對於來自東南亞（隱喻為經濟較落後國家）移工的刻板印象（頁 138-140）：

我和狄微娜約在台北火車站見面，但我早到了，決定利用空檔去捐血。

……

護士小姐體貼地和我閒聊，好引開注意力。

「禮拜天這麼多外勞來火車站，也會來捐血嗎？」我看著菲律賓人來來去去的熱鬧出入口，隨口發問。

「啊，外勞不能捐血。」護士小姐有點驚訝地回應。

「不能？只要是外國人都不行嗎？」我更驚訝，彈起的身子差點把針筒拉斷了線。

「就外勞啊，你是說印尼泰國那些嘛，外勞不行啊。」

「為什麼？」

「我們血液要一年追蹤期，外勞來來去去，怎麼追蹤啊？」

「那美國人、日本人也都不行捐囉？」

「不是啦，外國人如果會停留久一點就可以捐啦。」

「多久？」

「幾個月以上啦。」

「那外勞一般都停留三年欸，只要超過一年就可以捐了嗎？」

「你是說印尼菲律賓那些嗎？不行啦，外勞不行。」

「為什麼？」

「他們有瘧疾啊什麼病的，很危險啦。」

「可是外勞來台灣以前都經過體檢，來了每半年再檢查一次，都很健康啊。」

「反正，外勞就是不行。」

……

白紙黑字明訂不准捐血的，只有，藍領的、東南亞籍的、低階勞動者。

……

捐完血，我還是拿了飲料和餅乾。政策不是護士的錯。

但政策決定了護士、以及其他人如何看待外勞，即便是在外勞們熱情擁抱的台北火車站。

……

原來台灣只要他們的汗水，嫌棄他們的血。

三、移工引進的社會面向

不論是數百年前陸續從中國沿海省分遷移到台灣的「羅漢腳」，或是在歐美國家工廠中被查獲的來自中南美洲或非洲的「非法」移工，似乎大都是教育程度較低、缺乏技術的勞工或下層階級。然而，這其實只呈現了部分移工的社會人口特徵。20 世紀後半期開始大量出現的女性移工，其中許多具有高學歷。雖然具有相對優勢的家庭背景或人力資本條件，但因母國工作機會不足和薪資偏低，迫使這些女性出走到外國從事職業聲望較低、與個人教育程度不相符但相對工資卻較高的看護及照顧工作。

1. 移工的階級與種族議題

〈就業服務法〉中對於底層移工工作權的最大限制就是工作期限和更換雇主的自由。移工初到台灣的工作期限是三年，但可申請延期，終生在台灣的工作期限最多 12 年（第 52 條）。不過，這項規定只用於限制底層移工，包括漁工、家庭幫傭及從事工程建設或符合經濟社會發展需要者（第 46 條）。從事體力工作者、工廠操作員、幫傭或看護工，即屬於這一類。但是，屬於其它工作性質的移工，則可由雇主不斷展延工作期間，而沒有總年數的限制。此外，關於移工是否可以主動要求更換雇主，也有差異性對待。除非一些特殊狀況，上述的底層外籍勞工並沒有更換雇主的自由，但雇主卻有解聘他／她們的權利。從事其它較高階層工作的移工則沒有更換工作或雇主的限制。這些規定等於只認同底層移工的經濟價值，而不允許其成為台灣社會的一員。但是，其它層級移工的工作權卻幾乎等同於本地的勞動者，甚至可以成為長住的移民。

曾嬿芬 (2006) 認為這種以社會地位的高低作為區分移工是否可以成為移民的意識型態即是一種階級主義 (classism)。每個國家或地區在移民問題上都會實行某種程度的階級主義，但也並非一成不變。根據〈國籍法〉，假設符合其它條件，外國人在台灣連續居留十年以上時，即可以提出申請，成為本國國民（第5 條）。但是這項規定顯然已經將從事底層職業的勞工排除在外。因為根據〈就業服務法〉，不論是藍領或白領的基層移工，最多只能在台灣連續居留三年。三年後就必須先出境，才能再被僱用。如此一來就不符合連續居留的規定。一個國家會採取階級主義的移民／工政策，當然也反映出社會的集體意識型態。

藍佩嘉 (2005) 用「階層化的他者」描述基層移工與本國社會的關係。構成「階層化他者」的第一個面向是將來自東南亞的移工視為低階的他者。對這些「他者」的刻板印象包括不衛生、不文明、會偷東西，甚至影響治安，而且教育程度一定很低。但是對於白皮膚、來自西方國家的移工就不會以歧視的眼光看待。此外，種族差異也是構成他者階層化的面向之一。由於東南亞籍移工來自相對貧窮的國家，其種族特徵因而被視為是劣等族群的代表。一般人如果被誤認為移工或與之親近，都會覺得自己被汙名化。在名稱上，我們也習於用「外勞」一詞稱呼來自南方的移工，用「外籍人士」稱呼來自北方的移工。

許多高階白領的外籍勞工都是企業的外派人員，獲得的薪資也較為優厚。但是，這些移工之間的性別與種族／膚色差異也會對她／他們造成差異性的對待。根據曾瑞鈴 (Tzeng 2006) 針對 21 位來自歐美的外派女性的訪談，女性有意願和能力到異國工作，但她們的機會仍少於男性。家庭和結構性因素影響她們本身的意願和機會。如同在本國勞動市場的處境，男性外派所獲得的家庭支持遠超過女性，女性的跨國事業生涯發展較容易受到生命週期變化（如結婚或生小孩等）的影響。此外，有些經濟開發中國家歧視女性，如果派女性前往，在生意拓展和人身安全上都會有所顧慮。這份研究也發現種族歧視的作用。被派到台灣的外國女性勞動者如果是白皮膚的歐美人士，通常會受到較多禮遇。但如果是華裔女性，雖然她們同樣是外國人，卻會被當成「本地人」對待，而遭遇較多挫折。

本章前面提到，為了更有效控制勞動者，雇主會刻意引進不同國籍或種族的移工，實行分化以便控制的手段 (Bacon 2008)。台灣也有來自不同國家的移工，男性移工多來自泰國，女性移工主要為印尼、越南或菲律賓籍。後者由於工作地點大都分散於個別的家庭內，而非集中在同一個工作場域，似乎較少聽聞相互間有所衝突。但在其它國家，移工／民間的種族衝突常見於媒體。例如：在 2008 年時，美國一家肉品工廠曾發生不當解僱員工的事件。位於美國內布拉斯加州大島市 (Grand Island) 的一家肉品包裝工廠，在一天內解僱了 80 多名移工。主要原因是他們不理會資方的禁令，而在上班時間內禱告 (*San Francisco Chronicle* 2008)。這些工人多是來自非洲索馬利亞的移民，是穆斯林 (Muslim) 教徒；他們依照教規，在齋戒月 (Ramadan) 時離開工作崗位進行特別的禮拜活

動。公司的管理階層起初對於穆斯林教徒在工作時間內從事宗教活動採取容忍的態度，然而這個作法卻被工廠內另一批拉丁美裔工人視為給予穆斯林工人特殊待遇。於是某天下午，當穆斯林工人放下手邊工作前去禱告時，拉丁美裔工人也開始仿效、離開工作崗位或敲打桌子表示抗議。這些行動及抗議影響管理階層對於穆斯林工人在上班時間內禱告的容忍態度，但有些穆斯林工人仍堅持要禱告，因而遭受解僱。移工間的國籍、種族或宗教信仰等因素，都可能造成勞工階級意識難以形成、影響團結。

2. 底層移工的處境

　　來自東南亞的移工多半出於經濟窘迫及母國缺乏工作機會等因素，而到台灣或其它東亞國家工作。因此是否能夠成為移民並不重要，可以在短時間內攢足積蓄回鄉才是多數人的心願。但要達成這個心願，需要較長的時間，因此即使期限已到，有些移工仍希望能繼續居留工作。有些則因被雇主剝削或侵害，雇主又不願意轉介，於是自行離開，四處尋找打工的機會。由於許多外籍勞工是舉債出國，如果在僱用期間遭受雇主苛扣工資或虐待，不自行「逃脫」就不可能解決經濟困境或脫離被虐的處境。雖是「逃跑」，但這些移工反而有較高的工作自由，甚至可免於仲介剝削而賺取較多工資收入；相較之下，合法移工卻成了「奴工」（藍佩嘉 2006）。官方及媒體用「外勞逃跑」描述這種現象，而在合約到期之前離開雇主或工作場所者則被稱為「非法外勞」。藍佩嘉以「法外勞工」稱呼這些移工。國外研究移民或移工問題的學者及團體批評「人」如何可以被稱為非法呢？因而多以「未持居留文件」(undocumented) 一詞稱呼官方所說的「非法」移工 (Bacon 2008)。「非法外勞」的稱呼本身就是一種謬誤，因為人沒有合法與否的問題。何況這些勞工大多從事合法的工作，對於移入國的經濟也有極大的貢獻。2010 年台灣一處國道建設工程的鷹架倒塌，造成六名工人死亡，其中有五名是移工。在事件發生當時，除了一位移工之外，其餘的身分均不詳。這五位當時查不出身分的移工即是離開原來雇主之後，自覓其它打工、賺錢的機會（自由時報 2010 年 10 月 1 日）。有如此高比例的移工「非法」離開原來的雇主，另謀工作，顯示法律規定對於底層移工工作選擇權限制的嚴苛。

　　此外，即便是「非法」一詞的說法也存有種族歧視。當一般講「非法外勞」或「逃跑外勞」時，大眾想到的就是膚色較黑、來自東南亞的移工。至於

來自歐美或其它國家、膚色較淺的移工，即使也符合「非法」或「逃跑」的認定原則，媒體和官方並不會用這些名詞稱呼他們。有時還甚至用更文雅的字眼——逾期居留——以禮遇這些來自西方國家的外籍勞工。Saskia Sassen（1999，黃克先譯 2006）認為：將移工或甚至移民的進入視為一種侵入的想法，其實是種迷思。從人數上來說，她／他們都是少數，而且也並非都是單方向的流入。移工或移民返鄉的例子也很多。但是在輸入國，這些被視為「他者」的移工，通常被視為需要看管和監督，且不如輸入國的人民文明；所受到的管束和歧視更超過可能帶來的「社會問題」。

由於不願意持續忍受雇主非人性的管理方式及以不同名義苛扣薪水，2005年時，高雄捷運工地的一群泰國勞工曾利用激烈手段（如火燒工寮等）抗議被媒體稱為「奴工」的待遇。事發當時，表面上這些男性移工每月的基本工資是15,840元，但是在資方扣除食宿費 2,500 元、管理費 1,000 元、勞健保費及來台的仲介費後，每月只剩 7,000 到 11,000 元左右，有時甚至還有不明的扣款（勞動黨桃竹苗勞工服務中心 2005）。這起事件引起泰國政府的重視及台灣勞工與人權團體的高度關切。關於事件發生的經過和後續發展，以及這些移工勞動條件的惡劣程度，都有許多媒體報導，讀者可以自行上網查詢，此處不再贅述。本文是想藉由這個例子說明：由於語言不通、缺乏本地社會網絡支持及僅想短期居留賺錢，多數這些低技術、以出賣體力為主的移工其實並不願意與管理階層對立。但這些對勞力供給者不利的條件卻反倒輕易地變成雇主或管理人員苛刻工資、壓榨勞力的籌碼。這種勞資權力不對等的關係雖然出現在許多工廠或組織內，但由於缺乏如同本地工人所擁有的政治和社會資源，移工更容易陷入孤立無援的處境。

四、外籍女性移工

根據 Lucie Cheng（成露茜）(1999) 的看法，全球化的特色之一是資本、商品、訊息和人力的跨國境自由流通，後者所形成的現象之一即是女性移工的人數大量增加。這些移工多半從事家庭幫傭和看護工作，有些擔任護理師，有些則進入演藝或性產業。Cheng 認為，造成移工女性化的原因有五項。第一，工業開發或新興工業國家在服務業快速發展後，出現許多符合女性特質的工作。

方塊 15-2　誰最容易被雇主欺負？──低薪工作者、女性、外籍勞工、弱勢族群

美國紐約時報 (*New York Times*) 於 2009 年 9 月 2 日刊登了一則報導，摘錄一項學術調查結果。由美國加州大學洛杉磯分校社會學系教授 Ruth Milkman（本書第十二章曾提及她先前的一項研究）領軍的一個研究團隊，甫完成一項關於雇主違反工資法律的研究案。其中的一些發現顯示，外籍勞工和弱勢族群等低薪工作者比高薪者更容易被雇主苛扣工資。

這項名為「被踐踏的法律，缺乏保護的勞工」(Broken Laws, Unprotected Workers) 的調查，訪問了美國紐約市、洛杉磯市及芝加哥市低薪產業中的 4,387 位基層工作者。樣本中有 39% 是屬於沒有居留權的移民，31% 是有居留權的移民，另外 30% 是美國本地人。在全體受訪者中，有 68% 指認在受訪前一週至少有一次被雇主扣薪的經驗，其中還有所付薪資不及最低工資標準的情形。雇主賴帳的結果，讓受訪者平均損失了 15% 左右的收入。對於這些原本就屬於低收入的群體來説，這個損失是相當嚴重的。哪些人最有可能受到制度性的歧視呢？她們發現：女性被雇主違法苛扣工資的比例遠高於男性；沒有居留權的女性移民被欺負的機率又更高。

在刻板的性別印象下，也為女性勞動者創造出就業機會。其次，在經濟較富裕的國家，女性勞動參與率提高後，家庭內的照顧及勞務工作需要另覓她人承擔。第三，觀光和相關事業的發展新增了許多工作機會。第四，國家與區域間的貧富差距造成貧窮國家的女性勞力大量外流。第五，當所有國家都被捲入全球化的資本主義浪潮，且多數也都被迫加入全球生產與服務鍊時，如果貨物出口的數量不足以應付外匯需求，「人力」出口即成為另一種手段。

全球服務業的興起、女性勞動參與率提高、人口結構快速老化等現象，都促成了底層服務性工作的需求增加。貧窮國家的女性因而較可能在國外找到工作機會，而成為婚姻家庭中的經濟支柱。許多女性移工都有子女需要照顧；選擇到海外工作之後，子女的照顧工作多半交由家人分擔，尤其是女性眷屬（母親、姊妹、女性姻親）。有些女性移工甚至會聘請母國當地女性作為自己子女的褓姆 (Lan 2006; Hochschild 2006)。因此，女性和女性之間建立起一個照顧鍊 (care chain)，形成一個女人幫助女人的照顧和就業體系。Hochschild (2000) 曾經用「褓姆鍊」(nanny chain) 一詞，說明這種因為國家之間及國境之內家戶之間平均所得的落差，所造成的被僱用者又再僱用她人的代位照顧關係。Folbre（2001，許慧如譯 2002）曾提到女性照顧工作的市場價值被忽略的問題。但是在全球移動的議題中，薪資偏低的照顧工作提升了部分女性移工在婚姻家庭中的地位，並使她們成為家中的主要經濟來源。

1. 台灣「社福外勞」的引進

如同前面所說，為了讓企業能夠得到便宜的勞力，台灣政府於 1989 年正式開放引進以男性為主的外籍藍領勞工來台。以女性為主力的外籍看護或家庭幫傭亦於 1992 年開始合法引進；2002 年時，有超過 11 萬名外籍家務勞工來台，其中九成來自菲律賓或印尼（藍佩嘉 2002：176）。根據勞動部的統計，2019 年時，在超過 71 萬人的外籍移工中，有 36% 屬於「社福外勞」（包括看護及家庭幫傭）。後者幾乎都是以家庭照顧的名義進入台灣。但真實情況卻是：她們都要幫忙做許多看護以外的家事。女性外籍看護或家務勞動者引進台灣後，讓以往因為要兼顧家務與工作而疲於奔命、「蠟燭兩頭燒」的職業婦女，終能卸下部分家務勞動、托育、看護等工作。但是這種女人幫助女人的策略，雖然解決了部分中產階級女性的就業障礙，卻產生女性之間的階級與種族歧視問題（胡幼慧 1996）。外籍看護或家庭幫傭的工作領域通常侷限於雇主的家戶之中，公權力不易直接檢查這些受僱者的勞動處境；再加上語言溝通不良，導致工作權益遭到侵害卻不知如何舉發。她們所遇到的困境包括與雇主家庭互動不良、雇主任意延長工時或苛扣薪資、男性雇主施加性騷擾，甚至有雇主施暴問題等。由於國籍和種族的差異，她們的處境與台灣本地的家務工作者並不相同。於是也有學者以「女人何苦為難女人」為題，慨嘆幫傭與女雇主之間的權力和壓迫關係（藍佩嘉 2004）。

藍佩嘉所著的《跨國灰姑娘：當東南亞幫傭遇上台灣新富家庭》（Lan 2006；藍佩嘉 2008）一書，其書名靈感主要來自於一位曾經受她訪問的菲籍女性幫傭，這位受訪者戲稱自己是在回到雇主家之前必須換回居家裝束的灰姑娘 (Lan 2006: 160)。從書中的描述也可看出：台灣雇主和外籍女性幫傭之間固然有階級區分，但外籍女性幫傭之間又會因為語言資本、人力資本、是否乖順等差

異或刻板印象或甚至膚色差異，而被仲介公司或雇主建構出優劣之分。做這些區分的目的在於方便仲介公司行銷他們的「商品」。根據藍佩嘉 (2005) 的實地觀察和訪談，仲介公司為印尼籍女性幫傭設計的訓練課程包括打招呼、換尿布和學習餐桌禮儀，諸如在多數台灣家庭的餐桌上派不上用場的西餐餐具使用方法等，也在訓練項目中。這種專業化的包裝不外乎是為了讓「商品」更好賣。商品如有區隔，價格有差異也變得「理所當然」。

2. 女人幫助女人的性別及階級議題

家務勞動的負荷過重（尤其是照顧嬰幼兒）是造成許多台灣女性的工作生涯難以持續、退出勞動市場的主要原因。工資低廉的外籍女性幫傭適時解決了「新富」階級女主人的困境，但並沒有抒解家務勞動對於女人而言的象徵意義或取代這些女主人的所有再生產勞動。家務勞動不僅繁瑣，且極為耗費時間和心力，同時又具有關愛、奉獻、孝順等意涵。新富家庭的女主人既期待有援手，卻又不希望被認為是不盡責的母親、太太或媳婦，與此同時還要操心委由外人執行家務工作的品質，要如何平衡這些矛盾遂成為新的難題。從藍佩嘉 (2005: 30) 的訪談紀錄可以發現，不論家中是否有幫手處理家務勞動，多數男性都不需要面對這些難題。階級不平等並無法掩蓋性別不平等的事實。

根據 Rhacel Parreñas (2003) 的訪談，許多在美國家庭從事幫傭的菲律賓女性在祖國也有子女，出國工作後，她們原來的婚姻家庭即出現「照顧」危機。這

新加坡街頭的外籍馬路清潔
人員
照片提供：本書作者

些「跨國家庭」(transnational families) 的子女多半是由女性移工的父母或其他女性親戚代為照顧；有些也會在當地聘請女性幫傭，與家人共同照顧子女。有些子女能夠瞭解母親遠赴它國工作的辛酸和重要性，有些則逐漸與母親疏離。外籍女性幫傭或看護一方面為了解決家庭的經濟困頓而出國工作，有些也果真用個人的工作積蓄改善家中經濟和居住環境，但另一方面也為了不能操持個人婚姻家庭的家務和親自照顧自己的小孩而產生無奈 (Lan 2006)。許多東南亞女性的青春歲月是在提著包袱（或塑膠袋）於不同國家間流轉、從事類似的幫傭工作中度過的。她們或許可以設法暫時遠離勞動生活的苦悶，但無論有酬或無酬（成為人妻或人母），都難以逃脫承擔家庭勞務的桎梏（同上引：195）。她們之中有些人藉著出國幫傭的機會而脫離了原生家庭中的父權壓迫，但在台灣的雇主家庭中卻又遭受階級性的壓迫。

雇主與被僱者之間的權力不平等關係並非一定是單向的，根據 Pei-Chia Lan（藍佩嘉）的研究 (2006)，有些外籍女性勞動者是藉由自己的高學歷背景或曾經從事高階白領工作來肯定自己的能力，而提升個人在階級結構中的地位。語言資本也是可用的優勢之一。例如：有些較為機靈的幫傭有時會佯裝聽不懂雇主所說的話，而躲避雇主的肆意使喚；有些在台灣的菲律賓外籍幫傭則因為具有較佳的英文表達能力而得到崇尚洋文的雇主的敬意。不過，僅有少數的個案或是在少見的情況下，才會出現這種權力對等或翻轉的情況。

不論在香港或美國，許多家庭僱用幫傭的目的並非是因為有家人需要看護或照料，而僅是為了找人做家事或到自營的工廠、店鋪中工作；甚至以僱得起幫傭作為一種身分地位象徵 (Constable 2003; Zarembka 2003)；此即如同 Veblen 在一百多年前所提到的「炫耀性」消費（見本書第十四章）。根據 Joy Zarembka (2003) 和 Bridget Anderson (2003) 的研究，有些美國家庭（包括一位人權律師）將外籍幫傭當作家奴使喚，例如：要求在客人面前下跪讓主人打耳光、要求清潔家中所有鞋子，甚至加以性侵害等；此外，也會找理由苛扣薪資。階級間的剝削關係也發生在同鄉之間。Ehrenreich (2003) 即曾提到，在美國的中產階級移民家庭或是在聯合國服務的高級人員中，有些人付給來自自己原生國的女性幫傭的工資還低於最低工資標準。由於西方國家重視個人和家庭隱私，外人或鄰居難以察覺這些現象。再加上有些被剝削的外籍女性幫傭害怕在毫無積蓄的情

況下被遣返，因此許多雇主虐待幫傭的事件都是多年之後才被揭發。

方塊 15-3　監視器下的女性移工

　　全景式監控 (panoptic control) 是大家相當熟悉的觀點。根據 Michel Foucault 的闡釋，此一控制手段結合技術、知識與權力，對於受刑人或是其他對象進行無可隱蔽的觀看與監視。在現代科技快速發展和普及的趨勢下，不只是受刑人，一般人的一舉一動都有可能被路邊的監視器、旁人的照相機或手機拍攝下來，甚至被放到網路上供人觀賞。新聞媒體也曾報導過台灣雇主用監視器蒐集外籍家庭幫傭或看護工居家的活動。如果發現了有「虐待」的情事，還會覺得「好家在」，抓到了證據。不過，這種監控行為是否符合人權，卻少見討論。

　　2010 年曾有菲律賓籍女性移工向立委陳情，表示被科技公司透過監視器錄下她們在宿舍內的舉動（聯合報 2010 年 10 月 8 日）。監視器是 24 小時開機，對著浴室與房間門口，她們休假時或晚上的進出和動作都被拍攝下來，甚至被男性主管印出傳閱；照片內容包括她們穿著睡衣或清涼衣服的樣子。資方的說法則是這些女性移工因為沒有獲得續聘而挾怨報復。不論勞資間是否有其它爭議事件，管理階層既然已承認在移工宿舍裝設了八支監視器，確實也有女性移工曾經收到她們被拍攝下來的照片，並被要求改善，移工的抗議內容並非完全捏造。這些監視器正好是這家公司的產品。科技的進步讓主管甚至可以用手機在遠端全景觀看監視器的內容。上述所引的這則新聞報導有好幾個標題。一個是「如果妳被安全監控……」；另一個標題是「雇主，敢拍台灣女員工嗎？」還有一個是「人權，會因國籍而差別嗎？」這些標題共同點出了這群女性因為「外勞」的身分，而被雇主認為可以不顧當事人的意願隨意監控、侵犯個人隱私，違反她們的基本人權。此一事件雖被新北市勞工局認定為查無實據；但勞工運動團體已向勞委會提出申覆（聯合報 2010 年 12 月 17 日）。

五、結論

　　多數的社會學教科書是將社會變遷或全球化議題呈現於最後一章。本書作者曾經思考過改變這種傳統寫作架構的可能性，但由於執行的難度甚高，最後未能如願。安排在最後一章並非代表將移工議題邊緣化或當作勞動社會學研究

的枝微末節。相反的，由移工的處境反而更能看出勞雇關係最原始的樣貌及性別、族群、階級和國籍等面向之間的交織關係。前面十四章的內容似乎都可以透過移工的角度一一重述及驗證。

從歷史發展的過程來看，早期的移工大都是男性，主要充作工廠或建築工地的勞動大軍。在經濟先進國家的服務業快速發展、女性大批進入勞動市場後，服務業和家庭對於基層白領勞動力的需求有增無減。雖然男性移工仍然持續湧入，大批外籍女性也成為全球移工的新生力軍，受僱於西方、中東及東亞國家的企業和中上階級家庭。這些移工的工作環境都較差，勞動條件低於當地的一般水準，在生活上也必須忍受諸多不便。從階層化的觀點來看，她／他們被剝削的程度又更甚於移入國本身的底層勞動者。移工的處境反映了全球經濟階層化的深化。借用 Alejandro Portes 及 John Walton (1981) 約 30 年前提出的觀點，經濟富裕國家人民的消費水準和生活品質的提升，往往是建築在剝削「第三世界」國家的勞力之上。這些勞動者可能出現在跨國公司的海外工廠中，也可能成為到富裕國家謀生的移工。

再進一步細究，移入國的勞工階級會因為有了移工墊底而水漲船高、勞動條件獲得改善嗎？事實並非如此。由於外籍勞工的薪資更低、勞動控制更嚴格，同時也缺乏工會的支援，捨棄本國工人而僱用移工更能有效達成業者勞動控制與壓低工資的目的。因此，本國勞工階級的待遇不但沒有因移工的進入而改善，反而連工作機會都可能不保，或必須接受惡劣的勞動條件才能保住原來的工作。本國勞工階級及工會有時會將心中的不滿投射到外籍勞工身上，拒絕他們進入工會或不反對雇主在本地勞動者與移工之間採取差別待遇。於是除了性別和族群之外，國籍差異也可能成為資本家削弱勞動階級內部團結的另一個手段。

思考與討論

1. 每個國家對於如何管理及定位移工都難以獲得全民的共識。如果讓移工有機會留下來成為本國公民，可能會對社會福利支出和本國人民的就業產生立即性影響。但如果限制底層移工的工作期限和來台人數，則可能會對一些雇主家庭造成不便、讓仲介公司憑藉轉換過程賺取高額利潤，同時對於不同職業的移工造成差別性對待。請從縮小全球貧富國家所得差距、人權、本國人民工作機會及多元文化等角度，分析不同國境管理方式的差異及利弊。

2. 請利用文獻或官方統計資料，查詢在台女性和男性移工歷年來的國籍分布，並試著分析不同國籍移工消長的趨勢和探討可能的原因。

3. 根據本書第四章的說明，〈勞動基準法〉規定雇主應給付勞工的工資不得低於基本工資。台灣社會存有一種誤解，認為所有基層移工的工資也都有類似保障。但事實上，只有藍領移工的工資符合此一規定，家庭幫傭及看護工的月薪過去長期維持在 15,840 元。勞動部於 2015 年 9 月將外籍看護最低薪資調整為 17,000 元，但仍低於當時產業移工的 20,008 元。2022 年時，產業移工的薪資續往上調升為 25,250 元（基本工資），外籍看護則為 20,000 元。藍領移工大都是男性，而幫傭及看護則多為女性。請討論此一基本工資差距是基於性別歧視、對於符合女性特質工作的價值貶抑（請參考本書第十章）或有其它原因而造成。

延伸閱讀

1. **藍佩嘉（2008）《跨國灰姑娘：當東南亞幫傭遇上台灣新富家庭》。台北：行人。**

   本書重點包括東南亞籍女性家庭幫傭的客工經驗、勞動關係及身分認同，內容觸及了家庭社會學、性別研究及社會階層化的範疇。此書原著是以英文出版（書名為 *Global Cinderellas*，2006 年出版），但中文版並非完全翻譯原著。除部分改寫之外，也添加了新的素材。〔讀者亦可參考針對本書所寫的一篇書評：(1) 張晉芬（2010）〈女人幫助女人：東南亞籍女性幫傭在台灣。評藍佩嘉著，*Global Cinderellas: Migrant Domestics and Newly Rich Employers in Taiwan*〉。《女學學誌》24（2007 年 12 月號）：175-185；(2) 周玟琪（2007）

〈學術研究如何與現實經驗世界相生相成？評藍佩嘉，*Global Cinderellas: Migrant Domestics and Newly Rich Employers in Taiwan*〉。《台灣社會學刊》39: 205-214〕

2. **王宏仁（2019）《全球生產壓力鏈：越南台商、工人與國家》。台北：臺灣大學出版中心。**

本書研究在越南的跨國投資企業中，台商、中國商人管理階層與越南工人階級之間的合作與鬥爭關係，以及越南的工會與工運、女性勞動者在勞資爭議中的角色。

3. **張翰璧（2013）《東南亞客家及其族群產業》。桃園：中央大學出版社。**

本書集結了作者多年以來在東南亞進行田野調查的結果，說明客家族群的移民過程、社群的建立，及如何建立起具族群特色的產業，顯示出華人在幾個世代前的全球化經歷。在台灣學者對於國際遷徙的研究中，較少如本書般，同時涵蓋政治經濟學、全球化、移民、世代、族群網絡與產業建構面向。

參考文獻

References

一、官方出版

內政部（1951）《勞工福利調查報告》。台北：內政部。

行政院主計總處（1992）《中華民國職業標準分類（第五次修訂版）》。台北：行政院主計總處。http://www.dgbas.gov.tw/public/Attachment/6521974671.pdf，取用日期：2010 年 6 月 30 日。

_____（2004）〈93 年台灣地區人力運用調查統計結果綜合分析〉。https://www.dgbas.gov.tw/ct.asp?xItem=23479&ctNode=3299，取用日期：2009 年 9 月 9 日。

_____（2005）《中華民國 93 年台灣地區社會發展趨勢調查報告：時間運用》。台北：行政院主計總處。

_____（2010a）《中華民國職業標準分類（第六次修訂版）》。台北：行政院主計總處。http://www.dgbas.gov.tw/public/Attachment/04291619171.pdf，取用日期：2010 年 6 月 30 日。

_____（2010b）《中華民國 98 年人力資源調查統計年報》。台北：行政院主計總處。http://www.dgbas.gov.tw/ct.asp?xItem=17144&ctNode=3246，取用日期：2010 年 10 月 27 日。

_____（2016a）〈105 年婦女婚育與就業調查統計結果〉。台北：行政院主計總處。https://www.dgbas.gov.tw/public/Attachment/7731115022ECWGCXEJ.pdf，取用日期：2022 年 8 月 18 日。

_____（2016b）《（人力運用調查）調查結果綜合分析》。台北：行政院主計總處。https://www.dgbas.gov.tw/public/Attachment/952015341ECWG0X9J.pdf，取用日期：2022 年 9 月 12 日。

_____（2018）《2018 年性別圖像》。北：行政院主計總處。https://gec.ey.gov.tw/File/B3D154E9F63B61AB，取用日期：2022 年 8 月 18 日。

_____（2020a）《中華民國 108 年人力資源調查統計年報》。台北：行政院主計總處。https://www.stat.gov.tw/ct.asp?xItem=35192&ctNode=3579&mp=4，取用日期：2020 年 1 月 26 日。

_____（2020b）〈歷年失業者之失業原因〉。「就業、失業統計」查詢系統，https://manpower.dgbas.gov.tw/dgbas_community/，取用日期：2020 年 12 月 7 日。

_____（2020c）《中華民國 109 年人力運用調查報告》。台北：行政院主計總處。https://www.stat.gov.tw/News_Content.aspx?n=2798&s=88365，取用日期：2020 年 12 月 11 日。

行政院勞工委員會（1993）《中華民國八十二年台灣地區適用勞動基準法事業單位勞動條件概況調查報告》。台北：行政院勞工委員會。

_____（2009）《中華民國 98 年版勞動情勢統計要覽》。台北：行政院勞工委員會。http://statdb.cla.gov.tw/html/trend/98/htm/index.html，取用日期：2010 年 4 月 24 日。

勞動部（2020a）《109 年僱用管理及工作場所就業平等概況調查報告：受僱者最近一年在職場遭受性騷擾之情形（表 1）、提出申訴之情形（表 2）》。https://statdb.mol.gov.tw/html/

svy09/0924report.pdf，取用日期：2022 年 9 月 9 日。

　　　　（2020b）《中華民國 108 年勞動統計年報》。台北：勞動部。

　　　　（2020c）《中華民國 108 年國際勞動統計》。台北：勞動部。

勞動部職業安全衛生署（2020）《中華民國 108 年勞動檢查統計年報》。新北市：勞動部職業安全衛生署。

新光關廠抗爭戰友團、勞工教育資訊發展協會（2003）《那年冬天，我們埋鍋造飯：新光士林廠勞工生命故事及抗爭實錄》。台北：台北市政府勞工局勞工教育中心。

經濟部（2019）《經濟部加工出口區勞動力分析》。https://www.moea.gov.tw/Mns/DOS/content/wHandMenuFile.ashx?file_id=15370，取用日期：2022 年 8 月 12 日。

衛生福利部（2019）《中華民國 107 年兒童及少年生活狀況調查報告：兒童篇》。https://crc.sfaa.gov.tw/Uploadfile/StatiscsKnowledge/1_20201228210100_5806481.pdf，取用日期：2022 年 8 月 18 日。

二、報紙及新聞媒介

ETtoday（2003）〈進輪汽車積欠 6000 萬薪水　員工遊行抗議試圖衝進桃園縣府〉。12 月 10 日。http://www.ettoday.com/2003/12/10/184-1555435.htm，取用日期：2005 年 7 月 5 日。

New York Times (2009) "Low-Wage Workers Are Often Cheated, Study Says." September 2.

　　　　(2010) "A Night at the Electronics Factory." June 18.

San Francisco Chronicle (2008) "86 Workers Fired in Muslim Prayer Dispute." September 20.

工商時報（2007）〈三年半來　大量解雇勞工破 10 萬人　勞委會卻從未統計過一年究竟有多少勞工被大量解雇，修法恐成空談〉。8 月 25 日。

　　　　（2010）〈85% 派遣公司違反勞基法〉。4 月 16 日。

　　　　（2010）〈派遣勞工　正式納入勞基法：6 大類行業不得使用派遣勞工，製造業不受限；派遣比率不得超過 3% 受雇員工〉。7 月 13 日。

中央社（2010）〈育嬰留職　男性申請近 2 成〉。5 月 7 日。

中國時報（1994）〈事業歇業與勞工失業就業問題系列四〉。第 6 版，1 月 3 日至 6 日。

　　　　（1996）〈「社論」關廠勞工權益更應受到保障〉。第 3 版，12 月 22 日。

　　　　（1996）〈關廠勞工抗爭　露宿勞委會〉。第 9 版，12 月 28 日。

　　　　（1996）〈關廠積欠資遣費、退休金　雇主限制出境〉。第 7 版，12 月 31 日。

　　　　（2000）〈法定工時縮短為每兩週 84 小時〉。6 月 17 日。

自由時報（2010）〈國道 6 號工安意外　7 死 3 輕重傷〉。10 月 1 日。

　　　　（2010）〈日航裁員　勞工局認定違法〉。10 月 23 日。

張晉芬（2000）〈假如哈利波特的作者生在台灣〉。中國時報，第 15 版，8 月 9 日。

經濟日報（1997）〈福昌勞資糾紛落幕〉。第 4 版，3 月 12 日。

_____（1998）〈台塑調整薪資給付　引發勞資爭議〉。第 28 版，5 月 19 日。

廖玉蕙（2003）〈女人需要感激涕零嗎？〉。中國時報，人間副刊，12 月 17 日。

鄭至慧（2006）〈高雄廿五淑女之墓〉。中國時報，人間副刊，6 月 15 日。

聯合報（1993）〈發放失業輔助金 十六日起試辦一年〉。第 6 版，9 月 10 日。

_____（1998）〈勞基法昨起擴大適用　出現症候群〉。第 19 版，3 月 2 日。

_____（2008）〈關懷清潔工　政大學生連署請命〉。C4 版，1 月 10 日。

_____（2009）〈想當年　值勤先過磅　超重甭飛了〉。A3 版，5 月 10 日。

_____（2009）〈無故資遣員工　判按月付原薪〉。B2 版，9 月 11 日。

_____（2009）〈大法官：性產業應受保障，除罪是趨勢〉。A3 版，11 月 7 日。

_____（2010）〈身障員工用太少　企業挨罰〉。B1 版，5 月 12 日。

_____（2010）〈國稅局公文：飯糰先生快來報稅〉。A6 版，5 月 15 日。

_____（2010）〈富士康十連跳　全日無休的工廠　42 萬個機器人〉。A3 版，5 月 22 日。

_____（2010）〈全教會：這種工會　等於空的〉。A6 版，6 月 2 日。

_____（2010）〈勞保 60 今與昔系列　老闆跑路　積欠工資墊償基金幫你〉。A9 版，7 月
　　7 日。

_____（2010）〈監視器　窺外勞　如果妳被安全監控……：雇主，敢拍台灣女員工嗎？人
　　權，會因國籍而差別嗎？隱私，可以折扣嗎？〉。A2 版，10 月 8 日。

_____（2010）〈裁資深副理　聯強需補薪〉。A2 版，10 月 8 日。

_____（2010）〈烏龍爆料？認定不公？企業偷窺女外勞　查無實據不罰〉。A10 版，12 月
　　17 日。

_____（2013）〈破工程禁忌 首位女隧道指揮官〉。A9 版，7 月 16 日。

_____（2014）〈我地下經濟規模多大？占 GDP 28.1%〉。A3 版，7 月 1 日。

_____（2016）〈急診頻對護士襲胸 重判 2 年〉。A10 版，6 月 26 日。

_____（2019）〈夜點費算工資 6 名老員工告贏台電〉。A6 版，4 月 14 日。

_____（2022）〈管理員告贏北市府 討回十萬退休金〉。A6 版，1 月 21 日。

_____（2022）〈性騷服務生 法官：性別霸凌零容忍〉。A9 版，4 月 23 日。

蘋果日報（2009）〈惡劣　日東員工資遣費少 6 萬　先放無薪假　再分日裁員規避罰則〉。2
　　月 10 日。

_____（2010）〈月加班百小時　29 歲工程師過勞死〉。9 月 27 日。

三、網路資料

Arboleda, Heidi (2000) "Valuation of Unpaid Work in Household Production and Volunteer Services."
　　Paper presented at the Training Workshop on Statistical Aspects of Integrating Unpaid Work into
　　National Policies. Economic and Social Commission for Asia and the Pacific, United Nations,
　　Bangkok, Thailand, September 11 to 15 (http://www.unescap.org/STAT/meet/rrg3/twsa-03.pdf;

date visited: November 30, 2009).

全國產業總工會（2009）〈調高基本工資才有勞動尊嚴〉，新聞稿，8 月 13 日。http://www. tctu.org.tw/front/bin/ptdetail.phtml?Part=20090813，取用日期：2009 年 11 月 2 日。

柳琬玲（2002）〈哭泣的 RCA 母親們：記那一代電子業女工的飲泣〉，苦勞網報導。http:// e-info.org.tw/against/2002/ag02050101.htm，取用日期：2009 年 11 月 2 日。

苦勞網（2008）〈校方剝削派遣清潔工　政大學生遊行、抗議〉，苦勞網報導，1 月 24 日。 http://www.coolloud.org.tw/node/15408，取用日期：2010 年 7 月 1 日。

陳詩婷（2009）〈國美館派遣工轉直接聘雇無望　勞基法 84 條 -1 成資方擋箭牌〉，苦勞網報 導。http://www.coolloud.org.tw/node/16104?page=190，取用日期：2010 年 7 月 1 日。

勞動者雜誌編輯室（2010）〈救職棒，挺工會，保障球員工作權〉。勞動者電子報，5 月 10 日。http://enews.url.com.tw/labor/57930，取用日期：2010 年 7 月 1 日。

勞動黨桃竹苗勞工服務中心（2005）〈酗酒暴動？反奴抗暴？　關於泰勞 821 至 823 的激 烈抗議〉，苦勞網報導。http://www.coolloud.org.tw/node/825，取用日期：2009 年 11 月 13 日。

蔡志杰（2002）〈台灣職災保護制度批判兼談他國職災補償辦法〉。http://www.bamboo.hc.edu. tw/workshop/session10/visit/wastewater/rca-lecture03.html，取用日期：2010 年 7 月 5 日。

四、翻譯著作

Behling, Katja 著，楊夢茹譯（2004[2002]）《天才的妻子：瑪塔・弗洛依德的一生》。台北： 台灣商務。

Bonnewitz, Patrice 著，孫智綺譯（2002[1997]）《布赫迪厄社會學的第一課》。台北：麥田。

Braverman, Harry 著，谷風出版社編輯部譯（1988[1974]）《勞動與壟斷資本》。新北市：谷風。

Burawoy, Michael 著，林宗弘、張烽益、鄭力軒、沈倖如、王鼎傑、周文仁、魏希聖譯 （2005[1979]）《製造甘願：壟斷資本主義勞動過程的歷史變遷》。新北市：群學。

Collins, Randall 著，劉慧珍、吳志功、朱旭東譯（1998[1979]）《文憑社會：教育與階層化的 歷史社會學》。台北：桂冠。

De Botton, Alain 著，陳信宏譯（2010[2009]）《機場裡的小旅行：狄波頓第五航站日記》。台 北：先覺。

Delphy, Christine 著，張娟芬譯（2022[1984]）〈我們的朋友與我們自己：各種偽女性主義的潛 在基礎〉。見顧燕翎編，《女性主義經典選讀：重要著作選譯與評介 51 篇》，頁 79-90。 台北：貓頭鷹。

Edgell, Stephen 著，郭寶蓮、袁千雯譯（2009[2006]）《工作社會學導讀》。新北市：韋伯文 化。

Ehrenreich, Barbara 著，林家瑄譯（2010[2001]）《我在底層的生活：當專欄作家化身為女服務

生》。新北市：左岸文化。

Esping-Andersen, Gøsta 著，古允文譯（1999[1990]）《福利資本主義的三個世界》。台北：
　　巨流。

Folbre, Nancy 著，許慧如譯（2002[2001]）《心經濟‧愛無價？》。台北：新新聞文化。

Friedan, Betty 著，李令儀譯（2000[1963]）《覺醒與挑戰：女性迷思》。台北：新自然主義。

Gough, Ian 著，古允文譯（1995[1979]）《福利國家的政治經濟學》。台北：巨流。

Hartmann, Heidi I. 著，范情譯（1999[1979]）〈馬克思主義和女性主義不快樂的婚姻：導向更
　　進步的結合〉。見顧燕翎、鄭至慧編，《女性主義經典：十八世紀歐洲啟蒙，二十世紀
　　本土反思》，頁 323-338。台北：女書文化。

Hobsbawm, Eric J. 著，蔡宜剛譯（2002[1998]）《非凡小人物：反對、造反及爵士樂》。台北：
　　麥田。

Kanter, Rosabeth Moss 著，國立編譯館、Nakao Eki 譯（2008[1977]）《公司男女》。新北市：
　　群學。

MacKinnon, Catharine A. 著，賴慈芸、雷文玫、李金梅譯（1993[1979]）《性騷擾與性別歧視：
　　職業女性困境剖析》。台北：時報文化。

MacKinnon, Catharine A. 著，王慕寧、李仲昀、葉虹靈、韓欣芸譯、陳昭如編（2015）《性平
　　等論爭：麥金儂訪台演講集》。台北：臺灣大學出版中心。

Magloire, Franck 著，黃馨慧譯（2005）《女工，我母親的一生》。台北：麥田。

Marx, Karl 著，伊海宇譯（1990[1844]）《1844 年經濟學哲學手稿》。台北：時報文化。

Marx, Karl and Friedrich Engels 著，唐諾譯（2001[1848]）《共產黨宣言》。台北：臉譜。

Off, Carol 著，沈台訓譯（2009[2006]）《巧克力禍心：誘人甜品的黑暗真相》。台北：台灣
　　商務。

Olson, Mancur 著，董安琪譯（1989[1971]）《集體行動的邏輯》。台北：遠流。

Quattrocchi, Angelo and Tom Nairn 著，趙剛譯（1998[1968]）《法國 1968：終結的開始》。台
　　北：聯經。

Rybczynski, Witold 著，梁永安譯（2004[1991]）《等待周末：周休二日的起源與意義》。台
　　北：貓頭鷹。

Sassen, Saskia 著，黃克先譯（2006[1999]）《客人？外人？遷移在歐洲（1800 ～）》。台北：巨
　　流。

Sennett, Richard 著，黃維玲譯（1999[1998]）《職場啟示錄：走出新資本主義的迷惘》。台北：
　　時報文化。

Smith, Adam 著，謝宗林、李華夏譯（2000[1776]）《國富論》。台北：先覺。

Thompson, Edward Palmer 著，賈士蘅譯（2001[1964]）《英國工人階級的形成》。台北：麥田。

Veblen, Thorstein 著，李華夏譯（2007[1899]）《有閒階級論》。台北：左岸文化。

Weber, Max 著，張漢裕譯（1974[1904]）《基督新教的倫理與資本主義的精神》。台北：協志

工業叢書。

Weber, Max 著，鄭太朴譯（1991[1923]）《社會經濟史》。台北：台灣商務。

Wollstonecraft, Mary 著，李清慧譯（1999[1792]）〈女權的辯護〉。見顧燕翎、鄭至慧編，《女性主義經典：十八世紀歐洲啟蒙，二十世紀本土反思》，頁 3-8。台北：女書文化。

山田昌弘著，李尚霖譯（2001[1999]）《單身寄生時代》。台北：新新聞文化。

妹尾河童著，姜淑玲譯（2003[1997]）《工作大不同》。台北：遠流。

五、中文著作

工作傷害受害人協會（2003）《木棉的顏色》。台北：大塊文化。

中國論壇（1987）〈勞工運動、學生運動：蓄勢待發的兩大運動〉。《中國論壇》279: 14-24。

尤素芬、陳美霞（2007）〈企業內安全衛生保護之勞工參與機制探析〉。《台灣公共衛生雜誌》26(5): 419-432。

王振寰（1993）《資本、勞工與國家機器：台灣的政治與社會轉型》。台北：唐山。

王振寰、方孝鼎（1992）〈國家機器、勞工政策與勞工運動〉。《台灣社會研究季刊》13: 1-29。

王德睦、何華欽（2006）〈台灣貧窮女性化的再檢視〉。《人口學刊》33: 103-131。

王德睦、陳寬政（1991）〈台灣地區的勞動力老化〉。見賴澤涵、黃俊傑編，《光復後台灣地區發展經驗》，頁 261-274。台北：中央研究院中山人文社會科學研究所。

台北市日日春關懷互助協會（2000a）《公娼與妓權運動》。台北：台灣工運雜誌社。

_____（2000b）《日日春：九個公娼的生涯故事》。台北：台灣工運雜誌社。

台北市婦女救援基金會採訪記錄，夏珍編（2005）《鐵盒裡的青春：台籍慰安婦的故事》。台北：天下遠見。

伊慶春、簡文吟（2001）〈已婚婦女的持續就業：家庭制度與勞動市場的妥協〉。《台灣社會學》1: 149-182。

朱柔若（2001）〈都市原住民勞動史〉。見蔡明哲等著，《台灣原住民史：都市原住民史篇》，頁 91-120。南投：台灣省文獻委員會。

朱柔若、童小珠（2006）〈台灣失業勞工的社會排除經驗探索〉。《香港社會科學學報》31: 1-26。

艾琳達（1997）《激盪！台灣反對運動總批判》。台北：前衛。

成露茜、熊秉純（1993）〈婦女、外銷導向成長和國家：台灣個案〉。《台灣社會研究季刊》14: 39-76。

何明修（2006）〈台灣工會運動中的男子氣概〉。《台灣社會學刊》36: 65-108。

_____（2008a）〈沒有階級認同的勞工運動：台灣的自主工會與兄弟義氣的極限〉。《台灣社會研究季刊》72: 49-91。

_____（2008b）〈體制化及其不滿：二十年來的台灣勞工運動〉。見王宏仁、李廣均、龔宜

君編，《跨戒：流動與堅持的台灣社會》，頁 281-298。新北市：群學。

_____（2016）《支離破碎的團結：戰後台灣煉油廠與糖廠的勞工》。新北市：左岸文化。

利格拉樂・阿𡠄（1997）《紅嘴巴的 VuVu》。台中：晨星。

吳介民（2019）《尋租中國：台商、廣東模式與全球資本主義》。台北：台灣大學出版中心。

吳秀照、陳美智（2012）〈勞動與就業〉。見王國羽、林昭吟、張恆豪編，《障礙研究：理論與政策應用》，頁 159-202。高雄：巨流。

吳念真（1994）《多桑：吳念真電影劇本》。台北：麥田。

吳怡靜、王秀雲（2019）〈性別、勞動身體與國家：台灣商展小姐，1950s-1960s〉。見張晉芬、陳美華編，《工作的身體性：服務與文化產業的性別與勞動展演》，頁 3-58。高雄：巨流。

吳嘉苓（2000）〈產科醫生遇上迷信婦女？台灣高剖腹產率論述的性別、知識與權力〉。見何春蕤編，《性／別政治與主體形構》，頁 1-38。台北：麥田。

吳濁流（1988）《無花果：台灣七十年的回想》。台北：前衛。

呂玉瑕（2009）〈家庭存活策略與女性勞動參與選擇：以台灣家庭企業婦女為例〉。《台灣社會學刊》42: 95-141。

呂紹理（1998）《水螺響起：日治時期台灣社會的生活作息》。台北：遠流。

呂寶靜（1995）〈工作場所性騷擾之研究：台灣地區案例探討〉。《國立政治大學學報》70: 131-158。

呂寶靜、陳景寧（1997）〈女性家屬照顧者的處境與福利建構〉。見劉毓秀編，《女性・國家・照顧工作》，頁 57-92。台北：女書文化。

李大正、楊靜利（2004）〈台灣婦女勞動參與類型與歷程之變遷〉。《人口學刊》28: 109-134。

李元貞編（2000）《紅得發紫：台灣現代女性詩選》。台北：女書文化。

李易駿（2007）〈台灣的失業保障政策與制度〉。見王卓祺、鄧廣良、魏雁濱編，《兩岸三地社會政策：理論與實踐》，頁 347-371。香港：香港中文大學。

李易駿、古允文（2003）〈另一個福利世界？東亞發展型福利體制初探〉。《台灣社會學刊》31: 189-241。

李美玲、楊亞潔、伊慶春（2000）〈家務分工：就業現實還是平等理念？〉。《台灣社會學刊》24: 59-88。

李淑容（2007）〈台灣新貧現象及其因應對策〉。《東吳社會工作學報》17: 193-219。

李順帆（1992）《台灣勞動基準法 1996 年修正之研究：後工業轉型的國家與社會觀點》。台北：台灣大學三民主義研究所碩士論文。

周月清（1997）〈殘障照顧與女性公民身分〉。見劉毓秀編，《女性・國家・照顧工作》，頁 93-125。台北：女書文化。

周玟琪（2003）〈紡織成衣業女工與台灣的工業化發展：過去到現在〉。《兩性平等教育季刊》22: 51-60。

林依瑩、鄭雅文、王榮德（2009）〈職災補償制度之國際比較及台灣制度之改革方向〉。《台灣公共衛生雜誌》28(6): 455-458。

林季平（2003）〈提升失業者再就業的機會：勞動移動〉。見李誠編，《誰偷走了我們的工作：一九九六年以來台灣的失業問題》，頁 339-371。台北：天下遠見。

＿＿＿＿（2005）〈台灣的人口遷徙及勞工流動問題回顧：1980-2000〉。《台灣社會學刊》34: 147-209。

林宗弘（2009）〈台灣的後工業化：階級結構的轉型與社會不平等，1992-2007〉。《台灣社會學刊》43: 93-158。

林忠正（1988）〈初入勞動市場階級之工資性別差異〉。《經濟論文叢刊》16(3): 305-322。

＿＿＿＿（1991）〈台灣勞動市場的最近發展〉。見賴澤涵、黃俊傑編，《光復後台灣地區發展經驗》，頁 239-260。台北：中央研究院中山人文社會科學研究所。

林明仁（2005）〈內部勞動市場中的升遷與工資〉。《經濟論文叢刊》33(1): 59-96。

林明仁、劉仲偉（2006）〈失業真的會導致犯罪嗎？以台灣 1978 年至 2003 年縣市資料為例〉。《經濟論文叢刊》34(4): 445-483。

林芳玫（1998）〈當代台灣婦運的認同政治：以公娼存廢爭議為例〉。《中外文學》27(1): 56-87。

林美瑢（1995）《基層婦女》。台北：台灣基層婦女勞工中心。

林祖嘉（1991）〈工作搜尋模型與失業期間：台灣地區大專畢業生之經驗〉。《經濟論文》19(2): 183-215。

林萬億（2006）《社會福利》，「台灣全志卷九：社會志」系列專書。南投：國史館台灣文獻館。

邱貴芬（1996）〈後殖民女性主義〉。見顧燕翎編，《女性主義理論與流派》，頁 237-257。台北：女書文化。

柯志明（1993）《台灣都市小型製造業的創業、經營與生產組織：以五分埔成衣製造業為案例的分析》。台北：中央研究院民族學研究所。

柯志哲、張榮利（2006）〈協力外包制度新探：以一個鋼鐵業協力外包體系為例〉。《台灣社會學刊》37: 33-78。

柯志哲、葉穎蓉、蔡博全（2004）〈台灣人力派遣對僱傭關係與人力資源管理影響的探討：以美國臨時性支援服務發展為對比〉。《政大勞動學報》15: 1-43。

洪嘉瑜、羅德芬（2008）〈台灣失業保險制度對失業期間的影響〉。《經濟論文叢刊》36(2): 235-270。

胡幼慧編（1996）《質性研究：理論、方法及本土女性研究實例》。台北：巨流。

胡幼慧、周雅容（1996）《婆婆媽媽經》。台北：鼎言。

夏傳位（2003）《銀行員的異想世界：台北國際商業銀行產業工會的傳奇故事》。台北：台灣勞工陣線。

徐正光（1989）〈從異化到自主：台灣勞工運動的基本性格和趨勢〉。見徐正光、宋文里編，《台灣新興社會運動：1989 年》，頁 103-125。台北：巨流。

徐宗國（1995）《工作內涵與性別角色》。新北市：稻香。

＿＿＿＿（2001）〈拓邊照顧工作：男護士在女人工作世界中得其所在〉。《台灣社會學刊》26: 163-210。

唐先梅（2001）〈雙薪家庭夫妻在不同家務項目之分工情形及個人影響項目〉。《國立空中大學生活科學系生活科學學報》7: 105-132。

＿＿＿＿（2003）〈雙薪家庭夫妻家務分工及家務公平觀之研究：都會區與非都會區之比較〉。《台灣鄉村研究》1: 109-139。

唐筱雯（2003）〈公娼對工作之自我認知對生活及工作環境的影響與使用〉。見何春蕤編，《性工作研究》，頁 349-371。桃園：中央大學性／別研究室。

孫清山、黃毅志（1997）〈台灣階級結構：流動表與網絡的分析〉。見張苙雲、呂玉瑕、王甫昌編，《九〇年代的台灣社會：社會變遷基本調查研究系列二（上冊）》，頁 57-102。台北：中央研究院社會學研究所。

基隆客運產業工會、全國自主勞工聯盟（1996）《從基隆客運罷工司法訴訟案談罷工的法律問題研討會論文集》。台北：政治大學。

婦女新知基金會（2001）〈長庚性騷擾案定讞之重大意義：為何我們非得花這麼久的時間來處理每件性騷掃案？〉。《婦女新知通訊》229: 8-11。

張茂桂（1989）《社會運動與政治轉化》。台北：國家政策研究資料中心。

張苙雲（1988）〈行政組織內的個人事業生涯發展〉。《中央研究院民族學研究所集刊》66: 1-30。

張苙雲、莊淵傑（2004）〈科層勞動市場之兩性職等差距〉。《台灣社會學刊》32: 149-187。

張晉芬（1992）〈冷漠的員工、乏力的工會：由勞動市場的觀點分析工會的運作〉。《中國社會學刊》16: 55-88。

＿＿＿＿（1993）〈企業組織中升遷機會的決定及員工的期望：兼論內部勞動市場理論的應用〉。《人文及社會科學集刊》6(1): 205-230。

＿＿＿＿（1995）〈產業性別職業隔離的檢驗與分析〉。見張晉芬、曾瑞鈴編，《美國與台灣社會結構研究》，頁 99-125。台北：中央研究院歐美研究所。

＿＿＿＿（1996）〈女性員工在出口產業待遇的探討：以台灣 1980 年代為例〉。《台灣社會研究季刊》22: 59-81。

＿＿＿＿（1999）〈由「勞工貴族」到「閒置人員」：對省營客運員工大規模資遣原因和過程的分析〉。《公營事業評論》1(2): 107-133。

＿＿＿＿（2001）《台灣公營事業民營化：經濟迷思的批判》。台北：中央研究院社會學研究所。

＿＿＿＿（2002）〈找回文化：勞動市場中制度與結構的性別化過程〉。《台灣社會學刊》29: 97-

125。

_____（2016）〈勞動法律的身分限制及改革：一個人權觀點的檢視〉。《台灣社會研究季刊》102: 75-113。

_____（2018）〈為何無法消除敵意工作環境？分析醫院內處理性騷擾事件的權力運作〉。《社會科學論叢》12(2):1-42。

_____（2022）《勞動待遇與代價：從性別觀點分析台灣醫護工作》。台北：台灣大學出版中心、中央研究院社會學研究所。

張晉芬、李奕慧（2001）〈台灣中高齡離職者的勞動參與和再就業：對台汽與中石化的事件史分析〉。《台灣社會學》1: 113-147。

_____（2007）〈「女人的家事」、「男人的家事」：家事分工性別化的持續與解釋〉。《人文及社會科學集刊》19(2): 203-229。

張晉芬、杜素豪（2012）〈性別間薪資差異的趨勢與解釋：新世紀之初的台灣〉。見謝雨生、傅仰止編，《台灣的社會變遷1985-2005：社會階層與勞動市場（台灣社會變遷基本調查系列三之3）》，頁217-250。台北：中央研究院社會學研究所。

張晉芬、陳美華編（2019）《工作的身體性：服務與文化產業的性別與勞動展演》。高雄：巨流。

張晉芬、黃玟娟（1997）〈兩性分工觀念下婚育對女性就業的影響〉。見劉毓秀編，《女性・國家・照顧工作》，頁227-251。台北：女書文化。

張晉芬、蔡瑞明（2006）《勞動力與勞動市場》，「台灣全志卷九：社會志」系列專書。南投：國史館台灣文獻館。

張彧（2009）〈職業災害勞工保護法修法建議〉。《台灣勞工季刊》19: 22-25。

張國興（1991）《台灣戰後勞工問題（上）》。台北：現代學術研究基金會。

張清溪、駱明慶（1992）〈台灣勞動力失業期間的研究〉。見施俊吉編，《勞動市場與勞資關係》，頁75-109。台北：中央研究院中山人文社會科學研究所。

張緒中（2003）《中華電信工會罷工教戰手冊》。台北：中華電信工會。

張曉春（1987）《勞心勞力集》。台北：時報文化。

許甘霖（2000）〈放任與壓制之外：政治化薪資形構初探〉。《台灣社會研究季刊》38: 1-58。

許嘉猷（1981）〈出身與成就：美國人民的地位取得及其在台灣地區之適用性〉。《美國研究》11(4): 1-29。

郭明珠編（1996）《工殤：職災者口述故事集》。台北：台灣工運雜誌社。

陳柏謙（2022）《激進1949：白色恐怖郵電案紀實》。台北：黑體文化。

陳信行（2005）〈全球化時代的國家、市民社會與跨國階級政治：從台灣支援中美洲工人運動的兩個案例談起〉。《台灣社會研究季刊》60: 35-110。

陳政亮、孫窮理、李育真、歐陽萱編（2006）《工運年鑑：2003.06–2004.05》。台北：世新大學社會發展研究所、苦勞網・台灣勞工資訊教育協會。

陳政亮、孫窮理、李育真、陳秀蓮、楊宗興、楊億薇編（2007）《工運年鑑：2004.06–2005.05》。台北：世新大學社會發展研究所、苦勞網‧台灣勞工資訊教育協會。

陳政亮、孫窮理、陳寧、楊億薇、柳琬玲編（2011）《工運年鑑：2005.06–2006.05》。台北：世新大學社會發展研究所、苦勞網‧台灣勞工資訊教育協會。

陳昭如、張晉芬（2009）〈性別差異與不公平的法意識：以勞動待遇為例〉。《政大法學評論》108: 63-123。

陳柔縉（2009）〈人人身上都是一個時代〉。台北：時報文化。

陳美華（2006）〈公開的勞務、私人的性與身體：在性工作中協商性與工作的女人〉。《台灣社會學》11: 1-55。

陳惠雯（1999）《大稻埕查某人地圖》。台北：博揚文化。

陳端容（2004）〈大型醫院主管職的生涯路徑與醫師職場結構〉。《台灣社會學刊》33: 109-155。

陳慧敏（2008）〈基本工資相關問題之探討〉。《台灣勞工季刊》15: 33-43。

章英華、傅仰止編（2002）《台灣社會變遷基本調查計劃第四期第二次調查計劃執行報告》。台北：中央研究院社會學研究所。

傅仰止（1987）〈都市山胞的社經地位與社會心理處境〉。《中國社會學刊》11: 55-79。

曾敏傑、徐毅君（2005）〈勞動市場結構與失業現象的關聯〉。《台灣社會福利學刊》4(2): 49-96。

曾嬿芬（2004）〈引進外籍勞工的國族政治〉。《台灣社會學刊》32: 1-58。

_____（2006）〈誰可以打開國界的門？移民政策的階級主義〉。《台灣社會研究季刊》61: 73-107。

游美惠（2010）〈性別教育與台灣社會〉。見游美惠、楊幸真、楊巧玲編，《性別教育》，頁3-21。台北：華都文化。

游鑑明（1995）〈日據時期的職業變遷與婦女地位〉。見台灣省文獻委員會編，《台灣近代史：社會篇》，頁101-137。南投：台灣省文獻委員會。

_____（2005）〈當外省人遇到台灣女性：戰後台灣報刊中的女性論述（1945-1949）〉。《中央研究院近代史研究所集刊》47: 165-224。

焦興鎧（1989）〈美國幾項重要貿易及投資法律中有關勞工權利條款之研究〉。《歐美研究》19(3): 51-116。

_____（2000）〈同工同酬與同值同酬：美國之經驗〉。見焦興鎧著，《勞工法論叢（二）》，頁113-166。台北：元照。

黃仁德（1994）〈台灣地區非勞動力、非正式部門就業與失業關係的探討：1978-1990〉。《國立政治大學學報》68: 201-222。

黃台心、熊一鳴（1992）〈台灣地區男女全職與兼職工作工資差異之研究〉。《台灣銀行季刊》43(2): 323-347。

黃旭明、王秀紅（2009）〈婚姻與生育〉。見王秀紅等著，《婦女健康：理論與實務》，頁
　　8-1~8-12。台北：禾楓。

黃淑玲（1996）〈台灣特種行業婦女：受害者？行動者？偏差者？〉。《台灣社會研究季刊》
　　22: 103-152。

_____（2003）〈男子性與喝花酒文化：以 Bourdieu 的性別支配理論為分析架構〉。《台灣社
　　會學》5: 72-132。

黃德北（2006）〈國企改革與下崗工人：中國大陸勞動力市場建立的政治經濟分析〉。《東亞
　　研究》37(1): 1-40。

黃毅志（1993）〈台灣地區教育對職業地位取得的影響之變遷〉。《中央研究院民族學研究所
　　集刊》74: 125-161。

_____（1999a）〈台灣地區民眾主觀階級認同〉。見黃毅志著，《社會階層、社會網絡與主觀
　　意識：台灣地區不公平的社會階層體系之延續》，頁 21-40。台北：巨流。

_____（1999b）〈職業、教育階層與子女管教：論 Kohn 的理論在台灣之適用性〉。見黃毅志
　　著，《社會階層、社會網絡與主觀意識：台灣地區不公平的社會階層體系之延續》，頁
　　173-301。台北：巨流。

_____（2001）〈台灣地區勞力市場分隔之探討：流動表分析〉。《台灣社會學刊》25: 157-
　　199。

_____（2003）〈「台灣地區新職業聲望與社經地位量表」之建構與評估：社會科學與教育社
　　會學研究本土化〉。《教育研究集刊》49(4): 1-31。

楊士範編（2005）《礦坑、海洋與鷹架：近五十年的台北縣都市原住民底層勞工勞動史》。台
　　北：唐山。

楊欣龍、李鼎（2006）《竹科人》。台北：大塊文化。

楊啟賢（2010）〈我國勞工的主要死亡原因分析：惡性腫瘤（癌症）、事故傷害、心臟疾病是
　　勞工朋友三大健康殺手〉。《勞工安全衛生簡訊》100: 14-17。

楊雅清（2019）〈名模養成：模特兒工作中的身體、情緒和自我〉。見張晉芬、陳美華編，
　　《工作的身體性：服務與文化產業的性別與勞動展演》，頁 59-106。高雄：巨流。

葉香（2000）〈女工之詩〉。見李元貞編，《紅得發紫：台灣現代女性詩選》，頁 259。台北：
　　女書文化。

詹長權（2006）《衛生與健康》，「台灣全志卷九：社會志」系列專書。南投：國史館台灣文
　　獻館。

路寒袖（2005）《我的父親是火車司機》。台北：遠流。

趙剛（1996）〈工運與民主：對遠化工會組織過程的反思〉。《台灣社會研究季刊》24: 1-39。

劉梅君（1997a）〈建構「性別敏感」的公民權：從女性照顧工作本質之探析出發〉。見劉毓
　　秀編，《女性‧國家‧照顧工作》，頁 185-226。台北：女書文化。

_____（1997b）〈失業問題的社會性省察〉。《就業與訓練》15(6): 59-64。

_____（1999）〈性別與勞動〉。見王雅各編，《性屬關係：性別與社會、建構》，頁253-303。台北：心理。

_____（2000）〈廉價外勞論述的政治經濟批判〉。《台灣社會研究季刊》38: 59-90。

劉華真（2008）〈重新思考「運動軌跡」：台灣、南韓的勞工與環境運動〉。《台灣社會學》16: 1-47。

劉毓秀編（1997）《女性・國家・照顧工作》。台北：女書文化。

潘美玲（2003）〈一個去「異化」的資本主義企業？「幸福」實業的勞動體制研究〉。《政治大學社會學報》35: 79-107。

潘毅（2007）《中國女工：新興打工階級的呼喚》。香港：明報出版社。

蔡宏政（2007）〈台灣人口政策的歷史形構〉。《台灣社會學刊》39: 65-106。

蔡明璋（2004）〈台灣夫妻的家務工作時間：親密關係的影響〉。《台灣社會學》8: 99-131。

_____（2006）〈工作消失了嗎？台灣就業安全的長期分析（1978-2004）〉。《政治大學社會學報》38: 89-110。

蔡明璋、陳嘉慧（1997）〈國家、外勞政策與市場實踐：經濟社會學的分析〉。《台灣社會研究季刊》27: 69-95。

蔡素芬（1994）《鹽田兒女》。台北：聯經。

蔡淑鈴（1987）〈職業隔離現象與教育成就差異：性別之比較分析〉。《中國社會學刊》11: 61-91。

蔡淑鈴、瞿海源（1989）〈主客觀職業量表之初步建構〉。見伊慶春、朱瑞玲編，《台灣社會現象的分析》，頁477-516。台北：中央研究院中山人文社會科學研究所。

_____（1992）〈台灣教育階層化的變遷〉。《國家科學委員會研究彙刊：人文及社會科學》2: 98-118。

蔡瑞明、林大森（2002）〈滾石不生苔？台灣勞力市場中的工作經歷對薪資的影響〉。《台灣社會學刊》29: 57-95。

鄭凱方、吳惠林（2003）〈青少年維特的新煩惱：失業〉。見李誠編，《誰偷走了我們的工作：一九九六年以來台灣的失業問題》，頁151-172。台北：天下遠見。

鄭雅文、吳宣蓓、翁裕峰（2013）〈日本過勞職災的認定爭議與政策因應〉。見鄭雅文、鄭峰齊編，《職業，病了嗎？待修補的職業健康保護機制》，頁301-323。新北市：群學。

鄭雅文、鄭峰齊編（2013）〈職業，病了嗎？待修補的職業健康保護機制〉。新北市：群學。

蕭昭君（2010）〈職場性騷擾：不可小看的性別暴力〉。見游美惠、楊幸真、楊巧玲編，《性別教育》，頁267-299。台北：華都文化。

賴采兒、吳慧玲、游茹棻、馬聖美（Sheng-mei Ma）（2005）《沈默的傷痕：日軍慰安婦歷史影像書》。台北：商周。

賴淑娟（2006）〈從根著到流動：泰雅婦女生產與再生產活動之轉化〉。見許美智編，《「族群與文化」：「宜蘭研究」第六屆學術研討會論文集》，頁387-437。宜蘭：宜蘭縣史館。

薛化元（1998）《台灣歷史年表 V（1989-1994）》。台北：業強。

薛承泰（2000）〈台灣地區已婚婦女再就業時機的初步分析〉。《人口學刊》21: 77-99。

謝國雄（1989）〈黑手變頭家：台灣製造業中的階級流動〉。《台灣社會研究季刊》2: 11-54。

＿＿＿（1997）《純勞動：台灣勞動體制諸論》。台北：中央研究院社會學研究所。

鍾肇政、葉石濤編（1981[1934]）《送報伕》。台北：遠景。

瞿宛文（1999）〈婦女也是國民嗎？談婦女在「國民所得」中的位置〉。見顧燕翎、鄭至慧編，《女性主義經典：十八世紀歐洲啟蒙，二十世紀本土反思》，頁 178-187。台北：女書文化。

簡文吟（2004）〈台灣已婚婦女勞動再參與行為的變遷〉。《人口學刊》28: 1-47。

簡錫堦（2002）《無悔：劇變年代的行動者》。台北：先覺。

藍科正、張簡坤國（2008）〈外包工與正職員工間衝突中的工會角色：以台鐵高雄機廠工會為例〉。《運籌管理評論》3(1): 59-70。

藍佩嘉（1998）〈銷售女體，女體勞動：百貨專櫃化妝品女銷售員的身體勞動〉。《台灣社會學研究》2: 47-81。

＿＿＿（2002）〈跨越國界的生命地圖：菲籍家務移工的流動與認同〉。《台灣社會研究季刊》48: 169-218。

＿＿＿（2004）〈女人何苦為難女人？僱用家務移工的三角關係〉。《台灣社會學》8: 43-97。

＿＿＿（2005）〈階層化的他者：家務移工的招募、訓練與種族化〉。《台灣社會學刊》34: 1-57。

＿＿＿（2006）〈合法的奴工，法外的自由：外籍勞工的控制與出走〉。《台灣社會研究季刊》64: 107-151。

＿＿＿（2008）《跨國灰姑娘：當東南亞幫傭遇上台灣新富家庭》。台北：行人。

藍博洲（2001）《台灣好女人》。台北：聯合文學。

魏稽生、嚴治民（2008）《台灣的礦業》。台北：遠足文化。

魏聰洲、陳奕齊、廖沛怡（2005）《移民・苦力・落腳處：從布袋人到高雄人》。高雄：高雄市政府勞工局。

羅桂美（2002）〈從飛歌到 RCA：台灣戰後勞工史的一個小片段〉。《敬仁勞工安全衛生雜誌》33。

嚴祥鸞（1998）〈性別關係建構的科技職場〉。《婦女與兩性學刊》9: 187-204。

蘇國賢（2009）〈階級與階層〉。見瞿海源、王振寰編，《社會學與台灣社會》，頁 103-128。台北：巨流。

蘇毅佳（2019）〈從「禁忌」的身體到「合宜」的身體：禮儀師的勞動過程分析〉。見張晉芬、陳美華編，《工作的身體性：服務與文化產業的性別與勞動展演》，頁 329-374。高雄：巨流。

顧玉玲（2006）〈「過勞死」（Karoshi）在台灣〉。《台灣勞工雙月刊》4: 126-136。

＿＿＿（2008）《我們：移動與勞動的生命記事》。新北市：印刻文學。

六、外文著作

Abbott, Andrew (1993) "The Sociology of Work and Occupations." *Annual Review of Sociology* 19: 187-209.

Acker, Joan (1990) "Hierarchies, Jobs, Bodies: A Theory of Gendered Organizations." *Gender and Society* 4(2): 139-158.

＿＿＿ (1992) "Gendering Organizational Theory." Pp.248-260 in *Gendering Organizational Theory*, edited by Albert J. Mills and Peta Tancres. London: Sage.

＿＿＿ (1998) "The Future of 'Gendering and Organizations': Connections and Boundaries." *Gender, Work and Organizations* 5(4): 195-206.

＿＿＿ (2004) "Gender, Capitalism and Globalization." *Critical Sociology* 30(1): 17-41.

Adkins, Lisa (1995) *Gendered Work: Sexuality, Family and the Labour Market*. Buckingham, UK: Open University Press.

Althauser, Robert P. (1989) "Job Histories, Career Lines and Firm Internal Labor Markets: An Analysis of Job Shift." *Research in Social Stratification and Mobility* 8: 177-200.

Althauser, Robert P. and Arne L. Kalleberg (1981) "Firms, Occupations and the Structure of Labor Markets: A Conceptual Analysis." Pp. 119-149 in *Sociological Perspectives on Labor Markets*, edited by Ivar Berg. New York: Academic Press.

Anderson, Bridget (2003) "Just Another Job? The Commodification of Domestic Labor." Pp. 104-114 in *Global Woman: Nannies, Maids, and Sex Workers in the New Economy*, edited by Barbara Ehrenreich and Arlie Russell Hochschild. New York: Metropolitan Books.

Aronowitz, Stanley (1973) *False Promises: The Shaping of American Working-Class Consciousness*. New York: McGraw-Hill.

Averitt, Robert T. (1968) *The Dual Economy*. New York: Norton.

Bacon, David (2008) *Illegal People: How Globalization Creates Migration and Criminalizes Immigrants*. Boston: Beacon Press.

Barnett, William P., James N. Baron and Toby E. Stuart (2000) "Avenues of Attainment: Occupational Demography and Organizational Careers in the California Civil Service." *American Journal of Sociology* 106(1): 88-144.

Baron, James N. (1984) "Organizational Perspectives on Stratification." *Annual Review of Sociology* 10: 37-69.

Baron, James N. and William T. Bielby (1980) "Bringing the Firms Back In: Stratification, Segmentation, and the Organization of Work." *American Sociological Review* 45(5): 737-765.

Baron, James N., Alison Davis-Blake and William T. Bielby (1986) "The Structure of Opportunity: How Promotion Ladders Vary within and among Organizations." *Administrative Science Quarterly* 31: 248-273.

Baxandall, Phineas (2004) *Constructing Unemployment: The Politics of Joblessness in East and West.* Aldershot, UK: Ashgate.

Beck-Gernsheim, Elisabeth (2002) *Reinventing the Family: In Search of New Lifestyles.* London: Polity Press.

Becker, Gary S. (1975) *Human Capital: A Theoretical and Empirical Analysis, with Special Reference to Education.* Chicago: University of Chicago Press.

Berk, Sarah Fenstermaker (1985) *The Gender Factory: The Apportionment of Work in American Households.* New York: Plenum Press.

Berg, Ivar (ed.) (1981) *Sociological Perspectives on Labor Markets.* New York: Academic Press.

Bergmann, Barbara R. (2008) "Long Leaves, Child Well-being, and Gender Equality." *Politics and Society* 36(3): 350-359.

Bian, Yanjie (1997) "Bringing Strong Ties Back In: Indirect Connection, Bridges, and Job Search in China." *American Sociological Review* 62(3): 366-385.

Bielby, William T. (2000) "Minimizing Workplace Gender and Racial Bias." *Contemporary Sociology* 29(1): 120-129.

Bielby, William T. and James N. Baron (1984) "A Woman's Place is with Other Women: Sex Segregation Within Organizations." Pp. 27-55 in *Sex Segregation in the Workplace: Trends, Explanations, Remedies,* edited by Barbara F. Reskin. Washington, DC: National Academy Press.

_____ (1986) "Men and Women at Work: Sex Segregation and Statistical Discrimination." *American Journal of Sociology* 91(4): 759-799.

Biggart, Nicole (1994) "Labor and Leisure." Pp. 671-690 in *The Handbook of Economic Sociology,* edited by Neil J. Smelser and Richard Swedberg. Princeton, NJ: Princeton University Press.

Bittman, Michael, Paula England, Nancy Folbre, Liana Sayer and George Matheson (2003) "When Does Gender Trump Money? Bargaining and Time in Household Work." *American Journal of Sociology* 109(1): 186-214.

Blau, Francine D., Mary C. Brinton and David B. Grusky (eds.) (2006) *The Declining Significance of Gender?* New York: Russell Sage Foundation.

Blau, Peter Michael and Otis Dudley Duncan (1967) *The American Occupational Structure.* New York: Free Press.

Blauner, Robert (1964) *Alienation and Freedom: The Factory Worker and His Industry.* Chicago: University of Chicago Press.

Bluestone, Barry and Bennett Harrison (1982) *The Deindustrialization of America: Plant Closings,*

Community Abandonment, and the Dismantling of Basic Industry. New York: Basic Books.

Blum, Linda M. (1991) *Between Feminism and Labor: The Significance of the Comparable Worth Movement*. Berkeley, CA: University of California Press.

Böserup, Ester (1970) *Women's Role in Economic Development*. New York: St. Martin's Press.

Bourdieu, Pierre (1984) *Distinction: A Social Critique of the Judgment of Taste*. Cambridge, MA: Harvard University Press.

Brandth, Berit and Elin Kvande (2009) "Norway: The Making of the Father's Quota." Pp. 191-206 in *The Politics of Parental Leave Policies: Children, Parenting, Gender and the Labour Market*, edited by Sheila B. Kamerman and Peter Moss. Bristol, UK: Policy Press.

Braverman, Harry (1974) *Labor and Monopoly Capital: The Degradation of Work in the Twentieth Century*. New York: Monthly Review Press.

Brecher, Jeremy (1979) "Roots of Power: Employers and Workers in the Electrical Products Industry." Pp. 206-228 in *Case Studies on the Labor Process*, edited by Andrew Zimbalist. New York: Monthly Review Press.

Brinton, Mary C. (2001) "Married Women's Labor in East Asian Economies." Pp. 1-37 in *Women's Working Lives in East Asia*, edited by Mary C. Brinton. Stanford, CA: Stanford University Press.

_____ (ed.) (2001) *Women's Working Lives in East Asia*. Stanford, CA: Stanford University Press.

Brody, David (1980) *Workers in Industrial America: Essays on the Twentieth Century Struggle*. New York: Oxford University Press.

Bronstein, Jamie L. (2008) *Caught in the Machinery: Workplace Accidents and Injured Workers in Nineteenth-Century Britain*. Stanford, CA: Stanford University Press.

Budig, Michelle J. and Paula England (2001) "The Wage Penalty for Motherhood." *American Sociological Review* 66(2): 204-225.

Burawoy, Michael (1979) *Manufacturing Consent: Changes in the Labor Process under Monopoly Capitalism*. Chicago: University of Chicago Press.

_____ (1983) "Between the Labor Process and the State: The Changing Face of Factory Regimes under Advanced Capitalism." *American Sociological Review* 48(5): 587-605.

_____ (2008) "The Public Turn: From Labor Process to Labor Movement." *Work and Occupations* 35(4): 371-387.

Byrne, David (ed.) (2008) "General Introduction." Pp. 1-18 in *Social Exclusion: Critical Concepts in Sociology*, edited by David Byrne. New York: Routledge.

Chang, Chin-fen (1995) "A Comparison of Employment and Wage Determination between Full-Time Working Men and Women in Taiwan." Pp. 195-216 in *Proceeding of Families, Human Resources and Social Development*, edited by Hsiao-hung Nancy Chen, Yia-ling Liu and Mei-O Hsieh. Taipei: Department of Sociology, National Chengchi University.

_____ (2006a) "Explanations of Gender-Based Household Labor Divisions: A Cross-National Study." *Japanese Journal of Family Sociology* 17(2): 81-94.

_____ (2006b) "The Employment Discontinuity of Married Women in Taiwan: Job Status, Ethnic Background and Motherhood." *Current Sociology* 54(2): 209-228.

_____ (2011) "Workfare in Taiwan: From Social Assistance to Unemployment Absorber." Pp. 78-99 in *Welfare Reform in East Asia: Towards Workfare?*, edited by Chak Kwan Chan and Kinglun Ngok. New York: Routledge.

_____ (2023) "Comparable Worth", editor(s): Filomena Maggino, *Encyclopedia of Quality of Life and Well-Being Research*, pp. 1-3, Holand: Springer. (on-line version)

Chang, Chin-fen and Heng-hao Chang (2010) "Who Cares for Unions? Public Attitudes toward Union Power in Taiwan, 1990-2005." *China Perspectives* 2010/3: 64-78.

Chang, Chin-fen and Paula England (2011) "Gender Inequality in Earnings in Industrialized East Asia." *Social Science Research* 40: 1-14.

Chang, Chin-fen, Toby L. Parcel and Charles W. Mueller (1988) "Economic Segmentation in Taiwan: A Comparative Study with the United States." *Sociological Focus* 21(4): 349-369.

Chapman, Peter (2007) *Bananas: How the United Fruit Company Shaped the World*. New York: Canongate Books.

Chapman, Tony (2004) *Gender and Domestic Life: Changing Practices in Families and Households*. New York: Palgrave.

Charles, Maria and David B. Grusky (2004) *Occupational Ghettos: The Worldwide Segregation of Women and Men*. Stanford, CA: Stanford University Press.

Chen, Meei-shia and Anita Chan (1999) "China's 'Market Economics in Command': Footwear Workers' Health in Jeopardy." *International Journal of Health Services* 29(4): 793-811.

Chen, Meei-shia and Chang-Ling Huang (1997) "Public Health Then and Now: Industrial Workers' Health and Environmental Pollution under the New International Division of Labor: The Taiwan Experience." *American Journal of Public Health* 87(7): 1223-1231.

Cheng, Lucie (1999) "Globalization and Women's Paid Labour in Asia." *International Social Science Journal* 51(160): 217-229.

Cheng, Shu-Ju Ada (1996) "Migrant Women Domestic Workers in Hong Kong, Singapore and Taiwan: A Comparative Analysis." *Asian and Pacific Migration Journal* 5(1): 139-152.

Cheng, Wei-yuan (1998) "Limited State Capacity and Multiple Labor Regimes: The Taiwan Case." *Proceedings of the National Science Council, Part C: Humanities and Social Sciences* 8(1): 101-114.

Chodorow, Nancy (1978) *The Reproduction of Mothering: Psychoanalysis and the Sociology of Gender*. Berkeley, CA: University of California Press.

Chow, Esther Ngan-ling and Ray-may Hsung (2002) "Gendered Organizations, Embodiment, and Employment among Manufacturing Workers in Taiwan." Pp. 81-103 in *Transforming Gender and Development in East Asia*, edited by Esther Ngan-ling Chow. New York: Routledge.

Chronholm, Anders (2009) "Sweden: Individualisaton or Free Choice in Parental Leave?" Pp. 227-241 in *The Politics of Parental Leave Policies: Children, Parenting, Gender and the Labour Market*, edited by Sheila B. Kamerman and Peter Moss. Bristol, UK: Policy Press.

Clawson, Dan and Mary Ann Clawson (1999) "What Has Happened to the US Labor Movement? Union Decline and Renewal." *Annual Review of Sociology* 25: 95-119.

Coltrane, Scott (2000) "Research on Household Labor: Modeling and Measuring the Social Embeddedness of Routine Family Work." *Journal of Marriage and the Family* 62(4): 1208-1233.

Congressional Budget Office (2005) *The Role of Immigrants in the U.S. Labor Market*. Washington, DC: Congressional Budget Office of the Congress of the United States.

Constable, Nicole (2003) "Filipina Workers in Hong Kong Homes: Household Rules and Relations." Pp. 115-141 in *Global Woman: Nannies, Maids, and Sex Workers in the New Economy*, edited by Barbara Ehrenreich and Arlie Russell Hochschild. New York: Metropolitan Books.

Correll, Shelley J., Stephen Benard and In Paik (2007) "Getting a Job: Is There a Motherhood Penalty?" *American Journal of Sociology* 112(5): 1297-1338.

Cunningham, Mick (2001) "Parental Influences on the Gendered Division of Housework." *American Sociological Review* 66(2): 184-203.

Davies, Hugh, Heather Joshi, Mark Killingsworth and Romana Peronaci (2000) "How Do Couples Spend Their Time? Hours of Market and Domestic Work Time in British Partnerships." Pp. 226-259 in *Gender and the Labor Market: Econometric Evidence of Obstacles to Achieving Gender Equality*, edited by Siv S. Gustafsson and Daniéle E. Meulders. New York: St. Martin's Press.

Davis-Blake, Alison and Joseph P. Broschak (2009) "Outsourcing and the Changing Nature of Work." *Annual Review of Sociology* 35: 321-340.

Dawson, Michael (2003) *The Consumer Trap: Big Business Marketing in American Life*. Chicago: University of Illinois Press.

Dembe, Allard (1996) *Occupation and Disease: How Social Factors Affect the Conception of Work-Related Disorders*. New Haven, CT: Yale University Press.

_____ (1999) "Social Inequalities in Occupational Health and Health Care for Work-Related Injuries and Illnesses." *International Journal of Law and Psychiatry* 22(5-6): 567-579.

Deyo, Frederic C. (1989) *Beneath the Miracle: Labor Subordination in the New Asian Industrialism*. Berkeley, CA: University of California Press.

Dixon, Marc and Andrew Martin (2007) "Can the Labor Movement Succeed without the Strike?" *Contexts* 6(2): 36-39.

Dobbin, Frank, John R. Sutton, John W. Meyer and W. Richard Scott (1993) "Equal Opportunity Law and the Construction of Internal Labor Markets." *American Journal of Sociology* 99(2): 396-427.

Doeringer, Peter B. and Michael J. Piore (1971) *Internal Labor Markets and Manpower Analysis*. Lexington, MA: Heath.

Duncan, Otis Dudley and Beverly Duncan (1955) "A Methodological Analysis of Segregation Indexes." *American Sociological Review* 20(2): 210-217.

Durkheim, Emile (1964[1933]) *The Division of Labor in Society*. New York: Free Press.

Edemariam, Aida (2005) "A Hard Day's Night." *The Guardian*, March 1 (http://www.guardian.co.uk/money/2005/mar/01/workandcareers.g2; date visited: November 30, 2009).

Edwards, Richard (1979) *Contested Terrain: The Transformation of the Workplace in the Twentieth Century*. New York: Basic Books.

Ehrenreich, Barbara (2001) *Nickel and Dimed: On (Not) Getting By in America*. New York: Metropolitan Books.

_____ (2003) "Maid to Order." Pp. 85-103 in *Global Woman: Nannies, Maids, and Sex Workers in the New Economy*, edited by Barbara Ehrenreich and Arlie Russell Hochschild. New York: Metropolitan Books.

_____ (2005) *Bait and Switch: The (Futile) Pursuit of the American Dream*. New York: Metropolitan Books.

Ehrenreich, Barbara and Arlie Russell Hochschild (2003) *Global Woman: Nannies, Maids, and Sex Workers in the New Economy*. New York: Metropolitan Books.

Elliott, James R. and Ryan A. Smith (2004) "Race, Gender and Workplace Power." *American Sociological Review* 69(3): 365-386.

Engels, Friedrich (1969[1892]) *The Condition of the Working Class in England: From Personal Observation and Authentic Sources*. London: Panther.

England, Paula (1982) "The Failure of Human Capital Theory to Explain Occupational Sex Segregation." *Journal of Human Resources* 17(3): 358-370.

_____ (1989) "An Overview of Segregation and the Sex Gap in Pay." *Proceedings of the Social Statistics Section of the American Statistical Association* 1989: 11-20.

_____ (1992a) *Comparable Worth: Theories and Evidence*. New York: Aldine de Gruyter.

_____ (1992b) "From Status Attainment to Segregation and Devaluation." *Contemporary Sociology* 21(5): 643-647.

_____ (1999) "The Impact of Feminist Thought on Sociology." *Contemporary Sociology* 28(3): 263-268.

_____ (2005) "Emerging Theories of Care Work." *Annual Review of Sociology* 31: 381-399.

_____ (2006) "Devaluation and the Pay of Comparable Male and Female Occupations." Pp. 352-356 in *The Inequality Reader: Contemporary and Foundational Readings in Race, Class and Gender*, edited by David B. Grusky and Szonja Szelenyi. Boulder, CO: Westview.

England, Paula and Nancy Folbre (1999) "The Cost of Caring." *Annals of the American Academy of Political and Social Science* 561: 39-51.

England, Paula, Joan M. Hermsen and David A. Cotter (2000) "The Devaluation of Women's Work: A Comment on Tam." *American Journal of Sociology* 105(6): 1741-1751.

England, Paula, Michelle J. Budig and Nancy Folbre (2002) "Wages of Virtue: The Relative Pay of Care Work." *Social Problems* 49(4): 455-473.

Erickson, Recebba J. (2005) "Why Emotion Work Matters: Sex, Gender, and the Division of Household Labor." *Journal of Marriage and Family* 67(2): 337-351.

Erikson, Robert and John H. Goldthorpe (1992) *The Constant Flux: A Study of Class Mobility in Industrial Societies*. Oxford: Clarendon Press.

Esping-Andersen, Gøsta (1990) *The Three Worlds of Welfare Capitalism*. Princeton, NJ: Princeton University Press.

―――― (2000) "Regulation and Context: Reconsidering the Correlates of Unemployment." Pp. 99-112 in *Why Deregulate Labour Markets?*, edited by Gøsta Esping-Andersen and Marino Regini. New York: Oxford University Press.

Fantasia, Rick (1988) *Cultures of Solidarity: Consciousness, Action, and Contemporary American Workers*. Berkeley, CA: University of California Press.

Fantasia, Rick and Kim Voss (2004) *Hard Work: Remaking the American Labor Movement*. Berkeley, CA: University of California Press.

Fletcher, Bill, Jr. and Fernando Gapasin (2008) *Solidarity Divided: The Crisis in Organized Labor and A New Path toward Social Justice*. Berkeley, CA: University of California Press.

Folbre, Nancy (2001) *The Invisible Heart: Economics and Family Values*. New York: New Press.

Foucault, Michel (1979) *Discipline and Punish: The Birth of the Prison*, translated from the French by Alan Sheridan. New York: Vintage Books.

Fox, Greer Litton and Velma McBride Murry (2000) "Gender and Families: Feminist Perspectives and Family Research." *Journal of Marriage and the Family* 62(4): 1160-1172.

Franzosi, Roberto (1989) "One Hundred Years of Strike Statistics: Methodological and Theoretical Issues in Quantitative Strike Research." *Industrial and Labor Relations Review* 42(3): 348-362.

Freeman, Richard B. and James L. Medoff (1984) *What Do Unions Do?* New York: Basic Books.

Gallie, Duncan (2007) "Production Regimes and the Quality of Employment in Europe." *Annual Review of Sociology* 33: 85-104.

Gannicott, Kenneth (1986) "Women, Wages and Discrimination: Some Evidence from Taiwan." *Economic Development and Cultural Change* 34: 721-730.

Gerth, Hans Heinrich and Charles Wright Mills (1958[1946]) *From Max Weber: Essays in Sociology.* New York: Oxford University Press.

Giddens, Anthony (1973) *The Class Structure of the Advanced Societies.* London: Hutchinson.

Glucksmann, Miriam A. (1995) "Why 'Work'? Gender and the 'Total Social Organization of Labour'." *Gender, Work and Organization* 2(2): 63-75.

_____ (2000) *Cottons and Casuals: The Gendered Organization of Labour in Time and Space.* Durham, NC: Sociology Press.

Goldthorpe, John H. and Richard Breen (2000) "Explaining Education Differentials: Towards a Formal Rational Action Theory." Pp. 182-205 in *On Sociology: Numbers, Narratives, and the Integration of Research and Theory*, editedy by John H. Goldthorpe. New York: Oxford University Press.

Gordon, David M., Richard C. Edwards and Michael Reich (1982) *Segmented Work, Divided Workers: The Historical Transformation of Labor in the United States.* Cambridge, UK: Cambridge University Press.

Gorter, Cees (2000) "The Dutch Miracle?" Pp.181-210 in *Why Deregulate Labour Markets?*, edited by Gøsta Esping-Andersen and Marino Regini. New York: Oxford University Press.

Gottfried, Heidi (2006) "Feminist Theories of Work." Pp. 121-154 in *Social Theory at Work*, edited by Marek Korczynski, Randy Hodson and Paul Edwards. New York: Oxford University Press.

Granovetter, Mark S. (1973) "The Strength of Weak Ties." *American Journal of Sociology* 78(6): 1360-1380.

_____ (1974) *Getting a Job: A Study of Contacts and Careers.* Cambridge, MA: Harvard University Press.

Gregory, Jeanne and Sue Lees (1999) *Policing Sexual Assault.* New York: Routledge.

Hammond, Thomas Taylor (1987[1957]) "Lenin on Trade Unions. " Pp. 59-62 in *Theories of the Labor Movement*, edited by Simeon Larson and Bruce Nissen. Detroit, MI: Wayne State University Press.

Harper, Shannon and Barbara F. Reskin (2005) "Affirmative Action at School and on the Job." *Annual Review of Sociology* 31: 357-379.

Hartmann, Heidi I. (1976) "Capitalism, Patriarchy, and Job Segregation by Sex." *Signs* 1(3): 137-169.

Hartmann, Heidi I., Stephen J. Rose and Vicky Lovell (2006) "How Much Progress in Closing the Long-Term Earnings Gap?" Pp. 125-155 in *The Declining Significance of Gender?*, edited by Francine D. Blau, Mary C. Brinton and David B. Grusky. New York: Russell Sage Foundation.

Haworth, John T. and A. J. Veal (2004) "Work and Leisure: Themes and Issues." Pp. 213-230 in *Work and Leisure*, edited by John J. Haworth and A. J. Veal. New York: Routledge.

Heckman, James L. (1979) "Sample Selection Bias as a Specification Error." *Econometrica* 47(1): 153-161.

Hibbs, Douglas A., Jr. (1978) "On the Political Economy of Long-Run Trends in Strike Activity." *British*

Journal of Political Science 8: 153-175.

Hirschman, Albert O. (1970) *Exit, Voice, and Loyalty: Responses to Decline in Firms, Organizations, and States*. Cambridge, MA: Harvard University Press.

Hochschild, Arlie Russell (2000) "The Nanny Chain." *The American Prospects* 11(4): 32-36.

_____ (2003a[1983]) *The Managed Heart: Commercialization of Human Feeling*. Berkelely, CA: University of California Press.

_____ (2003b[1989]) *The Second Shift*. New York: Penguin Books.

_____ (2003c) *The Commercialization of Intimate Life: Notes from Home and Work*. Berkelely, CA: University of California Press.

_____ (2006) "Roundtable on Global Woman: Nannies, Maids, and Sex Workers in the New Economy." *Studies in Gender and Sexuality* 7(1): 81-87.

Hodson, Randy (1998) "Organizational Ethnographies: An Underutilized Resource in the Sociology of Work." *Social Forces* 76(4): 1173-1208.

_____ (1999) *Analyzing Documentary Accounts (Quantitative Applications in the Social Sciences, No. 128)*. Thousand Oaks, CA: Sage.

_____ (2001) *Dignity at Work*. Cambridge, UK: Cambridge University Press.

Hodson, Randy and Robert L. Kaufman (1982) "Economic Dualism: A Critical Review." *American Sociological Review* 47(6): 727-739.

Hodson, Randy and Teresa A. Sullivan (2008[1990]) *The Social Organization of Work*. Belmont, CA: Wadsworth/Thomson Learning.

Horan, Patrick M. (1978) "Is Status Attainment Research Atheoretical?" *American Sociological Review* 43(4): 534-541.

Hsung, Ray-May and Esther Ngan-Ling Chow (2001) "Institutions and Networks Constructing Gender Inequality in Manufacturing Factories: The Case of Taiwan's Export Processing and Industrial Zones." Pp. 133-152 in *The Chinese Triangle of Mainland China, Taiwan, and Hong Kong: Comparative Institutional Analyses*, edited by Nan Lin, Dudley Poston and Alvin Y. So. Westport, CT: Greenwood Press.

Hyman, Richard (2006) "Marxist Thought and the Analysis of Work." Pp. 26-55 in *Social Theory at Work*, edited by Marek Korczynski, Randy Hodson and Paul Edwards. New York: Oxford University Press.

Imai, Jun (2015) "Policy Responses to the Precarity of Non-regular Employment in Japan." Pp.49-80 in *Policy Responses to Precarious Work in Asia*, edited by Hsing-Huang Michael Hsiao, Arne L. Kalleberg and Kevin Hewison. Taipei: Institute of Sociology, Academia Sinica.

International Labour Office (ILO) (2009) *Global Employment Trends Report 2009*. Geneva: International Labour Office.

_____ (2010) "Executive Summary of '*International Labour Migration: A Right-Based Approach*'." Geneva: International Labour Office (http://www.ilo.org/public/english/protection/migrant/download/rights_based_es_en.pdf; date visited: December 6, 2010).

International Monetary Fund (2018) "Shadow Economies Around the World: What Did We Learn Over the Last 20 Years?" *IMF Working Paper* (https://www.imf.org/en/Publications/WP/Issues/2018/01/25/Shadow-Economies-Around-the-World-What-Did-We-Learn-Over-the-Last-20-Years-45583; date visited: August 10, 2022).

Jacobs, Jerry A. and Kathleen Gerson (2004) "Do Americans Feel Overworked?" Pp. 59-79 in *The Time Divide: Work, Family, and Gender Inequality*, edited by Jerry A. Jacobs and Kathleen Gerson. Cambridge, MA: Harvard University Press.

Jones, Frank L. and Jonathan Kelley (1984) "Decomposing Differences between Groups: A Cautionary Note on Measuring Discrimination." *Sociological Methods and Research* 12: 323-343.

Kalleberg, Arne L. (2000) "Nonstandard Employment Relations: Part-time, Temporary and Contract Work." *Annual Review of Sociology* 26: 341-365.

_____ (2009) "Precarious Work, Insecure Workers: Employment Relations in Transition." *American Sociological Review* 74(1): 1-22.

Kalleberg, Arne L., Barbara F. Reskin and Ken Hudson (2000) "Bad Jobs in America: Standard and Nonstandard Employment Relations and Job Quality in the United States." *American Sociological Review* 65(2): 256-278.

Kamerman, Sheila B. and Peter Moss (2009) *The Politics of Parental Leave Policies: Children, Parenting, Gender and the Labour Market*. Bristol, UK: Policy Press.

Kerbo, Harold R. (1983) *Social Stratification and Inequality: Class Conflict in the United States*. New York: McGraw-Hill.

_____ (2009) *Social Stratification and Inequality: Class Conflict in Historical, Comparative, and Global Perspective*. Boston, MA: McGraw-Hill.

Korpi, Walter and Michael Shalev (1980) "Strikes, Power and Politics in the Western Nations, 1900-1976." *Political Power and Social Theory* 6: 277-303.

Kuan, Ping-Yin (2006) "Class Identification in Taiwan: A Latent Class Analysis." *Taiwanese Journal of Sociology* 37: 169-206.

Kuhn, Peter J. (2002) "Summary and Synthesis." Pp. 1-103 in *Losing Work, Moving On: International Perspectives on Worker Displacement*, edited by Peter J. Kuhn. Kalamazoo, MI: W.E. Upjohn Institute for Employment Research.

Lamont, Michèle (2000) *The Dignity of Working Men: Morality and the Boundaries of Race, Class, and Immigration*. New York: Russell Sage Foundation.

Lan, Pei-Chia (2006) *Global Cinderellas: Migrant Domestics and Newly Rich Employers in Taiwan*.

Durham, NC: Duke University Press.

Larson, Simeon and Bruce Nissen (eds.) (1987) *Theories of the Labor Movement*. Detroit, MI: Wayne State University Press.

Laslett, Barbara and Johanna Brenner (1989) "Gender and Social Reproduction: Historical Perspectives." *Annual Review of Sociology* 15: 381-404.

Lee, Ching Kwan (1998) *Gender and the South China Miracle: Two Worlds of Factory Women*. Berkeley, CA: University of California Press.

Leidner, Robin (1993) *Fast Food, Fast Talk: Service Work and the Routinization of Everyday Life*. Berkeley, CA: University of California Press.

Lenin, Vladimir Ilyich (1987[1902]) "What is to be Done?" Pp. 48-58 in *Theories of the Labor Movement*, edited by Simeon Larson and Bruce Nissen. Detroit, MI: Wayne State University Press.

Leslie, Deborah (2002) "Gender, Retail Employment and the Clothing Commodity Chain." *Gender, Place and Culture* 9(1): 61-76.

Levitt, Peggy and B. Nadya Jaworsky (2007) "Transnational Migration Studies: Past Developments and Future Trends." *Annual Review of Sociology* 33: 129-156.

Lin, Nan (1999) "Social Network and Status Attainment." *Annual Review of Sociology* 25: 467-487.

Liu, Jeng and Arthur Sakamoto (2002) "The Role of Schooling in Taiwan's Labor Market: Human Capital, Screening, or Credentialism?" *Taiwanese Journal of Sociology* 29: 1-56.

Lovell, Vicky, Heidi I. Hartmann and Misha Werschkul (2007) "More than Raising the Floor: The Persistence of Gender Inequalities in the Low-Wage Labor Market." Pp. 35-57 in *The Sex of Class: Women Transforming American Labor*, edited by Dorothy Sue Cobble. New York: Cornell University Press.

Malveaux, Julianne (1992) "Comparable Worth and Its Impact on Black Women." Pp. 82-94 in *Equal Value / Comparable Worth in the UK and USA*, edited by Peggy Kahn and Elizabeth Meehan. New York: St. Martin's Press.

Mandel, Hadas and Moshe Semyonov (2005) "Family Policies, Wage Structures and the Gender Gaps: Sources of Earnings Inequality in 20 Countries." *American Sociological Review* 70(6): 949-967.

Marmot, Michael (2004) *The Status Syndrome: How Social Standing Affects Our Health and Longevity*. New York: Owl Books.

Martin, Philip (2009) "Recession and Migration: A New Era for Labor Migration?" *International Migration Review* 43(3): 671-691.

Marx, Karl (1990) *Capital: A Critique of Political Economy*. London: Penguin Books.

———— (2001[1852]) *The 18th Brumaire of Louise Bonaparte*. London: Electric Book.

Marx, Karl and Friedrich Engels (1959[1888]) "Manifesto of the Communist Party." Pp. 1-41 in *Basic Writings on Politics and Philosophy*, edited by Lewis S. Feuer. New York: Anchor Books.

_____ (1981[1947]) *The German Ideology*. New York: International Publishers.

Mattingly, Marybeth J. and Suzanne M. Bianchi (2003) "Gender Differences in the Quantity and Quality of Free Time: The U.S. Experience." *Social Forces* 81(3): 999-1030.

Messing, Karen (1998) *One-Eyed Science: Occupational Health and Women Workers*. Philadelphia, PA: Temple University Press.

Michels, Robert (1962) *Political Parties: A Sociological Study of the Oligarchical Tendencies of Modern Democracy*. New York: Free Press.

Milkman, Ruth (1997) *Farewell to the Factory: Auto Workers in the Late Twentieth Century*. Berkeley, CA: University of California Press.

Mill, John S. (1869) *The Subjection of Women*. Philadelphia, PA: J.B. Lippincott & Co.

Mincer, Jacob and Solomon W. Polachek (1974) "Family Investments in Human Capital: Earnings of Women." *Journal of Political Economy* 82(2): S76-S108.

Mishra, Ramesh (1999) *Globalization and the Welfare State*. Cheltenham, UK: Edward Elgar.

Montgomery, David. (1979) *Workers' Control in America: Studies in the History of Work, Technology, and Labor Struggles*. Cambridge, UK: Cambridge University Press.

Moschonas, Gerassimos (2002[1994]) *In the Name of Social Democracy: The Great Transformation, 1945 to the Present*, translated from the French by Gregory Elliott. London: Verso.

Noble, David F. (1979) "Social Choice in Machine Design: The Case of Automatically Controlled Machine Tools." Pp. 18-50 in *Case Studies on the Labor Process*, edited by Andrew Zimbalist. New York: Monthly Review Press.

Nordic Council of Ministers (2022) "Family and Care." https://www.norden.org/en/statistics/family-and-care (Date visited: August 18, 2022).

Nussbaum, Martha Craven (1999) *Sex and Social Justice*. New York: Oxford University Press.

_____ (2000) *Women and Human Development: The Capabilities Approach*. Cambridge, UK: Cambridge University Press.

Oaxaca, Ronald L. (1973) "Male-Female Wage Differentials in Urban Labor Markets." *International Economic Review* 14: 693-709.

Oaxaca, Ronald L. and Michael R. Ransom (1994) "On Discrimination and the Decomposition of Wage Differentials." *Journal of Econometrics* 61(1): 5-21.

O'Connor, James R. (1973) *The Fiscal Crisis of the State*. New York: St. Martin's Press.

Ong, Aihwa (1987) *Spirits of Resistance and Capitalist Discipline: Factory Women in Malaysia*. Albany, NY: State University of New York Press.

Oppenheimer, Valerie Kincade (1968) "The Sex-Labeling of Jobs." *Industrial Relations* 1: 219-234.

Organisation for Economic Co-operation and Development (OECD) (2020) *OECD.Stat* (database) (https://stats.oecd.org/; date visited: December 1, 2020).

Orwell, George (1949) *Nineteen Eighty-Four: A Novel*. New York: Harcourt, Brace and Jovanovich.

Parcel, Toby L. and Charles W. Mueller (1983) *Ascription and Labor Markets: Race and Sex Differences in Earnings*. New York: Academic Press.

Parnes, Herbert S. (1984) *People Power: Elements of Human Resource Policy*. Beverley Hills, CA: Sage.

Parreñas, Rhacel Salazar (2003) "The Care Crisis in the Philippines: Children and Transnational Families in the New Global Economy." Pp. 39-54 in *Global Woman: Nannies, Maids, and Sex Workers in the New Economy*, edited by Barbara Ehrenreich and Arlie Russell Hochschild. New York: Metropolitan Books.

Pateman, Carole (1988) *The Sexual Contract*. Stanford, CA: Stanford University Press.

Paules, Greta Foff (1991) *Dishing It Out: Power and Resistance among Waitresses in a New Jersey Restaurant*. Philadelphia, PA: Temple University Press.

Petersen, Trond and Ishak Saporta (2004) "The Opportunity Structure for Discrimination." *American Journal of Sociology* 109(4): 852-901.

Petersen, Trond and Laurie A. Morgan (1995) "Separate and Unequal: Occupation-Establishment Sex Segregation and the Gender Wage Gap." *American Journal of Sociology* 101(2): 329-365.

Polachek, Solomon W. (1979) "Occupational Segregation among Women: Theory, Evidence, and A Prognosis." Pp. 137-157 in *Women in the Labor Market*, edited by Cynthia B. Lloyd, Emily S. Andrews and Curtis Gilroy. New York: Columbia University Press.

Portes, Alejandro and John Walton (1981) *Labor, Class, and the International System*. New York: Academic Press.

Quinlan, Michael (1999) "The Implications of Labour Market Restructuring in Industrialised Societies for Occupational Health and Safety." *Economic and Industrial Democracy* 20(3): 427-460.

Rees, Albert (1989[1962]) *The Economics of Trade Unions*. Chicago: University of Chicago Press.

Reid, Lesley Williams and Beth A. Rubin (2003) "Integrating Economic Dualism and Labor Market Segmentation: The Effects of Race, Gender, and Structural Location on Earnings, 1974-2000." *Sociological Quarterly* 44(3): 405-432.

Reskin, Barbara F. (ed.) (1984) *Sex Segregation in the Workplace: Trends, Explanations, Remedies*. Washington, DC: National Academy Press.

———— (1998) *The Realities of Affirmative Action in Employment*. Washington, DC: American Sociological Association.

———— (2005) "Including Mechanisms in Our Models of Ascriptive Inequality." Pp. 75-97 in *Handbook of Employment Discrimination Research: Rights and Realities*, edited by Laura Beth Nielsen and Robert L. Nelson. Netherlands: Springer.

Reskin, Barbara F. and Debra B. McBrier (2000) "Why Not Ascription? Organizations' Employment of

Male and Female Managers." *American Sociological Review* 65(2): 210-233.

Reskin, Barbara F. and Heidi I. Hartmann (eds.) (1986) *Women's Work, Men's Work, Sex Segregation on the Job*. Washington, DC: National Academy Press.

Ritzer, George (2008[1993]) *The McDonaldization of Society*. London: Pine Forge Press.

Roethlisberger, Fritz Jules and William John Dickson (1939) *Management and the Worker: An Account of a Research Program Conducted by the Western Electric Company, Hawthorne Works, Chicago*. Cambridge, MA: Harvard University Press.

Roos, Patricia A. and Barbara F. Reskin (1984) "Institutional Factors Contributing to Sex Segregation in the Workplace." Pp. 235-260 in *Sex Segregation in the Workplace: Trends, Explanations, Remedies*, edited by Barbara F. Reskin. Washington, DC: National Academy Press.

Rybczynski, Witold (1991) *Waiting for the Weekend*. New York: Viking.

Satz, Debra (1995) "Markets in Women's Sexual Labor." *Ethics* 106(1): 63-85.

_____ (2004) "Feminist Perspectives on Reproduction and the Family." *Stanford Encyclopedia of Philosophy* (http://plato.stanford.edu/entries/feminism-family; date visited: November 30, 2009).

Schimitter, Philippe C. (1979) "Still the Century of Corporatism." Pp. 7-52 in *Trends toward Corporatist Intermediation*, edited by Philippe C. Schmitter and Gerhard Lehmbruch. London: Sage.

Sennett, Richard (2006) *The Culture of the New Capitalism*. New Haven, CT: Yale University Press.

Seol, Dong-Hoon and John D. Skrentny (2009) "Why Is There So Little Migrant Settlement in East Asia?" *International Migration Review* 43(3): 578-620.

Shorter, Edward and Charles Tilly (1974) *Strikes in France*, 1830-1968. Cambridge, UK: Cambridge University Press.

Shrage, Laurie (2007[2004]) "Feminist Perspectives on Sex Markets." *Stanford Encyclopedia of Philosophy* (http://plato.stanford.edu/entries/feminist-sex-markets; date visited: November 30, 2009).

Skeggs, Beverley (1997) *Formations of Class and Gender: Becoming Respectable*. London: Sage.

Smelser, Neil J. and Richard Swedberg (eds.) (2005[1994]) *The Handbook of Economic Sociology*. Princeton, NJ: Princeton University Press.

Smith, Kirk R. (2008[2006]) "Women's Work: The Kitchen Kills More than the Sword." Pp. 246-258 in *Gender and Development: Critical Concepts in Development Studies*, edited by Janet D. Momsen. New York: Routledge.

Smith, Ryan A. (2002) "Race, Gender, and Authority in the Workplace: Theory and Research." *Annual Review of Sociology* 28: 509-542.

South, Scott J. and G.lenna Spitze (1994) "Housework in Marital and Non-marital Households." *American Sociological Review* 59(3): 327-347.

Spenner, Kenneth I., Luther B. Otto and Vaughn R. A. Call (1982) *Career Lines and Careers*. Lexington,

MA: Health.

Standing, Guy (2009) *Work after Globalization: Building Occupational Citizenship*. Northampton, MA: Edward Elgar.

Stier, Haya and Noah Lewin-Epstein (2000) "Women's Part-Time Employment and Gender Inequality in the Family." *Journal of Family Issues* 21(3): 390-410.

Streeck, Wolfgang (2005) "The Sociology of Labor Markets and Trade Unions." Pp. 254-283 in *The Handbook of Economic Sociology*, edited by Neil J. Smelser and Richard Swedberg. Princeton, NJ: Princeton University Press.

Tam, Tony (1997) "Sex Segregation and Occupational Gender Inequality in the United States: Devaluation or Specialized Training?" *American Journal of Sociology* 102(6): 1652-1692.

_____ (2000) "Occupational Wage Inequality and Devaluation: A Cautionary Tale of Measurement Error." *American Journal of Sociology* 105(6): 1752-1760.

Taylor, Frederick Winslow (1911) *The Principles of Scientific Management*. New York: Harper & Brothers.

Thomaskovic-Devey, Donald and Sheryl Skaggs (2002) "Sex Segregation, Labor Process Organization, and Gender Earnings Inequality." *American Journal of Sociology* 108(1): 102-128.

Thurow, Lester C. (1975) *Generating Inequality: Mechanisms of Distribution in the U.S. Economy*. New York: Basic Books.

Tilly, Chris (1996) *Half a Job: Bad and Good Part-Time Jobs in a Changing Labor Market*. Philadelphia, PA: Temple University Press.

Tong, Rosemarie (1989) *Feminist Thought: A Comprehensive Introduction*. Boulder, CO: Westview Press.

Treiman, Donald J. and Heidi I. Hartmann (ed.) (1981) *Women, Work and Wages: Equal Pay for Jobs of Equal Value*. Washington, DC: National Academy Press.

Tsay, Ruey-Ming (1997) "Leaving the Farmland: Class Structure Transformation and Social Mobility in Taiwan." Pp. 15-55 in *Taiwanese Society in 1990s: Taiwan Social Change Survey Symposium Series II*, edited by Ly-yun Chang, Yu-hsia Lu and Fu-chang Wang. Taipei: The Preparatory Office of the Institute of Sociology, Academia Sinica.

Tyler, Melissa and Philip Hancock (2001) "Flight Attendants and the Management of Gendered 'Organizational Bodies'." Pp. 25-38 in *Constructing Gendered Bodies*, edited by Backett-Milburn Kathryn and Linda McKie. New York: Palgrave.

Tzeng, Rueyling (2006) "Gender Issues and Family Concerns for Women with International Careers: Female Expatriates in Western Multinational Corporations in Taiwan." *Women in Management Review* 21(5): 376-392.

Valenzuela, Abel, Jr. (2003) "Day Labor Work." *Annual Review of Sociology* 29: 307-333.

Vallas, Steven and Juliet B. Schor (2020) "What Do Platforms Do? Understanding the Gig Economy." *Annual Review of Sociology* 46: 273-294.

Venkatesh, Sudhir Alladi (2006) *Off the Books: The Underground Economy of the Urban Poor*. Cambridge, MA: Harvard University Press.

Voss, Kim and Rick Fantasia (2004) "The Future of American Labor: Reinventing Unions." *Contexts* 3(2): 35-41.

Walby, Sylvia (1986) *Patriarchy at Work: Patriarchal and Capitalist Relations in Employment*. Cambridge, UK: Polity Press.

Walder, Andrew G. (1986) *Communist Neo-Traditionalism: Work and Authority in Chinese Industry*. Berkeley, CA: University of California Press.

Waldfogel, Jane (1997) "The Effects of Children on Women's Wages." *American Sociological Review* 62(2): 209-217.

Wallace, Michael and Arne L. Kalleberg (1981) "Economic Organization of Firms and Labor Market Consequences: Toward a Specification of Dual Economy Theory." Pp. 77-117 in *Sociological Perspectives on Labor Markets*, edited by Ivar Berg. New York: Academic Press.

Weichselbaumer, Doris and Rudolf Winter-Ebmer (2005) "A Meta-Analysis of the International Gender Wage Gap." *Journal of Economic Surveys* 19(3): 479-511.

Weitzer, Ronald (2009) "Sociology of Sex Work." *Annual Review of Sociology* 35: 213-234.

Wernick, Ellen D. (1994) "Preparedness, Career Advancement, and the Glass Ceiling." *Federal Publications*, Paper 128. Ithaca, NY: Glass Ceiling Commission, U.S. Department of Labor.

Williams, Claire (2003) "Sky Services: The Demands of Emotional Labour in the Airline Industry." *Gender, Work and Organization* 10(5): 513-550.

Wolkowitz, Carol (2001) "The Working Body as Sign: Historical Snapshots." Pp. 85-103 in *Constructing Gendered Bodies*, edited by Backett-Milburn Kathryn and Linda McKie. New York: Palgrave.

_____ (2006) *Bodies at Work*. London: Sage.

World Health Organization (WHO) (1995) *Global Strategy on Occupational for All: The Way to Health at Work*. Geneva: World Health Organization (http://www.who.int/occupational_health/ publications/globstrategy/en; date visited: October 12, 2010).

Wright, Erik Olin (1985) *Classes*. London: Verso.

_____ (1997) *Class Counts: Comparative Studies in Class Analysis*. Cambridge, UK: Cambridge University Press.

Xie, Yu and Kimberlee A. Shauman (2003) *Women in Science: Career Processes and Outcomes*. Cambridge, MA: Harvard University Press.

Yu, Wei-hsin (2009) *Gendered Trajectories: Women, Work, and Social Change in Japan and Taiwan*.

Stanford, CA: Stanford University Press.

Zarembka, Joy M. (2003) "America's Dirty Work: Migrant Maids and Modern-Day Slavery." Pp. 142-153 in *Global Woman: Nannies, Maids, and Sex Workers in the New Economy*, edited by Barbara Ehrenreich and Arlie Russell Hochschild. New York: Metropolitan Books.

Zimbalist, Andrew (ed.) (1979) *Case Studies on the Labor Process*. New York: Monthly Review Press.

Zucker, Lynne G. and Carolyn Rosenstein (1981) "Taxonomies of Institutional Structure: Dual Economy Reconsidered." *American Sociological Review* 46(6): 869-884.

索 引

Index